高职高专计算机网络技术专业系列教材

网络综合布线设计与实施

（修订版）

李宏达　主编

科学出版社

北　京

内 容 简 介

本书参照综合布线从业人员职业技术资格要求，以布线行业实际工程为背景，采用项目驱动的方式进行内容组织，形象生动地论述了网络综合布线行业的工程设计和施工过程，帮助读者掌握一个布线工程从设计到实施的完整过程，提升设计和实践技能。

本书以实际工程为背景全面介绍了综合布线系统工程的设计和实施方法。全书所论述的知识和案例内容既翔实、细致，又丰富、典型，主要包括认识网络综合布线系统、各子系统的施工、工程设计、测试与验收、招投标和施工图纸绘制等内容。

本书可作为各类职业院校相关专业的教材，也可作为布线行业和系统集成行业的技术人员的参考书。

图书在版编目(CIP)数据

网络综合布线设计与实施/李宏达主编. —北京：科学出版社，2010.6（2025.1 修订）

（高职高专计算机网络技术专业系列教材）

ISBN 978-7-03-027812-8

Ⅰ. ①网… Ⅱ. ①李… Ⅲ. ①计算机网络-布线-技术-高等学校：技术学校-教材 Ⅳ. ①TP393.03

中国版本图书馆 CIP 数据核字（2010）第 100903 号

责任编辑：孙露露 李 伟 / 责任校对：耿 耘

责任印制：吕春珉 / 封面设计：东方人华平面设计部

科学出版社 出版

北京东黄城根北街 16 号

邮政编码：100717

http://www.sciencep.com

北京中科印刷有限公司印刷

科学出版社发行 各地新华书店经销

*

2010 年 8 月第 一 版 开本：787×1092 1/16

2025 年 1 月修 订 版 印张：19 1/4

2025 年 1 月第十二次印刷 字数：438 000

定价：58.00 元

（如有印装质量问题，我社负责调换）

销售部电话 010-62134988 编辑部电话 010-62135763-2010

前　言

教育、科技、人才是全面建设社会主义现代化国家的基础性、战略性支撑。当前的高职教育把培养学生动手能力、实践能力和可持续发展能力放在突出位置，加强基于工作过程的课程改革，采用项目引入、案例教学，大力培养学生实际操作技能，增强职业岗位的适应能力，因此，追切需要编写与新技术发展和教学改革相配套的新教材。本书结合国家标准《综合布线系统工程设计规范》（GB 50311—2007）和《综合布线系统工程验收规范》（GB50312—2007），以网络布线实用技术为主线，将行业发展中最实用、最新的技术汇编成册传递到教学一线，把企业积累的多年工程项目案例和实施方案带到课堂，以期为高职院校计算机类专业的实践教学，提供更多的参考与借鉴。

1. 规划思想

本书在规划过程中，紧紧围绕“培养什么人、怎样培养人、为谁培养人”这一教育根本问题，全面提高学生的综合素养。希望选编的布线知识专业化、体系化、全面化。在内容的选择上，遵循基本的教学原则，即模拟真实的工作场景，把学习的内容细化成学习领域和相关知识模块，以实施的项目目标为评价机制，重组理论与实践教学内容，采用学做相间、教学互动的一体化教学方法，按项目小组方式进行教学，加强项目实施过程考核，以强化学生动手能力，培养学生网络构建的能力，满足企业用人需求，为培养高技能人才打下坚实基础。

2. 诠释方法

本书中的所有工程项目都来自于企业多年积累的工程项目案例，经过课程项目组成员提炼，再按照企业综合布线工程项目实施方式进行串接。每个单元都从实际项目引入开始，介绍工程背景、技术知识、工程规划、工程实施等多个环节，完整地展现企业工程项目，并把这些工程项目在布线实验室或者实际建筑中仿真出来，真正做到了从实际出发，强化实际应用，帮助学生积累项目经验，尽快适应企业工作岗位的教学指导思想。

3. 内容设计

全书以工程项目形式呈现所需学习的知识点，从认识综合布线系统开始，了解网络传输介质、综合布线使用工具，从工作区简单小项目入手，逐步增加项目难度及复杂性，最后进行综合项目的设计及项目招投标管理，完全符合学生的认知规律。全书将“项目引入－项目分析－相关知识－项目实施”几个环节贯穿于每一个工程中，围绕作为布线行业人才需要了解的知识点，共组织了 11 个不同主题的工作过程场景：

- 认识网络综合布线系统：网络综合布线系统整体概念。
- 工作区施工：工作区知识。

- 配线子系统施工：配线子系统知识。
- 干线子系统施工：干线子系统知识。
- 设备间施工：设备间知识。
- 管理间子系统施工：管理知识。
- 进线间和建筑群子系统施工：进线间和建筑群子系统知识。
- 网络综合布线工程设计：工程设计知识。
- 网络综合布线系统测试与验收：系统测试与验收知识。
- 综合布线工程招投标：工程招投标知识。
- 绘制布线图纸：工程图纸知识。

4. 实施方法

所有单元的组织实施都以工程项目的形式开展，实现环境为综合布线实验室或者施工现场，分项目小组以工作过程的形式展开学习。每组选择一名组长承担项目经理工作，负责本组工程组织、管理和实施工作；带领本组成员进行技术交流和沟通、查询相关技术资料、组织编写项目方案、安排人员进行项目实施、完成项目测试和总结工作。老师是整个项目的总规划师和设计师，根据实际需求随时调整项目内容，负责项目的技术咨询和指导工作，控制课程的组织和开展，以及项目总体发展方向的把握。

5. 编写队伍

本书由校企“双元”合作开发，突出职业教育类型特点。本书由李宏达任主编，王公儒任副主编，宋志、金成参加了部分章节编写工作。姜惠民教授、章忠宪副教授和张冲杰高级工程师从各自的角度，对全书的技术细节、“项目驱动”的课程架构以及一线的教学特点等方面提出了宝贵意见。西安开元电子实业有限公司、福建省凯特智能装饰工程有限公司提供了技术、方案和工程项目的支持，在此一并表示衷心的感谢！

本书自出版以来，深受广大高职高专院校相关专业师生的欢迎，销量持续增长，本次修订主要针对其中的一些错误和疏漏进行修正，以使本书不断完善。

由于时间仓促，加上编者水平有限，书中不足之处在所难免，望广大读者批评指正。

目　录

单元一
认识网络综合布线系统

知识教学目标

- 熟悉综合布线的概念和组成。
- 掌握双绞线、同轴电缆和光缆的组成、特点、性能及其分类。
- 了解无线传输介质的特性和分类。
- 熟悉各种布线器材和施工工具的分类和使用方法。

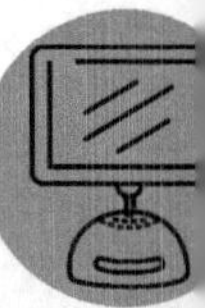

技能培养目标

- 能够为真实综合布线工程选择合适的传输介质。
- 能够结合真实综合布线工程，列出分别涉及的子系统和相关设计内容。

1.1　综合布线系统实例

网吧布线系统是一个非常典型的综合布线系统，下面以网吧为例来介绍综合布线系统实施的过程。

1.1.1　网吧布线系统的发展

网吧的发展进程从侧面反映出网络综合布线的发展进程。网吧在我国开始于 20 世纪 90 年代中期，开始的时候采用的是 Unix 或 Novell 操作系统组成的局域网，主要应用于网络游戏及点对点收发电子邮件，网络布线介质采用的是 50Ω 同轴电缆。如图 1-1 所示，初期网吧都为总线型网络拓扑结构，局域网内带宽是 10MB，由调制解调器接入 Internet，网速最高为 56Kb/s。该结构缆线用的比较少，但网络故障率较高，在 20 世纪 90 代末期逐渐被双绞线组成的星形网络所取代，如图 1-2 所示。星形拓扑网络具有集中的网络硬件并由中心的网络硬件实施集中控制，所有的网络节点均以点对点的方式与集中的网络硬件相连。基本采用 Windows 等操作系统，网络接入方式逐步由 144Kb/s 的 ISDN 一线通、640k～8Mb/s 的 ADSL 宽带调制解调器、2Mb/s 的 DDN 专线直至发展到今天的 100MB 光纤接入，网络速度得到了大幅度的提升，能够提供如网页浏览、网络游戏、在线电影、远程教育等多种网络服务。

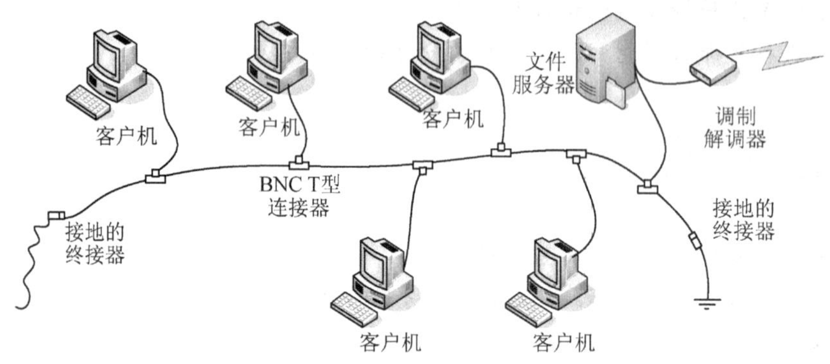

图 1-1　20 世纪 90 年代中期网吧拓扑结构图

随着网络游戏和 Internet 的发展，大大小小的网吧已遍及全国。网吧目前所提供的基本服务，像网页浏览、网络游戏、在线电影、远程教育等都与网络有关，网络质量的好坏直接决定了网吧的生存能力。所以，如何规划一个优质的网络环境，是网吧经营者必须要考虑的一个问题，其中网吧的综合布线占了很大的因素。

网络布线必须根据网吧的网络结构来设计。目前，网吧一般都是采用路由器—主交换机—交换机—客户机的网络模式，其拓扑结构如图 1-2 所示。从图中可以看出，网吧的布线主要应用于网络设备与计算机的连接，相对于要求支持语言系统、监控系统等多应用系统而言，网吧的布线相对简单。正因为此，我们选用网吧布线案例作为本书的开篇章节，希望借由网吧布线系统的完整介绍，使读者对综合布线行业有所了解，为后面课程内容的学习提供帮助。

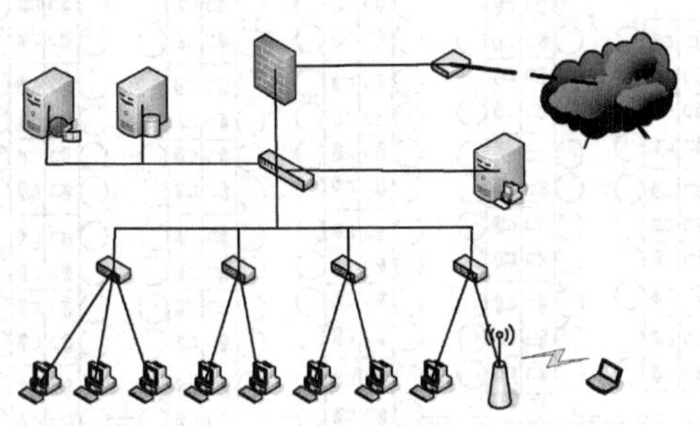

图 1-2　20 世纪 90 年代末期网吧拓扑结构图

1.1.2　网吧布线系统设计

网吧综合布线系统的建设首先需要进行需求分析，与用户进行充分的技术交流并了解建筑物用途，然后认真阅读建筑物设计图纸，确定各不同应用区域的计算机信息点位置和数量，完成点数统计。其次进行初步规划和设计，确定连接交换机与每个计算机信息点的水平缆线布线路径，最后确定如双绞线、线槽、信息模块、RJ-45 水晶头等布线材料规格和数量，列出材料规格和数量统计表。整个过程应在充分了解用户需求的基础上，通过现场测试，分析建筑图纸后，才能设计网吧综合布线系统方案。

网吧综合布线的一般要求如下：

1）选用四芯单模光纤与电信部门连接，目前电信部门给定带宽 100M，但光纤的传输速率可达到千兆以上，为将来网络速度的提高提供了冗余。

2）服务器与核心交换机之间采用多模光纤连接，保证核心层千兆连接。

3）核心交换机与接入层交换机之间采用六类双绞线，保证交换机之间最高达到千兆的连接。

4）接入层交换机与客户计算机之间采用超五类双绞线连接，保证网络到达桌面为 100M。

5）网吧监控服务器与摄像头之间用 75Ω 同轴电缆，保证视频信号的传输。

如图 1-3 所示是某网吧的建筑图纸。在网吧布线设计时，必须确认如下两件事情：

第一，双绞线最长的通信距离。目前，网吧内使用最多的就是超五类双绞线，理论上其点与点之间最大的通信距离是 90m。所以，在进行网吧网络布线设计时，必须先测量一下点与点之间的实际距离。

第二，交换机最大的级联数目。对于一些面积较大的网吧，机器数目多且位置分散，交换机通常需要级联，而级联的最大数目不能超过 5 个。也就是说，双绞线借助于交换机的级联可以延长传输距离，但理论上最长不能超过 500m。

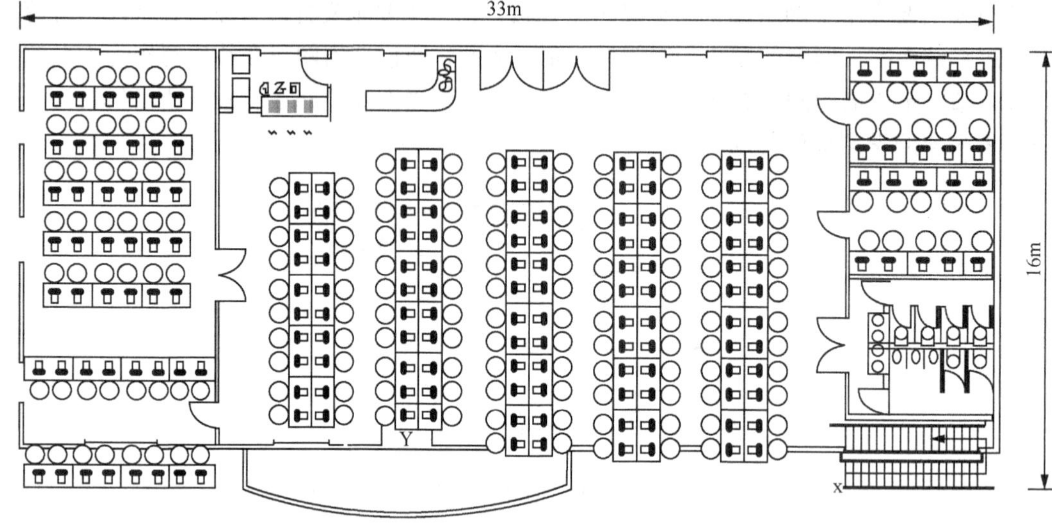

图 1-3　某网吧建筑图纸

1.1.3　网吧布线系统实施

网吧布线系统在经过方案设计之后，基本上就确定了网吧的内部线路建设情况，接下来的流程就是施工单位根据设计方案，准备施工材料，按设计方案内容进行实地施工。在网吧的施工过程中，应该重点关注以下几点内容：

1）掌握双绞线正确接法。根据网络布线标准，双绞线有 568A 和 568B 两种标准接法，目前使用最广泛的接法是 568B。由于现在网络设备都是智能型设备，支持 568A 和 568B 两种接线标准，因此，建议使用 568B 的接线标准。568B 接线标准中，定义的标准线序是橙白、橙、绿白、蓝、蓝白、绿、棕白、棕，从左至右分别是 1 号线至 8 号线。568B 的接线标准就是水晶头的两端都使用的标准线序。

2）选择质量过关的水晶头。选择水晶头时，中档品牌就可以，但切记不能选择低档的劣质货。劣质水晶头长时间使用后，里面的金属卡片与网线容易接触不良，造成网络传输质量差。

3）正确安放交换机的位置：无论是核心交换机还是接入层交换机，在选择安装位置时，一定要把交换机放置在节点的中间位置，一方面可以节约网线的使用量，另外还可以将网络的传输距离减小到最短，从而提高网络传输质量。

4）合理布放双绞线。布线时，可以把双绞线放在 PVC 管或专业的线槽中，双绞线经过的地方，尽量不要有强磁场、大功能的电器（空调）、电源线等，否则会大大降低网络传输质量。网络布线时，双绞线的两端最好预留适当的长度，这样水晶头出现故障时这条线还有再利用的价值。

5）尽量布放备份线路。双绞线都有一定的使用寿命，加上客观自然条件的影响，双绞线损坏是正常的事情，所以进行网络布线时，对于从核心交换机到接入层交换机之间的级联线，至少要布放 1～2 根备份线路。交换机与工作站之间的双绞线可以根据网吧的实际情况，布放一定数量的备用线路。

6）做好线路标记。网络布线时，把每条双绞线都做一个编号，并且双绞线的两端要做相同的编号。为方便日后维护，配线架、信息面板等端口也要做上编号。

1.1.4 网吧布线系统测试

在整个系统施工结束后，还必须进行合法的验收手续，才能真正投入使用。在工程验收过程中，主要进行以下几项内容的测试：

1）网线测试。网线施工完毕、水晶头安装在两端后，立即用网络测试仪测试线路是否可以正常工作。如果不行，则可以判定水晶头与网线连接不好，这就需要重做水晶头并测试，一直到网线可以正常工作为止。

2）网络设备测试。网络设备安装完毕后，加电进行测试。先测试所有的网络设备包括网线是否工作正常，然后测试点与点之间的网络传输速度，最后测试一点对多点的网络传输速度。

3）综合测试。测试外部网络和内部网络的互联互通性能，主要包括下载速度测试、网络游戏顺畅程度、在线影院流畅度等。如在测试中发现问题，需要仔细查找原因并排除。以上是非标准测试，若标准测试需用 FLUKE 等专用测试设备。

至此，经过设计、施工、测试三个步骤，一个合格的网吧布线系统建设完毕。本节通过简要的描述各个步骤的重点内容，旨在引出综合布线系统学科关注的具体内容。

1.2 综合布线概念

1.2.1 综合布线的发展

回顾历史，综合布线的发展与建筑物自动化系统密切相关。传统布线如电话、计算机局域网都是各自独立的，各系统分别由不同的厂商设计和安装，采用不同的缆线和不同的终端插座，而且连接这些不同布线的插头、插座及配线架均无法互相兼容。办公布局及环境改变的情况是经常发生的，需要调整办公设备或随着新技术的发展，需要更换设备时，就必须更换布线。这样因增加新电缆而更换的旧电缆，将会导致建筑物内大量杂乱的缆线，造成很大的隐患，不便于维护和使用。

随着全球社会信息化与经济国际化的深入发展，人们对信息共享的需求日趋迫切，就需要一个适合信息时代的布线方案。

美国 AT&T 公司的贝尔实验室的专家们经过多年的研究，在办公楼和工厂试验成功的基础上，于 20 世纪 80 年代末期率先推出 SYSTIMATMPDS（建筑与建筑群综合布线系统），现时已推出结构化布线系统 SCS。被中华人民共和国国家标准 GB/T 50311—2000

命名为综合布线 GCS（Generic Cabling System）。

综合布线是一种预布线，需要能够适应较长一段时间的需求。

1984 年，世界上第一座智能大厦产生。

1985 年初，计算机工业协会（CCIA）提出对大楼布线系统标准化的倡议。

1991 年 7 月，ANSI/EIA/TIA568 即《商业大楼电信布线标准》问世，同时，与布线通道及空间、管理、电缆性能及连接硬件性能等有关的相关标准也同时推出。

1995 年底，EIA/TIA 568 标准正式更新为 EIA/TI A/568A，同时，国际标准化组织（ISO）推出相应标准 ISO/IEC/IS11801。

1997 年，TIA 出台六类布线系统草案，同期，基于光纤的千兆网标准推出。

1999 年至今，TIA 又陆续推出了六类布线系统正式标准，ISO 推出七类布线标准。

综合布线是自 20 世纪 90 年代初传入我国的，随着我国政府大力加强基础设施的建设，市场需求在不断地扩大，庞大的市场需求促进了该产业的快速发展。特别是我国于 2007 年 10 月 1 日开始实施的《综合布线系统工程设计规范》（GB 50311—2007）和《综合布线系统工程验收规范》（GB 50312—2007）两个国家标准，对综合布线系统工程的设计、施工、验收、管理等提出了具体要求和规定，促进了综合布线系统在中国的应用和发展。同时，中国工程建设标准化协会信息通信专业委员会已经在 2008 年 11 月开始制定综合布线技术白皮书，首批计划制定了《综合布线系统管理与运行维护系统设计白皮书》、《屏蔽布线系统的设计与施工检测技术白皮书》和《万兆布线系统工程测试技术白皮书》。

1.2.2 综合布线系统概述

综合布线是一种模块化的、灵活性极高的建筑物内或建筑群之间的信息传输通道。它既能使语音、数据、图像设备和信息交换设备与其他信息管理系统彼此相连，也能使这些设备与外部通信网络相连接。它还包括建筑物外部配线网络或电信线路与应用系统设备之间的所有缆线及相关的连接部件。综合布线由不同种类和规格的部件组成，包括传输介质、相关连接硬件（如配线架、连接器、插座、插头、适配器）和电气保护设备等。这些部件可用来构建各种配线子系统，它们都有各自的具体用途，不仅易于实施安装，而且能随需求的变化而平稳升级。

不同领域对综合布线系统有不同的定义和说明。

综合布线系统指用通信电缆、光缆、各种软电缆及有关连接硬件构成的通用布线系统，它能支持语音、数据、影像和其他信息技术的标准应用系统。

综合布线系统是建筑物或建筑群内的传输网络系统，它能使语音和数据通信设备、交换设备和其他信息管理系统彼此相连接，包括建筑物到外部网络的连接点与工作区的语音或数据终端之间的所有电缆及相关联的布线部件。

综合布线是集成网络系统的基础，它能够支持数据、话音及其图像等的传输要求，为计算机网络和通信系统的支撑环境。同时，作为开发系统，综合布线也为其他系统的接入提供了有力的保障。

综合布线系统与智能大厦的发展紧密相关，是智能大厦的实现基础。智能大厦具有舒适性、安全性、方便性、经济性和先进性等特点。智能大厦一般包括中央计算机控制系统、楼宇控制系统、办公自动化系统、通信自动化系统、消防自动化系统、安保自动化系统等。

综合布线系统是生活小区智能化的基础。信息化社会唤起了人们对住宅智能化的要求，业主们开始考虑足不出户就能了解各种信息，并且非常关注在家办公、在家炒股、互动电视、住宅自控等新生事物。

《综合布线系统工程设计规范》（GB 50311—2007）规定在智能建筑与智能建筑园区的工程设计中将综合布线系统分为基本型、增强型、综合型三种常用形式，它们都能支持话音/数据等系统，能随工程的需要转向更高功能的布线系统，主要区别在于支持话音和数据服务所采用的方式不同，以及在移动和重新布局时实施线路管理的灵活性间的差异。

基本型综合布线系统是一种富有价格竞争力的综合布线方案，能支持所有话音和数据的应用，应用于语音、话音/数据或高速数据，便于技术人员管理，能支持多种计算机系统数据的传输。

增强型综合布线系统不仅具有增强功能，而且还可提供发展余地。它支持话音和数据应用，并可按需要利用端子板进行管理。特点是每个工作区有两个信息插座，不仅机动灵活，而且功能齐全，任何一个信息插座都可提供话音和高速数据应用，可统一色标，可按需要利用端子板进行管理，是一个能为多个数据设备创造部门环境服务的经济有效的综合布线方案。

综合型综合布线系统的主要特点是引入光缆，可适用于规模较大的智能大楼，其余特点与基本型或增强型相同。

1.2.3　综合布线系统子系统

《综合布线系统工程设计规范》（GB 50311—2007）规定，在综合布线系统工程设计中，需要按照下列七个部分进行：工作区子系统、配线子系统、干线子系统、建筑群子系统、设备间、进线间和管理。

根据近年来我国综合布线工程的实际应用，在本标准中新增加了进线间的规定，能够满足不同运营商接入的需要，同时针对日常应用和管理需要，特别提出了综合布线系统工程管理问题。

为了教学和实训需要，同时兼顾以前教材中综合布线按照 6 个子系统划分的习惯，将综合布线系统按照以下 7 个子系统介绍：工作区子系统、配线子系统、干线子系统、管理间、设备间、建筑群子系统、进线间。如图 1-4 所示为综合布线系统工程各个子系统示意图。

1. 工作区系统

工作区子系统又称为服务区子系统，它是由跳线与信息插座所连接的设备组成。其中信息插座包括墙面型、地面型、桌面型等，常用的终端设备包括计算机、电话机、传真机、报警探头、摄像机、监视器、各种传感器件、音响设备等。

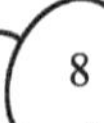

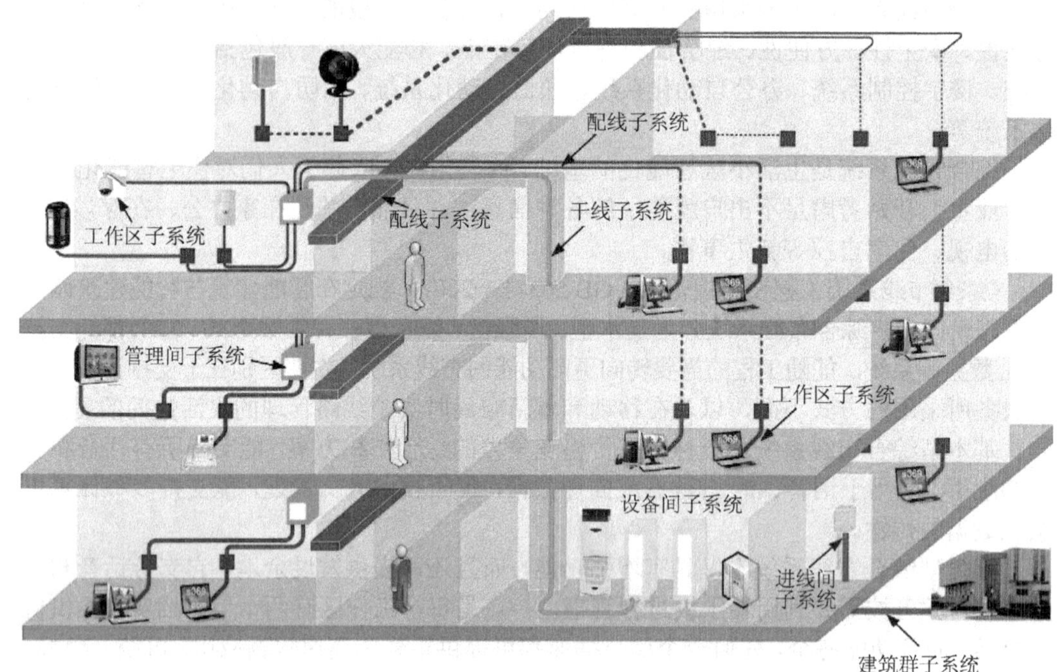

图 1-4 综合布线系统工程各个子系统示意图

在进行终端设备和 I/O 连接时可能需要某种传输电子装置，但这种装置并不是工作区子系统的一部分，如调制解调器可以作为终端与其他设备之间的兼容性设备，为传输距离的延长提供所需的转换信号，但却不是工作区子系统的一部分。

在工作区子系统的设计方面，必须要注意以下几点：

1）从 RJ-45 插座到计算机等终端设备间的连线宜用双绞线，且不要超过 5m。

2）RJ-45 插座宜首先考虑安装在墙壁上或不易被触碰到的地方。

3）RJ-45 信息插座与电源插座等应尽量保持 20cm 以上的距离。

4）对于墙面型信息插座和电源插座，其底边距离地面一般应为 30cm。

2. 配线子系统

配线子系统在 GB 50311—2007 中称为配线子系统，以往资料中也称水平干线子系统。配线子系统应由工作区信息插座模块、模块到楼层管理间连接缆线、配线架、跳线等组成。实现工作区信息插座和管理间子系统的连接，包括工作区与楼层管理间之间的所有电缆、连接硬件（信息插座、插头、端接水平传输介质的配线架、跳线架等）、跳线缆线及附件。一般采用星形结构，它与干线子系统的区别是：水平干线系统总是在一个楼层上，仅与信息插座、楼层管理间子系统连接。

在综合布线系统中，配线子系统通常由 4 对 UTP（非屏蔽双绞线）组成，能支持大多数现代化通信设备，如果有磁场干扰或信息保密时可用屏蔽双绞线，而在高带宽应用时，宜采用屏蔽双绞线或者光缆。

在配线子系统的设计中，进行综合布线的设计必须具有全面介质设施方面的知识，能够向用户提供完善而经济的设计，配线子系统的设计要点如下：

1）确定介质布线方法和缆线的走向。

2）双绞线的长度一般不超过 90m。

3）尽量避免水平线路长距离与供电线路平行走线，应保持一定的距离（非屏蔽缆线一般为 30cm，屏蔽缆线一般为 7cm）。

4）缆线必须走线槽或在天花板吊顶内布线，尽量不走地面线槽。

5）如在特定环境中布线要对传输介质进行保护，使用线槽或金属管道等。

6）确定距离服务器接线间距离最近的 I/O 位置。

7）确定距离服务器接线间距离最远的 I/O 位置。

3. 干线子系统

干线子系统在 GB 50311—2007 中称为干线子系统，以往资料中也称垂直子系统，提供建筑物的干线电缆、负责连接管理间子系统到设备间子系统的子系统，实现主配线架与中间配线架，计算机、PBX、控制中心与各管理子系统间的连接，该子系统由所有的布线电缆组成，或由导线和光缆以及将此光缆连接到其他地方的相关支撑硬件组合而成。干线传输电缆的设计必须既满足当前的需要，又适合今后的发展，具有高性能和高可靠性，支持高速数据传输。

在确定干线子系统所需要的电缆总对数之前，必须确定电缆中语音和数据信号的共享原则。对于基本型每个工作区可选定 2 对，对于增强型每个工作区可选定 3 对双绞线，对于综合型每个工作区可在基本型或增强型的基础上增设光缆系统。

传输介质包括一幢多层建筑物的楼层之间垂直布线的内部电缆或从主要单元（如计算机房或设备间）和其他干线接线间的电缆。

为了与建筑群的其他建筑物进行通信，干线子系统将中继线交叉连接点和网络接口连接起来。网络接口通常放在设备相邻的房间。

干线子系统布线走向应选择干线缆线最短、最安全和最经济的路由。但干线子系统在系统设计施工时，就需要预留一定的缆线做冗余信道，这一点对于综合布线系统的可扩展性和可靠性来说是十分重要的。干线子系统的设计要点如下。

1）干线子系统一般选用光缆，以提高传输速率。

2）干线子系统应为星形拓扑结构。

3）干线子系统干线光缆的拐弯处不要用直角拐弯，而应该有相当的弧度，以避免光缆受损，干线电缆和光缆布线的交叉不应该超过两次，从楼层配线到建筑群配线架间只应有一个配线架。

4）线路不允许有转接点。

5）为了防止语音传输对数据传输的干扰，语音主电缆和数据主电缆应分开。

6）垂直主干线电缆要防破坏，确定每层楼的干线要求和防雷电设施。

7）满足整幢大楼的干线要求和防雷击设施。

4. 管理间

管理间也称为电信间或者配线间，一般设置在每个楼层的中间位置。对于综合布线系统设计而言，管理间主要安装建筑物配线设备，是专门安装楼层机柜、配线架、交换机的楼层管理间。管理间子系统也是连接干线子系统和水平干线子系统的设备。当楼层信息点很多时，可以设置多个管理间。

管理间子系统应采用定点管理，场所的结构取决于工作区、综合布线系统规模和选用的硬件。在交接区应有良好的标记系统，如建筑物名称、建筑物楼层位置、区号、起始点和功能等标志。管理间的配线设备应采用色标区别各类用途的配线区。

管理间子系统的布线设计要点如下。

1）配线架的配线对数由所管理的信息点数决定。

2）进出线路以及跳线应采用色表或者标签等进行明确标识。

3）配线架一般由光配线盒和铜配线架组成。

4）供电、接地、通风良好、机械承重合适，保持合理的温度、湿度和亮度。

5）有交换器、路由器的地方要配有专用的稳压电源。

6）采取防尘、防静电、防火和防雷击措施。

5. 设备间

设备间在实际应用中一般称为网络中心或者机房，是在每栋建筑物适当地点进行网络管理和信息交换的场地。其位置和大小应该根据系统分布、规模以及设备的数量来具体确定，通常由电缆、连接器和相关支撑硬件组成，通过缆线把各种公用系统设备互连起来。主要设备有计算机网络设备、服务器、防火墙、路由器、程控交换机、楼宇自控设备主机等，它们可以放在一起，也可分别设置。

在较大型的综合布线中，也可以把与综合布线密切相关的硬件设备集中放在设备间，其他计算机设备、数字程控交换机、楼宇自控设备主机等可以分别设置单独机房，这些单独的机房应该紧靠综合布线系统设备间。

设备间在设计方面要注意的要点如下。

1）设备间的位置和大小应根据建筑物的结构、布线规模和管理方式及应用系统设备的数量综合考虑。

2）设备间要有足够的空间。

3）良好的工作环境：温度应保持在 0～27℃、相对湿度应保持在 60%～80%、亮度适宜。

4）设备间内所有进出线装置或设备应采用色表或色标区分各种用途。

5）设备间具有防静电、防尘、防火和防雷击措施。

6. 进线间

进线间是建筑物外部通信和信息管线的入口部位，并可作为入口设施和建筑群配线设备的安装场地。进线间是 GB 50311—2007 在系统设计内容中专门增加的，要求在建

筑物前期系统设计中要有进线间，满足多家运营商业务需要，避免一家运营商自建进线间后独占该建筑物的宽带接入业务。进线间一般通过地埋管线进入建筑物内部，适宜在土建阶段实施。

建筑群主干电缆和光缆、公用网和专用网电缆、光缆及天线馈线等室外缆线进入建筑物时，应在进线间转换成室内电缆、光缆，并可在缆线的终端处由多家电信业务经营者设置入口设施，入口设施中的配线设备应按引入的电、光缆容量配置。

电信业务经营者在进线间设置安装的入口配线设备应与建筑物配线设备（BD）或建筑群配线设备（CD）之间敷设相应的连接电缆、光缆，实现路由互通。缆线类型与容量应与配线设备相一致。

进线间缆线入口处的管孔数量应满足建筑物之间、外部接入业务及多家电信业务经营者缆线接入的需求，并应留有2～4孔的余量。

7. 建筑群子系统

建筑群子系统也称为楼宇子系统，主要实现楼与楼之间的通信连接，一般采用光缆并配置相应设备，它支持楼宇之间通信所需的硬件，包括缆线、端接设备和电气保护装置。设计时应考虑布线系统周围的环境，确定楼间传输介质和路由，并使线路长度符合相关网络标准规定。

中华人民共和国建设部公告第619号明确规定，GB 50311—2007第7.0.9条为强制性条文，必须严格执行。第7.0.9条具体内容为“当电缆从建筑物外面进入建筑物时，应选用适配的信号线路浪涌保护器，信号浪涌保护器应符合设计要求”。配置浪涌保护器主要目的是防止雷电通过室外线路进入建筑物内部设备间，击穿或者损坏网络系统设备。

建筑群子系统中室外缆线敷设方式一般有架空、直埋和地下管道三种情况。具体情况应根据现场的环境来决定，表1-1所示是建筑群子系统缆线敷设方式比较表。

表1-1 建筑群子系统缆线敷设方式比较表

方式	优点	缺点
管道	提供比较好的保护，敷设容易，扩充、更换方便，美观	初期投资高
直埋	有一定保护，初期投资低，美观	扩充、更换不方便
架空	成本低、施工快	安全可靠性低，不美观，除非有安装条件和路径，一般不采用

1.3 传输介质

综合布线，顾名思义，该课程的最终内容就在于如何“布线”。既然是讨论布线的问题，前提条件是我们必须了解“线”。这里讲的“线”，学名叫做传输介质。目前，

通信分为有线通信和无线通信两种。有线通信是利用电缆、光缆或电话线来充当传输导体的，无线通信是利用卫星、微波、红外线来充当传输导体。在通信线路上常用的有线传输介质有双绞线、大对数线和光缆。

1.3.1 双绞线缆线

双绞线（Twisted Pair，TP）是一种综合布线工程中最常用的传输介质，是由两根具有绝缘保护层的铜导线组成。把两根具有绝缘保护层的铜导线按一定节距互相绞在一起，可降低信号干扰的程度，每一根导线在传输中辐射出来的电波会被另一根线上发出的电波抵消。

目前，双绞线可分为非屏蔽双绞线 UTP（也称无屏蔽双绞线）和屏蔽双绞线 STP。屏蔽双绞线电缆的外层由铝箔包裹着，它的价格相对要高一些。

计算机综合布线使用的双绞线的种类如图 1-5 所示。

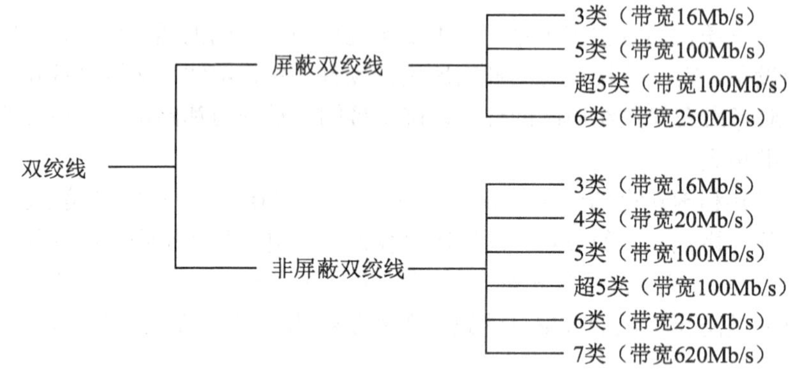

图 1-5 计算机综合布线使用的双绞线种类

计算机网络工程使用 4 对非屏蔽双绞线导线，物理结构如图 1-6 所示。

图 1-6 双绞线物理结构

1. 非屏蔽双绞线电缆的优点

非屏蔽双绞线电缆的优点如下。

1）无屏蔽外套，直径小，节省所占用的空间。

2）质量小、易弯曲、易安装。

3）将串扰减至最小或加以消除。

4）具有阻燃性。

5）具有独立性和灵活性，适用于结构化综合布线。

2. 双绞线的参数

对于双绞线，作为用户所关心的是衰减、近端串扰、特性阻抗、分布电容和直流电阻等。为了便于理解，我们首先解释几个名词。

1）衰减。衰减是沿链路的信号损失度量。衰减随频率而变化，所以应测量在应用范围内的全部频率上的衰减。

2）近端串扰。近端串扰损耗是测量一条 UTP 链路中从一对线到另一对线的信号耦合。对于 UTP 链路来说这是一个关键的性能指标，也是最难精确测量的一个指标，尤其是随着信号频率的增加其测量难度就更大。

串扰分近端串扰（NEXT）和远端串扰（FEXT），测试仪主要是测量 NEXT。由于线路损耗，FEXT 的量值影响较小，在 3 类、5 类系统中忽略不计。NEXT 并不表示在近端点所产生的串扰值，它只是表示在近端点所测量到的串扰值。这个量值会随电缆长度不同而变化，电缆越长其量值越小。同时发送端的信号也会衰减，对其他线对的串扰也相对变小。实验证明，只有在 40m 内测量得到的 NEXT 值较真实，如果另一端是远于 40m 的信息插座，它会产生一定程度的串扰，但测试仪可能无法测量到这个串扰值。基于这个理由，对 NEXT 最好在两个端点都要进行测量。现在的测试仪都配有相应设备，使得在链路一端就能测量出两端的 NEXT 值。

3）直流电阻。直流环路电阻会消耗一部分信号并转变成热量，它是指一对导线电阻的和，11801 的规格不得大于 19.2W，每对间的差异不能太大（小于 0.1W），否则表示接触不良，必须检查连接点。

4）特性阻抗。与环路直接电阻不同，特性阻抗包括电阻及频率自 1～100MHz 的电感抗及电容抗，它与一对电线之间的距离及绝缘的电气性能有关。各种电缆有不同的特性阻抗，对双绞线电缆而言，则有 100W、120W 和 150W 几种。

5）衰减串扰比（ACR）。在某些频率范围，串扰与衰减量的比例关系是反映电缆性能的另一个重要参数。ACR 有时也以信噪比（SNR）表示，它由最差的衰减量与 NEXT 量值的差值计算。较大的 ACR 值表示对抗干扰的能力更强，系统要求至少大于 10dB。

6）电缆特性。通信信道的品质是由它的电缆特性——信噪比 SNR 来描述的。SNR 是在考虑到干扰信号的情况下，对数据信号强度的一个度量。如果 SNR 过低，将导致数据信号在被接收时，接收器不能分辨数据信号和噪声信号，最终引起数据错误。因此，为了使数据错误限制在一定范围内，必须定义一个最小的可接收的 SNR。

3. 双绞线的绞距

在双绞线电缆内，不同线对具有不同的绞距长度。一般地说，4 对双绞线绞距周期在 38.1mm 长度内，按逆时针方向扭绞，一对线对的扭绞长度在 12.7mm 以内。

4. 网络双绞线的生产制造过程

目前，网络综合布线系统工程大量使用超 5 类和 6 类非屏蔽双绞线，我们以超 5 类非屏蔽双绞线为例介绍双绞线的制造过程。一般制造流程为：铜棒拉丝→单芯覆盖绝缘层→两芯绞绕→4 对绞绕→覆盖绝缘层→印刷标记→成卷。

首先将铜棒拉制成直径为 0.50～0.55mm 的铜导线，然后在铜导线外均匀覆盖塑料绝缘层，然后将两根导线按照一定的节距绞绕在一起，再将4对已经绞绕好的单绞线按照一定的节距进行第二次绞绕，最后在已经经过两次绞绕的4对双绞线外覆盖保护绝缘外套。而在工厂专业化大规模生产超5类电缆时的工艺流程分为绝缘、绞对、成缆、护套四项。

各个制造流程的技术要求如下。

（1）绝缘

绝缘线检测项目、指标和测试方法如表1-2所示。

表1-2 绝缘线检测

检查项目	指标	检查方法
导体直径/mm	0.511	激光测径仪
绝缘外径/mm	0.92	激光测径仪
绝缘最大偏心/mm	≤0.020	激光测径仪
导体伸长率/%	20～25	伸长试验仪
同轴电容/（pF/m）	228	电容测试仪
火花击穿数/个	≤2（DC 3500V）	火花记录器
颜色	孟塞尔色标	比色

在该阶段需要注意导体直径、绝缘外径的测定，绝缘的偏心，导体及绝缘的伸长率，绝缘单线的同轴电容，火花击穿数，绝缘单线的颜色，单线装盘时的排线等各项指标，检验后符合要求的才能进入下个工序，确保下一个工序能正常生产。

（2）绞对

电缆制造过程中，将绝缘线芯绞合成线组，除了保持回路传输参数稳定，增加电缆弯曲性能便于使用，还可以减少电缆组间的电磁耦合，利用其交叉效应来减小线对/组间的串音。线对绞对的节距大小及节距的配合情况直接影响电缆的串音指标。可用线组的绞合节距的相互配合来减少组间的直接系统性耦合，以达到减小串音的目的。

绞对时应注意收、放线张力的控制。避免张力过大放线不均匀，拉伤线对，对线对的电气性能产生影响，同时也应避免张力过小导致放线线盘过于松动产生缠绕、打结现象。

绞对检测项目、指标和测试方法如表1-3所示。

表1-3 绞对检测

检查项目	指标	检查方法
节距	白蓝10mm，白橘15.6mm，白绿12.5mm，白棕18mm	直尺测量
绞向	Z向（右向）	目测
绞对线单跟导线直流电阻	≤93Ω	电阻表
绞对前后电阻不平衡	≤2%	$\frac{\text{大电阻值}-\text{小电阻值}}{\text{大电阻值}-\text{小电阻值}}\times 100\%$
耐高压	DC 3s，2000V	

（3）成缆

4 对数据缆的成缆很简单，束绞或 S-Z 绞都是可以采用的工艺方式，以一定的成缆节距，减小线对间的串音等。为提高产量、确保生产效率，很多厂家引入群绞设备来完成绞对和成缆工序。群绞是将绞对和成缆联动在一起的成缆设备，比起普通成缆机，群绞设备减少了必须由对绞机绞对后才由成缆机绞制成缆芯的过程。由于群绞机在成缆时联动了绞对和成缆，缩短了绞对至成缆之间的等待时间，减少了生产周期，提高了生产效率。

（4）护套

护套工序在生产中类似于绝缘工序，该工序为缆线的缆芯统一包一层保护外套，并在护套上喷印生产厂家的产品信息及相关内容。护套类型可分为阻燃、非阻燃，室内、室外等。护套检测项目、指标和测试方法如表 1-4 所示。

表 1-4 护套检测

检查项目	指标	检查方法
外观检测	光滑、圆整、无孔洞、无杂质	目测
最小护套厚度/mm	标称：0.6mm	游标卡尺
偏心/mm	≤0.20（在电缆同一截面上测量）	游标卡尺
电缆外径/mm	标称：5.4mm	纸带法
米长度误差	≤0.5%	卷尺

在生产制造过程中，影响网络双绞线传输速率和距离的主要因素如下。

1）铜棒材料质量。

2）铜棒拉丝制成线芯的直径、均匀度和同心度。

3）线芯覆盖绝缘层的厚度、均匀度和同心度。

4）两芯线绞绕节距和松紧度。

5）4 对绞绕节距和松紧度。

6）生产过程中的张紧拉力。

7）生产过程中的卷轴曲率半径。

在工程施工过程中，影响网络双绞线传输速率和距离的主要因素如下。

1）网络双绞线配线端接工程技术。

2）布线拉力。

3）布线曲率半径。

4）布线绑扎技术。

5）电磁干扰。

6）工作温度。

1.3.2 大对数双绞线

1. 大对数双绞线的组成

大对数双绞线是由 25 对具有绝缘保护层的铜导线组成的。它有 3 类 25 对大对数双

绞线，5 类 25 对大对数双绞线，为用户提供更多的可用线对，并被设计为扩展的传输距离上实现高速数据通信应用，传输带宽为 100MHz。导线色彩由蓝、橙、绿、棕、灰和白、红、黑、黄、紫编码组成。

2. 大对数线品种

大对数线品种分为屏蔽大对数线和非屏蔽大对数线，如图 1-7 所示。

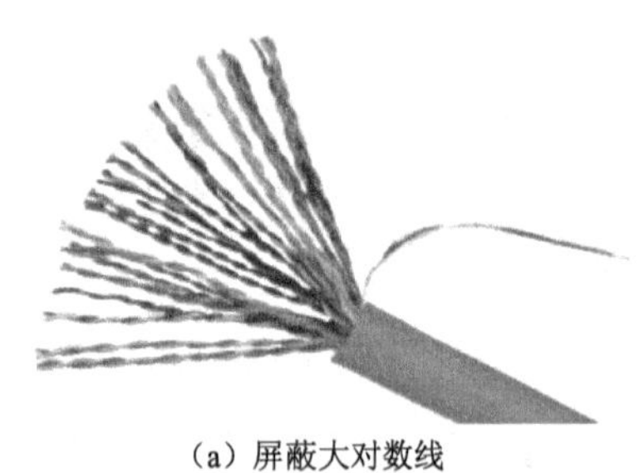

（a）屏蔽大对数线

（b）非屏蔽大对数线

图 1-7 大对数双绞线

1.3.3 同轴电缆

同轴电缆是由一根空心的外圆柱导体及其所包围的单根内导线所组成，如图 1-8 所示。柱体同导线用绝缘材料隔开，其频率特性比双绞线好，能进行较高速率的传输。由于它的屏蔽性能好，抗干扰能力强，通常多用于基带传输。

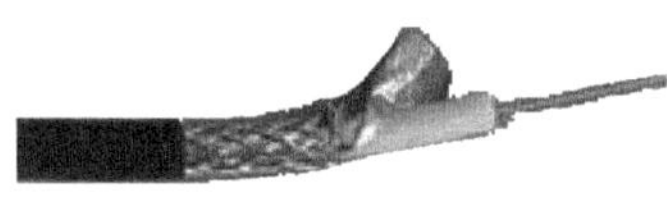

图 1-8 同轴电缆

同轴电缆也是局域网中最常见的传输介质之一。它用来传递信息的一对导体是按照一层圆筒式的外导体套在内导体（一根细芯）外面，两个导体间用绝缘材料互相隔离的结构制造的，外层导体和中心轴芯线的圆心在同一个轴心上，所以叫做同轴电缆。同轴电缆之所以设计成这样，也是为了防止外部电磁波干扰异常信号的传递。

同轴电缆可分为两种基本类型：基带同轴电缆和宽带同轴电缆。目前基带常用的电缆，其屏蔽线是用铜做成网状的，特征阻抗为 50Ω，如 RG-8、RG-58 等；宽带常用的电缆，其屏蔽层通常是用铝冲压成的，特征阻抗为 75Ω，如 RG-59 等。

同轴电缆根据其直径大小可以分为粗同轴电缆与细同轴电缆。

细缆的直径为 0.26cm，最大传输距离为 185m，使用时与 50Ω 终端电阻、T 形连接器、BNC 接头与网卡相连，十分适合架设终端设备较为集中的小型以太网络。缆线总长不要超过 185m，否则信号将严重衰减。细缆的阻抗是 50Ω。

粗缆（RG-11）的直径为 1.27cm，最大传输距离达到 500m。由于粗缆的强度较强，最大传输距离也比细缆长，因此粗缆主要用于网络主干，用来连接数个由细缆所结成的网络。粗缆的阻抗是 75Ω。

为了保持同轴电缆的正确电气特性，电缆屏蔽层必须接地，同时两头要有终端来削弱信号反射作用。

无论是粗缆还是细缆均为总线拓扑结构，即一根缆上接多部机器，这种拓扑结构适用于机器密集的环境。但是当一触点发生故障时，故障会串联影响到整根缆上的所有机器，故障的诊断和修复都很麻烦。所以，逐步被非屏蔽双绞线或光缆取代。

1.3.4 光缆

1. 光缆

光导纤维是一种传输光束的细而柔韧的媒质，光导纤维电缆由一捆光纤维组成，简称光缆，如图 1-9 所示。光缆是数据传输中最有效的一种传输介质。

光纤通常是由石英玻璃制成，是横截面积很小的双层同心圆柱体，也称为纤芯，它质地脆，易断裂，由于这一缺点，需要外加一保护层，其结构如图 1-10 所示。

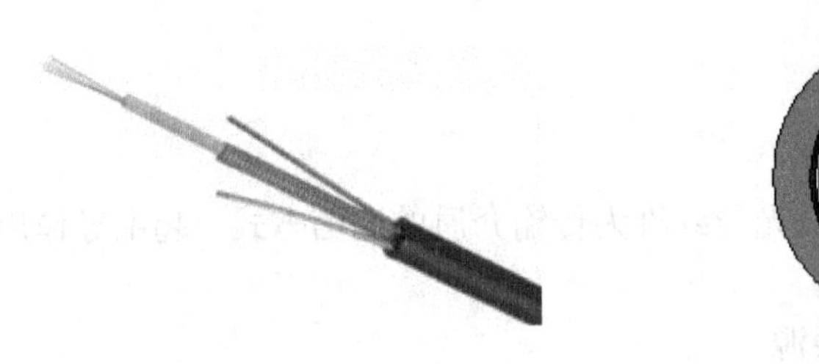

图 1-9 光缆

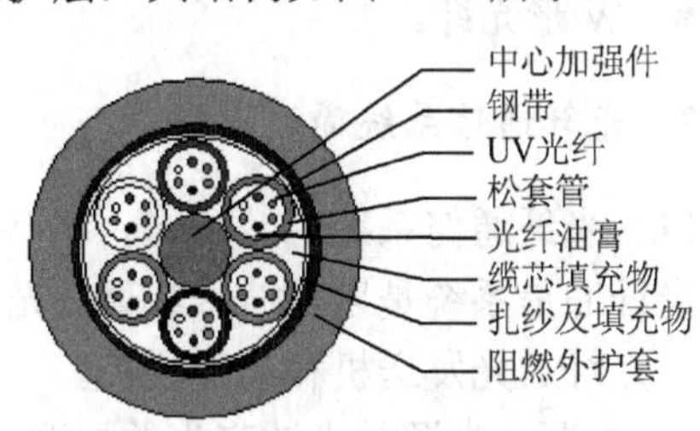

图 1-10 光缆结构

光缆是数据传输中最有效的一种传输介质，它有以下几个优点：

1）较宽的频带。

2）电磁绝缘性能好。光纤电缆中传输的是光束，而光束是不受外界电磁干扰影响的，而且本身也不向外辐射信号，因此它适用于长距离的信息传输以及对安全性要求较高的场合。

3）衰减较小。

4）中继器的间隔距离较大，因此整个通道中继器的数目可以减少，这样可降低成本。而同轴电缆和双绞线在长距离使用中就需要接中继器。

2. 光纤的种类

光纤主要有两大类，即单模光纤和多模光纤。

（1）单模光纤

单模光纤的纤芯直径很小，在给定的工作波长上只能以单一模式传输，传输频带宽，传输容量大。光信号可以沿着光纤的轴向传播，因此光信号的损耗很小，离散也很小，传播的距离较远。单模光纤 PMD 规范建议芯径为 8～10 μm，包层直径为 125 μm。

（2）多模光纤

多模光纤是在给定的工作波长上，能以多个模式同时传输的光纤。多模光纤的纤芯直径一般为 50～200 μm，而包层直径的变化范围为 125～230 μm，计算机网络用的纤芯直径为 62.5 μm，包层为 125 μm，也就是通常所说的 62.5 μm。与单模光纤相比，多模光纤的传输性能要差。在导入波长上分单模 1310nm、1550nm 和多模 850nm、1300nm。

（3）纤芯分类

1）按照纤芯直径可划分为以下几种。

- 50/125 μm 缓变型多模光纤。
- 62.5/125 μm 缓变增强型多模光纤。
- 10/125 μm 缓变型单模光纤。

2）按照光纤芯的折射率分布可分为以下几种。

- 阶跃型光纤（Step Index Fiber，SIF）。
- 梯度型光纤（Graded Index Fiber，GIF）。
- 环形光纤（Ring Fiber）。
- W 形光纤。

3. 光纤通信系统简述

（1）光纤通信系统

光纤通信系统是以光波为载体、光导纤维为传输介质的通信方式，起主导作用的是光源、光纤、光发送机和光接收机。

1）光源：光源是光波产生的根源。

2）光纤：光纤是传输光波的导体。

3）光发送机：光发送机负责产生光束，将电信号转变成光信号，再把光信号导入光纤。

4）光接收机：光接收机负责接收从光纤上传输过来的光信号，并将它转变成电信号，经解码后再进行相应处理。

（2）光纤通信系统的主要优点

1）传输频带宽、通信容量大，短距离时达几千兆的传输速率。

2）线路损耗低、传输距离远。

3）抗干扰能力强，应用范围广。

4）线径细、质量小。

5）抗化学腐蚀能力强。

6）光纤制造资源丰富。

（3）光端机

图 1-11　光端机

光端机是光通信的一个主要设备，其外观如图 1-11 所示，主要分两大类：模拟信号光端机和数字信号光端机。

模拟信号光端机主要分为调频式光端机和调幅式光端机。由于调频式光端机比调幅式光端机的灵敏度高约 16dB，所以市场上模拟信号光端机是以调频式 FM 光端机为主导的，调幅式光端机是很少见的。光端机一般按方向分为发射机（T）、接收机（R）和收发机（X）。作为模拟信号的 FM 光端机，现行市场上主要有以下几种类型。

1）单模光端机/多模光端机。

光端机根据系统的传输模式可分为单模光端机和多模光端机。一般来说，单模光端机光信号传输可达几十千米的距离，模拟光端机有些型号可无中继地传输 100km。而多模光端机光信号一般可传输为 2～5km。

2）数据/视频/音频光端机。

光端机根据传输信号又可分为数据光端机、视频光端机、音频光端机、视频/数据光端机、视频/音频光端机、视频/数据/音频光端机，以及多路复用光端机，并且可作为 10～100Mb/s 以太网（IP）数据传输功能。

3）独立式/插卡式/标准式光端机。

- 独立式光端机可独立使用，但需要外接电源，主要应用于系统远程设备比较分散的场合。
- 插卡式光端机中的模块可插入插卡式机箱中工作，每个插卡式机箱为 19 英寸（1 英寸=25.4mm）机架，具有 18 个插槽，插卡式光端机主要应用在系统的控制中心，便于系统安装和维护。
- 标准式光端机可独立使用，标准 19 英寸 1U 机箱，可安装在系统远程设备及控制中心 19 英寸机柜中。

4）光纤通信系统主要优点。

- 传输频带宽、通信容量大，短距离时传输速率达几千兆。
- 路线损耗低、传输距离远。
- 抗干扰能力强，应用范围广。
- 线径细、重量轻。
- 抗化学腐蚀能力强。
- 光纤制造资源丰富。

在网络工程中，一般是 62.5/125 μm 规格的多模光纤，有时用 50/125 μm 规格的多模光纤。户外布线大于 2km 时可选用单模光纤。

4. 光缆的种类和机械性能

（1）单芯互连光缆

单芯互连光缆的主要应用范围包括跳线、内部设备连接、通信柜配线面板、墙上出口到工作站的连接和水平拉线直接端接，其主要性能及优点如下。

1）高性能的单模和多模光纤符合所有的工业标准。

2）900 μm 紧密缓冲外衣易于连接与剥除。

3）Agamid 抗拉线增强组织提高对光纤的保护。

4）UL/CAS 验证符合 OFNR 和 OFNP 性能要求。

（2）双芯互连光缆

双芯互连光缆的主要应用范围包括交连跳线、水平走线，直接端接、光纤到桌、通

信柜配线面板和墙上出口到工作站的连接。

双芯互联光缆除具备单芯互连光缆所有的主要性能优点之外，还具有光纤之间易于区分的优点。

（3）室外光缆 4～12 芯铠装型与全绝缘型

室外光缆有 4 芯、6 芯、8 芯和 12 芯，又分铠装型和全绝缘型。室外光缆的主要应用范围包括以下几个方面。

1）园区中楼宇之间的连接。

2）长距离网络。

3）主干线系统。

4）本地环路和支路网络。

5）严重潮湿、温度变化大的环境。

6）架空连接（和悬缆线一起使用）、地下管道或直埋。

室外光缆的主要性能优点如下。

1）高性能的单模和多模光纤符合所有的工业标准。

2）900 μm 紧密缓冲外衣易于连接与剥除。

3）套管内具有独立彩色编码的光纤。

4）轻质的单通道结构节省了管内空间，管内灌注防水凝胶，以防止水渗入。

5）设计和测试均根据 BellcoreGR-20-CORE 标准。

6）扩展级别 62.5/125 μm 符合 ISO/IEC11801 标准。

7）抗拉线增强组织提高对光纤的保护。

8）聚乙烯外衣在紫外线或恶劣的室外环境有保护作用。

9）低摩擦的外皮使之可轻松穿过管道，完全绝缘或铠装结构，撕剥线使剥离外表更方便。

（4）室内/室外光缆（单管全绝缘型）

室内/室外光缆有 4 芯、6 芯、8 芯、12 芯、24 芯和 32 芯。室内/室外光缆的主要应用范围包括以下几个方面。

1）不需任何互连的情况下，由户外延伸入户内，缆线具有阻燃特性。

2）园区中楼宇之间的连接。

3）本地线路和支路网络。

4）严重潮湿、温度变化大的环境。

5）架空连接时。

6）地下管道或直埋。

7）悬吊缆/服务缆。

室内室外光缆的主要性能优点如下。

1）高性能的单模和多模光纤符合所有的工业标准。

2）设计符合低毒、无烟的要求。

3）套管内具有独立 TLA 彩色编码的光纤。

4）轻质的单通道结构节省了管内空间，管内灌注防水凝胶，以防止水渗入；注胶芯完全由聚酯带包裹。

5）符合ISO/IEC11801标准。

6）Agamid抗拉线增强组织提高对光纤的保护。

7）聚乙烯外衣在紫外线或恶劣的室外环境有保护作用。

8）低摩擦的外皮可使之轻松穿过管道，完全绝缘或铠装结构，撕剥线使剥离外表更方便。

1.4 布线器材

布线系统中除了缆线外，槽管是一个重要的组成部分。可以说，金属槽、PVC槽、金属管、PVC管是综合布线系统的基础性材料。除了槽管以外，水晶头、信息模块、信息插座面板、底盒、配线架、理线架和机柜等也都是综合布线系统中常见的布线器材。

1.4.1 金属线槽和塑料线槽

1. 金属槽

金属槽由槽底和槽盖组成，每根槽一般长度为2m，槽与槽连接时使用相应尺寸的铁板和螺钉固定，槽的外形如图1-12所示。

在综合布线系统中，一般使用的金属槽有50mm×100mm、100mm×100mm、100mm×200mm、100mm×300mm和200×400mm等多种规格。

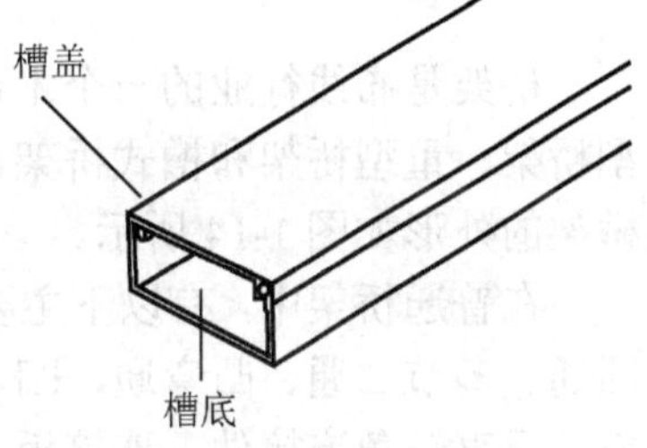

图1-12 线槽外形

2. 塑料槽

塑料槽的外形与图1-12类似，但它的品种规格更多。从型号上讲有PVC-20系列、PVC-25系列、PVC-25F系列、PVC-30系列、PVC-40系列和PVC-40Q系列等；从规格上讲有20mm×12mm、25mm×12.5mm、25mm×25mm、30mm×15mm和40mm×20mm等。

与PVC槽配套的附件有阳角、阴角、直转角、平三通、左三通、右三通、连接头、终端头和接线盒（暗盒、明盒）等。

1.4.2 金属管和塑料管

1. 金属管

金属管是用于分支结构或暗埋的线路，它的规格也有多种，以其外径（单位为mm）

图 1-13　金属管外形

进行区分。金属管的外形如图 1-13 所示。

工程施工中常用的金属管有 D16、D20、D25、D32、D40、D50、D63 和 D110 等规格。

在金属管内穿线比线槽布线难度更大一些，在选择金属管时要注意管径选择大一点，一般管内填充物占 30%左右，以便于穿线。金属管还有一种是软管（俗称蛇皮管），供弯曲的地方使用。

2. 塑料管

塑料管产品分为两大类：PE 阻燃导管和 PVC 阻燃导管。塑料管的外形与金属管类似。

PE 阻燃导管是一种塑制半硬导管，按外径可分为 D16、D20、D25 和 D32 这 4 种规格。外观为白色，具有强度高、耐腐蚀、挠性好、内壁光滑等优点，明、暗装穿线兼用。它以盘为单位，每盘重为 25kg。

PVC 阻燃导管是以聚氯乙烯树脂为主要原料，加入适量的助剂，经加工设备挤压成型的刚性导管。小管径 PVC 阻燃导管可在常温下进行弯曲。便于用户使用，按外径可分为 D16、D20、D25、D32、D40、D45、D63 和 D110 等规格。

与 PVC 管安装配套的附件有接头、螺圈、弯头、弯管弹簧、一通接线盒、二通接线盒、三通接线盒、四通接线盒、开口管卡和专用截管器等。

1.4.3　桥架

桥架是布线行业的一个术语，是建筑物内布线不可缺少的一个部分。桥架分为普通型桥架、重型桥架和槽式桥架。在普通桥架中还可分为普通型桥架和直边普通型桥架。桥架的外形如图 1-14 所示。

图 1-14　桥架外形

在普通桥架中，有以下主要配件供组合：梯架、弯通、三通、四通、多节二通、凸弯通、凹弯通、调高板、端向连接板、调宽板、垂直转角连接件、连接板、小平转角连接板和隔离板等。

在直通普通型桥架中有以下主要配件供组合：梯架、弯通、三通、四通、多节二通、凸弯通、凹弯通、盖板、弯通盖板、三通盖板、四通盖、凸弯通盖板、凹弯通盖板、花孔托盘、花孔弯通、花孔四通托盘、连接板垂直转角连接板、小平转角连接板、端向连接板护板、隔离板、调宽板和端头挡板等。

重型桥架、槽式桥架在网络布线中很少使用，故不再叙述。

1.4.4　水晶头与信息模块

1. 水晶头

水晶头是一种只能沿固定方向插入并自动防止脱落的塑料接头，俗称水晶头，专业术语为 RJ-45 连接器（RJ-45 是一种网络接口规范，类似的还有 RJ-11 接口，就是我们平常所用的电话接口，用来连接电话线）。之所以把它称为水晶头，是因为它的外表晶莹透亮的原因，如图 1-15 所示。双绞线的两端必须都安装这种 RJ-45 插头，以便插在网卡、集线器或交换机的 RJ-45 接口上，进行网络通信。

RJ-11 接口和 RJ-45 接口很类似，但只有 4 根针脚（RJ-45 为 8 根），如图 1-16 所示。在计算机系统中，RJ-11 插头主要用来连接调试解调器。日常应用中，RJ-11 插头常见于电话线，还有一种 RJ-12 插头通常也适用于语音通信，结构和前两种一样，但是有 6 根针脚（6p6c），同时还衍生出 6 槽 4 针（6p4c）和 6 槽 2 针（6p2c）两种。

图 1-15　RJ-45 连接器

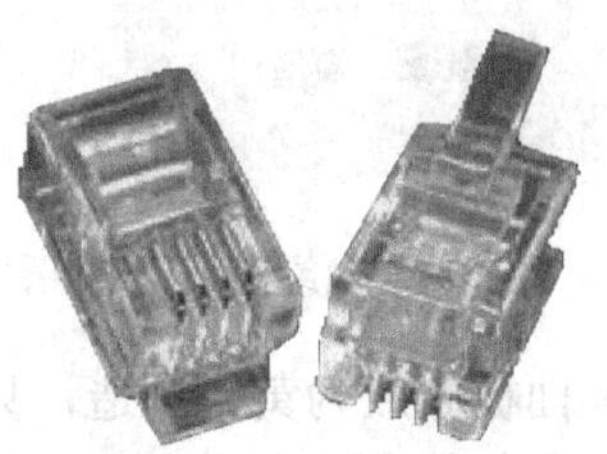

图 1-16　RJ-11 连接器

2. 信息模块

信息模块是网络工程中经常使用的一种器材，分为 6 类、超 5 类和 3 类，且有屏蔽和非屏蔽之分。信息模块如图 1-17 所示。

信息模块满足 T-568A 超 5 类传输标准，符合 T568A 和 T568B 线序，适用于设备间与工作区的通信插座连接。免工具型设计，便于准确快速地完成端接，扣锁式端接帽确保导线全部端接并防止滑动。芯针触点材料 50 μm 的镀金层，耐用性为 1500 次插拔。

图 1-17 信息模块

打线柱外壳材料为聚碳酸酯，IDC 打线柱夹子为磷青铜。适用于 22AWG（0.64mm）、24AWG（0.5mm）及 26AWG（0.4mm）缆线，耐用性为 350 次插拔。

1.4.5　面板、底盒

1. 面板

常用面板按面板外形尺寸可分为国标 86 型和 120 型；按上面集成接口数量可分为单口面板和双口面板；按应用场合不同又可分为地弹插座面板、墙面插座面板和桌面型面板。

86 型面板的宽度和长度分别是 86mm，通常采用高强度塑料材料制成，适合安装在墙面，具有防尘功能，如图 1-18 所示。

120 型面板一般为黄铜材料制成，常见有方形和圆形面板两种。方形的长为 120mm，宽 120mm，适合安装在地面，具有防尘、防水功能。RJ-45+RJ-11 地插和三相+两相地插如图 1-19 所示。应用于工作区的布线子系统，面板表面带嵌入式图表及标签位置，便于识别数据和语音端口，配有防尘滑门用以保护模块、遮蔽灰尘和污物进入。

图 1-18　网络面板

图 1-19　120 型面板

地弹插座面板一般为黄铜制造，只适合在地面安装，每只售价在 100～200 元。地弹插座面板一般都具有防水、防尘、抗压功能，使用时打开盖板，不使用时，盖好盖板与地面高度相同。地弹插座有双口 RJ-45、双口 RJ-11、单口 RJ-45+单口 RJ-11 组合等规格，外形有圆形的也有方形的。地弹插座面板不能安装在墙面。

墙面插座面板一般为塑料制造，只适合在墙面安装，每只售价在 5～20 元，具有防尘功能，使用时打开防尘盖，不使用时，防尘盖自动关闭。墙面插座面板有双口 RJ-45、双口 RJ-11、单口 RJ-45+单口 RJ-11 组合等规格。墙面插座面板不能安装在地面，因为塑料结构容易损坏，而且不具备防水功能，灰尘和垃圾进入插口后无法清理。

桌面型面板一般为塑料制造，适合安装在桌面或者台面，在综合布线系统设计中很少使用。

2. 底盒

网络信息点插座底盒按照材料一般分为金属底盒和塑料地盒，按照安装方式一般分为暗装底盒和明装底盒，按照配套面板规格分为 86 系列和 120 系列。

一般墙面安装 86 系列面板时，配套的底盒有明装和暗装两种。明装底盒经常在改扩建工程墙面明装方式布线时使用，一般为白色塑料盒，外形美观、表面光滑。外形尺寸比面板稍小一些，为长 84mm、宽 84mm、深 36mm，底板上有 2 个直径 6mm 的安装孔，用于将底座固定在墙面，正面有 2 个 M4 螺孔，用于固定面板，侧面预留有上下进线孔，如图 1-20（a）所示。

暗装底盒一般在新建项目和装饰工程中使用，常见的有金属和塑料两种。塑料底盒一般为白色，一次注塑成型，表面比较粗糙，外形尺寸比面板小一些，常见尺寸为长 80mm、宽 80mm、深 50mm，5 面都预留有进出线孔，方便进出线，底板上有 2 个安装孔，用于将底座固定在墙面，正面有 2 个 M4 螺孔，用于固定面板，如图 1-22（b）所示。

暗装金属底盒一般一次冲压成型，表面都进行电镀处理，避免生锈，尺寸与塑料底盒基本相同，如图 1-20（c）所示。

（a）明装底盒

（b）暗装塑料底盒

（c）暗装金属底盒

图 1-20　底盒

暗装底盒只能安装在墙面或者装饰隔断内，安装面板后就隐蔽起来了，施工中不允许把暗装底盒明装在墙面上。

暗装塑料底盒一般在土建工程施工时安装，直接与穿线管端头连接固定在建筑物墙内或者立柱内，外沿低于墙面 10mm，中心距离地面高度为 300mm 或者按照施工图纸规定高度安装。底盒安装好以后，必须用钉子或者水泥砂浆固定在墙内，如图 1-21 所示。

需要在地面安装网络插座时，盖板必须具有防水、抗压和防尘功能，一般选用 120 系列金属面板，配套的底盒适合选用金属底盒，一般金属底盒比较大，常见规格为长 100mm、宽 100mm，中间有 2 个固定面板的螺孔，5 个面都预留有进出线孔，方便进出线。如图 1-22 所示，地面金属底盒安装后一般应低于地面 10～20mm，注意这里的地面是指装修后地面。

图 1-21　墙面暗装底盒

图 1-22　地面暗装底盒和信息插座

在扩建、改建和装饰工程安装网络面板时，为了美观，一般宜采取暗装底盒，必要时要在墙面或者地面进行开槽安装，如图 1-23 和图 1-24 所示。

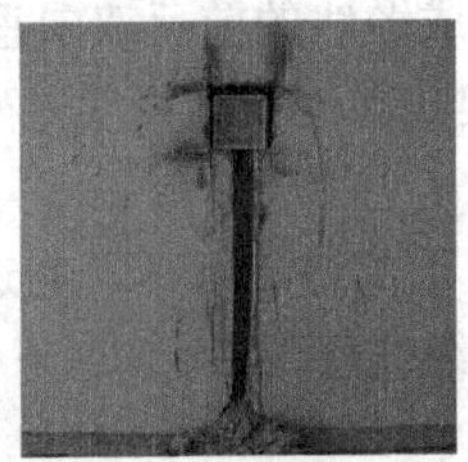
图 1-23　装修墙面暗装底盒

图 1-24　装修墙面明装底盒

1.4.6　配线架

配线架是管理子系统中最重要的组件，是实现干线和配两个子系统交叉连接的枢纽，一般放置在管理区和设备间的机柜中。配线架通常安装在机柜内。通过安装附件，配线架可以全线满足 UTP、STP、同轴电缆、光纤和音视频的需要。

在网络工程中常用的配线架有双绞线配线架和光纤配线架。

双绞线配线架的作用是在管理子系统中将双绞线进行交叉连接，用在主配线间和各分配线间。双绞线配线架的型号很多，每个厂商都有自己的产品系列，并且对应 3 类、5 类、超 5 类、6 类和 7 类缆线分别有不同的规格和型号，在具体项目中，应参阅产品手册，根据实际情况进行配置。双绞线配线架如图 1-25 所示。

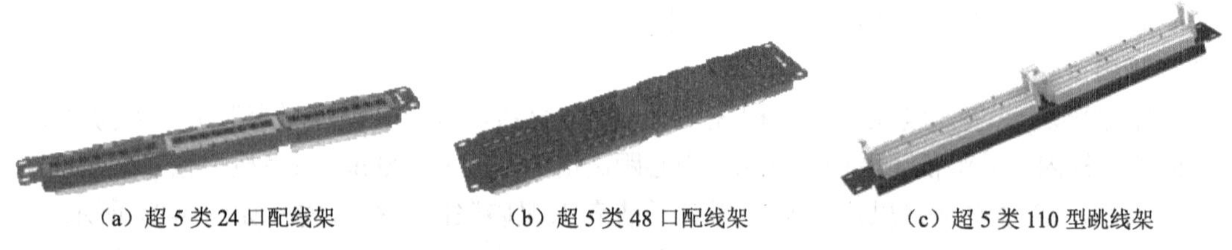

（a）超 5 类 24 口配线架　（b）超 5 类 48 口配线架　（c）超 5 类 110 型跳线架

图 1-25　双绞线配线架

用于端接传输数据缆线的配线架采用 19 英寸 RJ-45 口 110 配线架，此种配线架背面进线采用 110 端接方式，正面全部为 RJ-45 口用于跳线配线，它主要分为 24 口、48 口等，全部为 19 英寸机架/机柜式安装。

光纤配线架的作用是在管理子系统中将光缆进行连接，通常在主配线间和各分配线间进行。

1.4.7　理线器

理线器为电缆提供了平行进入 RJ-45 模块的通路，使电缆在压入模块之前不再多次直角转弯，减少了自身的信号辐射损耗，同时也减少了对周围电缆的辐射干扰。由于理线器使水平双绞线有规律地、平行地进入模块，因此在今后线路扩充时，将不会因改变一根电缆而引起大量电缆的更动，使整体可靠性得到保证，即提高了系统的可扩充性。在机柜中理线器能安装在三种位置。

1）垂直理线环可安装于机架的上下两端或中部，完成缆线的前后双向垂直管理。

2）水平理线器（如图 1-26 所示）安装于机柜或机架的前面，与机架式配线架搭配使用，提供配线架或设备跳线的水平方向的缆线管理。

3）机架顶部理线槽可安装在机架顶部，缆线走机柜顶部进入机柜，为进出的缆线提供一个安全可靠的路径，包括 9 个管理环和 18 英寸的缆线管理带。

图 1-26　水平理线器

1.4.8　机柜

机柜是存放设备和缆线交接的地方，机柜以 U 为单元区分（1U=44.45mm）。

标准的机柜端接设备宽度为 600mm，一般情况下，服务器机柜的深度大于 800mm，而网络机柜的深度小于 800mm。具体规格如表 1-5 所示。

表 1-5　网络机柜规格表

产品名称	用户单元	规格型号（宽×深×高）	产品名称	用户单元	规格型号（宽×深×高）
普通墙柜系列	6U	530×400×300	普通网络机柜系列	18U	600×600×1000
	8U	530×400×400		22U	600×600×1200
	9U	530×400×450		27U	600×600×1400
	12U	530×400×600		31U	600×600×1600
普通服务器机柜系列（加深）	31U	600×800×1600		36U	600×600×1800
	36U	600×800×1800		40U	600×600×2000
	40U	600×800×2000		45U	600×600×2200

网络机柜可分为两种：常用服务器机柜和壁挂式网络机柜。

（1）常用服务器机柜

1）安装立柱尺寸为 480mm，内部安装设备的空间高度一般为 1850mm，如图 1-27 所示。

2）采用优质冷轧钢板，独特表面静电喷塑工艺，耐酸碱、耐腐蚀，保证可靠接地、防雷击。

3）走线简洁，前后及左右面板均可快速拆卸，方便各种设备的走线。

4）上部安装有 2 个散热风扇，下部安装有 4 个转动轱辘和 4 个固定地脚螺栓。

5）适用于 IBM、HP、DELL 等各种品牌导轨式上安装的机架式服务器，也可以安装普通服务器和交换机等标准 U 设备。一般安装在网络机房或者楼层设备间。

（2）壁挂式网络机柜

壁挂式网络机柜主要用于摆放轻巧的网络设备，外观轻巧美观，全柜采用全焊接式设计，牢固可靠。机柜背面有四个挂墙的安装孔，可将机柜挂在墙上节省空间，如图 1-28 所示。

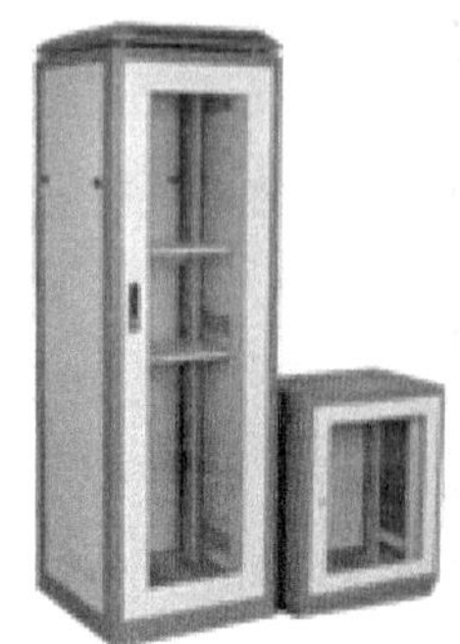

图 1-27 常用服务器机柜

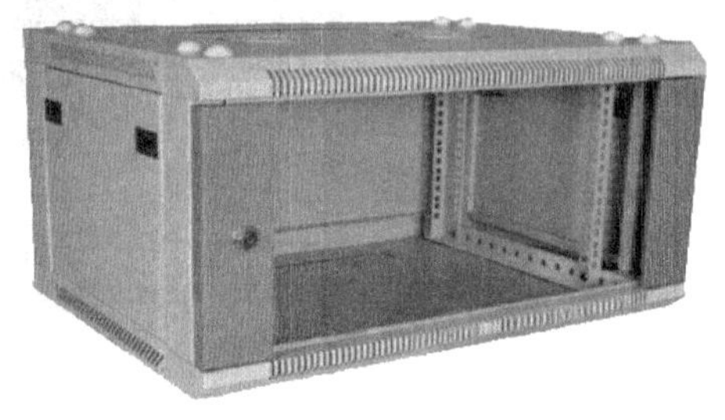

图 1-28 壁挂式网络机柜

小型壁挂式机柜有体积小、纤巧、节省机房空间等特点，广泛用于计算机数据网络、布线、音响系统、银行、金融、证券、地铁、机场工程和工程系统等。

1.5 布线施工工具

1.5.1 双绞线安装工具

在布线系统中，进行缆线端接要借助于施工工具——布线工具。

1. 5 对 110 打线钳

该工具是一种简便快捷的 110 型连接端子打线工具，是 110 配线（跳线）架卡接连接块的最佳手段，如图 1-29 所示。一次最多可以接 5 对的连接块，操作简单，省时省力，适用于缆线、跳接块及跳线架的连接作业。

2. 单对 110 打线钳

该工具适用于缆线、110 型模块及配线架的连接作业。使用时只需要简单地在手柄上推一下，就能完成将导线卡接在模块中，完成端接过程。如图 1-30 所示。

使用打线工具时，必须注意以下事项。

1）用手在压线口按照线序把线芯整理好，然后开始压接，压接时必须保证打线钳方向正确，有刀口的一边必须在线端方向，正确压接后，刀口会将多余线芯剪断。否则，会将要用的网线铜芯剪断或者损伤。

2）打线钳必须保证垂直，突然用力向下压，听到“咔嚓”声，配线架中的刀片会划破线芯的外包绝缘外套，与铜线芯接触。

3）如果打接时不突然用力，而是均匀用力，则不容易一次将线压接好，可能出现半接触状态。

4）如果打线钳不垂直，容易损坏压线口的塑料芽，而且不容易将线压接好。

3. RJ-45+RJ-11 双用压线钳

该工具适用于 RJ-45 和 RJ-11 水晶头的压接。一把钳子包括了双绞线切割、剥离外护套、水晶头压接等多种功能，如图 1-31 所示。

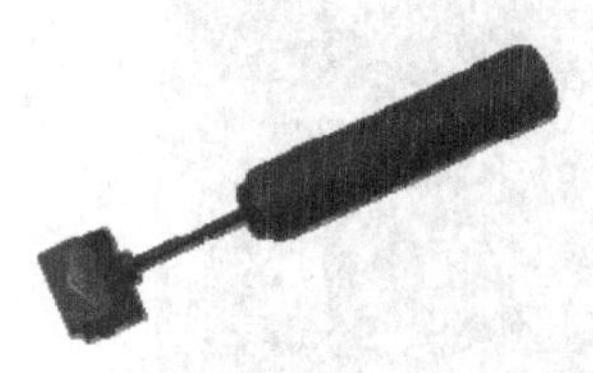

图 1-29 5 对 110 打线钳

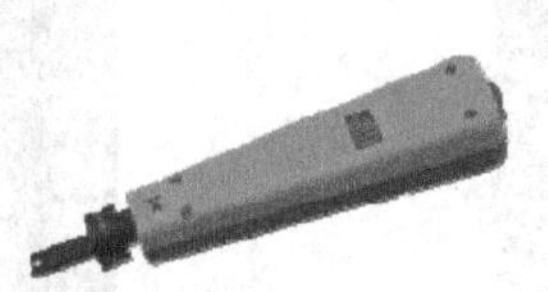

图 1-30 单对 110 打线钳

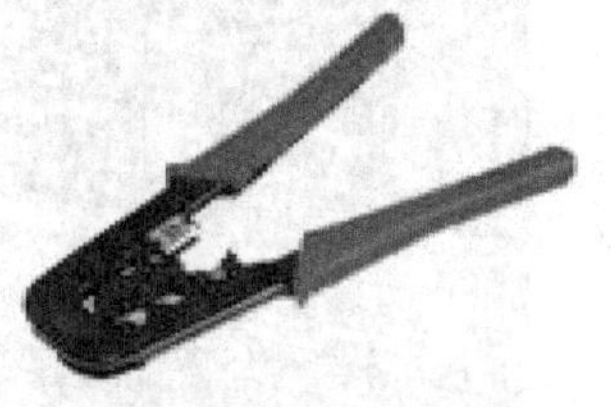

图 1-31 双用压线钳

4. RJ-45 单用压线钳

在双绞线网线制作过程中，压线钳是最主要的制作工具，如图 1-32 所示。该工具可以实现三种不同的功能，最前端是剥线口，用来剥开双绞线外壳；中间用来压制 RJ-45 头工具槽，这里可将 RJ-45 头与双绞线合成；离手柄最近端是锋利的切线刀，此处可以用来切断双绞线。

因压线钳针对不同的线材会有不同的规格，在购买时一定要注意选对类型。

5. 剥线器

剥线器不仅外形小巧且简单易用，如图 1-33 所示。只需要一个简单的操作步骤就可除去缆线的外护套，就是把线放在相应尺寸的孔内并旋转三到五圈即可除去缆线的外护套。

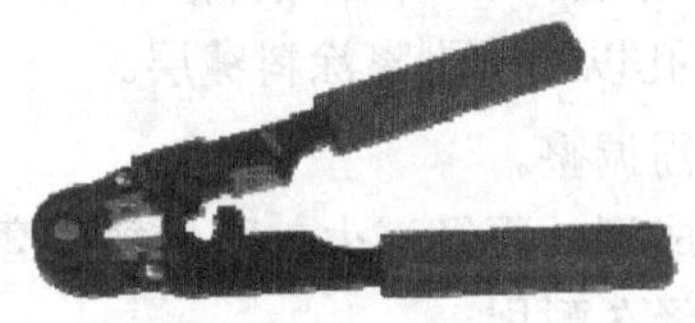

图 1-32 RJ-45 压线钳

图 1-33 剥线器

6. 扎带

扎带分尼龙扎带与金属扎带。综合布线工程中使用的是尼龙扎带。尼龙扎带（如图 1-34 所示）采用 UL 认可的尼龙 66 材料制成，防火等级 94V-2，耐酸、耐蚀、绝缘性良好、耐久性、不易老化。使用方法：只要将带身轻轻穿过带孔一拉，即可牢牢扣住。尼龙扎带按紧固方式分为 4 种：可松式扎带、插销式扎带、固定式扎带和双扣式扎带。在综合布线系统中，它有以下几种使用方式：使用不同颜色的尼龙扎带可以对繁多的线路加以区分；使用带有标签的尼龙扎带（如图 1-35 所示），可以在整理缆线的同时加以标记；使用带有卡头的尼龙扎带，可以将缆线轻松地固定在面板上。

扎带使用时也可用专门工具，它使得扎带的安装使用极为简单省力。还可使用线扣将扎带和缆线等进行固定，它分粘贴型和非粘贴型两种。

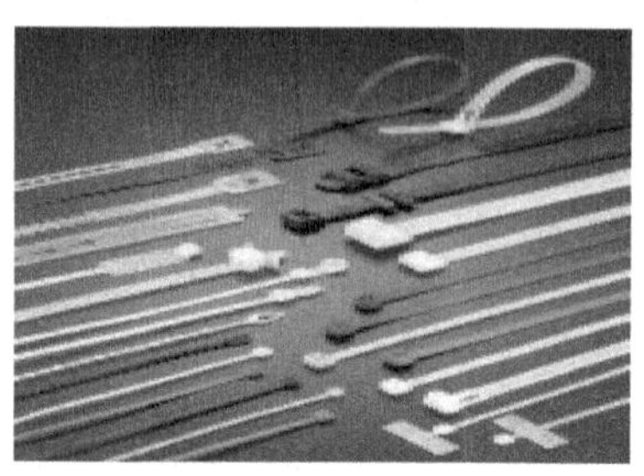

图 1-34　尼龙扎带

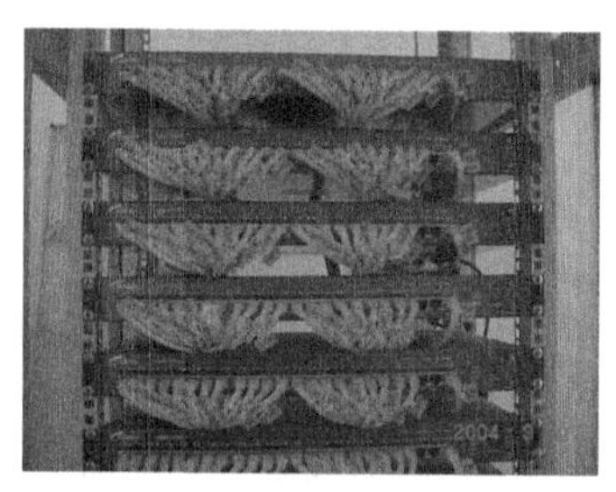

图 1-35　带有标签的尼龙扎带

1.5.2　光纤安装工具

1. 光纤剥离钳

光纤剥离钳（如图 1-36 所示）用于剥离玻璃光纤涂覆层和外护层，它具有双开口、多功能的特点。钳刃上的 V 形口用于精确剥离 250 μm 、500 μm 的涂覆层和 900 μm 的缓冲层。第二开孔用于剥离 3mm 的尾纤外护层。所有的切端面都有精密的机械公差以保证干净平滑地操作。不使用时可使刀口锁在关闭状态。

图 1-36　光纤剥离钳

光纤专用剪线剥线钳系列产品之一——米勒钳（Miller）介绍如下：

1）用于剥离 250 μm 涂层及 900 μm 缓冲层。

2）140 μm 的激光开孔以精确剥离涂料覆层。

3）生产厂预设，无需调整。

4）所有刀刃面精确成型，再经淬火、回火并打磨。

5）沾塑减震手柄，经久耐用。

2. 光纤切割刀

光纤精密切割刀（如图 1-37 所示）是熔接机的重要组成部分，光纤切割质量是熔接的重要保证。在使用中要保持光纤压脚、V 形槽和切割刀片的清洁。发现切割质量明显下降时，可转动切割刀刀片到下一个刀口，刀片一圈都用过后，应及时更换刀片。切割长度一般为 16～20mm。

3. 光纤熔接机

光纤熔接技术是用光纤熔接机（如图 1-38 所示）进行高压放电，使待接续光纤端头熔融，合成一段完整的光纤。这种方法接续损耗小（一般小于 0.1dB），而且可靠性高，是目前最普遍使用的方法。

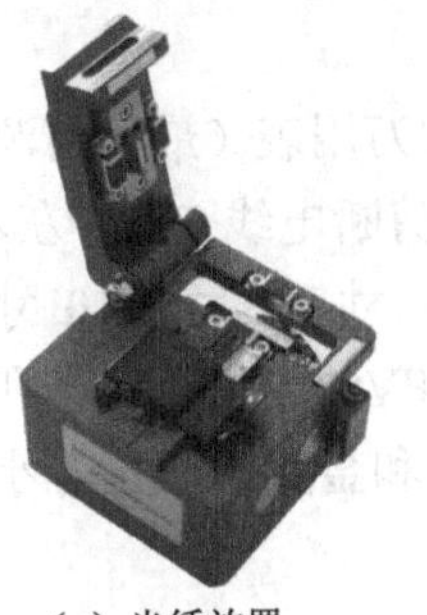

（a）光纤放置

（b）光纤切割

图 1-37 光纤切割刀

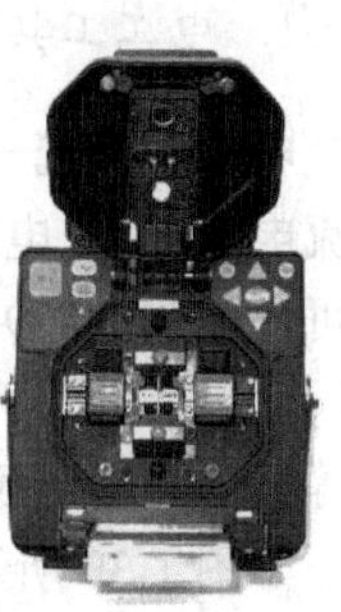

图 1-38 光纤熔接机

光纤熔接机是光纤光缆工程与维护中必不可少的设备，可以完成单模、多模、色散位移、非零色散位移光纤的接续。光纤熔接机结构精密、价格昂贵，在日常使用与保养过程中有很多需要注意的地方。

光纤熔接机应放置于专用的携带箱中运输，运输途中避免振动、磕碰和翻转，建议保留外包装箱，以备长途运输。

光纤熔接机是高精密设备，它对使用环境有要求（以日本藤仓公司的 FSM-50S 单芯光纤熔接机为例，其使用环境为海拔 0～5000m、温度-10℃～50℃、湿度 0～95%无冷凝）。在日常使用过程中，应避免在阳光直射、雨雪、低温、风沙等恶劣环境中作业，或配备遮阳伞、帐篷等工具保护设备。

光纤熔接机的供电方式一般有三种：交流电、内置电池和直流供电。在使用小型发电机为设备供电时，应配备稳压电源，以免冲击电流损坏设备的高压包。熔接机配备的内置电池一般是镍氢电池，有一定的记忆性，如果使用不当会使电池容量降低，在充电前应将电池中的残余电量用光，建议用熔接机提供的放电功能；如果电池长时间不使用，应将电池充满电，并且每个月彻底充放电一次。

在野外施工中，应注意做好清洁工作。保证光纤夹具、反光镜和 V 形槽的清洁，如有灰尘或异物，可用无水酒精棉清洁。养成随手关闭防风盖的习惯，避免灰尘和光纤碎屑落入机器中。一般的光纤熔接机都提供自动开始功能，即关闭防风盖后机器自动开始熔接，建议关闭此功能。

光纤熔接机都会提供对应于不同光纤的多种熔接模式，应该对应光纤种类选择合适的熔接模式，非专业人员请勿修改模式中的各项参数，以免影响熔接质量。

当熔接机出现故障时，用熔接机的自检功能可排除一部分问题或找到问题的原因，如问题仍未解决，应及时联系供应商，请勿自行拆机。

建议每年做一次熔接机的全面保养，对设备的光路、机械传动、电极、电池和切割刀等各部分做一个全面的检测和维护。

1.5.3 布线施工辅助工具

1. 电工工具箱

电工工具箱一般装有布线施工中必须用到的一些常用工具，如万用表（最好带测交直流电流的）、电笔（耐压500V）、十字和一字螺旋具、斜口钳（剪断电线4mm^{2}左右，也可以用来剥线）、尖嘴钳、老虎钳、内六角扳手、活动隔扳手（6 寸、8 寸、10 寸和12 寸）、梅花和开口扳手、锤子、卷尺、普通钻头若干、电烙铁、PVC胶带、镊子和纸刀等。工具箱中还应常备水泥钉、木螺钉、自攻螺钉、塑料膨胀管和金属膨胀栓等小材料，如图1-39所示。

2. 电钻

手电钻（如图 1-40 所示）既能在金属型材上钻孔，也适用于木材、塑料上钻孔，在布线系统安装中是经常用到的工具。手电钻由电动机、电源开关、电缆和钻孔头等组成。用钻头钥匙开启钻头锁，使钻夹头扩开或拧紧，使钻头松出或固牢。

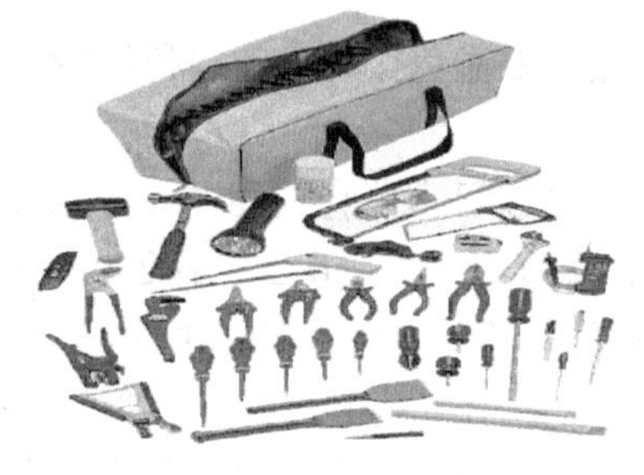

图1-39 电动工具箱

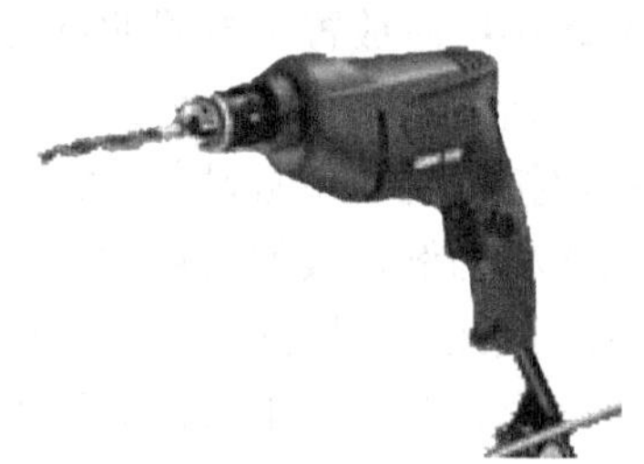

图1-40 手电钻

3. 冲击电钻

冲击电钻（如图 1-41 所示）简称冲击钻。它是一种旋转带冲击的特殊用途的手提式电动工具。当需要在混凝土、预制板、瓷面砖、砖墙等建筑材料上进行钻孔和打洞时，只需把“锤钻调节开关”拨到标记锤的位置上，在钻头上安装电锤钻头（又名硬质合金钻头），便能产生既旋转又冲击的动作，在需要的部位进行钻孔；当需要在金属等韧性材料上进行钻孔加工时，只要将“锤钻调节开关”拨到标有钻的位置上，即可产生纯转动；换上普通麻花钻头，即可像手电钻那样钻孔。冲击电钻为双重绝缘，安全可靠。它由电动机、减速箱、冲击头、辅助手柄、开关、电源线、插头及钻头夹等组成。

4. 电锤

电锤（如图 1-42 所示）是以单相串激电动机为动力，适合在混凝土、岩石、砖石砌体等脆性材料上钻孔、开槽、凿毛等作业。电锤钻孔速度快，而且成孔精度高，它与冲击电钻从功能上看有相似的地方，但从外形与结构上看是有很多区别的。

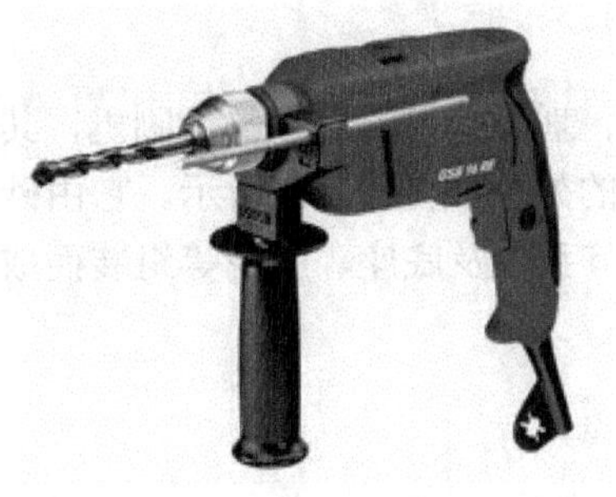
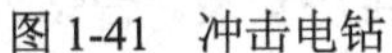
图1-41　冲击电钻

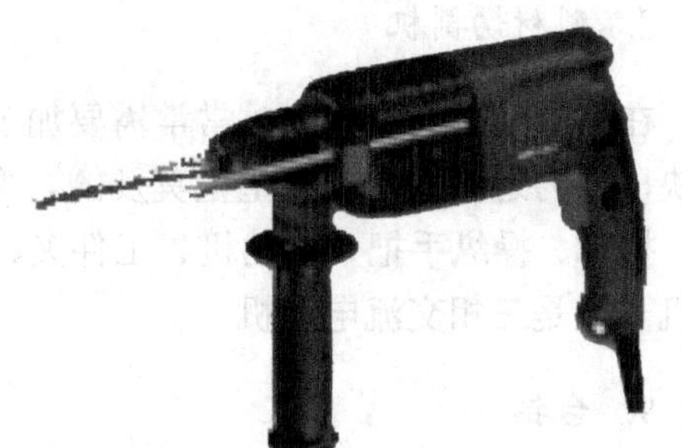
图1-42 电锤

5. 电镐

电镐（如图 1-43 所示）采用精确的重型电锤机械结构，具有极强的混凝土铲凿功能，比电锤功率大，更具冲击力和震动力，减震控制使操作更加安全，并具有生产效能可调控的冲击能量，适合多种材料条件下的施工。

图1-43　电镐图

6. 射钉器

射钉器又名射钉枪，它是利用射钉器发射钉弹，使弹内火药燃烧释放出推动力，将专用的射钉直接钉入钢板、混凝土、砖墙或岩石基体中，从而把需要固定的钢板卡子、塑料卡子、PVC 槽板、钢制或塑制挂历墙机柜或布线箱永久或临时地固定好。如图 1-44 所示是射钉器紧固示意图。操作时，将射钉和射钉弹装入射钉器内，对准被固件和基体，解除保险，扳动扳机，击发射钉弹，火药气体推动钉子穿过被固件进入基体，从而达到了固定的目的。

7. 角磨机

角磨机如图 1-45 所示，当金属槽、管切割后会留下锯齿形的毛边，会刺穿缆线的外套，用角磨机可将切割口磨平保护缆线。角磨机同时也能当切割机用。

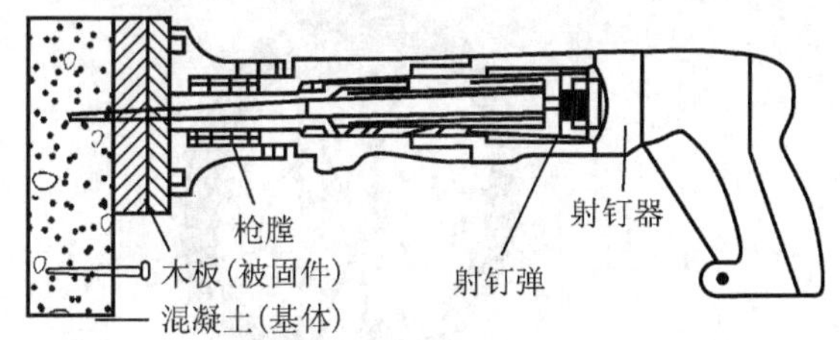

图1-44　射钉器

图1-45　角磨机

8. 型材切割机

在布线管槽的安装中，常常需要加工角铁横梁、割断管材。用型材切割机，其切割之快，用力之省，是钢锯望尘莫及的。型材切割机的外形如图 1-46 所示。它由砂轮锯片、护罩、操纵手把、电动机、工件夹、工件夹调节手轮及底座、胶轮等组装而成、电动机一般是三相交流电动机。

9. 台钻

桥架等材料切割后，用台钻钻上新的孔，与其他桥架连接安装。台钻外形如图 1-47 所示。

图 1-46　型材切割机

图 1-47　台钻

10. 小型穿线器

当在建筑物室内外的管道中布线时，如果管道较长、弯头较多和空间较少，则需要使用穿线器牵引线、绳。如图 1-48 和图 1-49 所示是两种穿线器，图 1-48 是一种小型穿线器，适用于管道较短的情况。图 1-49 是一种玻璃纤维穿线器，适用于管道较长的缆线敷设。

图 1-48　小型穿线器

图 1-49　玻璃纤维穿线器

1.6 理论思考题

一、选择题

1．综合布线系统一般逻辑性地分为（　　）个子系统。

（A）5　（B）6　（C）7　（D）8

2．综合布线系统中直接与用户终端设备相连的子系统是（　　）。

（A）工作区子系统　（B）配线子系统

（C）干线子系统　（D）管理子系统

3．目前，中华人民共和国颁布的《综合布线系统工程设计规范》是（　　）。

（A）GB 50311—2007　（B）GB 50312—2007

（C）GB/T50311—2000　（D）GB/T50312—2000

4．目前，最新的综合布线国际标准是（　　）。

（A）ANSI/TIA/EIA－568－B

（B）ISO/IEC 11801:2002

（C）T568B

（D）ANSI/TIA/EIA－568－B 和 ISO/IEC 11801:2002

5．“3A”智能建筑是指智能大厦具有（　　）功能。

（A）办公自动化、通信自动化和防火自动化

（B）办公自动化、楼宇自动化和防火自动化

（C）办公自动化、通信自动化和楼宇自动化

（D）保安自动化、通信自动化和楼宇自动化

6．有一个公司，每个工作区需要安装 2 个信息插座，并且要求公司局域网不仅能够支持语音/数据的应用，而且应支持图像、影像、影视、视频会议等，该公司应选择（　　）等级的综合布线系统。

（A）基本型综合布线系统　（B）增强型综合布线系统

（C）综合型综合布线系统　（D）以上都可以

7．综合型综合布线系统适用于综合布线系统中配置标准较高的场合，一般采用的布线介质是（　　）。

（A）双绞线和同轴电缆　（B）双绞线和光纤

（C）光纤同轴电缆　（D）双绞线

8．电缆通常以箱为单位进行订购，每箱电缆的长度是（　　）m。

（A）305　（B）500　（C）1000　（D）1024

9．6 类双绞线电缆支持的最大带宽为（　　）MHz。

（A）100　（B）200　（C）250　（D）600

10．超5类电缆的导体线规为（　　）AWG。

（A）22　（B）23　（C）24　（D）25

11．常见的62.5/125 μm多模光纤中的62.5 μm指的是（　　）。

（A）纤芯外径　（B）包层后外径　（C）包层厚度　（D）涂覆层厚度

12．光缆的选用除了考虑光纤芯数和光纤种类以外，还要根据光缆的使用环境来选择光缆的（　　）。

（A）结构　（B）粗细　（C）外护套　（D）大小

13．目前在网络布线方面，主要有两种双绞线布线系统在应用，即（　　）。

（A）4类、5类布线系统　（B）5类、6类布线系统

（C）超5类、6类布线系统　（D）4类、6类布线系统

14．（　　）为封闭式结构，适用于无天花板且电磁干扰比较严重的布线环境，但对系统扩充、修改和维护比较困难。

（A）梯式桥架　（B）槽式桥架　（C）托盘式桥架　（D）组合式桥架

15．屏蔽双绞线英文为（　　）。

（A）SDP　（B）UDP　（C）UTP　（D）STP

16．光纤介质是指使用（　　）传输光脉冲形式的网络数据传输介质。

（A）玻璃细丝　（B）玻璃钢　（C）玻璃纤维　（D）塑料纤维

17．单模光纤波长一般为（　　）。

（A）专利　（B）1500nm　（C）850nm　（D）1300nm

18．单模和多模光纤主要区别在于（　　）。

（A）光折射方式　（B）模的数量　（C）名称　（D）传输距离

19．光纤连接器的作用是（　　）。

（A）固定光纤　（B）熔接光纤　（C）连接光纤　（D）成端光纤

20．标准机柜是指（　　）。

（A）2m高的机柜　（B）1.8m高的机柜

（C）18英寸机柜　（D）19英寸机柜

21．语音应用可以使用（　　）对电缆。

（A）25　（B）50　（C）4　（D）100

22．光纤通信的优点有（　　）。

（A）抗电磁干扰性　（B）高速率传输

（C）较长的最大传输距离　（D）更好的安全性

23．一根标准的光纤包括（　　）。

（A）光导纤维　（B）缓冲层　（C）加强层　（D）外护套

24．无线介质包括（　　）。

（A）红外　（B）空气　（C）无线电　（D）微波

25．无论是568A还是568B，100Base-TX以太网传输使用线对都是（　　）。

（A）线对4　（B）线对2　（C）线对1　（D）线对3

二、简答题

1．综合布线系统的概念及应用场合？

2．综合布线综合布线系统分为几个子系统？并请分别说明。

3．请说明综合布线系统常见的网络传输介质的种类，并举例说明在实际工程中应用？

4．桥架可分为哪 3 大类？并举例说明在实际工程中的应用？

5．标准机柜的宽度是多少?机柜容量单位“U”的高度是多少？1.8m 高的机柜能容纳多少“U”的设备？

6．简述面板与底盒的种类。

7．写出安装双绞线及光纤过程中所使用的工具和作用？

1.7　技能操作题

1．在网络中利用关键字搜索下列术语的定义：串扰、衰减、局域网、CAT5E、以太网、缆线和配线间。

2．选中本校的一栋学生宿舍楼，到实地查看现场确定以下信息：

1）确定该楼的规模、层数，并用手绘制其物理结构。

2）确定信息点的种类和数量。

3）确定设备间和配线间的位置。

4）确定该楼包含了哪几个子系统的设计内容。

5）确定该楼配线子系统使用到的传输缆线种类和数量。

6）确定该楼干线子系统（如果存在干线子系统设计）用于敷设缆线所使用的线槽和线管的规格和数量。

单元二
工作区施工

知识教学目标

- 掌握工作区的概念及划分原则。
- 熟悉工作区设计要点。
- 掌握 RJ-45 接头和网络信息模块的施工要点和技巧。

技能培养目标

- 能够为真实综合布线工程编制工作区施工计划。
- 能够完成直连跳线和交叉跳线的制作和简单测试。
- 能够完成网络信息模块的端接。
- 能够完成信息插座的安装。

2.1　项 目 引 入

某网络公司有 24 名员工，公司在软件科技园四层租用 8 个房间，分别为经理室、财务室、办公室、工程部、项目部、维修部、商务部和仓库。入住前需要进行网络综合布线，要求能够满足电话、计算机和监控等信号的传输。楼层平面结构如图 2-1 所示。

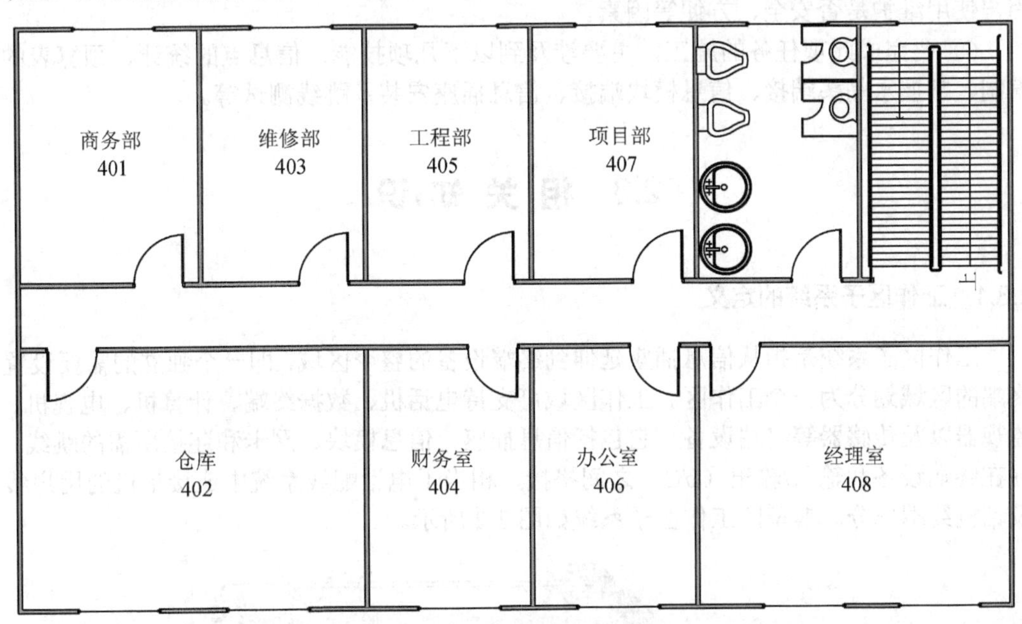

图 2-1　楼层平面图

2.2　项 目 分 析

在进行工作区子系统施工时，我们需要确认以下信息。

1）在施工的建筑中，总共有多少个工作区？工作区的应用分别是什么？用户要使用到哪些内容的应用：电话、计算机与监控等？

2）各个工作区内的设计标准是什么？具体安装各类信息点的数量是多少？

3）确定各区域信息点的位置和数量。

4）各个工作区采用何种类型缆线，需要什么材料的模块、面板？数量是多少？

5）终端跳线采用成品跳线还是自制跳线？

针对以上需求，设计者到公司现场调研，确认了如下信息。

1）经理室安装 2 个信息点，其中包含 1 个数据点和 1 个语音点。

2）仓库需要安装摄像头进行安全监控，因此安装 2 个信息点，其中包含 1 个数据

点和 1 个语音点；财务室、办公室、工程部、项目部、维修部、商务部每个屋安装 4 个信息点，其中包含 2 个数据点和 2 个语音点。

3）信息点、语音点采用 86 型双口信息面板，敷设超 5 类双绞线。监控部分采用数字监控，使用 6 类屏蔽双绞线进行施工。

4）在本项目中涉及到的工作区子系统设计施工就是指每个办公室使用信息点的布线情况。

5）在工作区子系统施工时，要充分考虑线槽、缆线、面板等设计施工是否规范，用户使用维护是否安全、方便等因素。

6）要完成此项任务的施工，主要涉及到以下几项技能：信息点的统计、预算表的编制、掌握水晶头端接、信息模块端接、信息插座安装及跳线测试等。

2.3 相关知识

2.3.1 工作区子系统的定义

工作区子系统是指从信息插座延伸到终端设备的整个区域，即一个独立的需要设置终端的区域划分为一个工作区。工作区域可支持电话机、数据终端、计算机、电视机、监视器以及传感器等终端设备。它包括信息插座、信息模块、网卡和连接所需的跳线，并在终端设备和输入/输出（I/O）之间搭接，相当于电话配线系统中连接话机的用户线及话机终端部分。典型的工作区子系统如图 2-2 所示。

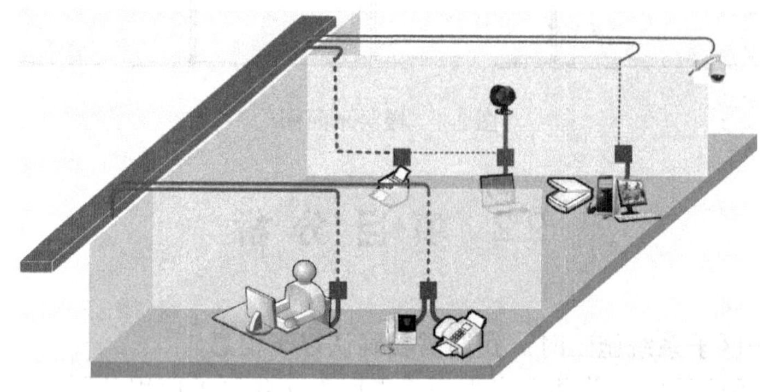

图 2-2　工作区子系统

2.3.2 国家相关标准

《综合布线系统工程设计规范》（GB 50311—2007）第 6 章安装工艺要求中，对工作区的安装工艺提出了具体要求。安装在地面上的接线盒应防水和抗压，安装在墙面或柱子上的信息插座底盒、多用户信息插座盒及集合点配线箱体的底部离地面的高度宜为 300mm。工作区的电源每 1 个工作区至少应配置 1 个 220V 交流电源插座，电源插座应选用带保护接地的单相电源插座，保护接地与零线应严格分开。

2.3.3 工作区的划分原则

按照 GB 50311—2007 规定，工作区是一个独立的需要设置终端设备的区域。工作区应由配线（水平）布线系统的信息插座延伸到终端设备处的连接电缆及适配器组成。一个工作区的服务面积可按 5～10m^2 估算，也可按不同的应用环境调整面积的大小。

2.3.4 工作区适配器的选用原则

选择适当的适配器，可使综合布线系统的输出与用户的终端设备保持完整的电器兼容。

适配器的选用应遵循以下原则。

1）在设备连接器采用不同于信息插座的连接器时，可用专用电缆及适配器。

2）在单一信息插座上进行两项服务时，可用 Y 形适配器。

3）在配线（水平）子系统中选用的电缆类别（介质）不同于设备所需的电缆类别（介质）时，宜采用适配器。

4）在连接使用不同信号的数模转换设备、光电转换设备及数据速率转换设备等装置时，宜采用适配器。

5）为了特殊的应用而实现网络的兼容性时，可用转换适配器。

6）根据工作区内不同的电信终端设备（例如 ADSL 终端）可配备相应的适配器。

2.3.5 工作区设计要点

工作区设计要考虑以下几点。

1）工作区内线槽要布置得合理、美观。

2）信息插座要在距离地面 30cm 以上。

3）信息插座与计算机设备的距离保持在 5m 范围内。

4）确定信息点数量。工作区信息点数量主要根据用户的具体需求来确定。对于用户不能明确信息点数量的情况下，应根据工作区设计规范来确定，即一个 5～10m^2 面积的工作区应配置一个语音信息点或一个计算机信息点，或者一个语音信息点和一个计算机信息点。

5）确定信息插座数量。第一步确定了工作区应安装的信息点数量后，信息插座的数量就很容易确定了。假设信息点数量为 M，信息插座数量为 N，信息插座插孔数为 A，则应配置信息插座的数量为

$$N=\text{Ceiling}(M/A)$$

其中，Ceiling ( )为取整函数。

考虑系统应为以后扩充留有余量，因此最终应配置信息插座的总量 P 应为

$$P=N+N\times3\%$$

其中，N 为信息插座数量，N×3%为富余量。

6）确定信息插座的安装方式。工作区的信息插座分为暗埋式和明装式两种安装方式，暗埋方式的插座底盒嵌入墙面，明装方式的插座底盒直接在墙面上安装。安装信息

插座时应符合以下安装规范。

- 安装在地面上的信息插座应采用防水和抗压的接线盒。
- 安装在墙面或柱子上的信息插座底部离地面的高度宜为 30cm 以上。
- 信息插座附近有电源插座的，信息插座应距离电源插座 30cm 以上。

7）确定 RJ-45 接头的数量。RJ-45 接头的需求量可用以下公式计算

$$m=n\times4+n\times4\times15\%$$

其中，m 为 RJ-45 的总需求量，n 为信息点的总量，n×4×15%为留有的富余量。

2.3.6 信息插座连接技术要求

信息插座是终端与配线子系统连接的接口。

1. 信息插座与终端的连接形式

每个工作区至少要配置一个插座盒。对于难以再增加插座盒的工作区，要至少安装两个分离的插座盒。信息插座是终端（工作站）与配线子系统连接的接口。其中最常用的为 RJ-45 信息插座，即 RJ-45 连接器。

在实际设计时，必须保证每个 4 对双绞线电缆终接在工作区中一个 8 脚（针）的模块化插座（插头）上。综合布线系统可采用不同厂家的信息插座和信息插头。这些信息插座和信息插头基本上都是一样的。对于计算机终端设备，将带有 8 针的 RJ-45 插头跳线插入网卡；在信息插座一端，跳线的 RJ-45 插头连接到插座上。

虽然适配器和设备可用在几乎所有的场合，以适应各种需求，但在做出设计承诺之前，必须仔细考虑将要集成的设备类型和传输信号类型。在做出上述决定时必须考虑以下三个因素。

1）各种设计选择方案在经济上的最佳折中。

2）系统管理的一些比较难以捉摸的因素。

3）在布线系统寿命期间移动和重新布置所产生的影响。

2. 信息插座与连接器的接法

对于 RJ-45 连接器与 RJ-45 信息插座，与 4 对双绞线的接法主要有两种，一种是 568A 标准，另一种是 568B 的标准。

2.3.7 RJ-45 接头端接原理

RJ-45 接头的端接原理为：利用压线钳的机械压力使 RJ-45 接头中的刀片首先压破线芯绝缘护套，然后再压入铜线芯中，实现刀片与线芯的电气连接。每个 RJ-45 接头中有 8 个刀片，每个刀片与 1 个线芯连接。注意观察压接后 8 个刀片比压接前低，图 2-3 为 RJ-45 接头刀片压线前位置图，图 2-4 为 RJ-45 接头刀片压线后位置图。

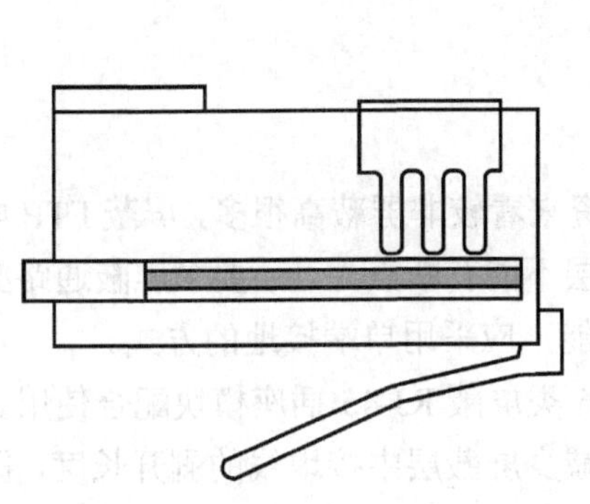

图 2-3 RJ-45 接头刀片压线前位置图

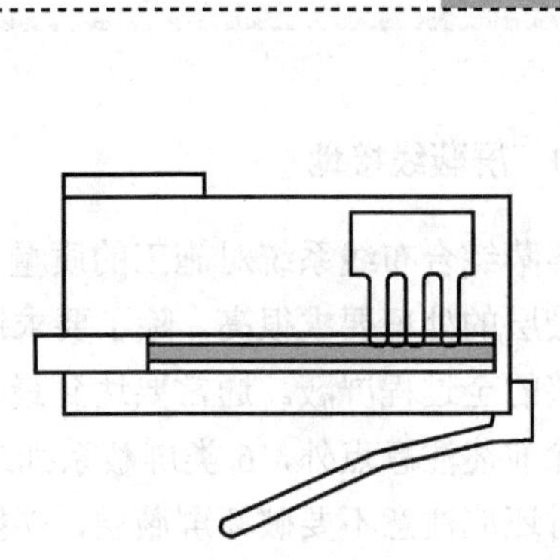

图 2-4 RJ-45 接头刀片压线后位置图

2.3.8 信息模块端接原理

信息模块端接原理为：利用压线钳的压力将 8 根线逐一压接到模块的 8 个接线口，同时裁剪掉多余的线头。在压接过程中刀片首先快速划破线芯绝缘护套，与铜线芯紧密接触实现刀片与线芯的电气连接，这 8 个刀片通过电路板与 RJ-45 接口的 8 个弹簧连接。图 2-5 为模块刀片压线前位置图，图 2-6 为模块刀片压线后位置图。

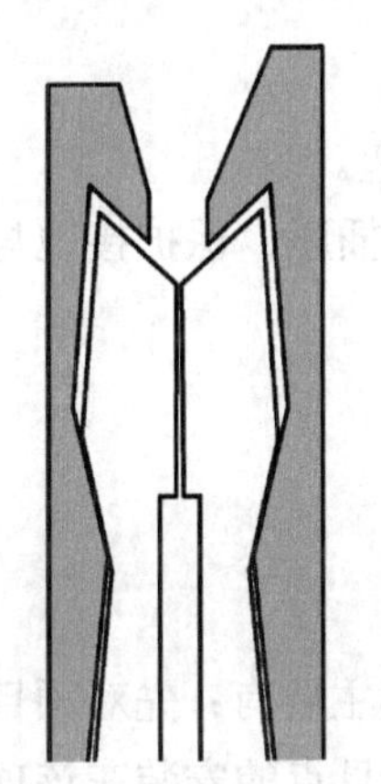

图 2-5 模块刀片压线前位置图

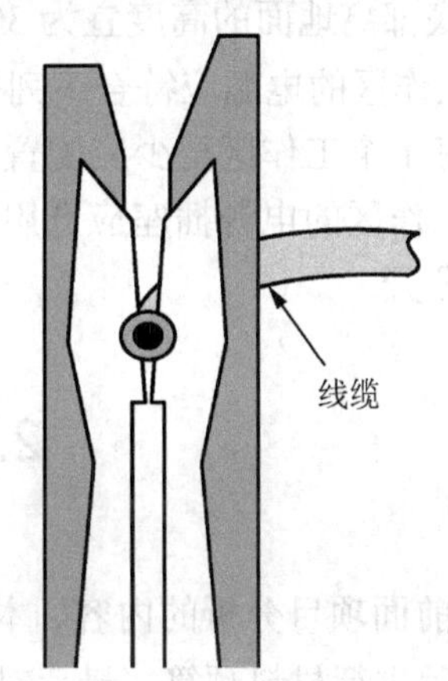

图 2-6 模块刀片压线后位置图

2.3.9 跳线的分类

双绞线做法有两种国际标准：EIA/TIA568A 和 EIA/TIA568B，而双绞线的连接方法也主要有两种：直通缆线和交叉缆线。直通缆线的水晶头两端都遵循 568A 或 568B 标准，双绞线的每组线在两端是一一对应的，颜色相同的在两端水晶头的相应槽中保持一致。它主要用在交换机（或集线器）Uplink 口连接交换机（或集线器）普通端口或交换机普通端口连接计算机网卡上。而交叉缆线的水晶头一端遵循 568A，而另一端则采用 568B 标准，即 A 水晶头的 1.2 对应 B 水晶头的 3.6，而 A 水晶头的 3.6 对应 B 水晶头的 1.2，它主要用在交换机（或集线器）普通端口连接到交换机（或集线器）普通端口或网卡连接网卡上。

2.3.10　屏蔽线接地

屏蔽综合布线系统对施工的质量、工期和投资来看较非屏蔽高很多，屏蔽 FTP 电缆对屏蔽层的处理要求很高，除了要求链路的屏蔽层不能有断点外，还要求屏蔽通路必须是完整的全过程屏蔽。通常要达到最佳的屏蔽性能，应采用单端接地的方式。

除前述注意点外，6 类屏蔽系列缆线需要和 6 类屏蔽 RJ-45 插座模块配合使用。在剥线时还应注意不要破坏屏蔽层，端接时应尽量减少屏蔽层中接地线的剥开长度，因为剥开长度越短，则引起的电感越少，接地效果越好。现场接地时，采用单点接地的方法较好，避免多点接地引起的电压回路。

2.3.11　工作区安装工艺要求

1）工作区信息插座的安装应符合下列规定。

- 安装在地面上的接线盒应防水和抗压。
- 安装在墙面或柱子上的信息插座底盒、多用户信息插座盒及集合点配线箱体的底部离地面的高度宜为 300mm。

2）工作区的电源应符合下列规定。

- 每 1 个工作区至少应配置 1 个 220V 交流电源插座。
- 工作区的电源插座应选用带保护接地的单相电源插座，保护接地与零线应严格分开。

2.4　项 目 实 施

根据前面项目分析的内容，本项目涉及到的施工内容主要有：先对项目工程统计信息点，然后进行材料预算，最后对各信息点进行安装。信息点的安装在该项目中主要体现在每个房间内安装信息插座，而安装一个信息插座，又包括几项施工内容：模块端接、面板安装、底座安装和制作信息插座到终端设备使用的跳线，也就是需要完成 RJ-45 连接器的制作以及跳线的简单测试。

2.4.1　统计信息点

一个工程项目在进行具体施工前，必须先根据项目需求分析，得出项目的信息点分布情况，然后可以通过 Excel 表格进行统计，表 2-1 是本项目的统计结果。信息点的统计数据是工程材料准备和施工安排的依据。信息点的统计主要内容应该包含信息点的类型、信息点的具体位置、信息点的分布数量及总数量等内容。

表 2-1 信息点统计表

信息点类型 \ 房间号	401	402	403	404	405	406	407	408	总计
数据点	2	1	2	2	2	2	2	1	14
语音点	2	1	2	2	2	2	2	1	14

2.4.2 预算材料

根据信息点的统计结果，我们可以对项目材料进行预算编制，表 2-2 是依据本项目信息点统计得出的材料预算。在进行材料预算时，主要统计主要耗材的具体规格、数量和价格。

表 2-2 材料预算表

材 料 名 称	材 料 规 格	数 量	单价/元	合计/元
插座底盒	明装，86 系列塑料	14 个	3	42
插座面板	双口，86 系列塑料	14 个	5	70
网络模块	RJ-45	14 个	15	210
语音模块	RJ-11	14 个	5	70
水晶头	RJ-45	60 个	1	60
双绞线	超 5 类	1 箱（305m）	550	550

2.4.3 端接 RJ-45 连接器

在工作区子系统施工时，经常要使用到跳线。跳线有成品跳线和自己制作跳线两种。其中成品跳线指的是通过机器压接水晶头的跳线，一般可以从市场上直接购买，而自己制作的跳线则是由施工人员通过购买独立的水晶头和双绞线后，通过专用做线工具压接而成。两者的区别是：一般成品跳线都是固定长度，比如 1m、2m、5m 等，而自己制作的跳线则可以根据实际工程需求制作任意长度的跳线。自制跳线的制作过程，就是先选定一定长度的双绞线，然后在线的两端分别完成 RJ-45 连接器端接即可。

本项目所有跳线采用自制跳线，因为共有 14 个信息点，经过与公司相关人员确认，最后需要 1m 跳线 2 根、3m 跳线 10 根和 5m 跳线 2 根。以下给出 RJ-45 连接器端的端接步骤。

（1）剥开外绝缘护套

用压线钳的剪线刀口将线头剪齐，再将线头放入剥线刀口（或者剥线器），让线头角及挡板，稍微握紧压线钳慢慢旋转，让刀口划开双绞线的保护胶皮，剥下胶皮，如图 2-7（a）所示。注意：剥离长度一般为 2～3cm。有一些双绞线电缆上含有一条柔软的尼龙绳，如果在剥除双绞线的外皮时，觉得裸露出的部分太短而不利于制作 RJ-45 接头时，可以紧握双绞线外皮，再捏住尼龙线往外皮的下方剥开，就可以得到较长的裸露线。剥线完成后的双绞线电缆如图 2-7（b）所示。在剥护套过程中不能对线芯的绝缘护套或者线芯造成损伤或者破坏。

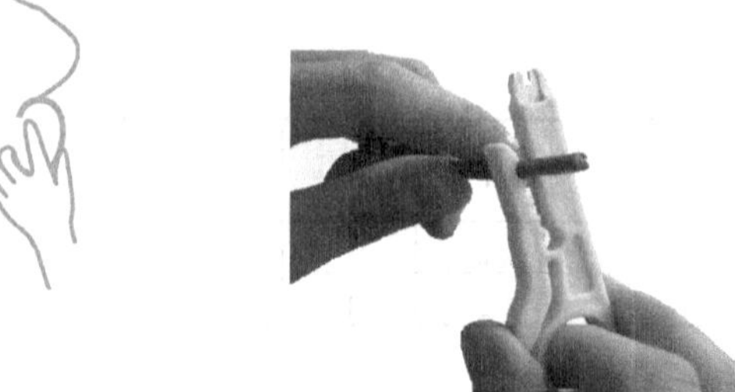
（a）使用剥线工具剥线

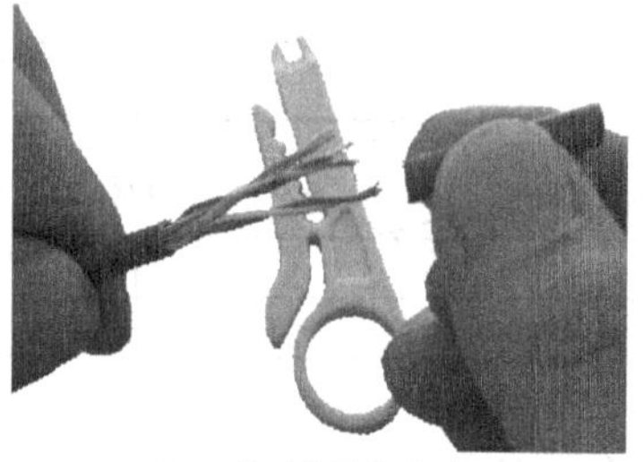
（b）剥开外绝缘护套

图 2-7　剥开外绝缘护套

（2）剥开 4 对双绞线

将端头已经剥去外皮的双绞线按照对应颜色拆开成为 4 对单绞线。拆开 4 对单绞线时，必须按照绞绕顺序慢慢拆开，同时保护 2 根单绞线不被拆开和保持比较大的曲率半径，如图 2-8 所示，不能强行拆散或者硬折线对，形成比较小的曲率半径，如图 2-9 所示。

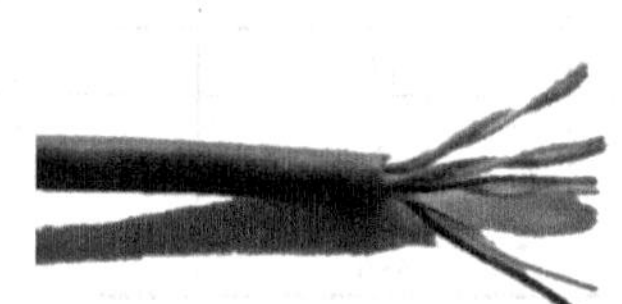
图 2-8　拆开 4 对双绞线

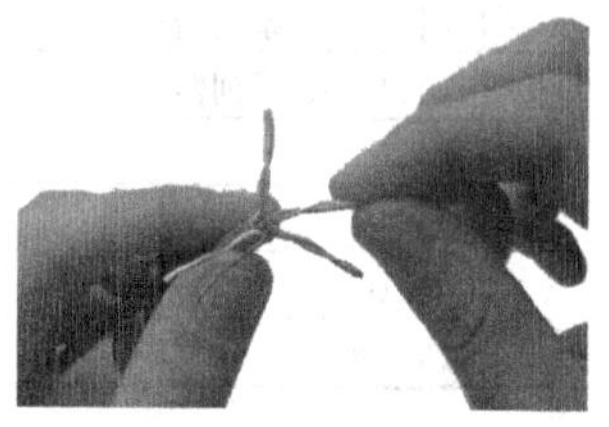
图 2-9　硬折线对

（3）剥开单绞线

将 4 对单绞线分别拆开。要特别注意制作 RJ-45 水晶头和模块压接线时线对拆开方式和长度不同。RJ-45 水晶头制作时应注意，双绞线的接头处反缠绕开的线段的距离不应超过 2cm，过长会引起较大的近端串扰。

（4）8 根线排好线序

目前，最常使用的布线标准有两个，即 T568A 标准和 T568B 标准，在网络施工中，建议使用 T568B 标准。当然，对于一般的布线系统工程，T568A 也同样适用。两种标准线序如表 2-3 所示。

表 2-3　T568A 标准和 T568B 标准线序

标准	1	2	3	4	5	6	7	8
T568A	白绿	绿	白橙	蓝	白蓝	橙	白棕	棕
T568B	白橙	橙	白绿	蓝	白蓝	绿	白棕	棕
绕对	同一绕对		与 6 同一绕对	同一绕对		与 3 同一绕对	同一绕对	

（5）剪齐线端

先将已经剥去绝缘护套的 4 对单绞线分别拆开相同长度，将每根线轻轻捋直，同时按照 568B 线序（白橙、橙、白绿、蓝、白蓝、绿、白棕、棕）水平排好，如图 2-10（a）

所示。将 8 根线端头一次剪掉，留 14mm 长度，从线头开始，至少 10mm 导线之间不应有交叉，如图 2-10（b）所示。

（a）剥开排好的双绞线

（b）剪齐的双绞线

图 2-10　剥开外绝缘护套

（6）插入 RJ-45 水晶头

将双绞线插入 RJ-45 水晶头内，如图 2-11（a）所示。注意一定要插到底，如图 2-11（b）所示。判断双绞线是否插到底的依据是：眼睛直视水晶头的顶部，可以清晰看到 8 个双绞线铜芯的白点。

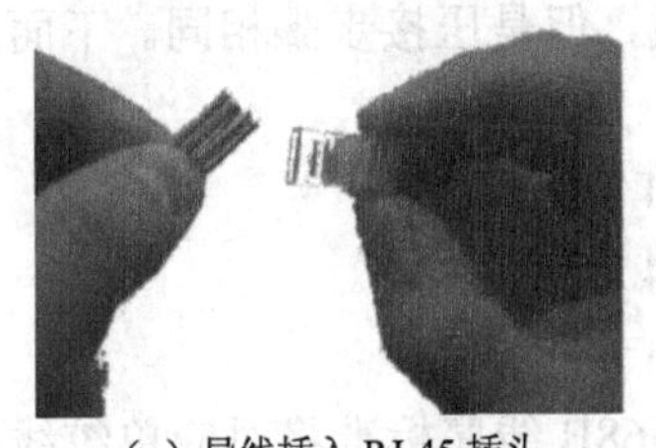
（a）导线插入 RJ-45 插头

（b）双绞线全部插入水晶头

图 2-11　双绞线插入 RJ-45 水晶头

（7）压接

将插好的水晶头放入压线钳对应的接口中，使用适中的力量进行压接，感觉到水晶头被下压即可。至此，这个水晶头就压接好了。图 2-12 是已完成的水晶头的线序标准。

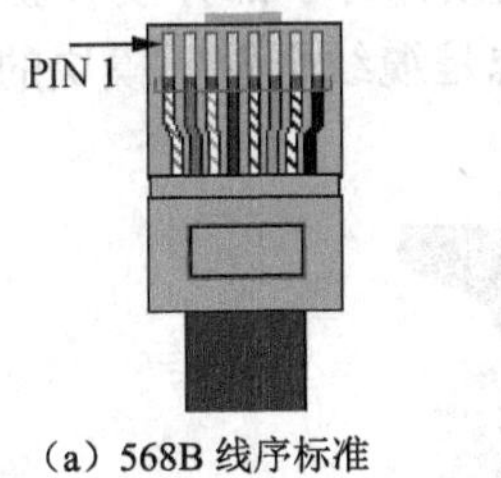

（a）568B 线序标准

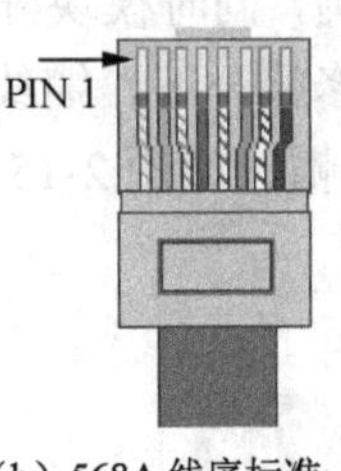

（b）568A 线序标准

图 2-12　已完成的水晶头

2.4.4　测试跳线

在本项目中，所有跳线主要用于信息插座到终端设备的端接，根据 GB 50311—2007 规定：该跳线长度小于 10m，所以在此只要使用“能手”网线测试仪简单测试通断即可，无需采用福禄克设备测试其具体参数，下面说明测试直通线的具体步骤。

1）测试。把双绞线两端的水晶头分别插入网线测试仪的端口，开启测试仪的电源开关。

2）结果分析。如果测试仪上 8 个指示灯都依次一对一闪过，证明网线制作成功。如果出现任何一个灯不对称或者不亮，证明存在断路、接触不良和线序出错的状况。仔细检查两个水晶头的制作工艺，重新压接处理。

2.4.5 端接网络模块

在工作区子系统的施工过程中，墙面上或者地下信息点的组成中，主要通信设备就是网络模块，所以模块的端接也是施工过程中不可缺少的内容。在目前布线行业中，模块的端接方式有两种：压接和免压接。其中压接型是指模块的端接必须借助专用打线器完成，而免压接模块则是模块出厂时已经设计好，施工时只需手工就可以完成模块的端接。

本项目包含 14 个网络模块、14 个语音模块需要压接。网络模块对双绞线的 8 芯线都需要压接，而语音模块只需要压接其中的 4 芯缆线，但是压接步骤相同。下面主要介绍通过工具压接网络模块的步骤。

1）剥开外绝缘护套。该步骤详细内容可参考 2.4.3 小节内容。

2）拆开 4 对双绞线。该步骤详细内容可参考 2.4.3 小节内容。

3）拆开单绞线。该步骤详细内容可参考 2.4.3 小节内容。

4）放线。查看网络模块两边的线序说明，按照 568B 线序标准将对应单绞线放入端接口，同时稍微用力将线固定在模块的接口缝隙中，如图 2-13 所示。特别注意，不能用大力将线直接压入接口缝隙中。

5）压接和剪线。使用打线器分别将 8 芯单绞线分别加入模块中，如图 2-14 所示。打线器的使用方法是：将打线器顶端握于手掌掌心位置，在压线的一端应将有刀片的方向朝外，水平的一端朝内，然后通过手掌使用垂直于模块的力量压接双绞线，一般可以听到清脆的一声响，同时模块外侧的缆线被自动切断，对于部分没有被切断的缆线通过剪刀或者斜口钳修整一下。缆线被正确压接的标志是缆线平躺于模块的缝隙底部。

6）盖好防尘帽，如图 2-15 所示。

图 2-13 双绞线压入模块

图 2-14 模块压接

图 2-15 已完成模块

2.4.6 安装信息插座

一个完整的信息插座应该包含信息模块、面板和底座，在工程中一个信息点的工程实现就是通过安装信息插座来体现的。

本项目需要安装 14 个信息插座，下面分别介绍一下安装信息插座各个部件的具体步骤。

1. 底盒安装

各种底盒安装时，一般按照下列步骤。

1）目视检查产品的外观合格。特别检查底盒上的螺孔必须正常，如果其中有一个螺孔损坏时坚决不能使用。

2）取掉底盒挡板。根据进出线方向和位置，取掉底盒预设孔中的挡板。

3）固定底盒。明装底盒按照设计要求用膨胀螺钉直接固定在墙面，如图 2-16 所示。暗装底盒首先使用专门的管接头把线管和底盒连接起来。这种专用接头的管口有圆弧，既方便穿线，又能保护缆线不会划伤或者损坏。然后用膨胀螺钉或者水泥砂浆固定底盒，如图 2-17 所示。

图 2-16 装修墙面明装底盒

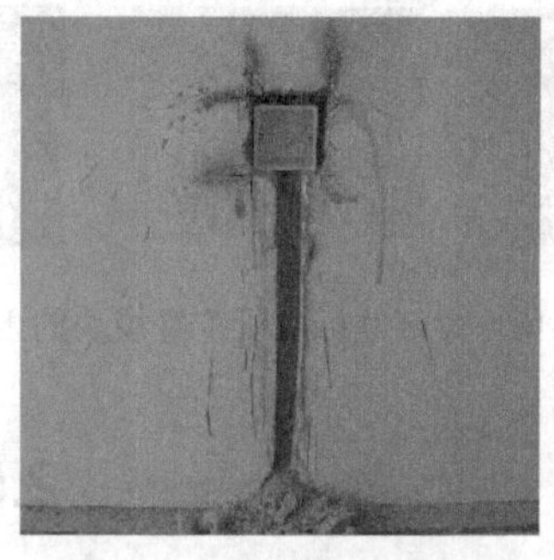

图 2-17 装修墙面暗装底盒

4）成品保护。暗装底盒一般在土建过程中进行，因此在底盒安装完毕后，必须进行成品保护，特别是安装螺孔，防止水泥砂浆灌入螺孔或者穿线管内。一般做法是在底盒螺孔和管口塞纸团，也有用胶带纸保护螺孔的做法。

2. 信息模块安装

信息模块一般包含网络数据模块和电话语音模块两大类，两者的安装方法基本相同，其主要步骤为：准备材料和工具→清理和标记→剪掉多余线头→剥线→压线→压防尘盖。从该步骤可以看出，除去前两个步骤之外，后面步骤可参考 2.4.2 小节网络模块的端接步骤，所以在此只说明前两个步骤。

1）准备材料和工具。在每天开工前进行，必须一次领取半天工作需要的全部材料和工具，主要包括网络数据模块、电话语音模块、标记材料、剪线工具、压线工具、工作小凳等，半天施工需要的全部材料和工具装入一个工具箱（包）内，随时携带，不要在施工现场随地乱放。

2）清理和标记。清理和标记非常重要，在实际工程施工中，一般底盒安装和穿线较长时间后，才能开始安装模块，因此安装前首先清理底盒内堆积的水泥砂浆或者垃圾，然后将双绞线从底盒内轻轻取出，清理表面的灰尘重新做编号标记，标记位置距离管口约 60～80mm，注意做好新标记后才能取消原来的标记。

3. 面板安装

模块压接完成后，将模块卡接在面板中，然后立即安装面板。如果压接模块后不能及时安装面板时，必须对模块进行保护，一般做法是在模块上套一个塑料袋，避免土建墙面施工污染。

暗盒信息插座的安装过程如图 2-18 所示，明盒信息插座安装过程如图 2-19 所示。

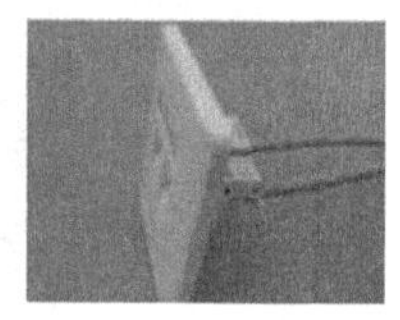

图 2-18 做好线标和压接好模块的土建暗装底盒

图 2-19 压接好模块的墙面明装底盒

2.5 理论思考题

一、选择题

1．工作区子系统所指的范围是（ ）。

（A）信息插座到楼层配线架　　（B）信息插座到主配线架
（C）信息插座到用户终端　　（D）信息插座到电脑

2．安装在墙上的信息插座，其位置宜高出地面（ ）mm 左右。

（A）100　　（B）200　　（C）300　　（D）400

3．综合布线系统的工作区，如果使用 4 对非屏蔽双绞线电缆作为传输介质，则信息插座与计算机终端设备的距离一般应保持在（ ）m 以内。

（A）2　　（B）90　　（C）5　　（D）100

4．工作区子系统又称（ ）子系统。

（A）工作站　　（B）服务群　　（C）服务区　　（D）信息站

5．工作区子系统所使用的连接器必须具备国际 IS4N 标准的（ ）位接口。

（A）1 （B）4 （C）6 （D）8

6．从 RJ-45 信息插座到终端设备的连线要用双绞线，最长长度不要超过（ ）m。

（A）1 （B）22 （C）50 （D）100

7．EIA/TIA 568A 信息模块的物理线路排列顺序为（ ）。

（A）白绿 绿、白橙 蓝、白蓝 橙、白棕 棕

（B）白橙 橙、白绿 蓝、白蓝 绿、白棕 棕

（C）白橙 橙、白蓝 蓝、白绿 绿、白棕 棕

（D）白蓝 蓝、白绿 绿、白橙 橙、白棕 棕

8．在施工过程中双绞线开绞过长容易导致（ ）测试无法通过。

（A）衰减 （B）回波损耗

（C）近端串扰 （D）高清晰度时域反射

9．568A 和 568B 接线标准提供同样的（ ）。

（A）电气性能 （B）线序标准 （C）线缆长度 （D）使用方法

10．工作区电源应该符合以下规定（ ）。

（A）每一个工作区至少应配置一个 220V 交流电源插座

（B）每一个工作区至少应配置两个 220V 交流电源插座

（C）每一个工作区至少应配置一个 380V 交流电源插座

（D）每一个工作区至少应配置一个 220V 直流电源插座

11．4 对 UTP 电缆的弯曲半径不能超过电缆直径的（ ）倍。

（A）1 （B）2 （C）3 （D）4

12．屏蔽双绞线的屏蔽层与连接器件终接处屏蔽罩应通过紧固器件可靠接触，缆线屏蔽层与连接器屏蔽罩（ ）圆周接触，接触长度不宜小于 10mm。

（A）0° （B）90° （C）180° （D）360°

13．缆线应有余量以适应终接、检测和变更。对绞电缆在工作区的预留长度一般在（ ）cm。

（A）1～2 （B）3～6 （C）5～10 （D）15～30

14．EIA/TIA 568A 和 568B 的物理线路第 2 对线对的颜色都是（ ）。

（A）蓝和蓝白 （B）橙和橙白 （C）绿和绿白 （D）棕和棕白

15．3 和 6 两根导线颠倒是为了改变导线中（ ）的方向排列。

（A）铜芯 （B）串扰 （C）阻抗 （D）信号流通

16．双绞线开绞的距离不能超过（ ）cm。

（A）1 （B）4 （C）13 （D）20

17．信息插座模块可以用（ ）进行表示。

（A）TE （B）TO （C）TC （D）FD

18. 目前建筑物的功能类型较多，工作区的面积划分应根据应用场合做具体分析，其中适合将工作区面积定义在 60～200m^2 的建筑物类型是（　　）。

(A) 网管中心　(B) 办公室　(C) 商场　(D) 工业生产区

19. 信息插座有（　　）等多种。

(A) 墙上型　(B) 地面型　(C) 桌上型　(D) 地下型

20. 信息模块压接一般有（　　）。

(A) 用打线工具压接　(B) 用老虎钳压接

(C) 用剪刀压接　(D) 不用打线工具直接压接

二、简答题

1. 什么是工作区子系统？常用的工作区子系统有哪些？
2. 工作区划分的一般原则是什么？工作区设计要注意什么？
3. 在工作区子系统中，如何确定信息插座的数量？
4. 信息模块端接原理是什么？
5. RJ-45 跳线都采用什么标准端接？线序颜色如何排列？
6. 工作区安装工艺要求是什么？

2.6 技能操作题

实训 1 工作区信息点数量统计表制作

1. 实训目的

1）通过工作区信息点数量统计表项目实训，掌握各种工作区信息点位置和数量的设计要点和统计方法。

2）熟练掌握信息点数量统计表的设计和应用方法。

3）掌握项目概算方法。

4）训练工程数据表格的制作方法和能力。

2. 实训要求

1）完成一个多功能智能化建筑网络综合布线系统工程信息点的设计。

2）使用 Excel 工作表软件完成信息点数量统计表。

3）完成工程概算。

实训模型一：一栋 18 层的建筑物可能会有以下用途：地下 2 层为空调机组等设备安装层，地下 1 层为停车场，1～2 层为商场，3～4 层为餐厅，5～10 层为写字楼，11～18 层为宾馆。

给出可以进行信息点数量统计表的必要条件，注意设置一些变化原因。

实训模型二：一栋7层研究大楼，给出可以进行信息点数量统计表的必要条件，注意设置一些变化原因。

实训模型三：学生比较熟悉的教学楼或者宿舍楼。

3. 实训步骤

1）分析项目用途、归类，例如教学楼、宿舍楼、办公楼等。
2）工作区分类和编号。
3）制作信息点数量统计表。
4）填写信息点数量统计表。
5）工程概算。

4. 实训报告要求

1）完成信息点命名和编号。
2）掌握信息点数量统计表制作方法，计算出全部信息点的数量和规格。
3）完成工程概算。
4）基本掌握Excel工作表软件在工程技术中的应用。
5）记录实训经验和方法。

实训2 网络插座的安装

1. 实训目的

1）通过设计工作区信息点的位置和数量，熟练掌握工作区子系统的设计和信息点数量统计表。
2）通过信息点插座的安装，熟练掌握工作区信息点的施工方法。
3）通过核算、列表、领取材料和工具，训练规范施工的能力。

2. 实训要求

1）设计一种多人办公室信息点的位置和数量，并且绘制施工图。
2）按照设计图，核算实训材料规格和数量，掌握工程材料核算方法，列出材料清单。
3）按照设计图，准备实训工具，列出实训工具清单。
4）独立领取实训材料和工具。
5）独立完成工作区信息点的安装。

3. 实训材料和工具

1）86系列明装塑料底盒和螺钉若干。
2）单口面板、双口面板和螺钉若干。
3）RJ-45信息模块、RJ-11电话模块若干。
4）网络双绞线若干。

5）十字头螺钉旋具，长度 150mm，用于固定螺钉，一般每人 1 个。

6）压线钳，用于压接 RJ-45 信息模块和电话模块，一般每人 1 个。

4. 实训设备

该实训设备由全钢的 12 个模块组成“丰”字型结构，构成 12 个角区域，模拟 12 个工作区，能够满足 12 组学生同时进行 12 个工作区子系统的实训。实训设备上预制有螺孔，如图 2-20 所示。

5. 实训步骤

1）设计工作区子系统。3～4 人组成一个项目组，选举项目负责人，每人设计一种工作区子系统，并且绘制施工图，集体讨论后由项目负责人指定一种设计方案进行实训。

2）列出材料清单和领取材料。按照设计图，完成材料清单并且领取材料。

3）列出工具清单和领取工具。根据实训需要，完成工具清单并且领取工具。

4）安装底盒。按照设计图纸规定位置用 M6×16 螺钉把底盒固定在实训装置的墙面上。

5）穿线和端接模块。

6）安装面板。

7）标记。

完成以上步骤后如图 2-21 所示。

6. 实训报告要求

1）完成一个工作区子系统设计图。

2）以表格形式写清楚实训材料和工具的数量、规格、用途。

3）分步陈述实训步骤以及安装注意事项。

4）记录实训体会和操作技巧。

图 2-20 网络实训装置

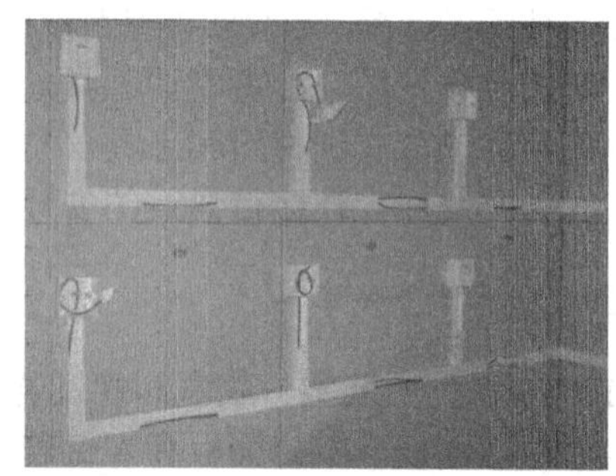

图 2-21 完成样板

单元三 配线子系统施工

知识教学目标

- 掌握配线子系统的概念。
- 熟悉配线子系统的设计要点。
- 掌握配线子系统缆线的选择原则。
- 掌握配线子系统管槽敷设的要点和技巧。
- 掌握配线子系统缆线敷设的要点和技巧。

技能培养目标

- 能够为真实综合布线工程编制配线子系统施工计划。
- 能够完成平面空间上的管槽敷设。
- 能够完成水平缆线的敷设。
- 能够完成网络配线架和语音配线架的端接。

3.1 项目引入

某网络公司位于一个楼层内共有八个房间，根据用户要求共有 28 个信息点，其中数据点 14 个、电话语音点 14 个，除了仓库监控点需要使用屏蔽 6 类双绞线外，其余各点都使用超 5 类双绞线进行网络综合布线，最终要能够满足用户电话、计算机、监控等设备的使用。

网络公司的综合布线设计平面图如图 3-1 所示，⊠ 表示 42U，机柜放在经理室东北角，距东墙、北墙各 0.5m；走廊水平走线采用 200×100 金属桥架；所有信息点都要通过孔洞敷设到各办公室。水平桥架进各办公室内用 24×14PVC 线槽，墙面用 86 型明盒及双口信息面板。

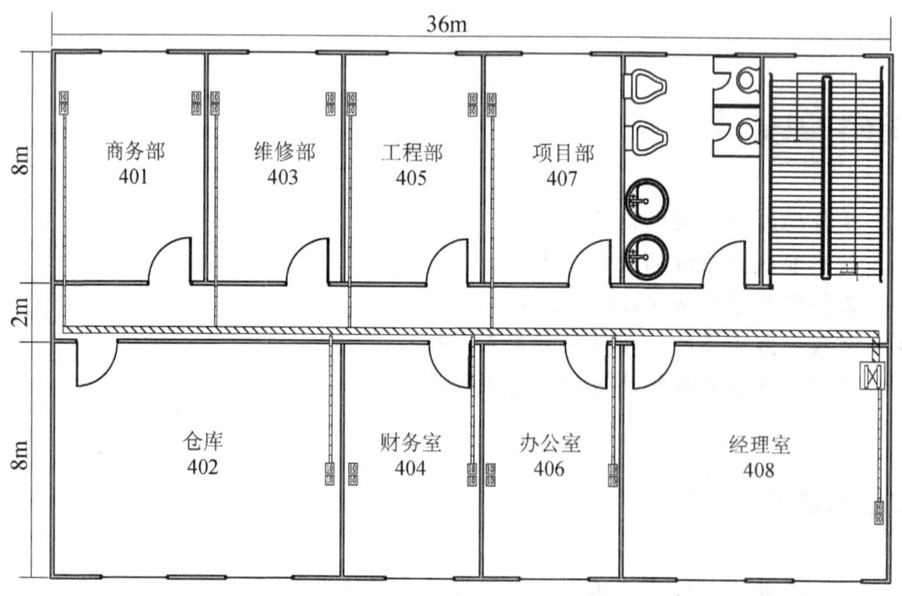

图 3-1 网络公司综合布线平面图

3.2 项目分析

在进行配线子系统施工时，我们需要确认以下信息。

1）在建筑楼层的每个房间中，信息点的数量是多少？具体位置在哪里？

2）楼层的配线间位置在哪里？

3）所有施工内容中选用哪种缆线类型？

4）房间内缆线的敷设方式如何，采用管，还是槽，是暗埋还是明敷？

5）房间外缆线的敷设方式如何，采用管，还是槽，是暗埋还是明敷？

6）所有信息点距离配线间的最长距离是否超过 90m？超过的话如何处理？

7）配线架端接信息点采用哪种类型的端接设备？

针对以上需求，依据项目引入中给出的内容，经现场调研，确认了如下信息。

1）该网络公司的 401、403、405、407 四个房间的信息点位置距离北墙 2m 处；402、404、406 三个房间信息点位置距离南墙 4m 处；408 房间信息点位置距离南墙 2m 处。

2）配线间位于经理室内，采用在东北角处放置一个 42U 机柜实现，距东墙、北墙各 0.5m。

3）项目中所有数据和语音信息点都采用超 5 类双绞线；监控部分采用数字监控，使用 6 类屏蔽双绞线进行施工。

4）房间内因为原有建筑已经预埋好了暗管，直通到走廊处，所以房间内的布线都采用暗管敷设。

5）房间外走廊水平走线采用 200×100 金属桥架进行敷设。

6）在该工程中最长的信息点为 401 房间信息点距离：6+36+0.5=42.5m，再加上机柜和信息模块处端接的距离，假设给定总共 3m 的预留，总共 45.5m，远远小于水平布线 90m 的极限值，所以所有信息点的设计可以考虑从信息点直达机柜。

7）该项目的信息点数量总共为 28 个，其中语音点 14 个、数据点 14 个，所以考虑使用一个 110 语音配线架和一个网络配线架进行端接。

8）在水平区子系统施工时，要充分考虑线槽、缆线等设计施工是否规范，用户使用维护是否安全、方便等因素。

9）要完成此项任务的施工，主要涉及到以下几项技能：双绞线缆线的敷设、桥架的安装、墙面暗管的敷设、墙面明槽管的敷设和吊顶的敷设等。

3.3 相关知识

3.3.1 配线子系统的定义

配线子系统是综合布线结构的一部分，它将干线子系统线路延伸到用户工作区，实现信息插座和管理间子系统的连接，包括工作区与楼层配线间之间的所有电缆、连接硬件（信息插座、插头、端接水平传输介质的配线架、跳线架等）、跳线缆线及附件。

3.3.2 国家相关标准

GB 50311—2007 第 6 章安装工艺要求内容中，对配线子系统布线的安装工艺提出了具体要求。配线子系统缆线宜采用在吊顶、墙体内穿管或设置金属密封线槽及开放式（电缆桥架，吊挂环等）敷设，当缆线在地面布放时，应根据环境条件选用地板下线槽、网络地板、高架（活动）地板布线等安装方式。

3.3.3 缆线的选择原则

1. 系统应用

1）同一布线信道及链路的缆线和连接器件应保持系统等级与阻抗的一致性。

2）综合布线系统工程的产品类别及链路、信道等级确定应综合考虑建筑物的功能、应用网络、业务终端类型、业务的需求及发展、性能价格、现场安装条件等因素，应符合表 3-1 所示要求。

3）综合布线系统光纤信道应采用标称波长为 850nm 和 1300nm 的多模光纤及标称波长为 1310nm 和 1550nm 的单模光纤。

4）单模和多模光缆的选用应符合网络的构成方式、业务的互通互连方式及光纤在网络中的应用传输距离。楼内宜采用多模光缆，建筑物之间宜采用多模或单模光缆，需直接与电信业务经营者相连时宜采用单模光缆。

表 3-1 布线系统等级与类别的选用

业务种类	配线子系统		干线子系统		建筑群子系统	
	等级	类别	等级	类别	等级	类别
语音	D/E	5e/6	C	3（大对数）	C	3（室外大对数）
数据	D/E/F	5e/6/7	D/E/F	5e/6/7（4 对）		
	光纤（多模或单模）	62.5 μm 多模/50 μm 多模/<10 μm 单模	光纤	62.5 μm 多模/50 μm 多模/<10 μm 单模	光纤	62.5 μm 多模/50 μm 多模/<1 μm 单模
其他应用	可采用 5e/6 类 4 对对绞电缆和 62.5 μm 多模/50 μm 多模/<10 μm 多模、单模光缆					

注：其他应用指数字监控摄像头、楼宇自控现场控制器（DDC）、门禁系统等采用网络端口传送数字信息时的应用。

5）为保证传输质量，配线设备连接的跳线宜选用产业化制造的各类跳线，在电话应用时宜选用双芯对绞电缆。

6）工作区信息点为电端口时，应采用 8 位模块通用插座（RJ-45），光端口宜采用 SFF 小型光纤连接器件及适配器。

7）FD、BD、CD 配线设备应采用 8 位模块通用插座或卡接式配线模块（多对、25 对及回线型卡接模块）和光纤连接器件及光纤适配器（单工或双工的 ST、SC 或 SFF 光纤连接器件及适配器）。

8）CP 集合点安装的连接器件应选用卡接式配线模块或 8 位模块通用插座或各类光纤连接器件和适配器。

2. 屏蔽布线系统

1）综合布线区域内存在的电磁干扰场强高于 3V/m 时，宜采用屏蔽布线系统进行防护。

2）用户对电磁兼容性有较高的要求（电磁干扰和防信息泄漏）时，或有网络安全保密的需要，宜采用屏蔽布线系统。

3）采用非屏蔽布线系统无法满足安装现场条件对缆线的间距要求时，宜采用屏蔽布线系统。

4）屏蔽布线系统采用的电缆、连接器件、跳线、设备电缆等都应是屏蔽的，并应保持屏蔽层的连续性。

3.3.4 配线子系统布线距离的计算

在 GB 50311—2007 中，规定配线子系统永久链路的长度不能超过 90m，只有个别信息点的布线长度会接近这个最大长度，一般设计的平均长度都在 60m 左右。在实际工程应用中，因为拐弯、中间预留、缆线缠绕和强电避让等原因，实际布线的长度往往会超过设计长度。如土建墙面的埋管一般是直角拐弯，实际布线长度比斜角要大一些，因此在计算工程用线总长度时，要考虑一定的余量。

确定电缆的长度：要计算整座楼宇的水平布线用线量，首先要计算出每个楼层的用线量，然后对各楼层用线量进行汇总即可，每个楼层用线量的计算公式如下：

$$C=[0.55(F+N)+6]\times M$$

其中，C 为每个楼层用线量，F 为最远的信息插座离楼层管理间的距离，N 为最近的信息插座离楼层管理间的距离，M 为每层楼的信息插座的数量，6 为端对容差（主要考虑到施工时缆线的损耗、缆线布设长度误差等因素）。

整座楼的用线量为

$$S=\sum MC$$

其中，M 为楼层数，C 为每个楼层用线量。

【应用示例】 已知某一楼宇共有 6 层，每层信息点数为 20 个，每个楼层的最远信息插座离楼层管理间的距离均为 60m，每个楼层的最近信息插座离楼层管理间的距离均为 10m，请估算出整座楼宇的用线量。

解：根据题目要求知道：

每层楼的信息插座的数量 M=20；

最远点信息插座距管理间的距离 F=60m；

最近点信息插座距管理间的距离 N=10m；

因此，每层楼用线量 C=[0.55（60+10）+6]×20=890m。

整座楼共 6 层，因此整座楼的用线量 S=890×6=5340m。

3.3.5 配线子系统缆线布线距离的规定

按照 GB 50311—2007 的规定，配线子系统中，对于缆线的长度做了统一规定，配线子系统各缆线长度应符合图 3-2 的划分并应符合下列要求。

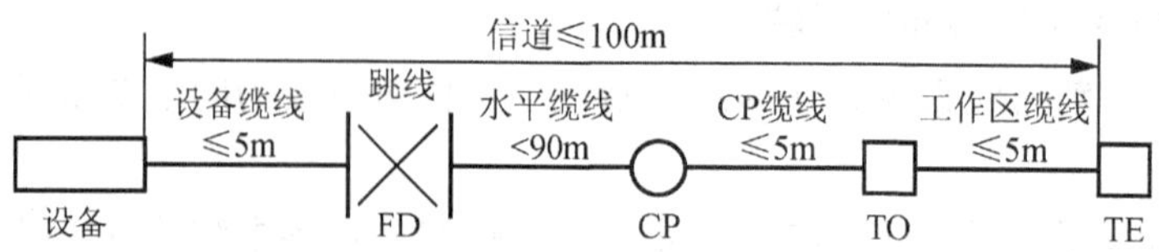

图 3-2 配线子系统缆线长度划分

1）配线子系统信道的最大长度不应大于 100m。其中，水平缆线长度不大于 90m，一端工作区设备连接跳线不大于 5 m，另一端设备间（电信间）的跳线不大于 5m，如果两端的跳线之和大于 10m 时，水平缆线长度（90m）应适当减少，保证配线子系统信道最大长度不应大于 100m。

2）信道总长度不应大于 2000m。信道总长度包括了综合布线系统水平缆线和建筑物主干缆线及建筑群主干三部分缆线之和。

3）建筑物或建筑群配线设备之间（FD 与 BD、FD 与 CD、BD 与 BD、BD 与 CD 之间）组成的信道出现 4 个连接器件时，主干缆线的长度不应小于 15m。

3.3.6 管道缆线的布放根数

在水平布线系统中，缆线必须安装在线槽或者线管内。

在建筑物墙或者地面内暗设布线时，一般选择线管，不允许使用线槽。

在建筑物墙明装布线时，一般选择线槽，很少使用线管。

选择线槽时，建议宽高之比为 2∶1，这样布出的线槽较为美观、大方。

选择线管时，建议使用满足布线根数需要的最小直径线管，这样能够降低布线成本。

缆线布放在管与线槽内的管径与截面利用率，应根据不同类型的缆线做不同的选择。管内穿放大对数电缆或 4 芯以上光缆时，直线管路的管径利用率应为 50%～60%，弯管路的管径利用率应为 40%～50%。管内穿放 4 对对绞电缆或 4 芯光缆时，截面利用率应为 25%～35%。布放缆线在线槽内的截面利用率应为 30%～50%。

3.3.7 布线弯曲半径要求

布线中如果不能满足最低弯曲半径要求，双绞线电缆的缠绕节距会发生变化，严重时，电缆可能会损坏，直接影响电缆的传输性能。例如，在铜缆系统中，布线弯曲半径直接影响回波损耗值，严重时会超过标准规定值。在光纤系统中，则可能会导致高衰减。因此在设计布线路径时，尽量避免和减少弯曲，增加电缆的拐弯曲率半径值。

缆线的弯曲半径应符合下列规定。

1）非屏蔽 4 对对绞电缆的弯曲半径应至少为电缆外径的 4 倍。

2）屏蔽 4 对对绞电缆的弯曲半径应至少为电缆外径的 8 倍。

3）主干对绞电缆的弯曲半径应至少为电缆外径的 10 倍。

4）2 芯或 4 芯水平光缆的弯曲半径应大于 25mm。

5）光缆容许的最小曲率半径在施工时应当不小于光缆外径的 20 倍，施工完毕应当不小于光缆外径的 15 倍。

其他芯数的水平光缆、主干光缆和室外光缆的弯曲半径应至少为光缆外径的 10 倍。管线敷设允许的弯曲半径如表 3-2 所示。

表 3-2 管线敷设允许的弯曲半径

缆线类型	弯曲半径
4 对非屏蔽电缆	不小于电缆外径的 4 倍
4 对屏蔽电缆	不小于电缆外径的 8 倍
大对数主干电缆	不小于电缆外径的 10 倍
2 芯或 4 芯室内光缆	>25mm
其他芯数和主干室内光缆	不小于光缆外径的 10 倍
室外光缆、电缆	不小于缆线外径的 20 倍

注：当缆线采用电缆桥架布放时，桥架内侧的弯曲半径不应小于 300mm。

图 3-3 以在直径 20mm 的 PVC 管内穿线为例进行计算和说明曲率半径的重要性。按照 GB 50311—2007 规定，非屏蔽双绞线的拐弯曲率半径不小于电缆外径的 4 倍。电缆外径按照 6mm 计算，拐弯半径必须大于 24mm。

拐弯连接处不宜使用市场上购买的弯头。目前，市场上没有适合网络综合布线使用的大拐弯 PVC 弯头，只有适合电气和水管使用的 90° 弯头。图 3-4 所示为市场购买的 ϕ20 电气穿线管弯头在拐弯处的曲率半径，拐弯半径只有 5mm，只有 5/6=0.83 倍，远远低于标准规定的 4 倍。

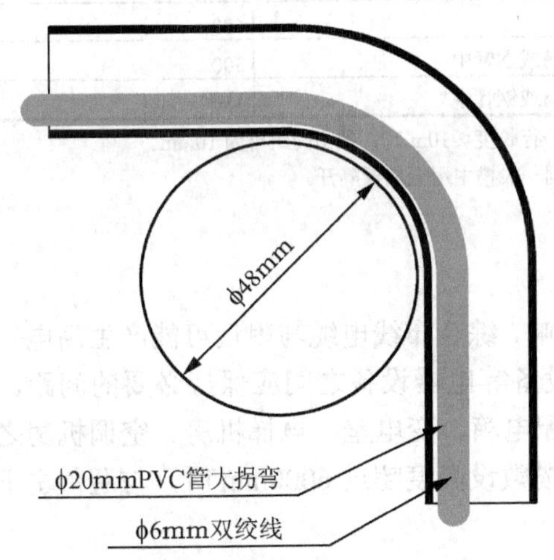

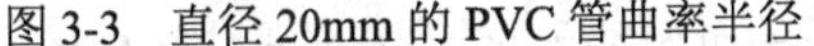

图 3-3 直径 20mm 的 PVC 管曲率半径

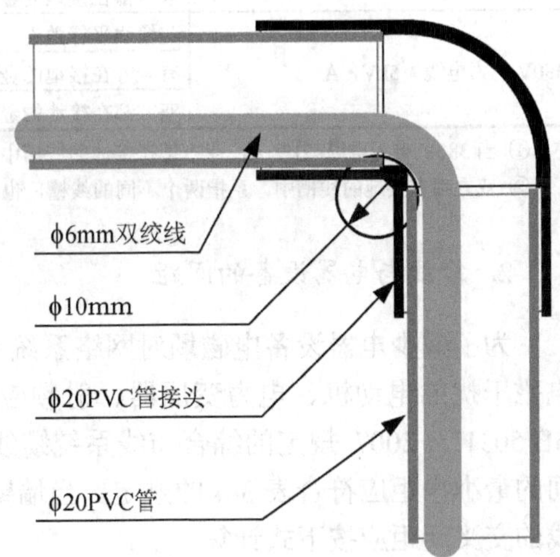

图 3-4 ϕ20 电气穿线管曲率半径

布线施工中布线曲率半径直接影响永久链路的测试指标，多次的实验和工程测试经验表明，如果布线曲率半径小于表 3-2 标准规定时，永久链路测试不合格，特别是六类布线系统中，曲率半径对测试指标影响非常大。

布线施工中穿线和拉线时缆线拐弯曲率半径往往是最小的，一个不符合曲率半径的拐弯经常会破坏整段缆线的内部物理结构，甚至严重影响永久链路的传输性能，在竣工测试中，永久链路会有多项测试指标不合格，而且这种影响经常是永久性的，无法恢复的。

3.3.8 网络缆线与其他设施间距

1. 网络缆线与电力电缆的间距

在配线子系统布线施工中，必须考虑与电力电缆之间的距离，不仅要考虑墙面明装的电力电缆，更要考虑在墙内暗埋的电力电缆。

在配线子系统中，经常出现综合布线电缆与电力电缆平行布线的情况，为了减少电力电缆电磁场对网络系统的影响，综合布线电缆与电力电缆接近布线时，必须保持一定的距离。GB 50311—2007 规定的间距应符合表 3-3 的规定。

表 3-3 综合布线电缆与电力电缆的间距

类　别	与综合布线接近状况	最小间距/mm
380V 以下电力电缆＜2kV·A	与缆线平行敷设	130
	有一方在接地的金属线槽或钢管中	70
	双方都在接地的金属线槽或钢管中①	10
380V 电力电缆 2～5kV·A	与缆线平行敷设	300
	有一方在接地的金属线槽或钢管中	150
	双方都在接地的金属线槽或钢管中②	80
380V 电力电缆＞5kV·A	与缆线平行敷设	600
	有一方在接地的金属线槽或钢管中	300
	双方都在接地的金属线槽或钢管中②	150

注：① 当 380V 电力电缆<2kV·A，双方都在接地的线槽中，且平行长度≤10m 时，最小间距可为 10mm。
② 双方都在接地的线槽中，系指两个不同的线槽，也可在同一线槽中用金属板隔开。

2. 缆线与电器设备的间距

为了减少电器设备电磁场对网络系统的影响，综合布线电缆与附近可能产生高电平电磁干扰的电动机、电力变压器、射频应用设备等电器设备之间应保持必要的间距。GB 50311—2007 规定的综合布线系统缆线与配电箱、变电室、电梯机房、空调机房之间的最小净距应符合表 3-4 的规定。当墙壁电缆敷设高度超过 6000mm 时，与避雷引下线的交叉间距应按下式计算

$$S \geqslant 0.05L$$

其中，S 为交叉间距，单位为 mm；L 为交叉处避雷引下线距地面的高度，单位为 mm。

表 3-4 综合布线系统缆线与电气设备的最小净距

名　称	最小净距/m	名　称	最小净距/m
配电箱	1	电梯机房	2
变电室	2	空调机房	2

3. 缆线与其他管线的间距

墙上敷设的综合布线系统缆线及管线与其他管线的间距应符合表 3-5 的规定。

表 3-5 综合布线系统缆线及管线与其他管线的间距

其他管线	平行净距/mm	垂直交叉净距/mm
避雷引下线	1000	300
保护地线	50	20
给水管	150	20
压缩空气管	150	20
热力管（不包封）	500	500
热力管（包封）	300	300
煤气管	300	20

3.3.9 配线端接技术原理

综合布线系统配线端接的基本原理是：将线芯用机械力量压入两个刀片中，在压入过程中刀片将绝缘护套划破与铜线芯紧密接触，同时金属刀片的弹性将铜线芯长期夹紧，从而实现长期稳定的电气连接，如图 3-5 所示。因为每根双绞线有 8 芯，每芯都有外绝缘层，如果像电气工程那样将每个芯线剥开外绝缘层直接拧接或者焊接在一起时，不仅工程量大，而且将严重破坏双绞节距，因此在网络施工中坚决不能采取电工式接线方法。

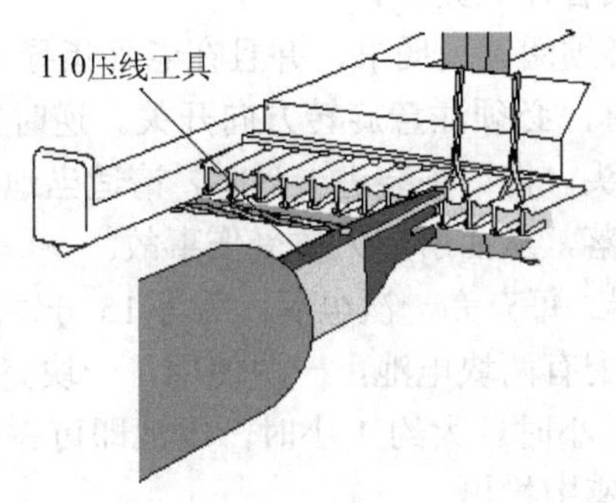

图 3-5 使用 110 压线工具将线对压入线槽内

3.3.10 缆线敷设拉力标准

从理论上讲，线的直径越小，则拉缆线的速度越快。但是，有经验的安装者一般会采取慢速而又平稳的拉线，而不是快速的拉线，因为快速拉线通常会造成线的缠绕或被绊住。

拉力过大，缆线变型，会破坏电缆对绞的匀称性，将引起缆线传输性能下降。

拉力过大还会使缆线内的扭绞线对层数发生变化，严重影响缆线抗噪声（NEXT、FEXT 等）的能力，从而导致线对扭绞松开，甚至可能对导体造成破坏。

缆线最大允许的拉力如下。

1）一根 4 对线电缆，拉力为 100N。

2）二根 4 对线电缆，拉力为 150N。

3）三根 4 对线电缆，拉力为 200N。

N 根线电缆，拉力为（N×5+50）N；不管多少根线对电缆，最大拉力不能超过 400N。

3.3.11 施工安全

安全施工是施工过程的重中之重。施工现场工作人员必须严格按照安全生产、文明施工的要求，积极推行施工现场的标准化管理，科学组织施工。施工现场全体人员必须严格执行《建筑安装工程安全技术规程》和《建筑安装工人安全技术操作规程》。

使用电气设备、电动工具应有可靠保护接地，随身携带和使用的工具应搁置于顺手稳妥的地方，以防发生事故伤人。

在综合布线施工过程中，使用电动工具的情况比较多，如使用电锤打过墙洞、开孔安装线槽等工作。在使用电锤之前必须先检查一下工具的情况，在施工过程中不能用身体顶住电锤。在打过墙洞或开孔时，一定先确定是否是梁，必须错过梁的位置，否则打不通，导致延误工期，同时确定墙面内是否有其他线路，如强电线路等。

使用充电式电钻的注意事项如下。

1）电钻属于高速旋转工具，600 转/分钟，必须谨慎使用，保护人身的安全。

2）禁止使用电钻在工作台、实验设备上打孔。

3）禁止使用电钻玩耍或者开玩笑。

4）首次使用电钻时，必须阅读说明书，并且在老师指导下进行。

5）装卸劈头或者钻头时，必须注意旋转方向开关。逆时针方向旋转卸钻头，顺时针方向旋转拧紧钻头或者劈头。将钻头装进卡盘时，请适当地旋紧套筒。如不将套筒旋紧的话，钻头将会滑动或脱落，从而引起人体受伤事故。

6）请勿连续使用充电器。每充完一次电后，需等 15 分钟左右让电池降低温度后再进行第二次充电。每个电钻配有两块电池，一块使用，一块充电，轮流使用。

7）电池充电不可超过 1 小时。大约 1 小时，电池即可完全充电，此时，应立即将充电器电源插头从交流电插座中拔出。

8）切勿使电池短路。电池短路时，会造成很大的电流和过热，从而烧坏电池。

9）在墙壁、地板或天花板上钻孔时，请检查这些地方，确认没有暗埋的电线和钢管等东西。

表 3-6 描述了充电式电钻的常见规格和技术参数。

表 3-6 充电式电钻规格和技术参数

无负荷状态下的速度			600 转/分钟
能力	钻孔	木材	10mm
		金属	钢、铝：10mm
	驱动	木螺钉	直径：4.5mm；长：20mm

在施工中使用的高凳、梯子、人字梯、高架车等，在使用前必须认真检查其牢固性。梯外端应采取防滑措施，并不得垫高使用。在通道处使用梯子，应有人监护或设围栏。人字梯距梯脚 40～60cm 处要设拉绳，施工中，不准站在梯子最上一层工作，且严禁在这上面放工具和材料。

当发生安全事故时，由安全员负责查原因，提出改进措施，上报项目经理，由项目经理与有关方面协商处理；发生重大安全事故时，公司应立即报告有关部门和业主，按政府有关规定处理，做到四不放过，即事故原因不明不放过，事故不查清责任不放过，事故不吸取教训不放过，事故不采取措施不放过。

安全生产领导小组负责现场施工技术安全的检查和督促工作，并做好记录。

3.3.12 配线间安装工艺要求

1）配线间的数量应按所服务的楼层范围及工作区面积来确定。如果该层信息点数量不大于 400 个，水平缆线长度在 90m 范围以内，宜设置一个配线间。当超出这一范围时宜设两个或多个配线间。每层的信息点数量较少，且水平缆线长度不大于 90m 的情况下，应几个楼层合设一个配线间。

2）配线间应与强电间分开设置，配线间内或其紧邻处应设置缆线竖井。

3）配线间的使用面积不应小于 $5m^2$，也可根据工程中配线设备和网络设备的容量进行调整。

4）配线间应提供不少于两个 220V 带保护接地的单相电源插座，但不作为设备供电电源。

5）配线间应采用外开丙级防火门，门宽大于 0.7m。配线间内温度应为 10～35℃，相对湿度宜为 20%～80%。如果安装信息网络设备时，应符合相应的设计要求。

3.4 项目实施

根据前面项目分析的内容，本项目涉及到的施工内容主要有：根据建筑的平面图结果，实地规划好缆线的路由路径，然后进行相关材料预算，最后对各房间内的缆线进行敷设施工、走廊内的缆线进行桥架敷设施工、配线间内机柜内的配线架安装与端接，最后对敷设完的线路进行检测和纠错。下面分别讲解相关的施工技能点。

3.4.1 规划缆线路由

在配线子系统施工前，必须根据给定的设计平面图，到施工现场确定具体的路由线路。本项目中，施工人员到现场确定桥架的安装高度和支架的固定位置，在各房间内确定暗管的可用性。楼层垂直走线采用竖井内 200×100 金属槽道；走廊水平走线采用的 200×100 金属桥架相连接；各分配线间内用 24×14PVC 线槽。

3.4.2 敷设墙面暗埋管缆线

在设计配线子系统的埋管图时，一定要根据设计信息点的数量确定埋管规格。图 3-6

是本任务中某网络公司商务部的暗管结构，房间墙面上安装2个信息插座。

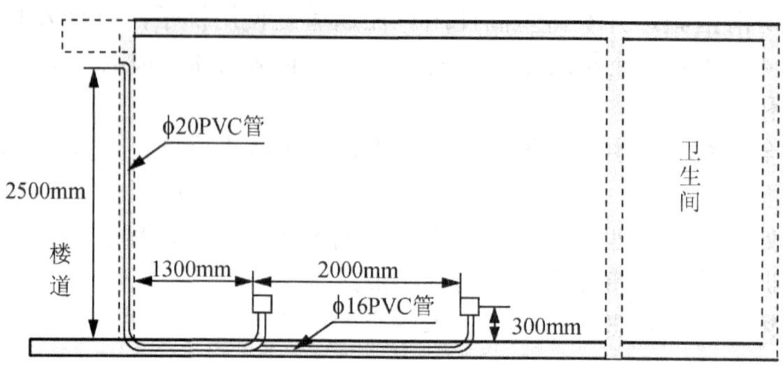

图 3-6 墙面暗埋管线施工图

注意，预埋在墙体中间暗管的最大管外径不宜超过50mm，楼板中暗管的最大管外径不宜超过25mm，室外管道进入建筑物的最大管外径不宜超过100mm。

根据以上设计，对房间内暗埋缆线进行施工，具体程序是：土建埋管→穿钢丝→安装底盒→穿线→标记→压接模块→标记。

在施工过程中，需要注意以下几点。

1）墙内暗埋管一般使用ϕ16或ϕ20的穿线管，ϕ16管内最多穿2条网络双绞线，ϕ20管内最多穿3条网络双绞线。

2）金属管一般使用专门的弯管器成型，拐弯半径比较大，能够满足双绞线对曲率半径的要求。在钢管现场截断和安装施工中，必须清理干净截断时出现的毛刺，保持截断端面的光滑，两根钢管对接时必须保持接口整齐，没有错位，焊接时不要焊透管壁，避免在管内形成焊渣。金属管内的毛刺、错口、焊渣、垃圾等都会影响穿线，甚至损伤缆线的护套或内部结构。

3）墙内暗埋ϕ16、ϕ20PVC塑料布线管时，要特别注意拐弯处的曲率半径。宜用弯管器现场制作大拐弯的弯头连接，这样既保证了缆线的曲率半径，又方便轻松拉线，降低布线成本，保护缆线结构。

4）缆线敷设时，注意拉缆线的速度和缆线的曲率半径。

在缆线敷设时，一般采取慢速而又平稳的拉线，而不是快速的拉线，因为快速拉线通常会造成线的缠绕或被绊住，使施工进度缓慢。还有在从卷轴上拉出缆线时，要注意电缆可能会打结。缆线打结就应视为损坏，应更换缆线。拉力过大，缆线变型，会破坏电缆对绞的匀称性，将引起缆线传输性能下降。

在布线施工拉线过程中，缆线宜与管中心线尽量相同，如图3-7所示，以现场允许的最小角度按照A方向或者B方向拉线，保证缆线没有拐弯，保持整段缆线的曲率半径比较大，这样不仅施工轻松，而且能够避免缆线护套和内部结构的破坏。

在布线施工拉线过程中，缆线不要与管口形成90°拉线，如图3-8所示，这样就在管口形成了1个90°直角的拐弯，不仅施工拉线困难费力，而且容易造成缆线护套和内部结构的破坏。

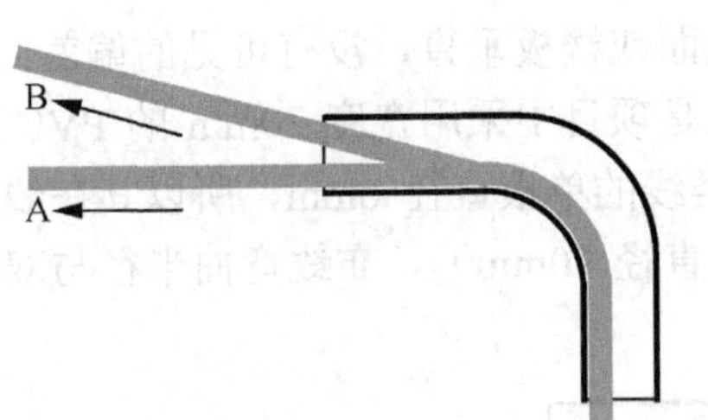

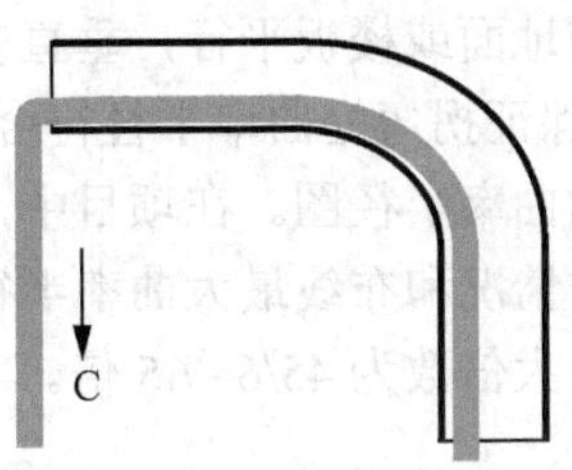

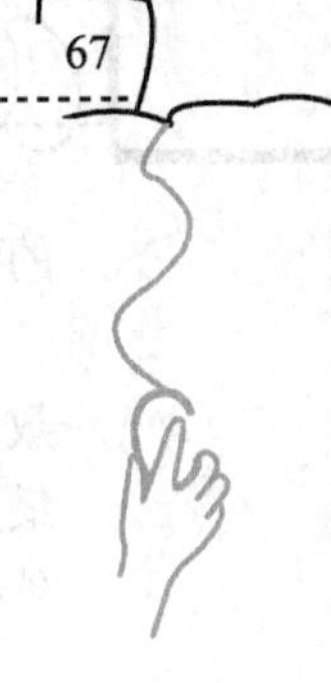

图 3-7 正确的拉线角度　　　　图 3-8 错误的拉线角度

5）在布线施工拉线过程中，必须坚持直接手持拉线，不允许将缆线缠绕在手中或者工具上拉线，也不允许用钳子夹住缆线中间拉线，这样操作时缠绕部分的曲率半径会非常小，夹持部分结构变形，直接破坏缆线内部结构或者护套。

6）如果遇到缆线距离很长或拐弯很多，手持拉线非常困难时，可以将缆线的端头捆扎在穿线器端头或铁丝上，用力拉穿线器或丝。缆线穿好后将受过捆扎部分的缆线剪掉。

7）穿线时，一般从信息点向楼道或楼层机柜穿线，一端拉线，另一端必须有专人放线和护线，保持缆线在管入口处的曲率半径比较大，避免缆线在入口或者箱内打折形成死结或者曲率半径很小。

3.4.3 敷设墙面明装线槽缆线

在本项目中，因为配线间设计在经理室房间，机柜位置不在原有暗管敷设出口处，所以经理室的信息插座采用明装线槽方式进行敷设。图 3-9 为经理室墙面明装线槽施工图。根据施工图实施线槽的安装，具体程序是：信息插座安装底盒→钉线槽→布线→装线槽盖板→压接模块→标记。

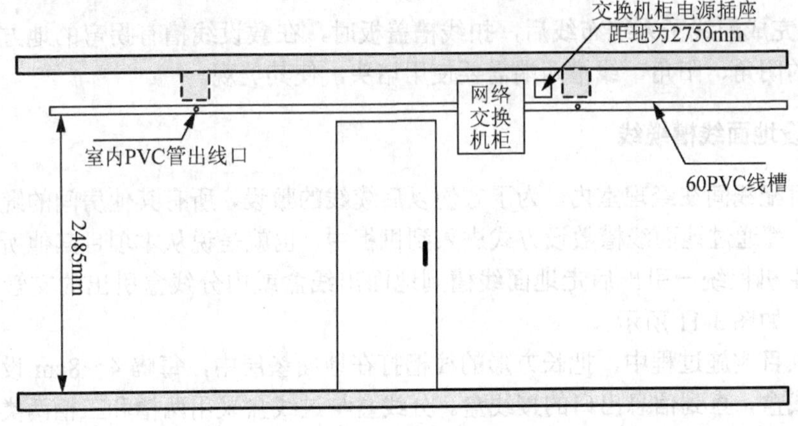

图 3-9 墙面明装线槽施工图

在施工过程中，需要注意以下几点。

1）配线子系统明装线槽安装时要保持线槽的水平，必须确定统一的高度。安装线槽时，首先在墙面测量并且标出线槽的位置，在建工程以 1m 线为基准，保证水平安装的线槽与地面或楼板平行，垂直安装的线槽与地面或楼板垂直，没有可见的偏差。

2）保证拐弯处曲率半径符合标准。图 3-10 是项目中采用宽度 20mm 的 PVC 线槽敷设时的曲率半径图。在项目中，采用的超 5 类线的单根直径 6mm，所以其在线槽中最大弯曲情况和布线最大曲率半径值为 45mm（直径 90mm），布线弯曲半径与双绞线外径的最大倍数为 45/6=7.5 倍。

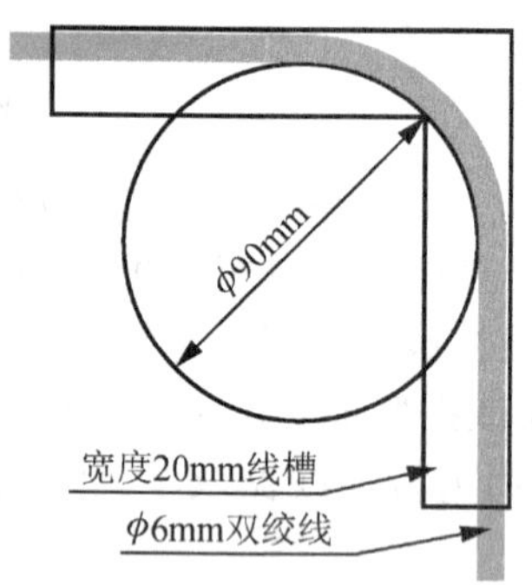

图 3-10 20mm 的 PVC 线槽曲率半径图

3）缆线敷设时，拐弯处宜使用 90° 弯头或者三通，线槽端头安装专门的堵头。

4）线槽布线时，先将缆线布放到线槽中，边布线边装盖板，在拐弯处保持缆线有比较大的拐弯半径。完成安装盖板后，不要再拉线，如果拉线力量过大会改变线槽拐弯处的缆线曲率半径。

5）安装线槽时，用水泥钉或者自攻螺钉把线槽固定在墙面上，固定距离为 300mm 左右，必须保证长期牢固。两根线槽之间的接缝必须小于 1mm，盖板接缝宜与线槽接缝错开。

6）在完成配线子系统布线后，扣线槽盖板时，在敷设线槽有拐弯的地方需要使用相应规格的阴角、阳角，线槽两端需要使用堵头，使其美观。

3.4.4 敷设地面线槽缆线

本项目配线间在经理室内，为了方便以后缆线的敷设，所有其他房间的缆线进入到该房间后，都通过地面线槽敷设方式进入到机柜中。也就是说从本项目其他所有信息插座的缆线由机柜统一引出后走地面线槽到地面出线盒或由分线盒引出的支管到墙上的信息出口，如图 3-11 所示。

在本项目实施过程中，把长方形的线槽打在地面垫层中，每隔 4～8cm 设置一个过线盒或出线盒，直到信息出口的接线盒。分线盒与过线盒采用两槽和三槽两类，均为正方形，每面可接两根或三根地面线槽，这样分线盒与过线盒能起到将 2～3 路分支缆线汇成一个主路的功能或起到 90° 转弯的功能。

要注意的是，地面线槽布线方式不适合楼板较薄或楼板为石质地面或楼层中信息点特别多的场合。一般来说，地面线槽布线方式的造价比吊顶内线槽布线方式要贵 3～5 倍，目前主要应用在资金充裕的金融业或高档会议室等建筑物中。

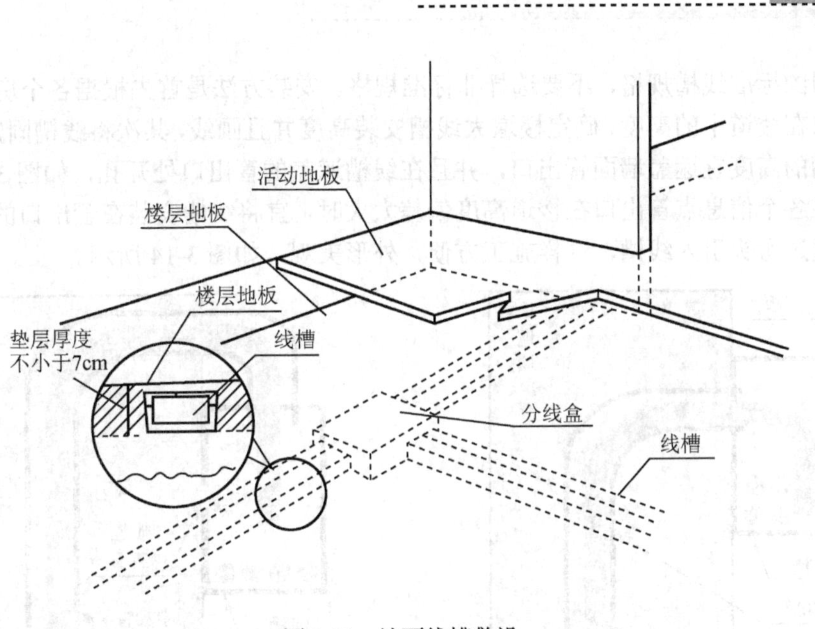

图 3-11　地面线槽敷设

注意：在活动地板下敷设缆线时，地板内净空应为 150～300mm。若空调采用下送风方式则地板内净高应为 300～500mm。

3.4.5　敷设楼道架空和吊顶线槽缆线

楼道桥架布线如图 3-12 所示，主要应用于楼间距离较短且要求采用架空的方式布放干线缆线的场合。本项目正好适合该种建筑结构，所以所有信息插座的缆线在走出各房间后统一采用走廊桥架方式进行缆线敷设，具体程序是：画线确定位置→装支架（吊杆）→装桥架→布线→装桥架盖板→压接模块→标记。

（a）楼道桥架布线

（b）楼道桥架端接

图 3-12　楼道桥架布线

在施工过程中，需要注意以下几点。

1）配线子系统在楼道墙面适合安装比较大的塑料线槽，例如宽度 60mm、100mm 或者 150mm 白色 PVC 塑料线槽，具体线槽高度必须按照需要容纳双绞线的数量来确定，

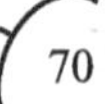

选择常用的标准线槽规格，不要选择非标准规格。安装方法是首先根据各个房间信息点出线管口在楼道中的高度，确定楼道大线槽安装高度并且画线，其次将线槽固定在墙面，楼道线槽的高度宜遮盖墙面管出口，并且在线槽遮盖的管出口处开孔，如图 3-13 所示。

如果各个信息点管出口在楼道高度偏差太大时，宜将线槽安装在管出口的下边，将双绞线通过弯头引入线槽，这样施工方便，外形美观，如图 3-14 所示。

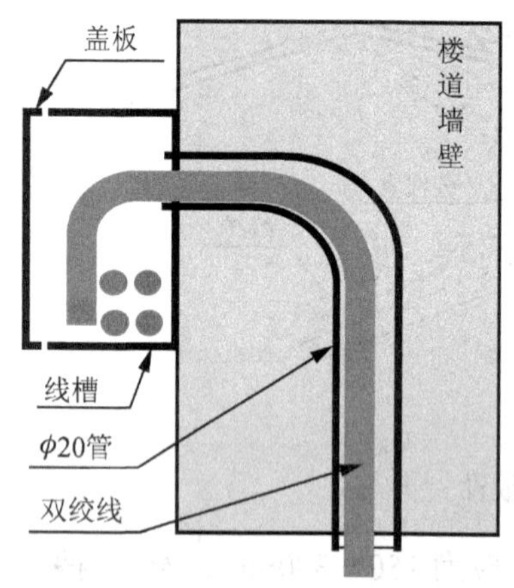

图 3-13 楼道墙面线槽遮盖墙面管出口

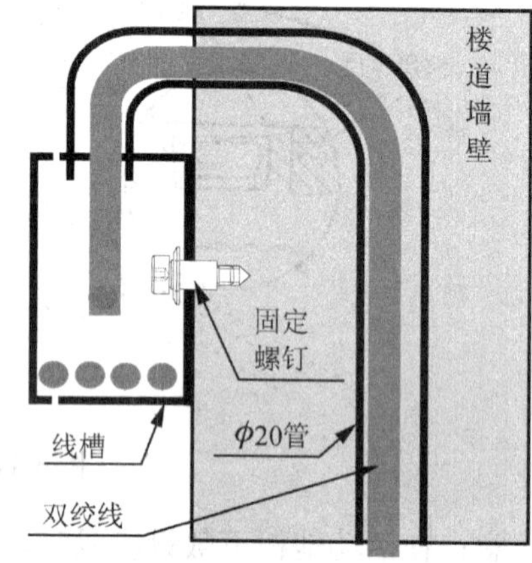

图 3-14 楼道墙面线槽安装在管出口下面

2）将楼道全部线槽固定好以后，再将各个管口的出线逐一放入线槽，边放线边盖板，放线时注意拐弯处保持比较大的曲率半径。

3）在楼道墙面安装金属桥架时，安装方法也是首先根据各个房间信息点出线管口在楼道中的高度，确定楼道桥架安装高度并且画线，其次先安装 L 形支架或者三角形支架，每米 2～3 个。支架安装完毕后，用螺栓将桥架固定在每个支架上，并且在桥架对应的管出口处开孔，如图 3-15 所示。

如果各个信息点管出口在楼道高度偏差太大时，也可以将桥架安装在管出口的下边，将双绞线通过弯头引入桥架，这样施工方便，外形美观。

4）在楼板吊装桥架时，首先确定桥架安装高度和位置，并且安装膨胀螺栓和吊杆，其次安装挂板和桥架，同时将桥架固定在挂板上，最后在桥架开孔和布线，如图 3-16 所示。

5）缆线引入桥架时，必须穿保护管，并且保持比较大的曲率半径。

在配线子系统施工时，楼道架空的敷设方式一般适合于开放式空间缆线的敷设，由于所有桥架直接裸露在建筑物外表，美观性欠佳。所以，对于建筑物本身设计有吊顶结构时，吊顶上架空线槽敷设也是一种常见的缆线敷设。

吊顶上架空线槽布线是由楼层管理间引出来的缆线先走吊顶内的线槽，到各房间后，经分支线槽从槽梁式电缆管道分叉后将电缆穿过一段支管引向墙壁，沿墙而下到房内信息插座的布线方式，如图 3-17 所示。

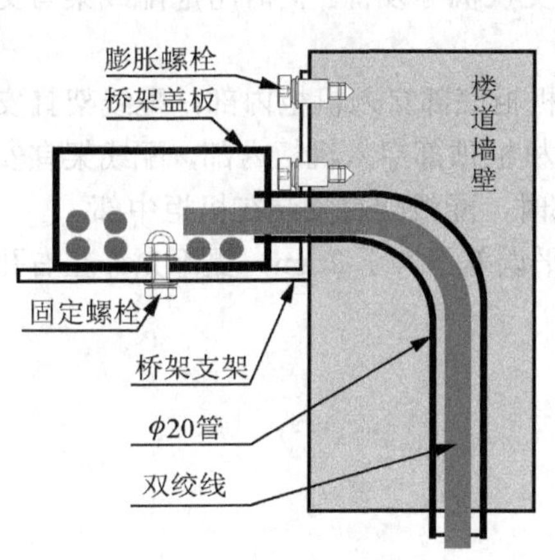

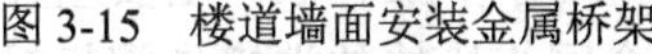
图 3-15　楼道墙面安装金属桥架

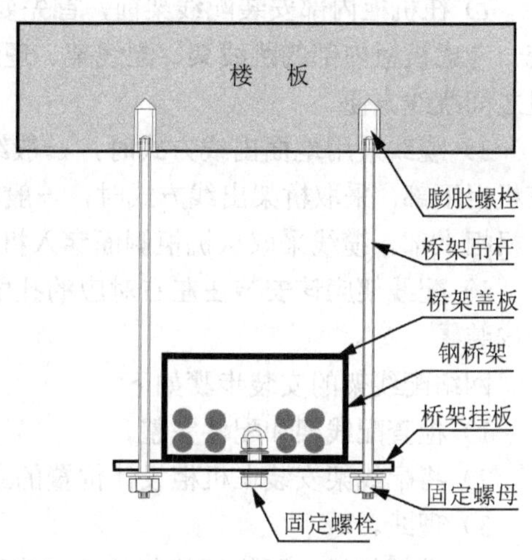

图 3-16　楼板吊装桥架

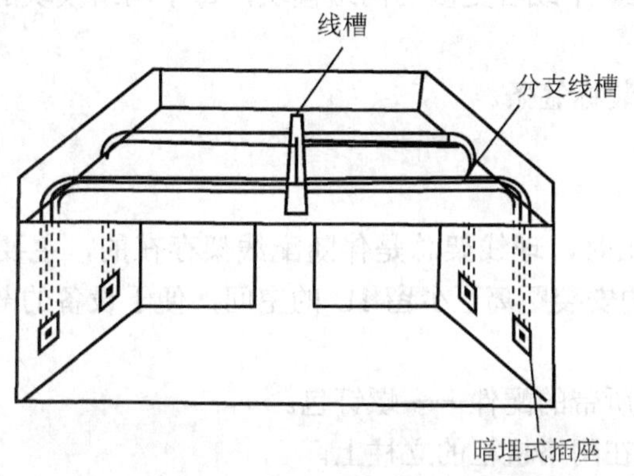

图 3-17　吊顶内线槽布线施工图

3.4.6　安装通信跳线架

通信跳线架主要是用于语音配线系统，一般采用 110 跳线架，主要是上级程控交换机过来的接线与到桌面终端的语音信息点连接线之间的连接和跳接部分，便于管理、维护和测试。通信跳线架的安装步骤如下。

1）取出 110 跳线架和附带的螺栓。

2）利用十字螺钉旋具把 110 跳线架用螺栓直接固定在网络机柜的立柱上。

3）理线。

4）按打线标准把每个线芯按照顺序压在跳线架下层模块端接口中。

5）把 5 对连接模块用力垂直压接在 110 跳线架上，完成下层端接。

3.4.7　安装网络配线架

网络配线架安装要求如下。

1）在机柜内部安装配线架前，首先要进行设备位置规划或按照图纸规定确定位置，统一考虑机柜内部的跳线架、配线架、理线环、交换机等设备。同时考虑配线架与交换机之间跳线方便。

2）缆线采用地面出线方式时，一般缆线从机柜底部穿入机柜内部，配线架宜安装在机柜下部。采取桥架出线方式时，一般缆线从机柜顶部穿入机柜内部，配线架宜安装在机柜上部。缆线采取从机柜侧面穿入机柜内部时，配线架宜安装在机柜中部。

3）配线架应该安装在左右对应的孔中，水平误差不大于2mm，更不允许左右孔错位安装。

网络配线架的安装步骤如下。

1）检查配线架和配件完整。

2）将配线架安装在机柜设计位置的立柱上。

3）理线。

4）端接打线。网络配线架的端接步骤与网络模块端接步骤类似，主要差异在于：一个配线架中集成了 24 个或者更多的网络模块，每个网络模块的端接步骤相对独立，可参考 2.4.5 节内容。

5）做好标记，安装标签条。

3.4.8 安装理线架

在配线子系统施工时，理线架总是伴随配线架存在的，主要用途是帮助缆线的整理。机柜内设备之间的安装距离至少留 1U 的空间，便于设备的散热。理线架的安装步骤如下。

1）取出理线环和所带的配件——螺钉包。

2）将理线环安装在网络机柜的立柱上。

3.4.9 弯管成型线管

在配线子系统明管施工时，一般缆线路由线路不在一条直线上，需要进行转折处理，这时必须使用到弯管技术。直径在 25mm 以下的 PVC 管工业品弯头、三通，一般不能满足铜缆布线曲率半径要求。因此，一般使用专用弹簧弯管器对 PVC 管成型，管路转弯的曲率半径不应小于所穿入缆线的最小允许弯曲半径，并且不应小于该管外径的 6 倍。弯管成型线管的具体步骤如下。

1）将与管规格相配套的弯管弹簧插入管内。

2）将弯管弹簧插入到需要弯曲的部位，如果管路长度大于弯管弹簧的长度，可用铁丝拴牢弹簧的一端，拉到合适的位置。

3）用两手抓住弯管弹簧的两端位置，用力弯管子或使用膝盖顶住被弯曲部位，逐渐弯出所需要的弯度。

4）取出弯管器就可以了。

3.5 理论思考题

一、选择题

1．配线子系统也称作水平子系统，其设计范围是指（　　）。

（A）信息插座到楼层配线架　　（B）信息插座到主配线架

（C）信息插座到用户终端　　（D）信息插座到服务器

2．管槽安装的基本要求不包括（　　）。

（A）走最短的路由　　（B）管槽路由与建筑物基线保持一致

（C）“横平竖直”，弹线定位　　（D）注意房间内的整体布置

3．管子的切割严禁使用（　　）。

（A）钢锯　（B）型材切割机　（C）电动切管机　（D）气割

4．暗管管口应光滑，并加有绝缘套管，管口伸出建筑物的部位应在（　　）mm 之间。

（A）20～30　　（B）25～50

（C）30～60　　（D）10～50

5．在敷设管道时，应尽量减少弯头，每根管的弯头不应超过（　　）个，并不应有 S 形弯出现。

（A）2　（B）3　（C）4　（D）5

6．由于通信电缆的特殊结构，电缆在布放过程中承受的拉力不要超过电缆允许张力的（　　）。

（A）60%　（B）70%　（C）80%　（D）90%

7．金属管的连接可以采用（　　）。

（A）焊接　　（B）螺纹连接

（C）密封胶　　（D）短套管或带螺纹的管接头

8．暗敷金属管时，金属管道应有不小于（　　）的排水坡度。

（A）0.1%　（B）0.2%　（C）0.3%　（D）0.4%

9．由于通信电缆的特殊结构，电缆在布放过程中承受的拉力不要超过电缆允许张力的 80%。下面关于电缆最大允许拉力值正确的有（　　）。

（A）1 根 4 对双绞线电缆，拉力为 5kg

（B）2 根 4 对双绞线电缆，拉力为 10kg

（C）3 根 4 对双绞线电缆，拉力为 15kg

（D）n 根 4 对双绞线电缆，拉力为（n×4＋5）kg

10．下列有关双绞线电缆端接的一般要求中，不正确的是（　　）。

（A）电缆在端接前，必须检查标签颜色和数字的含义，并按顺序端接

（B）电缆中间可以有接头存在

（C）电缆端接处必须卡接牢靠，接触良好

（D）双绞线电缆与连接硬件连接时，应认准线号、线位色标，不得颠倒和错接

11．当直线段桥架超过（　　）m 或跨越建筑物时，应有伸缩缝，其连接宜采用伸缩连接板。

（A）20　　（B）30　　（C）40　　（D）50

12．为了保证线槽接地良好，在线槽与线槽的连接处必须使用不小于（　　）mm^2 的铜线进行连接。

（A）1.5　　（B）2.5　　（C）3.5　　（D）4.5

13．下列有关电缆布放的描述，不正确是（　　）。

（A）电缆安装位置应符合施工图规定，左右偏差最大可以超过 50mm

（B）去掉电缆的外护套长度只要够端接用即可

（C）处理电缆时应注意避免弯曲超过 90°，避免过紧地缠绕电缆

（D）5 类以上电缆线对的非扭绞长度必须小于 13mm

14．下列线缆中不可以作为综合布线系统的配线线缆的是（　　）。

（A）特性阻抗为 100 Ω 的双绞线电缆

（B）特性阻抗 150 Ω 的双绞线电缆

（C）特性阻抗为 120 Ω 的双绞线电缆

（D）62.5/125 μm 的多模光纤光缆

15．配线电缆的长度不可超过（　　）。

（A）80　　（B）100　　（C）85　　（D）90

16．配线子系统一般情况下由（　　）组成。

（A）4 对 UTP　　（B）25 对 UTP

（C）3 对 Multi Mo4e Fi2er　　（D）1 对 Multi Mo4e Fi2er

17．配线子系统布线必须走（　　）。

（A）动力管道　　（B）电信管道　　（C）通风管道　　（D）PVC 线槽

18．配线子系统一般在（　　）内布线。

（A）地板下线槽　　（B）地面线槽　　（C）天花板吊顶　（D）竖井

19．布放线缆在线槽内的截面利用率应为（　　）。

（A）25%～35%　（B）40%～50%　（C）30%～50%　（D）50%～60%

20．配线子系统的结构一般为（　　）。

（A）总线型　　（B）星型　　（C）树型　　（D）环型

二、简答题

1．什么是配线子系统？与干线子系统的区别是什么？

2．CAT5e 双绞线的理论最长布线距离是多少？如果使用该种缆线进行配线子系统的敷设，可敷设的长度又是多少？

3．在配线子系统进行双绞缆线线敷设时，最大牵引力有什么规定？

4．在配线子系统中，缆线用量计算常用什么方法？

5．简述双绞线与电力电缆在不同情况下的最小净距。

6. 天花板吊顶内敷设缆线的主要方式有哪些？
7. 配线间安装工艺要求有哪些？

3.6 技能操作题

实训1 路由规划及项目预算

1. 实训目的

1）通过水平区项目实训，掌握各种水平区路由的设计要点。
2）熟练掌握路由图的设计和应用方法。
3）掌握项目概算方法。
4）训练工程数据表格的制作方法和能力。

2. 实训要求

1）完成一个多功能智能化建筑网络综合布线系统工程路由的设计。
2）使用 visio 等软件完成路由图设计。
3）完成工程概算。

实训模型：图 3-18 是某个建筑房间的平面图，该用户需求如下：两个卧室和客厅都需要接入电话和网络线路，按照该图完成以下内容。

1）设计一种配线子系统的布线路径和方式，并且绘制施工图。

2）按照设计图，核算实训材料规格和数量，掌握工程材料核算方法，列出材料清单。

3. 实训步骤

1）确定各房间的信息点数量和类型。
2）确定配线间位置。
3）制作路由平面图。
4）工程概算。

4. 实训报告要求

1）完成信息点标注。
2）在给出的平面图基础上绘制路由图。
3）完成工程概算。
4）基本掌握 visio 等制图软件在工程技术中的应用。
5）记录实训经验和方法。

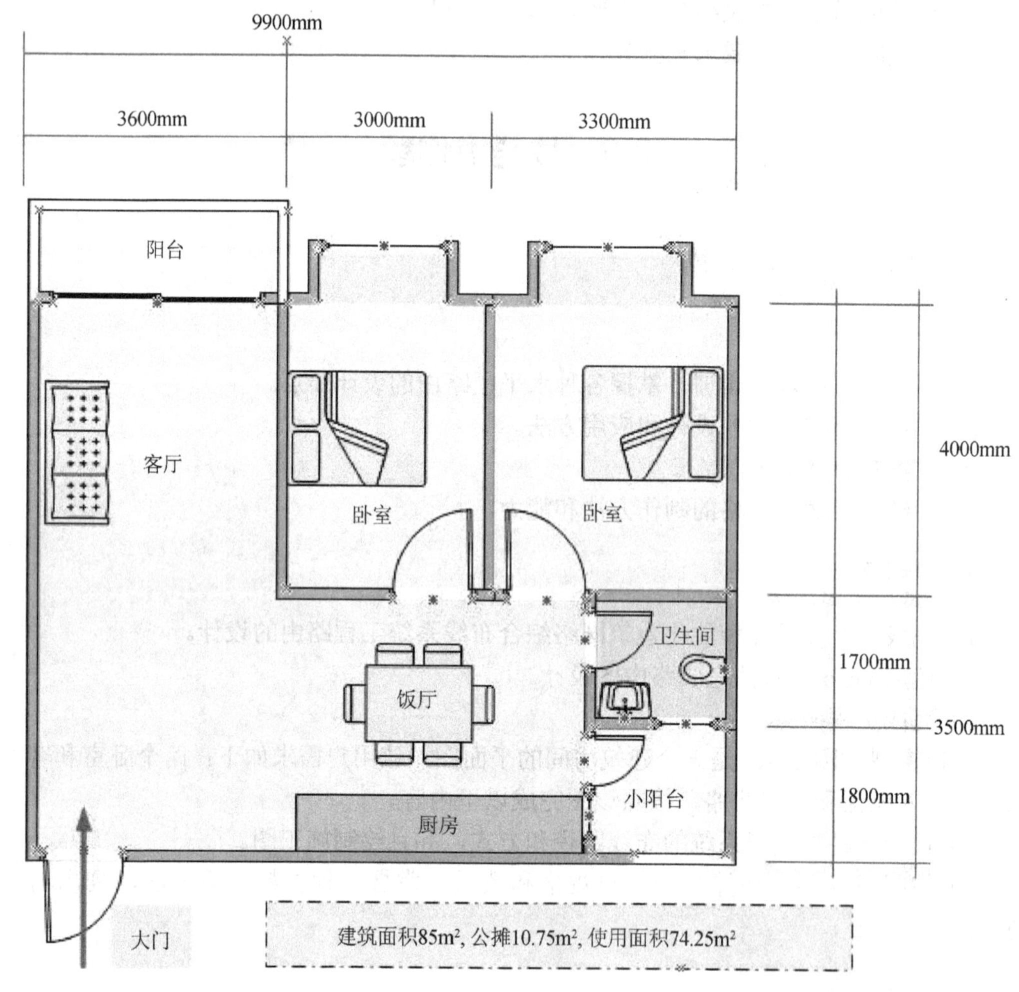

图 3-18 某建筑房间的平面图

实训 2 PVC 线管的安装

1. 实训目的

1）通过设计配线子系统布线路径和距离的设计，熟练掌握配线子系统的设计。
2）通过线管的安装和穿线等，熟练掌握配线子系统的施工方法。
3）通过使用弯管器制作弯头，熟练掌握弯管器使用方法和布线曲率半径要求。
4）通过核算、列表、领取材料和工具，训练规范施工的能力。

2. 实训要求

1）设计一种配线子系统的布线路径和方式，并且绘制施工图。
2）按照设计图，核算实训材料规格和数量，掌握工程材料核算方法，列出材料清单。

3）按照设计图，准备实训工具，列出实训工具清单，独立领取实训材料和工具。

4）独立完成配线子系统线管安装和布线方法，掌握 PVC 管卡、管的安装方法和技巧，掌握 PVC 管弯头的制作。

3. 实训材料和工具

1）ϕ20PVC 塑料管、管接头、管卡若干。

2）弯管器、穿线器、十字头螺钉旋具、M6×16 十字头螺钉。

3）钢锯、线槽剪、登高梯子、编号标签。

4. 实训设备

网络综合布线实训装置 1 套。该实训设备由全钢的 12 个模块组成“丰”字型结构，构成 12 个角区域，能够满足 12 组学生同时进行 12 个子系统的实训，如图 3-19 所示。

图 3-19 网络综合布线实训装置

木板制作的实训装置、轻型建筑材料制作的实训装置、土建墙等。

5. 实训步骤

1）使用 PVC 线管设计一种从信息点到楼层机柜的配线子系统，并且绘制施工图。3～4 人成立一个项目组，选举项目负责人，每人设计一种配线子系统布线图，并且绘制图纸。项目负责人指定 1 种设计方案进行实训。

2）按照设计图，核算实训材料规格和数量，掌握工程材料核算方法，列出材料清单。

3）按照设计图需要，列出实训工具清单，领取实训材料和工具。

4）首先在需要的位置安装管卡。然后安装 PVC 管，两根 PVC 管连接处使用管接头，拐弯处必须使用弯管器制作大拐弯的弯头连接。

5）明装布线时，边布管边穿线。暗装布线时，先把全部管和接头安装到位，并且

固定好，然后从一端向另外一端穿线。

6）布管和穿线后，必须做好线标。

6. 实训分组

为了满足全班 40～50 人同时实训和充分利用实训设备，实训前必须进行合理的分组，保证每组的实训内容相同、难易程度相同。分组要求从机柜到信息点完成一个永久链路的水平布线实训，以不同机柜、不同布线高度、不同布线拐弯分别组合成多种布线路径实训，每个小组分配一种布线路径实训。如图 3-20 所示，以网络综合布线实训装置为例进行分组，具体可以按照实训设备规格和实训人数设计。

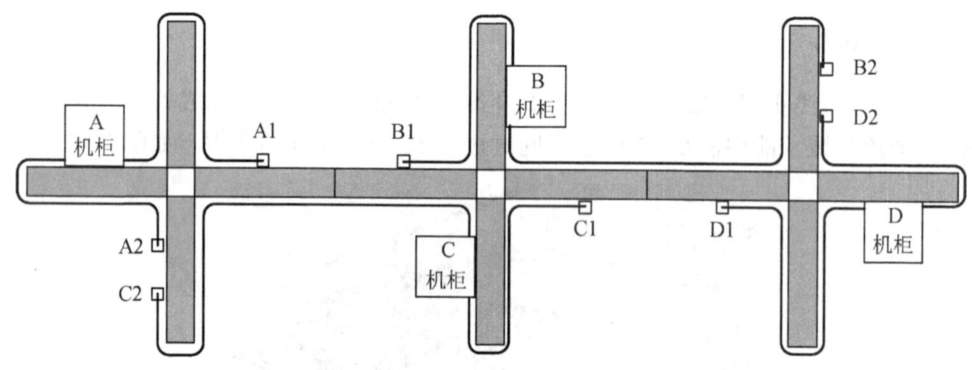

图 3-20 布线路径

第一组布线路径：A 机柜→A1 信息点，高 2.35m，2 个阳角，2 个阴角，1 个拐弯。
第二组布线路径：A 机柜→A2 信息点，高 1.85m，2 个阳角，1 个阴角，1 个拐弯。
第三组布线路径：B 机柜→B1 信息点，高 2.35m，2 个阳角，1 个阴角，1 个拐弯。
第四组布线路径：B 机柜→B2 信息点，高 1.85m，2 个阳角，2 个阴角，1 个拐弯。
第五组布线路径：C 机柜→C1 信息点，高 2.35m，2 个阳角，1 个阴角，1 个拐弯。
第六组布线路径：C 机柜→C2 信息点，高 1.85m，2 个阳角，2 个阴角，1 个拐弯。
第七组布线路径：D 机柜→D1 信息点，高 2.35m，2 个阳角，2 个阴角，1 个拐弯。
第八组布线路径：D 机柜→D2 信息点，高 1.85m，2 个阳角，1 个阴角，1 个拐弯。

7. 实训报告

1）设计一种水平布线子系统施工图。
2）列出实训材料规格、型号和数量清单表。
3）列出实训工具规格、型号和数量清单表。
4）使用弯管器制作大拐弯接头的方法和经验。
5）配线子系统布线施工程序和要求。
6）记录使用工具的体会和技巧。

实训 3 PVC 线槽的安装

1. 实训目的

1）通过配线子系统布线路径和距离的设计，熟练掌握配线子系统的设计。

2）通过线槽的安装和穿线等，熟练掌握配线子系统的施工方法。

3）通过核算、列表、领取材料和工具，训练规范施工的能力。

2. 实训要求

1）设计一种配线子系统的布线路径和方式，并且绘制施工图。

2）按照设计图，核算实训材料规格和数量，掌握工程材料核算方法，列出材料清单。

3）按照设计图，准备实训工具，列出实训工具清单，独立领取实训材料和工具。

4）独立完成配线子系统线槽安装和布线方法，掌握 PVC 线槽、盖板、阴角、阳角、三通的安装方法和技巧。

3. 实训材料和工具

1）宽度 20mm 或者 40mm 的 PVC 线槽、盖板、阴角、阳角、三通若干。

2）电钻、十字头螺钉旋具、M6×16 十字头螺钉。

3）登高梯子、编号标签。

4. 实训设备

网络综合布线实训装置 1 套、木板制作的实训装置、轻型建筑材料制作的实训装置、土建墙等。

5. 实训步骤

1）使用 PVC 线槽设计一种从信息点到楼层机柜的配线子系统，并且绘制施工图。3～4 人成立一个项目组，选举项目负责人，每人设计一种配线子系统布线图，并且绘制图纸。项目负责人指定 1 种设计方案进行实训。

2）按照设计图，核算实训材料规格和数量，掌握工程材料核算方法，列出材料清单。

3）按照设计图需要，列出实训工具清单，领取实训材料和工具。

4）首先量好线槽的长度，再使用电钻在线槽上开 8mm 孔，如图 3-21 所示。孔位置必须与实训装置安装孔对应，每段线槽至少开两个安装孔。

5）用 M6×16 螺钉把线槽固定在实训装置上，如图 3-22 所示。拐弯处必须使用专用接头，例如阴角、阳角、弯头、三通等，不适合用线槽制作。

6）在线槽布线，边布线边装盖板。
7）布线和盖板后，必须做好线标。

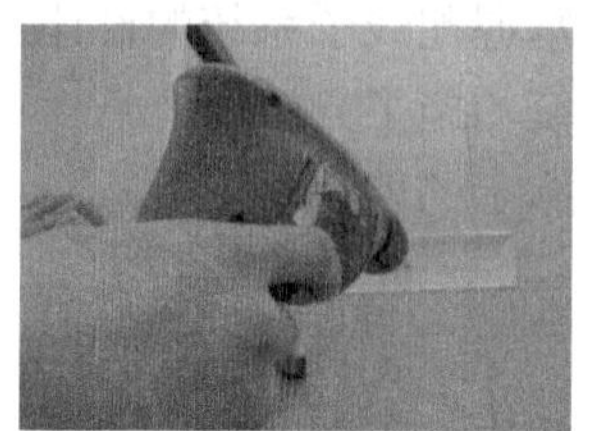
图 3-21 线槽上开孔

图 3-22 固定线槽

6. 实训分组

为了满足全班 40～50 人同时实训和充分利用实训设备，实训前必须进行合理的分组，保证每组的实训内容相同、难易程度相同。分组要求从机柜到信息点完成一个永久链路的水平布线实训，以不同机柜、不同布线高度、不同布线拐弯分别组合成多种布线路径实训，每个小组分配一种布线路径实训。如图 3-23 所示，以网络综合布线实训装置为例进行分组，具体可以按照实训设备规格和实训人数设计。

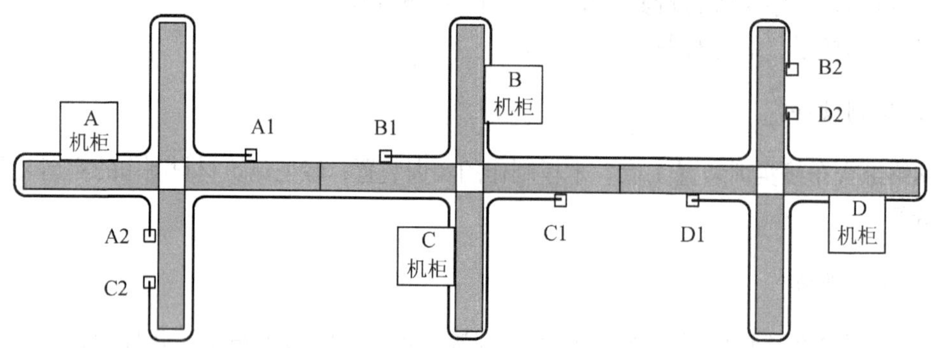

图 3-23 布线路径

第一组布线路径：A 机柜→A1 信息点，高 2.35m，2 个阳角，2 个阴角，1 个拐弯。
第二组布线路径：A 机柜→A2 信息点，高 1.85m，2 个阳角，1 个阴角，1 个拐弯。
第三组布线路径：B 机柜→B1 信息点，高 2.35m，2 个阳角，1 个阴角，1 个拐弯。
第四组布线路径：B 机柜→B2 信息点，高 1.85m，2 个阳角，2 个阴角，1 个拐弯。
第五组布线路径：C 机柜→C1 信息点，高 2.35m，2 个阳角，1 个阴角，1 个拐弯。
第六组布线路径：C 机柜→C2 信息点，高 1.85m，2 个阳角，2 个阴角，1 个拐弯。
第七组布线路径：D 机柜→D1 信息点，高 2.35m，2 个阳角，2 个阴角，1 个拐弯。
第八组布线路径：D 机柜→D2 信息点，高 1.85m，2 个阳角，1 个阴角，1 个拐弯。
图 3-24 表示了部分永久链路水平布线路径立体图。

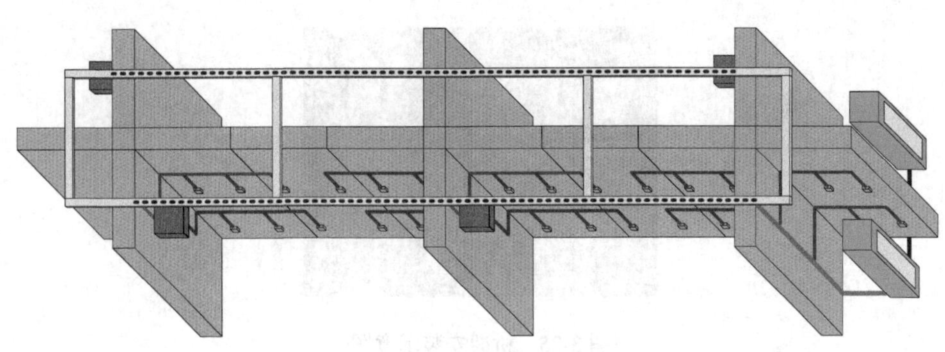

图 3-24　水平布线路径立体图

7. 实训报告

1）设计一种全部使用线槽布线的配线子系统施工图。
2）列出实训材料规格、型号、数量清单表。
3）列出实训工具规格、型号、数量清单表。
4）记录安装弯头、阴角、阳角、三通等线槽配件的方法和经验。
5）配线子系统布线施工程序和要求。
6）记录使用工具的体会和技巧。

实训 4　桥架安装

1. 实训目的

1）掌握桥架在配线子系统中的应用。
2）掌握支架、桥架、弯头、三通等的安装方法。
3）通过核算、列表、领取材料和工具，训练规范施工的能力。

2. 实训要求

1）设计一种桥架布线路径和方式，并且绘制施工图。
2）按照施工图，核算实训材料规格和数量，列出材料清单。
3）准备实训工具，列出实训工具清单，独立领取实训材料和工具。
4）独立完成桥架安装和布线。

3. 实训材料和工具

1）宽度 100mm 金属桥架、弯头、三通、三角支架、固定螺钉、网线若干。
2）电钻、十字头螺钉旋具、M6×16 十字头螺钉、登高梯子、卷尺。

4. 实训设备

网络综合布线实训装置 1 套。实训设备上预制有螺孔，桥架安装如图 3-25 所示。

图 3-25 桥架安装示意图

5. 实训步骤

1）设计一种桥架布线路径，并且绘制施工图。3～4 人成立一个项目组，选举项目负责人，项目负责人指定 1 种设计方案进行实训。

2）按照设计图，核算实训材料规格和数量，掌握工程材料核算方法，列出材料清单。

3）按照设计图需要，列出实训工具清单，领取实训材料和工具。

4）固定支架安装。用 M6×16 螺钉把支架固定在实训装置。

5）桥架部件组装和安装。用 M6×16 螺钉把桥架固定在三角支架上。

6）在桥架内布线，边布线边装盖板。

6. 实训分组

按照前面几个实训项目进行分组实训。

7. 实训报告

1）设计一种全部使用桥架布线的配线子系统施工图。

2）列出实训材料规格、型号、数量清单表。

3）列出实训工具规格、型号、数量清单表。

4）记录安装支架、桥架、弯头、三通等线槽配件的方法和经验。

单元四

干线子系统施工

知识教学目标

- 掌握干线子系统的概念。
- 熟悉干线子系统的设计要点。
- 掌握干线子系统缆线的选择原则。
- 掌握干线子系统管槽敷设的要点和技巧。
- 掌握干线子系统缆线敷设的要点和技巧。

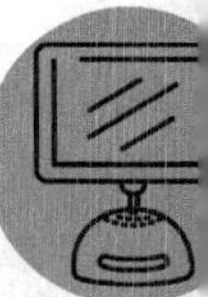

技能培养目标

- 能够为真实综合布线工程编制干线子系统施工计划。
- 能够完成缆线在竖井中的敷设。
- 能够完成大对数线的端接。

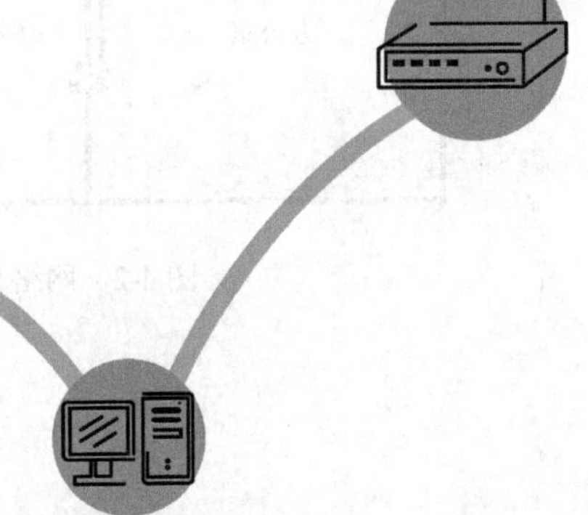

4.1 项目引入

某网络公司位于大楼的1～4层，该四层楼共有35个房间，根据用户要求需设136个信息点，其中数据点68个、电话语音点68个，除了仓库监控点需要屏蔽6类双绞线外，其余各点都用超5类双绞线进行网络综合布线，最终要能够满足用户电话、计算机、监控等设备的使用。

网络公司的综合布线设计平面图如图4-1和图4-2所示，在每层楼的第一间房间以墙柜的方式设置分配线间，设备间设置在一楼，放置一个42U的立式机柜。所有缆线从各工作区的墙面信息模块先汇集到各楼层的分配线间墙柜，然后将各墙柜线路与设备间机柜相连接，如图4-3所示。

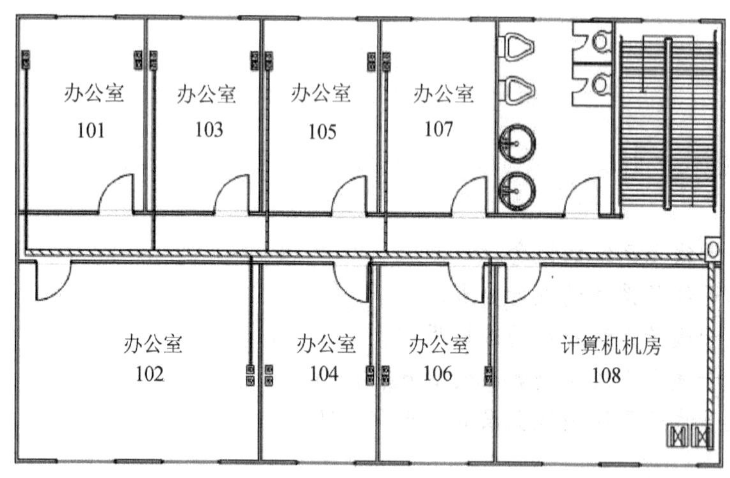

图4-1 网络公司1层平面图

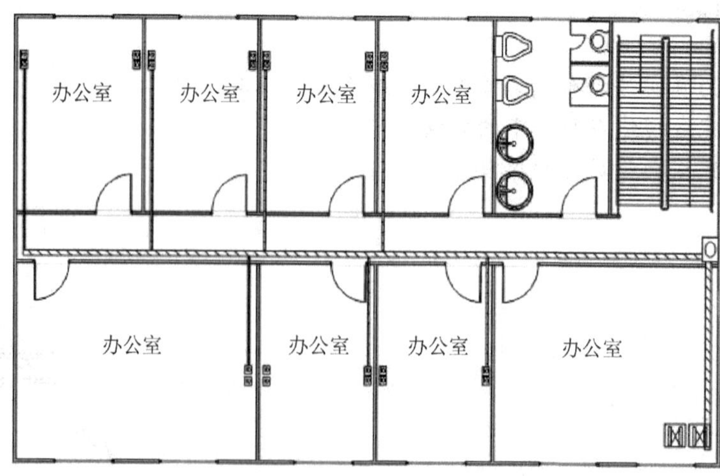

图4-2 网络公司2、3、4层平面图

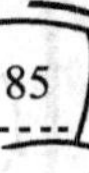

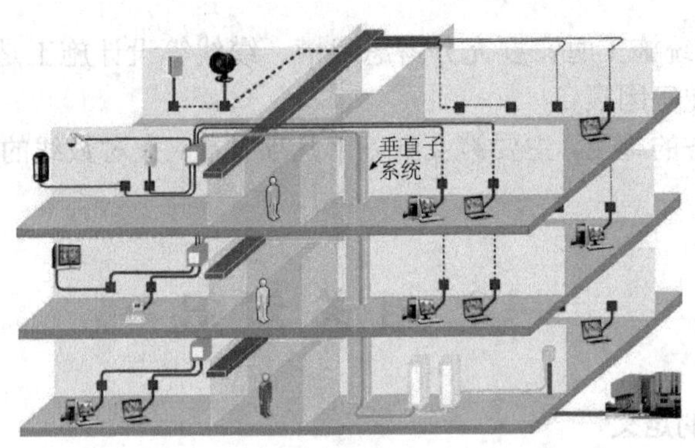

图 4-3 干线示意图

4.2 项目分析

在进行干线子系统施工时，我们需要确认以下信息。

1）在建筑物的各楼层中是否都有设置分配线间？如果部分楼层没有，该楼层的缆线汇总点在哪里？

2）该建筑物的设备间位置在哪里？

3）所有施工内容中选用哪种缆线类型？

4）各分配线间与设备间的缆线路由是什么？采用竖井，还是电缆孔、电缆井？

5）如果采用竖井，是否与强电合用？

6）如果采用电缆孔或者电缆井，楼层切割位置是否合理？

7）所有信息点距离配线间的最长距离是否超过 90m？超过的话如何处理？

8）配线架端接信息点采用哪种类型的端接设备？

针对以上需求，依据项目引入中给出的内容，确认了如下信息。

1）该公司总共四个楼层，每个楼层都有自己的分配线间：分别位于 101、201、301、401 四个房间内，在每个房间的靠走廊的位置放置一个墙柜，用于汇总本楼层所有的信息点线路。

2）该公司所在大楼的设备间位于大楼的一楼 108 房间，以一个 42U 立式机柜方式汇集所有分配线间线路。

3）根据设计内容，在分配线间与设备间缆线采用超 5 类 25 对大对数线进行敷设，监控缆线采用屏蔽 6 类线敷设。

4）该大楼有竖井，竖井中有强电线路，需要一起并用。

5）房间外走廊水平走线采用 200×100 金属桥架进行敷设。

6）该楼楼层高 4m，按 4 层计算，在同一楼层测量分配线间到设备间的缆线距离为 38m，所以在这 4 个楼层中，最远的分配线间到设备间的缆线距离为 16+38=54m，小于超 5 类线的最远支持传输距离 100m。

7）该项目的信息点数量总共为 136 个，其中语音点 68 个，数据点 68 个，所以考虑使用 3 个 110 语音配线架和 3 个网络配线架进行端接。

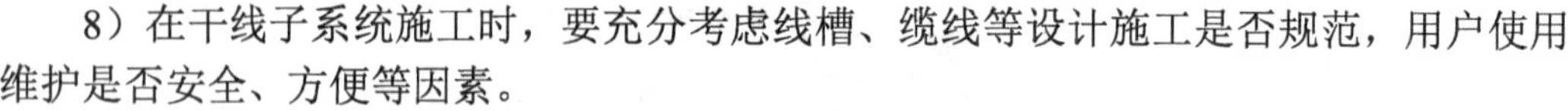

8）在干线子系统施工时，要充分考虑线槽、缆线等设计施工是否规范，用户使用维护是否安全、方便等因素。

要完成此项任务的施工，主要涉及到以下几项技能：大对数线的敷设、桥架的安装、竖井内管槽安装等。

4.3　相关知识

4.3.1　干线子系统的定义

干线子系统是综合布线系统中非常关键的组成部分，它由设备间子系统与管理间子系统的引入口之间的布线组成，采用大对数电缆或光缆，两端分别连接在设备间和楼层配线间的配线架上。它是建筑物内综合布线的主馈缆线，是楼层配线间与设备间之间垂直布放（或空间较大的单层建筑物的水平布线）缆线的统称。

干线子系统包括：

1）供各条干线接线间之间的电缆走线用的竖向或横向通道。

2）主设备间与计算机中心间的电缆。

干线子系统的任务是通过建筑物内部的传输电缆，把各个服务接线间的信号传送到设备间，直到传送到最终接口，再通往外部网络。

干线子系统的结构是一个星形结构，图4-4描述了一个四层楼结构的大楼网络、电话系统的干线子系统的结构图。

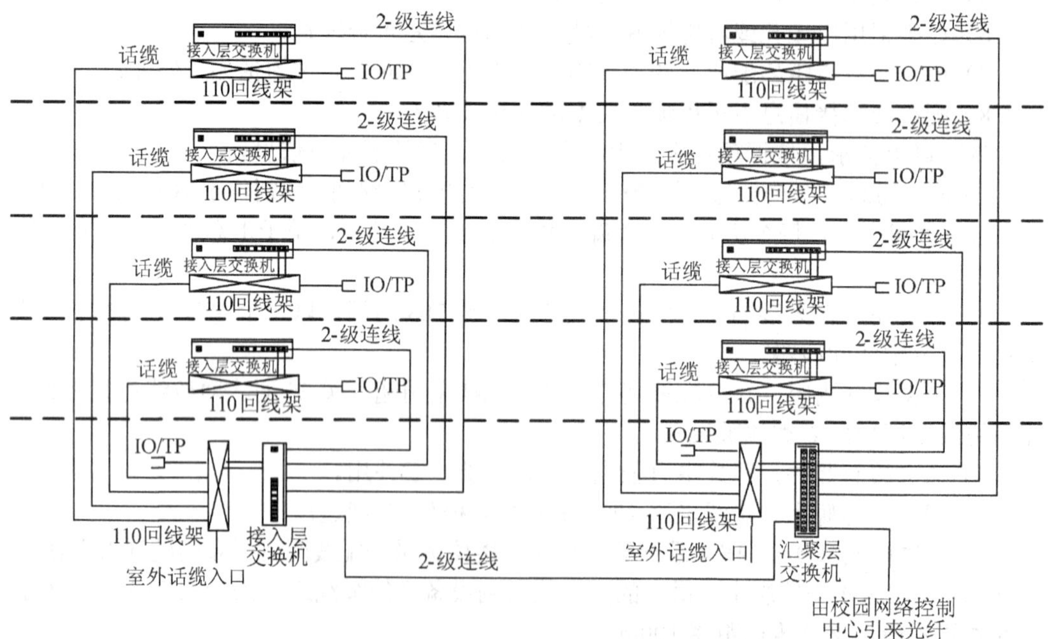

图4-4　网络、电话系统布线系统图

4.3.2 国家相关标准

GB 50311—2007 第 6 章安装工艺要求中，对干线子系统的安装工艺提出了具体要求。干线子系统垂直通道穿过楼板时宜采用电缆竖井方式，也可采用电缆孔、管槽的方式，电缆竖井的位置应上、下对齐。

4.3.3 干线子系统设计要点

干线子系统的缆线直接连接着几十或几百个用户，因此一旦干线电缆发生故障，则影响巨大。为此，我们必须十分重视干线子系统的设计工作。

根据综合布线的标准及规范，应按下列设计要点进行干线子系统的设计工作。

1. 确定干线缆线类型及线对

干线子系统缆线主要有铜缆和光缆两种类型，具体要根据布线环境的限制和用户对综合布线系统设计等级的考虑来选择。计算机网络系统的主干缆线可以选用 4 对双绞线电缆或 25 对大对数电缆或光缆，电话语音系统的主干电缆可以选用 3 类大对数双绞线电缆，有线电视系统的主干电缆一般采用 75 Ω 同轴电缆。主干电缆的线对要根据水平布线缆线对数以及应用系统类型来确定。

干线子系统所需要的电缆总对数和光纤总芯数，应满足工程的实际需求，并留有适当的备份容量。主干缆线宜设置电缆与光缆，并互相作为备份路由。

2. 干线子系统路径的选择

干线子系统主干缆线应选择最短、最安全和最经济的路由。路由的选择要根据建筑物的结构以及建筑物内预留的电缆孔、电缆井等通道位置而决定。建筑物内有两大类型的通道：封闭型和开放型，宜选择带门的封闭型通道敷设干线缆线。开放型通道是指从建筑物的地下室到楼顶的一个开放空间，中间没有任何楼板隔开。封闭型通道是指一连串上下对齐的空间，每层楼都有一间，电缆竖井、电缆孔、管道电缆、电缆桥架等穿过这些房间的地板层。

主干电缆宜采用点对点终接，也可采用分支递减终接。

如果电话交换机和计算机主机设置在建筑物内不同的设备间，宜采用不同的主干缆线来分别满足语音和数据的需要。在同一层若干管理间（电信间）之间宜设置干线路由。

3. 缆线容量配置

主干电缆和光缆所需的容量要求及配置应符合以下规定。

1）对语音业务，大对数主干电缆的对数应按每一个电话 8 位模块通用插座配置 1 对线，并在总需求线对的基础上至少预留约 10%的备用线对。

2）对于数据业务应以集线器或交换机群（按 4 个集线器或交换机组成 1 群）；或以每个集线器或交换机设备设置 1 个主干端口配置。每 1 群网络设备或每 4 个网络设备宜考虑 1 个备份端口。主干端口为电端口时，应按 4 对线容量；为光端口时则按 2 芯光纤容量配置。

3）当工作区至电信间的水平光缆延伸至设备间的光配线设备（BD/CD）时，主干光缆的容量应包括所延伸的水平光缆光纤的容量在内。

4）建筑物与建筑群配线设备处各类设备缆线和跳线的配备应符合如下规定。

① 设备缆线和各类跳线宜按计算机网络设备的使用端口容量和电话交换机的实装容量、业务的实际需求或信息点总数的比例进行配置，比例范围为 25%～50%。

② 各配线设备跳线可按以下原则选择与配置：电话跳线宜按每根 1 对或 2 对对绞电缆容量配置，跳线两端连接插头采用 IDC 或 RJ-45 型；数据跳线宜按每根 4 对对绞电缆配置，跳线两端连接插头采用 IDC 或 RJ-45 型；光纤跳线宜按每根 1 芯或 2 芯光纤配置，光跳线连接器件采用 ST、SC 或 SFF 型。

4. 干线子系统缆线敷设保护方式的要求

1）缆线不得布放在电梯或供水、供气、供暖管道竖井中，缆线不应布放在强电竖井中。

2）电信间、设备间、进线间之间干线通道应沟通。

5. 干线子系统干线缆线的交接

为了便于综合布线的路由管理，干线电缆、干线光缆布线的交接不应多于两次。从楼层配线架到建筑群配线架之间只应通过一个配线架，即建筑物配线架（在设备间内）。当综合布线只用一级干线布线进行配线时，放置干线配线架的二级交接间可以并入楼层配线间。

6. 干线子系统干线缆线的端接

干线电缆可采用点对点端接，也可采用分支递减端接以及电缆直接连接。点对点端接是最简单、最直接的接合方法，如图 4-5 所示。干线子系统每根干线电缆直接延伸到指定的楼层配线管理间或二级交接间。分支递减端接是用一根足以支持若干个楼层配线管理间或若干个二级交接间的通信容量的大容量干线电缆，经过电缆接头交接箱分出若干根小电缆，再分别延伸到每个二级交接间或每个楼层配线管理间，最后端接到目的地的连接硬件上，如图 4-6 所示。

7. 确定干线子系统通道规模

垂直干线子系统是建筑物内的主干电缆。在大型建筑物内，通常使用的干线子系统通道是由一连串穿过配线间地板且垂直对准的通道组成，穿过弱电间地板的缆线井和缆线孔，如图 4-7 所示。

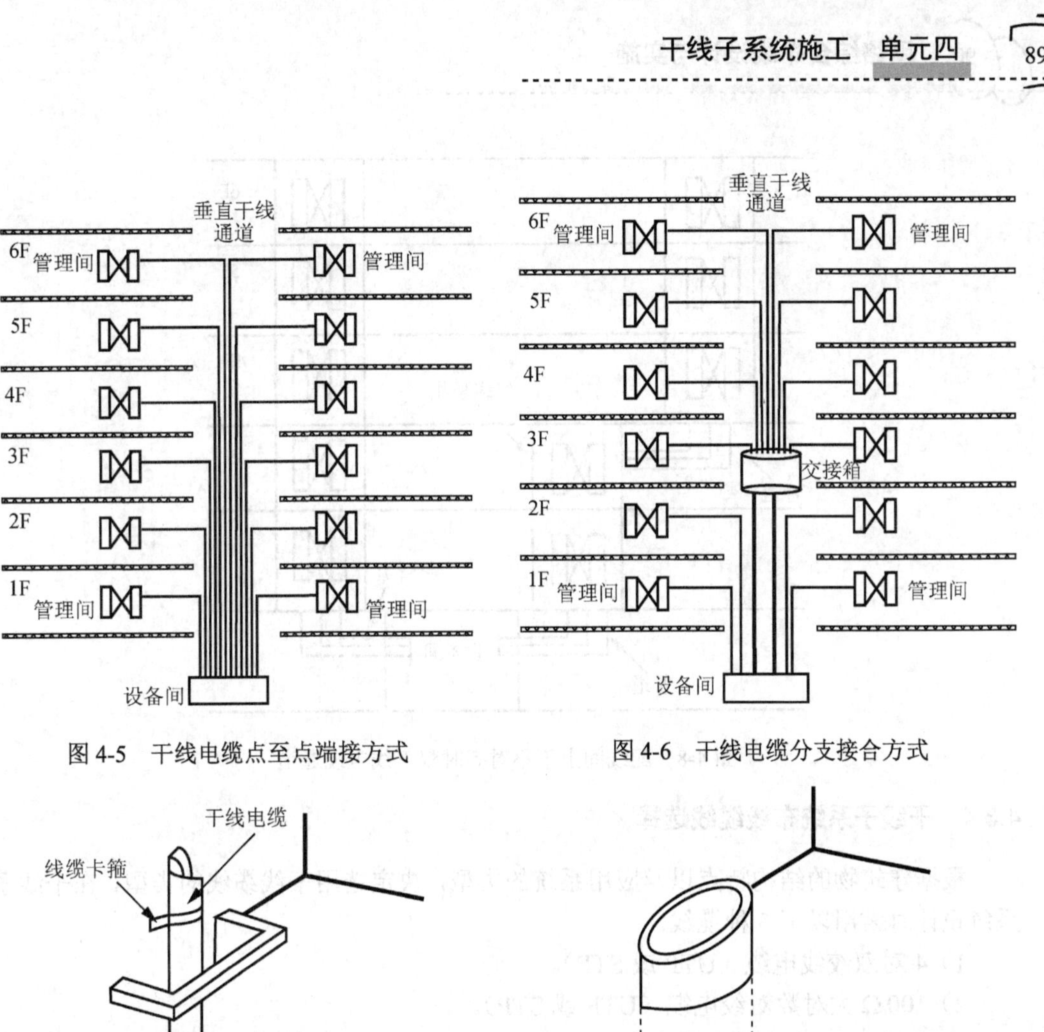

图 4-5　干线电缆点至点端接方式　　图 4-6　干线电缆分支接合方式

(a) 缆线井　　(b) 缆线孔

图 4-7　穿过弱电间地板的缆线井和缆线孔

确定干线子系统的通道规模主要就是确定干线通道和配线间的数目。确定的依据就是综合布线系统所要覆盖的可用楼层面积。如果给定楼层的所有信息插座都在配线间的75m 范围之内，那么采用单干线接线系统。单干线接线系统就是采用一条垂直干线通道，每个楼层只设一个配线间。如果有部分信息插座超出配线间的 75m 范围之外，那就要采用双通道干线子系统，或者采用经分支电缆与设备间相连的二级交接间。

如果同一幢大楼的配线间上下不对齐，则可采用大小合适的缆线管道系统将其连通，如图 4-8 所示。

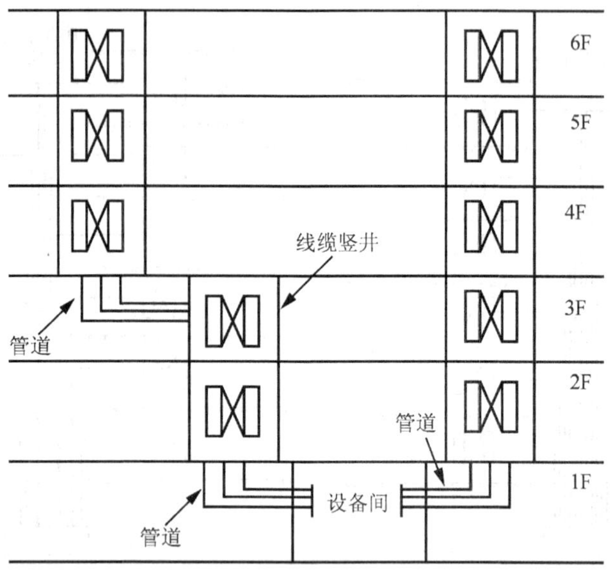

图 4-8 配线间上下不对齐时双干线电缆通道

4.3.4 干线子系统布线缆线选择

根据建筑物的结构特点以及应用系统的类型，决定选用干线缆线的类型，在干线子系统设计时常用以下 5 种缆线。

1）4 对双绞线电缆（UTP 或 STP）。

2）100Ω 大对数对绞电缆（UTF 或 STP）。

3）62.5/125μm 多模光缆。

4）8.3/125μm 单模光缆。

5）75Ω 有线电视同轴电缆。

目前，针对电话语音传输一般采用 3 类大对数对绞电缆（25 对、50 对、100 对等规格），针对数据和图像传输采用光缆或 5 类以上 4 对双绞线电缆以及 5 类大对数对绞电缆，针对有线电视信号的传输采用 75Ω 同轴电缆。要注意的是，由于大对数缆线对数多，很容易造成相互间的干扰，因此很难制造超 5 类以上的大对数对绞电缆，为此 6 类网络布线系统通常使用 6 类 4 对双绞线电缆或光缆作为主干缆线。在选择主干缆线时，还要考虑主干缆线的长度限制，如 5 类以上 4 对双绞线电缆在应用于 100Mb/s 的高速网络系统时，电缆长度不宜超过 90m，否则宜选用单模或多模光缆。

4.3.5 干线子系统布线通道的选择

垂直缆线的布线路由的选择主要依据建筑的结构以及建筑物内预埋的管道而定。目前垂直型的干线布线路由主要采用电缆孔和电缆井两种方法。对于单层平面建筑物水平型的干线布线路由主要用金属管道和电缆托架两种方法。

干线子系统垂直通道有下列三种方式可供选择。

1. 电缆孔方式

通道中所用的电缆孔是很短的管道，通常用一根或数根外径 63～102mm 的金属管预埋在楼板内，金属管高出地面 25～50mm，也可直接在地板中预留一个大小适当的孔洞。电缆往往捆在钢绳上，而钢绳固定在墙上已铆好的金属条上。当楼层配线间上下都对齐时，一般可采用电缆孔方法，如图 4-9 所示。

2. 管道方式

管道方式包括明管或暗管敷设。

3. 电缆竖井方式

在新建工程中，推荐使用电缆竖井的方式。

电缆井是指在每层楼板上开出一些方孔，一般宽度为 30cm，并有 2.5cm 高的井栏，具体大小要根据所布线的干线电缆数量而定，如图 4-10 所示。与电缆孔方法一样，电缆也是捆扎或箍在支撑用的钢绳上，钢绳靠墙上的金属条或地板三角架固定。离电缆井很近的墙上的立式金属架可以支撑很多电缆。电缆井比电缆孔更为灵活，可以让各种粗细不一的电缆以任何方式布设通过。但在建筑物内开电缆井造价较高，而且不使用的电缆井很难防火。

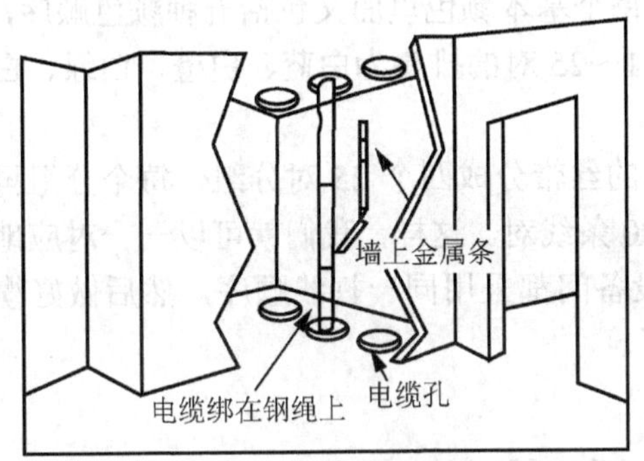

图 4-9 电缆孔方法

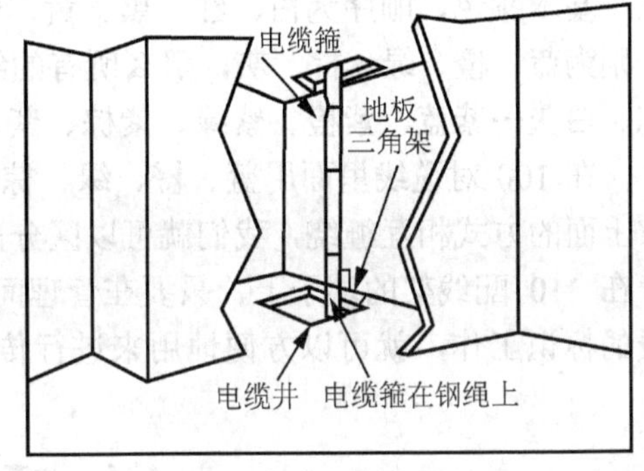

图 4-10 电缆井方法

4.3.6 干线子系统缆线容量的计算

在确定干线缆线类型后，便可以进一步确定每个楼层的干线容量。一般而言，在确定每层楼的干线类型和数量时，都要根据楼层配线子系统所有的语音、数据、图像等信息插座的数量来进行计算的，具体计算的原则如下。

1）语音干线可按一个电话信息插座至少配 1 个线对的原则进行计算。

2）计算机网络干线线对容量计算原则是电缆干线按 24 个信息插座配 2 对对绞线。每一个交换机或交换机群配 4 对对绞线，光缆干线按每 48 个信息插座配 2 芯光纤。

3）当楼层信息插座较少时，在规定长度范围内，可以多个楼层共用交换机，并合

并计算光纤芯数。

4）如有光纤到用户桌面的情况，光缆直接从设备间引至用户桌面，干线光缆芯数应不包含这种情况下的光缆芯数。

5）主干系统应留有足够的余量，以作为主干链路的备份，确保主干系统的可靠性。

下面对干线缆线容量计算进行举例说明。

已知某建筑物需要实施综合布线工程，根据用户需求分析得知，其中第六层有 60 个计算机网络信息点，各信息点要求接入速率为 100Mb/s，另有 45 个电话语音点，而且第六层楼层管理间到楼内设备间的距离为 60m，请确定该建筑物第六层的干线电缆类型及线对数。

答：1）60 个计算机网络信息点要求该楼层应配置三台 24 口交换机，交换机之间可通过堆叠或级联方式连接，最后交换机群可通过一条 4 对超 5 类非屏蔽双绞线连接到建筑物的设备间。因此计算机网络的干线缆线配备一条 4 对超 5 类非屏蔽双绞线电缆。

2）40 个电话语音点，按每个语音点配 1 个线对的原则，主干电缆应为 45 对。根据语音信号传输的要求，主干缆线可以配备一根 3 类 50 对非屏蔽大对数电缆。

4.3.7 大对数电缆的线序

在管理间和设备间的打线过程中，经常会碰到 25 对或者 100 对大对数缆线的打接问题，不容易分清。在这里，为大家进行简单的说明。以 25 对缆线为例说明。缆线有五个基本颜色，顺序为白、红、黑、黄、紫，每个基本颜色里面又包括五种颜色顺序，分别为蓝、橙、绿、棕、灰，那么所有的线对 1～25 对的排序为白蓝、白橙、白绿、白棕、白灰…紫蓝、紫橙、紫绿、紫棕、紫灰。

在 100 对缆线里面用蓝、橙、绿、棕四色的丝带分成四个 25 对分组，每个分组再按上面的方式相互缠绕，我们就可以区分出 100 条线对。这样，我们就可以一一对应地打在 110 配线架的端子上，只要在管理间和设备间都采用同一打线顺序，然后做好缆线的标识工作，就可以方便地用来进行传输了。

4.4 项 目 实 施

根据前面的分析，本项目涉及到的施工内容主要有：根据该工程的设计者设计的系统结构图，实地规划好缆线的路由路径，然后进行相关材料预算并准备材料。在施工阶段，首先对各房间内的缆线和走廊内的缆线进行敷设施工。然后进行分配线间内和设备间机柜内的配线架安装与端接，最后对敷设完的线路进行检测和纠错。其中，房间内和走廊内的缆线施工与配线子系统的施工方法完全相同，我们在本单元就不重复描述，下面主要讲解与配线子系统施工不同的施工内容。

4.4.1 规划缆线路由

在干线子系统施工前，必须根据给定的系统结构图，到施工现场确定具体的路由线路。本项目中，施工人员到现场确定竖井内管槽的位置，因为竖井中有强电线路，所以用于敷设大对数线的管槽要与强电管槽保持一定的距离，避免强电的干扰。由于 25 对大对数线的线径较粗，一般房间内的暗管无法敷设，所以一般采用墙面明装管槽方式进行敷设。在大楼的设备间，所有缆线一般通过地面线槽方式敷设。

4.4.2 敷设竖井通道缆线

垂直干线是建筑物的主要缆线，它为从设备间到每层楼上的管理间之间传输信号提供通路。干线子系统的布线方式有垂直型的，也有水平型的，这主要根据建筑的结构而定。大多数建筑物都是垂直向高空发展的，因此很多情况下会采用垂直型的布线方式。但是也有很多建筑物是横向发展，如飞机场候机厅、工厂仓库等建筑，这时也会采用水平型的主干布线方式。因此主干缆线的布线路由既可能是垂直型的，也可能是水平型的，或是两者的综合。

在本项目中，根据图 4-3 所示结构可以看出，既有垂直路由线路，也有水平路由线路，其中，垂直干线部分利用竖井通道进行敷设。本项目中竖井位置图纸的设计如图 4-11 所示。

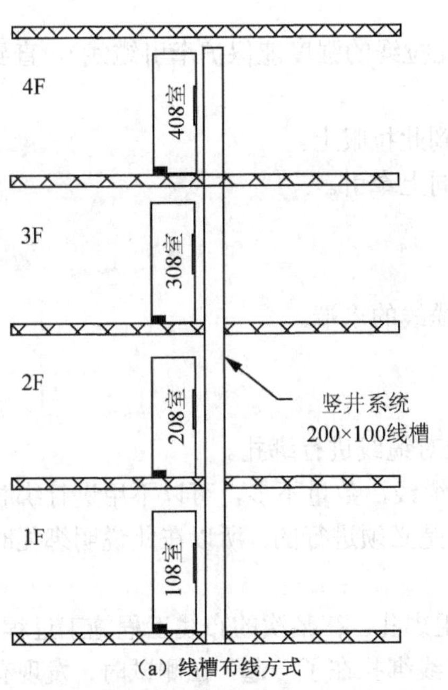

(a) 线槽布线方式

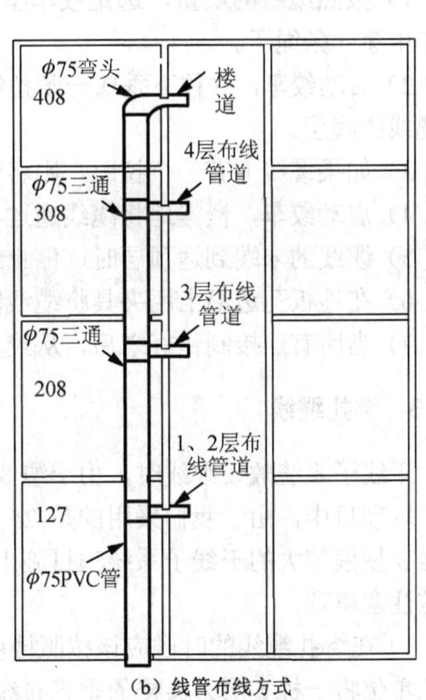

(b) 线管布线方式

图 4-11 竖井位置示意图

在竖井中敷设垂直干线一般有两种方式：向下垂放电缆和向上牵引电缆。相比较而

言，向下垂放比向上牵引容易。下面就两种方式的步骤进行说明。

1. 向下垂放缆线的一般步骤

1）把缆线卷轴放到最顶层。

2）在离房子的开口（孔洞处）3～4m 处安装缆线卷轴，并从卷轴顶部馈线。

3）在缆线卷轴处安排所需的布线施工人员（人数视卷轴尺寸及缆线质量而定），另外，每层楼上要有一个工人，以便引寻下垂的缆线。

4）旋转卷轴，将缆线从卷轴上拉出。

5）将拉出的缆线引导进竖井中的孔洞。在此之前，先在孔洞中安放一个塑料的套状保护物，以防止孔洞不光滑的边缘擦破缆线的外皮。

6）慢慢地从卷轴上放缆线并进入孔洞向下垂放，注意速度不要过快。

7）继续放线，直到下一层布线人员将缆线引到下一个孔洞。

8）按前面的步骤继续慢慢地放线，并将缆线引入各层的孔洞，直至缆线到达指定楼层进入横向通道。

2. 向上牵引缆线的一般步骤

向上牵引缆线需要使用电动牵引绞车，其主要步骤如下。

1）按照缆线的质量，选定绞车型号，并按绞车制造厂家的说明书进行操作，先往绞车中穿一条绳子。

2）启动绞车，并往下垂放一条拉绳（确认此拉绳的强度能保护牵引缆线），直到安放缆线的底层。

3）如果缆线上有一个拉眼，则将绳子连接到此拉眼上。

4）启动绞车，慢慢地将缆线通过各层的孔向上牵引。

5）缆线的末端到达顶层时，停止绞车。

6）在地板孔边沿上用夹具将缆线固定。

7）当所有连接制作好之后，从绞车上释放缆线的末端。

4.4.3 绑扎缆线

干线子系统敷设缆线时，由于缆线量大，应对缆线进行绑扎。

本项目中，由于我们采用的是 25 对大对数缆线，数量不多，可以不用进行绑扎。但是在规模较大的干线子系统项目施工中，绑扎是必须进行的，所以在此说明绑扎时的一些注意事项。

1）在绑扎缆线的时候应该按照楼层进行分组绑扎。在某次的布线工程施工过程中，施工单位将一栋 5 层公寓楼的垂直布线所有的缆线绑扎在了一起，在测试时，发现有一层的缆线无法测通，经过排查发现是干线子系统的布线出现了问题，需要重新布线。在换线的过程中无法抽动该层的缆线，又将所有绑扎的缆线逐层放开，才更换好。所以在施工过程中，垂直系统的绑扎要分层绑扎，并做好标记。

2）对绞电缆、光缆及其他信号电缆应根据缆线的类别、数量、缆径、缆线芯数分束绑扎。

3）绑扎间距不宜大于 1.5m，间距应均匀，防止缆线因重量产生拉力造成缆线变形，并且不宜绑扎过紧或使缆线受到挤压。在许多束或捆缆线的场合，位于外围的缆线受到的压力比线束里面的大，压力过大会使缆线内的扭绞线对变形，导致缆线的回波损耗影响增大。回波损耗的影响能够累积下来，这样每一个过紧的系缆带造成的影响都累加到总回波损耗上，最终导致该缆线性能不达标，所以系缆带只要能束住缆线就可以了。

4.5 理论思考题

一、选择题

1．在弱电间中线槽穿过每层楼板的孔洞宜为电缆井或电缆孔。电缆井尺寸不宜小于 300mm×100mm，电缆孔孔径不宜小于（ ）mm，孔洞处应加装木框保护。

（A）100　（B）200　（C）300　（D）500

2．干线子系统也称（ ）子系统。

（A）骨干　（B）综合　（C）垂直　（D）连接

3．干线子系统提供建筑物的（ ）电缆。

（A）绞线　（B）馈线　（C）直线　（D）干线

4．干线子系统是负责连接（ ）子系统到设备间子系统的子系统。

（A）建筑群　（B）水平　（C）管理间　（D）工作区

5．接线盒安装在管道系统中规划好的位置，其原因是（ ）。

（A）为了接入电信间

（B）为了接入管道系统以牵引电缆

（C）为了接入电缆以进行工作区端接

（D）为了允许电缆敷设得更长

6．用于设计楼内干线布线的两个主要拓扑结构选项是（ ）。

（A）星型和分级式星型　（B）总线型和星型

（C）分级环型和星型　（D）分级星型和总线型

7．室外光缆在敷设时，管线的弯曲半径不小于缆线外径的（ ）倍。

（A）4　（B）8　（C）10　（D）20

8．大对数主干电缆在进行敷设时，要求管线敷设的弯曲半径不小于电缆外径的（ ）倍。

（A）4　（B）8　（C）10　（D）20

9．缆线布放在管与槽内的管径与截面利用率，应根据不同类型的缆线做不同的选择。管内穿放大对数线电缆或 4 芯以上光缆时，直线管路的管径利用率应为 50%～60%，管内穿放 4 对双绞电缆或 4 芯光缆时，截面利用率应为（　　）。

（A）25%～30%　（B）30%～50%　（C）40%～50%　（D）50%～60%

10．在 100M、1G 以太网中多模光纤的最远应用传输距离是（　　）m。

（A）100　（B）550　（C）1000　（D）5000

11．桥架及线槽的安装位置应符合施工图的要求，左右偏差不应超过（　　）mm。

（A）2　（B）3　（C）4　（D）50

12．缆线桥架内缆线垂直敷设时，在缆线的上端和每间隔（　　）m 处应固定在桥架的支架上；水平辐射时，在缆线的首、尾、转弯及每间隔 5～10m 处进行固定。

（A）0.5　（B）1.5　（C）2.5　（D）3.5

13．在同一层若干电信间之间应设置（　　）路由。

（A）水平　（B）干线　（C）建筑物　（D）远程

14．下列不属于干线子系统垂直通道的是（　　）。

（A）电缆孔方式　（B）电缆竖井方式

（C）管道方式　（D）架空方式

15．在管理间和设备间的打线过程中，经常会碰到 25 对或者 100 对大对数缆线的打接问题，其中大对数线的线序通过主色和副色来区分，其中主色线序是白、红、黑、黄、紫；每个主色里面又包括五种副色，其线序顺序是（　　）。

（A）绿、橙、蓝、棕、灰　（B）蓝、橙、绿、棕、灰

（C）灰、橙、绿、棕、蓝　（D）灰、棕、绿、橙、蓝

16．在新建工程中，推荐使用的干线子系统垂直通道的缆线布放方式是（　　）。

（A）电缆孔方式　（B）明管敷设　（C）暗管敷设　（D）电缆竖井方式

17．为了减少电缆之间串音对传输信号的影响，管线中缆线可以不要求做到完全平直和均匀，甚至可以不绑扎，所以，对布线系统管线的利用率提出了更高的要求，其中可以通过管径利用率和截面利用率的公式进行计算，得出管道缆线的布放根数。其中，管径利用率=d/D。d 为缆线外径，D 为（　　）。

（A）管道内径　（B）管道外径

（C）管道的内截面积　（D）缆线的总截面积

18．干线子系统垂直通道穿过楼板时宜采用电缆竖井方式，电缆竖井的位置应（　　）。

（A）左右对齐　（B）上下对齐

（C）任意都可以　（D）怎么美观，怎么设置

19．根据建筑物的结构特点以及应用系统的类型，决定选用干线缆线的类型。在干线子系统设计常用缆线（　　）。

（A）4 对双绞线电缆（UTP 或 STP）

（B）100Ω 大对数对绞电缆（UTF 或 STP）

（C）62.5/125 μm 多模光缆

（D）8.3/125 μm 单模光缆

（E）75Ω 有线电视同轴电缆

20. 干线子系统主干缆线应选择较短的安全的路由。主干电缆宜采用（　　）方式终接。

（A）点对点　　（B）任意方式
（C）分支递减　　（D）分支递增

二、简答题

1. 什么是干线子系统?都包括哪几部分?
2. 干线子系统常见的路由方式有哪几种？分别应用在什么场合？
3. 干线子系统设计要点有哪些？
4. 在干线子系统设计中，最常见的缆线有哪几种？分别应用在什么场合？
5. 建筑物干线子系统布线距离有何要求?
6. 简述桥架安装的基本要求。
7. 干线子系统敷设缆线时要注意哪些问题?

4.6　技能操作题

实训1　干线子系统PVC线槽/线管布线施工

1. 实训目的

1）通过设计干线子系统布线路径和距离，熟练掌握干线子系统的设计。
2）通过线槽/线管的安装和穿线等，熟练掌握干线子系统的施工方法。
3）通过核算、列表、领取材料和工具，训练规范施工的能力。

2. 实训要求

1）计算和准备好实验需要的材料和工具。
2）完成竖井内模拟布线实验，合理设计和施工布线系统，并选择合理路径。
3）垂直布线平直、美观，接头合理。
4）掌握干线子系统线槽/线管的接头和三通连接以及大线槽开孔、安装、布线、盖板的方法和技巧。
5）掌握锯弓、螺钉旋具、电钻等工具的使用方法和技巧。

3. 实训材料和工具

1）PVC塑料管、管接头、管卡若干。
2）PVC线槽、接头、弯头等。
3）锯弓、锯条、钢卷尺、十字头螺钉旋具、电钻、人字梯等。

4. 实训设备

网络综合布线实训装置 1 套；木板制作的实训装置、轻型建筑材料制作的实训装置、土建墙等。

5. 实训步骤

1）设计一种使用 PVC 线槽/线管从管理间到楼层设备间机柜的干线子系统，并且绘制施工图。3～4 人成立一个项目组，选举项目负责人，每人设计一种干线子系统布线图，并且绘制图纸。项目负责人指定 1 种设计方案进行实训。

2）按照设计图，核算实训材料规格和数量，掌握工程材料核算方法，列出材料清单。

3）按照设计图需要，列出实训工具清单，领取实训材料和工具。

4）PVC 线槽安装方法如图 4-12 所示，PVC 线管安装方法如图 4-13 所示。

5）明装布线实训时，边布管边穿线。

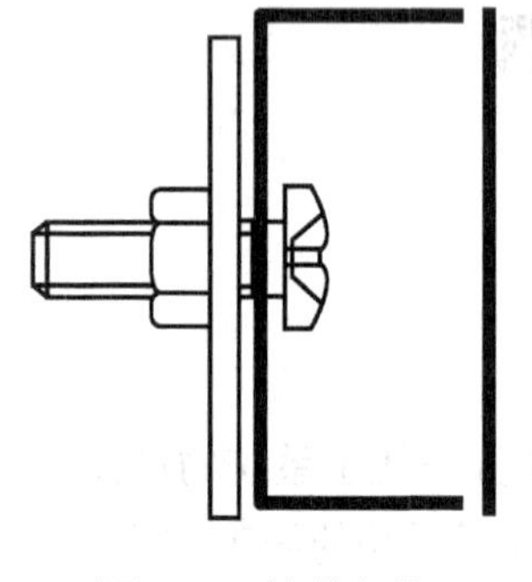

图 4-12　线槽安装

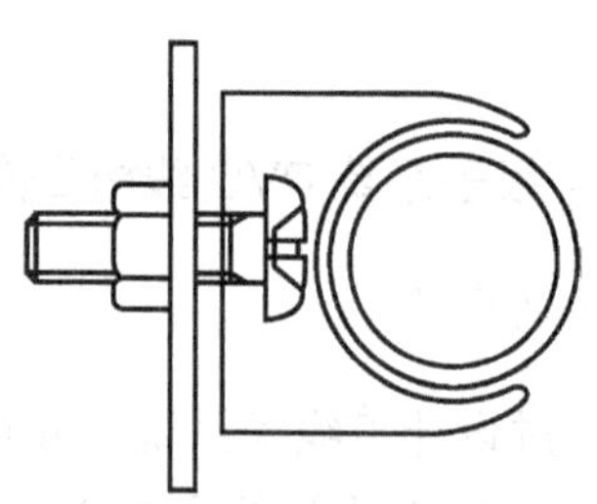

图 4-13　管卡安装

6. 实训分组

为了保证全班 40 人同时实训并充分利用实训设备，实训前必须进行合理的分组，保证每组的实训内容相同、难易程度相同，布线方法如下所述。

1）根据规划和设计好的布线路径准备好实验材料和工具，从货架上取下以下材料（任意一组）。

第一组：PVC 线管、直接头、三通、管卡、M6 螺栓、锯弓等材料和工具备用。

第二组：PVC 线槽、直接头、三通、M6 螺栓、锯弓等材料和工具备用。

2）根据设计的布线路径在墙面安装管卡，在垂直方向每隔 500～600mm 安装 1 个管卡。

3）在拐弯处用 90°弯头连接，安装 PVC 线槽。两根 PVC 线槽之间用直接连接，三根线槽之间用三通连接。同时在槽内安装 4-UTP 网线。安装线槽前，根据需要在线槽上开直径 8mm 孔，用 M6 螺栓固定。

对于 PVC 管，在拐弯处用 90°弯头连接，安装 PVC 管。两根 PVC 管之间用直接

头连接，三根管之间用三通连接，同时在 PVC 管内穿 4-UTP 网线。

4）机柜内必须预留网线 1.5m。

5）分组实验示意图如图 4-14 所示。

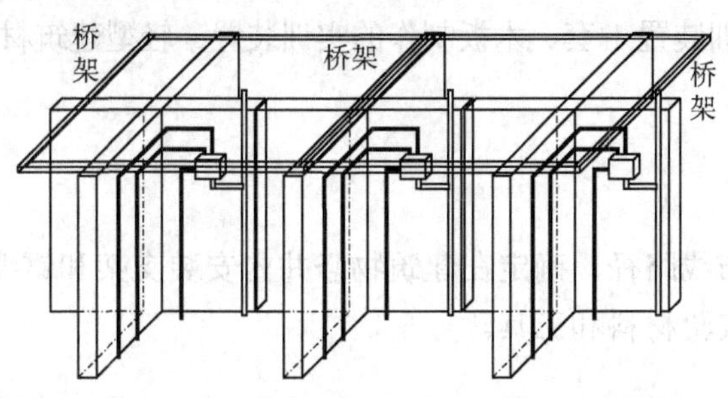

图 4-14　垂直布线系统实验——分组布线示意图

实验装置有长 1.2m、宽 1.2m 角共 12 个，可以模拟 12 个建筑物竖井进行干线子系统布线实验，12 个小组可以同时进行实验。

7. 实训报告

1）画出干线子系统 PVC 线槽或管布线路径图。

2）计算出布线需要弯头、接头等的材料和工具。

3）记录使用工具的体会和技巧。

实训 2　垂直系统缆线的绑扎施工

1. 实训目的

1）通过干线子系统布线路径和距离的设计，熟练掌握干线子系统的设计。

2）通过墙面安装钢缆，熟练掌握干线子系统的施工方法。

3）通过核算、列表、领取材料和工具，训练规范施工的能力。

2. 实训要求

1）计算和准备好实验需要的材料和工具。

2）完成竖井内钢缆扎线实验，合理设计和施工布线系统，使路径合理。

3）垂直布线平直、美观，扎线整齐合理。

4）掌握干线子系统支架、钢缆和扎线的方法和技巧。

5）掌握活扳手、U 形卡、线扎等工具和材料的使用方法和技巧。

6）掌握扎线的间距要求。

3. 实训材料和工具

1）直径 5mm 钢缆、U 形卡、支架若干。

2）锯弓、锯条、钢卷尺、十字头螺钉旋具、活扳手、人字梯等。

4. 实训设备

网络综合布线实训装置 1 套、木板制作的实训装置、轻型建筑材料制作的实训装置、土建墙等。

5. 实训步骤

1）规划和设计布线路径，确定在建筑物竖井内安装支架和钢缆的位置和数量。
2）计算和准备实验材料和工具。
3）安装和布线。

6. 实训分组

为了保证全班 40 人同时实训并充分利用实训设备，实训前必须进行合理的分组，保证每组的实训内容相同、难易程度相同。以网络综合布线实训装置为例进行分组，具体可以按照实训设备规格和实训人数设计。

布线方法如下所述。

1）根据规划和设计好的布线路径准备好实验材料和工具，从货架上取下支架、钢缆、U 形卡、活扳手、线扎、M6 螺栓、锯弓等材料和工具备用。

2）根据设计的布线路径在墙面安装支架，在水平方向每隔 500～600mm 安装 1 个支架，在垂直方向每隔 1000mm 安装 1 个支架。

3）支架安装好以后，根据需要的长度用钢锯裁好合适长度的钢缆，必须预留两端绑扎长度。用 U 形卡将钢缆按照图 4-15 所示固定在支架上。

4）用线扎将缆线绑扎在钢缆上，如图 4-16 所示，间距 500mm 左右。在垂直方向均匀分布缆线的重量。绑扎时不能太紧，以免破坏网线的绞绕节距。也不能太松，避免缆线的重量将缆线拉伸。

5）分组实验示意图如图 4-17 所示。

实验装置有长 1.2m、宽 1.2m 角共 12 个，可以模拟 12 个建筑物竖井进行干线子系统布线实验。12 个小组可以同时进行实验。

7. 实训报告

1）写出钢缆绑扎缆线的基本要求和注意事项。
2）计算出需要的 U 形卡、支架等材料和工具。

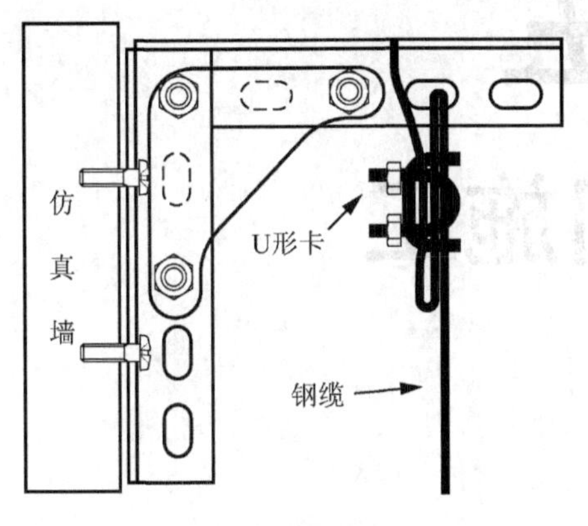

图 4-15　钢缆固定

图 4-16　钢缆扎线

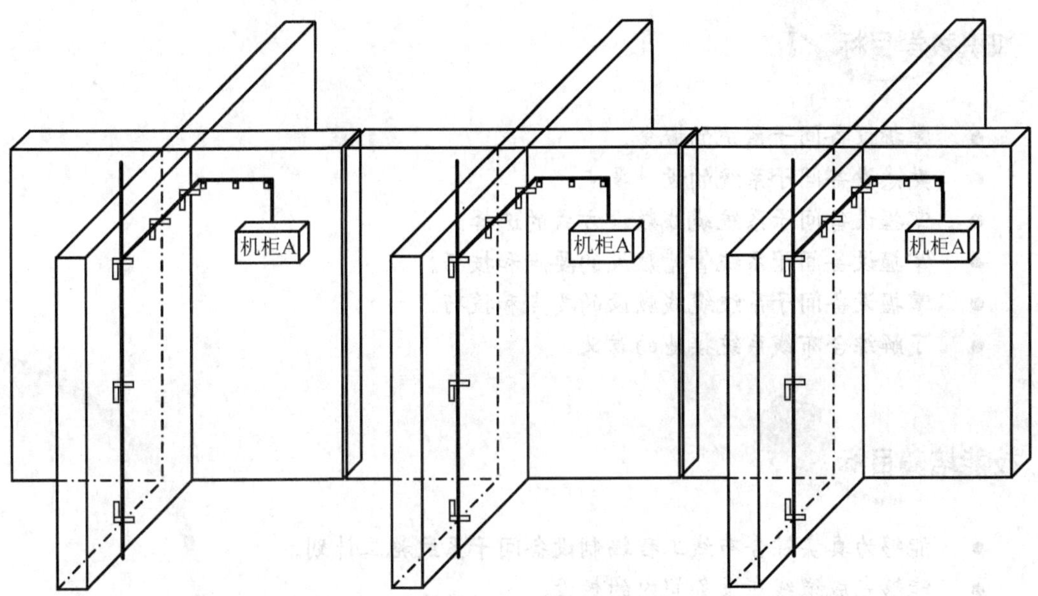

图 4-17　钢缆扎线分组

单元五
设备间施工

知识教学目标

- 掌握设备间子系统的概念。
- 熟悉设备间子系统的设计要点。
- 掌握设备间子系统缆线敷设方式的选择。
- 掌握设备间子系统管槽敷设的要点和技巧。
- 掌握设备间子系统缆线敷设的要点和技巧。
- 了解综合布线系统接地的意义。

技能培养目标

- 能够为真实综合布线工程编制设备间子系统施工计划。
- 能够完成缆线在设备间内的敷设。
- 能够完成设备间设备的安装与拆卸。

5.1 项 目 引 入

某中心设备间设在四层网络中心机房，机房内设置 4 台 600×600×2000mm 的网络配线机柜和 2 台 600×800×2000mm 的服务器机柜；机房区内的 2 台服务器机柜上各布置 2 个服务器和 1 个 24 口六类配线架。中心机房管理人员办公区域配置：工作区工作台布置 7 个 6 类非屏蔽信息点和 7 个语音点，设备区域与办公区域使用玻璃隔断分开，整个结构如图 5-1 所示。

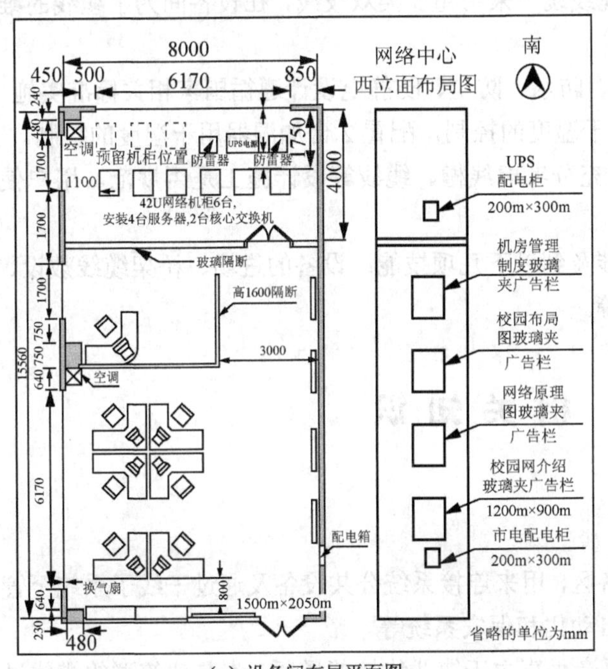

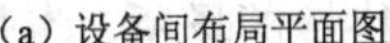
（a）设备间布局平面图

（b）设备间装修效果图

图 5-1 设备间布局设计图

5.2 项 目 分 析

在进行设备间子系统施工时，我们需要确认以下信息。

1）该建筑物的设备间位置在哪里？

2）该建筑物是否有专门的进线间？

3）设备间是否在电梯附近？设备间与该建筑物的竖井距离多远？

4）设备间内需要敷设哪些类型的应用系统线路？各种缆线敷设方式采用什么方式？

5）设备间的接地、防火、防雷、防水、防尘、防静电设计如何？

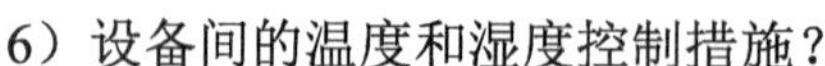

6）设备间的温度和湿度控制措施？

针对以上需求，依据项目引入中给出的内容，确认了以下信息。

1）该中心设备间设在四层网络中心机房内。

2）该中心所在大楼由于建设年限较早，没有设计专门的进线间，所以所有应用系统的总线是沿该楼的竖井敷设到设备间。

3）设备间正好在电梯附近，有竖井直接到设备间。

4）该大楼以商业写字楼用途进行设计，所以主要应用系统为网络和电话业务。由于整个大楼的数据点和语音点不多，整个大楼的各楼层没有单独设计分配线间，所有工作区信息插座直接汇总到设备间，缆线统一采用超5类双绞线，在设备间为了缆线的维护，采用了开放式桥架敷设模式。

5）设备间的接地、防火、防雷、防水、防尘、防静电设计遵循国家相关标准实施。

6）设备间配置2台精密空调用于温度的控制，配置2台加湿器用于湿度的控制。

7）在设备间子系统施工时，要充分考虑线槽、缆线等设计施工是否规范，用户使用维护是否安全、方便等因素。

要完成此项任务的施工，主要涉及到以下几项技能：设备的进场、桥架缆线敷设、竖井内缆线敷设、地面管槽的敷设等。

5.3 相关知识

5.3.1 设备间子系统的定义

设备间子系统是一个集中化设备区，用来连接系统公共设备及通过干线子系统至管理子系统，如局域网、主机、建筑自动化和保安系统等。

设备间子系统是大楼中数据、语音垂直主干缆线终接的场所，也是建筑群的缆线进入建筑物终接的场所，更是各种数据语音主机设备及保护设施的安装场所，如图5-2所示。设备间子系统一般设在建筑物中部或在建筑物的一、二层，避免设在顶层或地下室，位置不应远离电梯，而且要为以后的扩展留下余地。建筑群的缆线进入建筑物时应有相应的过流、过压保护设施。

设备间子系统空间要按 ANSL/TLA/ELA-569 要求设计。设备间子系统空间用于安装电信设备、连接硬件、接头套管等。为接地和连接设施、保护装置提供控制环境，是系统进行管理、控制和维护的场所。设备间子系统所在的空间还有对门窗、天花板、电源、照明和接地的要求。

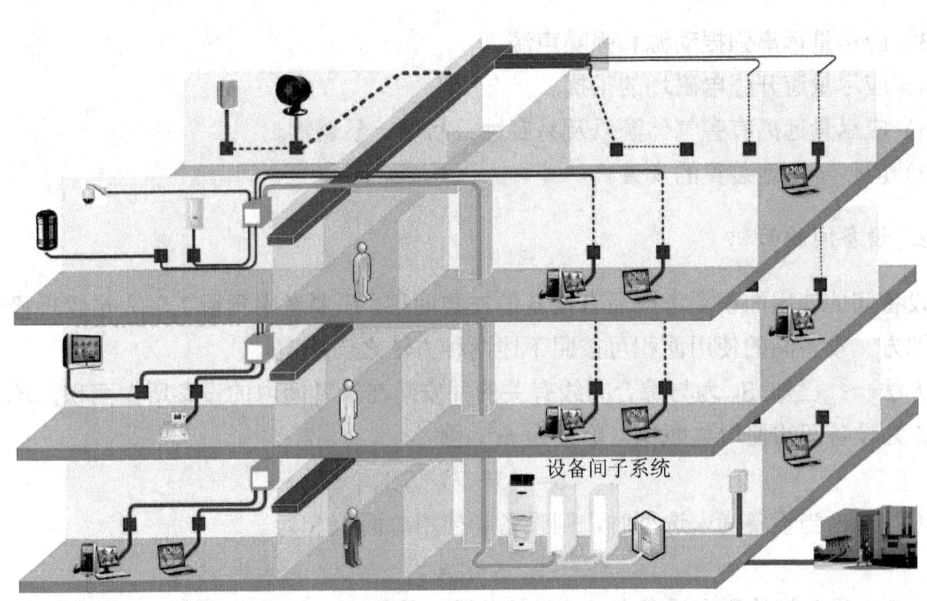

图 5-2 设备间示意图

5.3.2 国家相关标准

GB 50311—2007 第 6 章安装工艺要求中，对设备间的设置要求如下：每幢建筑物内应至少设置 1 个设备间，如果电话交换机与计算机网络设备分别安装在不同的场地或根据安全需要，也可设置 2 个或 2 个以上设备间，以满足不同业务的设备安装需要。

如果一个设备间以 $10m^2$ 计，大约能安装 5 个 19 英寸的机柜。在机柜中安装电话大对数电缆多对卡接式模块、数据主干缆线配线设备模块，大约能支持总量为 6000 个信息点所需（其中电话和数据信息点各占 50%）的建筑物配线设备安装空间。

5.3.3 设备间子系统设计要点

设备间子系统的设计主要考虑设备间的位置以及设备间的环境要求，具体设计要点请参考下列内容。

1. 设备间的位置

设备间的位置及大小应根据建筑物的结构、综合布线规模、管理方式以及应用系统设备的数量等方面进行综合考虑，择优选取。一般而言，设备间应尽量建在建筑平面及其综合布线干线综合体的中间位置。在高层建筑内，设备间也可以设置在 1 或 2 层。

确定设备间的位置可以参考以下设计规范。

1）应尽量建在综合布线干线子系统的中间位置，并尽可能靠近建筑物电缆引入区和网络接口，以方便干线缆线的进出。

2）应尽量避免设在建筑物的高层或地下室以及用水设备的下层。

3）应尽量远离强振动源和强噪声源。

4）应尽量避开强电磁场的干扰。

5）应尽量远离有害气体源以及易腐蚀、易燃、易爆物。

6）应便于接地装置的安装。

2. 设备间的面积

设备间的使用面积要考虑所有设备的安装面积，还要考虑预留工作人员管理操作设备的地方。设备间的使用面积可按照下述两种方法之一确定。

方法一：已知 S_b 为与综合布线有关的并安装在设备间内的设备所占面积，单位为 m^2；S 为设备间的使用总面积，单位为 m^2，那么

$$S=(5\sim7)\ \Sigma S_b$$

方法二：当设备尚未选型时，则设备间使用总面积 S 为

$$S=KA$$

其中，A 为设备间的所有设备台（架）的总数，单位为 m^2；K 为系数，取值（4.5～5.5）m^2/台（架）。

设备间最小使用面积不得小于 $20m^2$。

3. 建筑结构

设备间的建筑结构主要依据设备大小、设备搬运以及设备重量等因素而设计。设备间的高度一般为 2.5～3.2m。设备间门的大小至少为高 2.1m、宽 1.5m。

设备间的楼板承重设计一般分为两级：A 级≥500kg/m^2；B 级≥300kg/m^2。

4. 设备间的环境要求

设备间内安装了计算机、计算机网络设备、电话程控交换机、建筑物自动化控制设备等硬件设备，这些设备的运行需要相应的温度、湿度、供电、防尘等要求。设备间内的环境设置可以参照《电子计算机机房设计规范》（GB 50174—1993）、《工业企业程控用户交换机工程设计规范》（CECS 09—1989）等相关标准及规范。

（1）温湿度

综合布线有关设备的温湿度要求可分为 A、B、C 三级，设备间的温湿度也可参照三个级别进行设计，三个级别具体要求如表 5-1 所示。

表 5-1 设备间温湿度要求

项　目	A 级	B 级	C 级
温度/℃	夏季：22±4 冬季：18±4	12～30	8～35
相对湿度	40%～65%	35%～70%	20%～80%

设备间的温湿度控制可以通过安装降温或加温、加湿或除湿功能的空调设备来实现控制。选择空调设备时，南方地区主要考虑降温和除湿功能，北方地区要全面具有降温、升温、除湿、加湿功能。空调的功率主要根据设备间的大小及设备多少而定。

（2）尘埃

设备间内的电子设备对尘埃要求较高，尘埃过高会影响设备的正常工作，降低设备的工作寿命。设备间的尘埃指标一般可分为 A、B 二级，如表 5-2 所示。

表 5-2 设备间尘埃指标要求

项　目	A 级	B 级
粒度/μm	>0.5	>0.5
个数/（粒/dm^3）	<10000	<18000

要降低设备间的尘埃度关键在于定期的清扫灰尘，工作人员进入设备间应更换干净的鞋具。

（3）空气

设备间内应保持空气洁净，有良好的防尘措施，并防止有害气体侵入。有害气体限值如表 5-3 所示。

表 5-3 有害气体限值

单位：mg/m^3

有害气体	二氧化硫（SO_2）	硫化氢（H_2S）	二氧化氮（NO_2）	氨（NH_3）	氯（Cl_2）
平均限值	0.2	0.006	0.04	0.05	0.01
最大限值	1.5	0.03	0.15	0.15	0.3

（4）照明

为了方便工作人员在设备间内操作设备和维护相关综合布线器件，设备间内必须安装足够照明度的照明系统，并配置应急照明系统。设备间内距地面 0.8m 处，照明度不应低于 200lx。设备间配备的事故应急照明，在距地面 0.8m 处，照明度不应低于 5lx。

（5）噪声

为了保证工作人员的身体健康，设备间内的噪声应小于 70dB。如果长时间在 70～80 dB 噪声的环境下工作，不但影响人的身心健康和工作效率，还可能造成人为的噪声事故。

（6）电磁场干扰

根据综合布线系统的要求，设备间无线电干扰的频率应在 0.15～1000MHz 范围内，噪声不大于 120dB，磁场干扰场强不大于 800A/m。

（7）供电系统

设备间供电电源应满足以下要求。

1）频率：50Hz。

2）电压：220V/380V。

3）相数：三相五线制或三相四线制/单相三线制。

设备间供电电源允许变动范围如表 5-4 所示。

表 5-4 设备间供电电源允许变动的范围

项　　目	A 级	B 级	C 级
电压变动	-5%～+5%	-10%～+7%	-15%～+10%
频率变动	-0.2%～+0.2%	-0.5%～+0.5%	-1～+1
波形失真率	<±5%	<±7%	<±10%

根据设备间内设备的使用要求，设备要求的供电方式分为三类：

1）需要建立不间断供电系统。

2）需建立带备用的供电系统。

3）按一般用途供电考虑。

5. 设备间的设备管理

设备间内的设备种类繁多，而且缆线布设复杂。为了管理好各种设备及缆线，设备间内的设备应分类分区安装，设备间内所有进出线装置或设备应采用不同色标，以区别各类用途的配线区，方便线路的维护和管理。

6. 安全分类

设备间的安全分为 A、B、C 三个类别，具体规定如表 5-5 所示。

表 5-5 设备间的安全要求

安全项目	A 类	B 类	C 类
场地选择	有要求或增加要求	有要求或增加要求	无要求
防火	有要求或增加要求	有要求或增加要求	有要求或增加要求
内部装修	要求	有要求或增加要求	无要求
供配电系统	要求	有要求或增加要求	有要求或增加要求
空调系统	要求	有要求或增加要求	有要求或增加要求
火灾报警及消防设施	要求	有要求或增加要求	有要求或增加要求
防水	要求	有要求或增加要求	无要求
防静电	要求	有要求或增加要求	无要求
防雷击	要求	有要求或增加要求	无要求
防鼠害	要求	有要求或增加要求	无要求
电磁波的防护	有要求或增加要求	有要求或增加要求	无要求

A 类：对设备间的安全有严格的要求，设备间有完善的安全措施。

B 类：对设备间的安全有较严格的要求，设备间有较完善的安全措施。

C 类：对设备间的安全有基本的要求，设备间有基本的安全措施。

根据设备间的要求，设备间安全可按某一类执行，也可按某些类综合执行。综合执行是指一个设备间的某些安全项目可按不同的安全类型执行，例如某设备间按照安全要求可选防电磁干扰为 A 类，火灾报警及消防设施为 B 类。

7. 结构防火

为了保证设备使用安全，设备间应安装相应的消防系统，配备防火防盗门。

安全级别为 A 类的设备间，其耐火等级必须符合《高层民用建筑设计防火规范》（GB 50045—1995）中规定的一级耐火等级。

安全级别为 B 类的设备间，其耐火等级必须符合《高层民用建筑设计防火规范》（GB 50045—1995）中规定的二级耐火等级。

安全级别为C类的设备间，其耐火等级要求应符合《建筑设计防火规范》（GBJ 16—1987）中规定的二级耐火等级。

与C类设备间相关的其余基本工作房间及辅助房间，其建筑物的耐火等级不应低于 TJ16 中规定的三级耐火等级。与 A、B 类安全设备间相关的其余基本工作房间及辅助房间，其建筑物的耐火等级不应低于 TJl6 中规定的二级耐火等级。

8. 火灾报警及灭火设施

安全级别为 A、B 类设备间内应设置火灾报警装置。在机房内、基本工作房间、活动地板下、吊顶上方及易燃物附近都应设置烟感和温感探测器。

A 类设备间内设置二氧化碳（CO_2）自动灭火系统，并备有手提式二氧化碳（CO_2）灭火器。

B 类设备间内在条件许可的情况下，应设置二氧化碳自动灭火系统，并备有手提式二氧化碳灭火器。

C 类设备间内应备有手提式二氧化碳灭火器。

A、B、C 类设备间除纸介质等易燃物质外，禁止使用水、干粉或泡沫等易产生二次破坏的灭火器。

为了在发生火灾或意外事故时方便设备间工作人员迅速向外疏散，对于规模较大的建筑物，在设备间或机房应设置直通室外的安全出口。

9. 接地要求

设备间设备安装过程中必须考虑设备的接地。根据综合布线相关规范要求，接地要求如下：

1）直流工作接地电阻一般要求不大于 4Ω，交流工作接地电阻也不应大于 4Ω，防雷保护接地电阻不应大于 10Ω。

2）建筑物内部应设有一套网状接地网络，保证所有设备共同的参考等电位。如果综合布线系统单独设置接地系统，且能保证与其他接地系统之间有足够的距离，则接地电阻值规定为小于等于 4Ω。

3）为了获得良好的接地，推荐采用联合接地方式。所谓联合接地方式就是将防雷接地、交流工作接地、直流工作接地等统一接到共用的接地装置上。当综合布线采用联合接地系统时，通常利用建筑钢筋作为防雷接地引下线，而接地体一般利用建筑物基础

内钢筋网作为自然接地体，使整幢建筑的接地系统组成一个笼式的均压整体。联合接地电阻要求小于或等于1Ω。

4）接地所使用的铜线电缆规格与接地的距离有直接关系，一般接地距离在30m以内，接地导线采用直径为4mm的带绝缘套的多股铜缆线。接地铜缆规格与接地距离的关系可以参表5-6所示。

表5-6 接地铜线电缆规格与接地距离的关系

接地距离/m	接地导线直径/mm	接地导线截面积/mm^2
小于30	4.0	12
30～48	4.5	16
48～76	5.6	25
76～106	6.2	30
106～122	6.7	35
122～150	8.0	50
151～300	9.8	75

10. 内部装饰

设备间装修材料使用符合《建筑设计防火规范》（TJ 16—1987）中规定的难燃材料或阻燃材料，应能防潮、吸音、不起尘、抗静电等。

（1）地面

为了方便敷设电缆线和电源线，设备间的地面最好采用抗静电活动地板，具体要求应符合《计算机机房用地板技术条件》（GB 6650—1986）。

带有走线口的活动地板为异型地板。其走线口应光滑，防止损伤电线、电缆。设备间地面所需异形地板的块数由设备间所需引线的数量来确定。设备间地面切忌铺毛制地毯，因为毛制地毯容易产生静电，而且容易产生积灰。放置活动地板的设备间的建筑地面应平整、光洁、防潮、防尘。

（2）墙面

墙面应选择不易产生灰尘，也不易吸附灰尘的材料。目前大多数是在平滑的墙壁上涂阻燃漆，或在墙面上覆盖耐火的胶合板。

（3）顶棚

为了吸音及布置照明灯具，一般在设备间顶棚下加装一层吊顶。吊顶材料应满足防火要求。目前，我国大多数采用铝合金或轻钢作龙骨，安装吸音铝合金板、阻燃铝塑板、喷塑石英板等。

（4）隔断

根据设备间放置的设备及工作需要，可用玻璃将设备间隔成若干个房间。隔断可以选用防火的铝合金或轻钢作龙骨，安装10mm厚玻璃。或从地板面至1.2m处安装难燃双塑板，1.2m以上安装10mm厚玻璃。

5.3.4 设备间内的缆线敷设

1. 活动地板方式

这种方式是缆线在活动地板下的空间敷设，由于地板下空间大，因此电缆容量和条数多，路由自由短捷，节省电缆费用，缆线敷设和拆除均简单方便，能适应线路增减变化，有较高的灵活性，便于维护管理。但造价较高，会减少房屋的净高，对地板表面材料也有一定要求，如耐冲击性、耐火性、抗静电、稳固性等。

2. 地板或墙壁内沟槽方式

这种方式是缆线在建筑中预先建成的墙壁或地板内沟槽中敷设，沟槽的断面尺寸大小根据缆线终期容量来设计，上面设置盖板保护。这种方式造价较活动地板低，便于施工和维护，也有利于扩建，但沟槽设计和施工必须与建筑设计和施工同时进行，在配合协调上较为复杂。沟槽方式因是在建筑中预先制成，因此在使用中会受到限制，缆线路由不能自由选择和变动。

3. 预埋管路方式

这种方式是在建筑的墙壁或楼板内预埋管路，其管径和根数根据缆线需要来设计。穿放缆线比较容易，维护、检修和扩建均有利，造价低廉，技术要求不高，是一种最常用的方式。但预埋管路必须在建筑施工中进行，缆线路由受管路限制，不能变动，所以使用中会受到一些限制。

4. 机架走线架方式

这种方式是在设备（机架）上沿墙安装走线架（或槽道）的敷设方式，走线架和槽道的尺寸根据缆线需要设计，它不受建筑的设计和施工限制，可以在建成后安装，便于施工和维护，也有利于扩建。机架上安装走线架或槽道时，应结合设备的结构和布置来考虑，在层高较低的建筑中不宜使用。

5.3.5 设备间机柜的安装要求

设备间内机柜的安装要求标准如表 5-7 所示。

表 5-7 机柜安装要求标准

项 目	标 准
安装位置	应符合设计要求，机柜应离墙 1m，便于安装和施工。所有安装螺丝不得有松动，保护橡皮垫应安装牢固
底座	安装应牢固，应按设计图的防震要求进行施工
安放	安放应竖直，柜面水平，垂直偏差≤1‰，水平偏差≤3mm，机柜之间缝隙≤1mm
表面	完整，无损伤，螺栓坚固，每平方米表面凹凸度应<1mm
接线	接线应符合设计要求，接线端子各种标志应齐全，保持良好

续表

项　目	标　准
配线设备	接地体，保护接地，导线截面，颜色应符合设计要求
接地	应设接地端子，并良好连接接入楼宇接地端排
缆线预留	1）对于固定安装的机柜，在机柜内不应有预留线长，预留线应预留在可以隐蔽的地方，长度在 1～1.5m 之间。 2）对于可移动的机柜，连入机柜的全部缆线在连入机柜的入口处，应至少预留 1m，同时各种缆线的预留长度相互之间的差别应不超过 0.5m
布线	机柜内走线应全部固定，并要求横平竖直

5.3.6 配电要求

设备间供电由大楼市电提供电源进入设备间专用的配电柜。设备间设置设备专用的 UPS 地板下插座，为了便于维护，在墙面上安装维修插座。其他房间根据设备的数量安装相应的维修插座。

配电柜除了满足设备间设备的供电以外，并留出一定的余量，以备以后的扩容。

5.3.7 防雷基本原理

所谓雷击防护就是通过合理、有效的手段将雷电流的能量尽可能地引入大地，防止其进入被保护的电子设备，其方式是疏导，而不是堵雷或消雷。

国际电工委员会的分区防雷理论：外部和内部的雷电保护已采用面向 EMC 的雷电保护新概念。雷电保护区域的划分是采用标识数字 0～3。0A 保护区域是直接受到雷击的地方，由这里辐射出未衰减的雷击电磁场；其次的 0B 区域是指没有直接受到雷击，但却处于强的电磁场。保护区域 1 已位于建筑物内，直接在外墙的屏蔽措施之后，如混凝土立面的钢护板后面，此处的电磁场要弱得多（一般为 30dB）。在保护区域 2 中的终端电器可采用集中保护，例如通过保护共用线路而大大减弱电磁场。保护区域 3 是电子设备或装置内部需要保护的范围。

根据国际电工委员会的最新防雷理论，外部和内部的雷电保护已采用面向电磁兼容性（EMC）的雷电保护新概念。对于感应雷的防护，已经同直击雷的防护同等重要。

感应雷的防护措施就是在被保护设备前端并联一个参数匹配的防雷器。在雷电流的冲击下，防雷器在极短时间内与地网形成通路，使雷电流在到达设备之前，通过防雷器和地网泄放入地。当雷电流脉冲泄放完成后，防雷器自恢复为正常高阻状态，使被保护设备继续工作。

直击雷的防护已经是一个很早就被重视的问题。现在的直击雷防护基本采用有效的避雷针、避雷带或避雷网作为接闪器，通过引下线使直击雷能量泄放入地。

5.3.8 防静电措施

为了防止静电带来的危害，更好地保护机房设备，更好地利用布线空间，应在中央机房等关键的房间内安装高架防静电地板。

设备间用防静电地板有钢结构和木结构两大类，其要求是既能提供防火、防水和防静电功能，又要轻、薄并具有较高的强度和适应性，且有微孔通风。防静电地板下面或防静电吊顶板上面的通风道应留有足够余地以作为机房敷设线槽、缆线的空间，这样既保证了大量线槽、缆线便于施工，同时也使机房整洁美观。

在设备间装修铺设抗静电地板安装时，同时安装静电泄漏系统。铺设静电泄漏地网，通过静电泄漏干线和机房安全保护地的接地端子封在一起，将静电泄漏掉。

5.3.9 设备系统接地

设备间的防雷接地可单独接地或与大楼接地系统共同接地。接地要求每个配线架都应单独引线至接地体，保护地线的接地电阻值。单独设置接地体时，阻抗不应大于 2Ω；采用和大楼共同接地体时，接地电阻不应大于 1Ω。

设备间电源应具有过压过流保护功能，以防止对设备的不良影响和冲击。

5.3.10 设备间安装工艺要求

1）设备间位置应根据设备的数量、规模、网络构成等因素，综合考虑确定。

2）每幢建筑物内应至少设置 1 个设备间，如果电话交换机与计算机网络设备分别安装在不同的场地或根据安全需要，也可设置 2 个或 2 个以上设备间，以满足不同业务的设备安装需要。

3）建筑物综合布线系统与外部配线网连接时，应遵循相应的接口标准要求。

4）设备间的设计应符合下列规定。

① 设备间宜处于干线子系统的中间位置，并考虑主干缆线的传输距离与数量。

② 设备间宜尽可能靠近建筑物缆线竖井位置，有利于主干缆线的引入。

③ 设备间的位置宜便于设备接地。

④ 设备间应尽量远离高低压变配电、电机、X 射线和无线电发射等有干扰源存在的场地。

⑤ 设备间室温度应为 10～35℃，相对湿度应为 20%～80%，并应有良好的通风。

⑥ 设备间内应有足够的设备安装空间，其使用面积不应小于 $10m^2$，该面积不包括程控用户交换机、计算机网络设备等设施所需的面积在内。

⑦ 设备间梁下净高不应小于 2.5m，采用外开双扇门，门宽不应小于 1.5m。

5）设备间应防止有害气体（如氯、碳水化合物、硫化氢、氮氧化物、二氧化碳等）侵入，并应有良好的防尘措施，尘埃含量限值应符合表 5-8 的规定。

表 5-8 尘埃限值

尘埃颗粒的最大直径/ μm	0.5	1	3	5
灰尘颗粒的最大浓度/（粒子数/m^3）	1.4×10^7	7×10^5	2.4×10^5	1.3×10^5

注：灰尘颗粒应是不导电的、非铁磁性和非腐蚀性的。

6）在地震区的区域内，设备安装应按规定进行抗震加固。

7）设备安装宜符合下列规定。

① 机架或机柜前面的净空不应小于 800mm，后面的净空不应小于 600mm。

② 壁挂式配线设备底部离地面的高度不宜小于 300mm。

8）设备间应提供不少于两个 220V 带保护接地的单相电源插座，但不作为设备供电电源。

9）设备间如果安装电信设备或其他信息网络设备时，设备供电应符合相应的设计要求。

5.4 项 目 实 施

根据前面项目分析的内容，本项目涉及到的施工内容主要有：从大楼选定为设备间的房间进行装修设计，使其符合供电、照明、温湿度、消防、接地、布线等系统功能。

一般来讲，在智能化系统工程中重要设备间或管理间均专门设置机房。机房主要设计依据《电子信息系统机房设计规范》（GB 50174—2008）和《电子计算机机房设计规范》（GB 50174—1993），完整内容包括装修系统、供配电系统、照明系统、接地系统、消防系统、布线系统、空调新风系统、UPS 系统和场地监控系统等。而这些系统都需要专业性较强的技术人员进行施工，所以本节中主要介绍与布线系统相关的技能。

5.4.1 进场设备

在安装之前，必须对设备间的建筑和环境条件进行检查，具备下列条件方可开工。

1）设备间的土建工程已全部竣工，室内墙壁已充分干燥。设备间门的高度和宽度应不妨碍设备的搬运，房门锁和钥匙齐全。

2）设备间地面应平整光洁，预留暗管、地槽和孔洞的数量、位置、尺寸均应符合工艺设计要求。

3）电源已经接入设备间，应满足施工需要。

4）设备间的通风管道应清扫干净，空气调节设备应安装完毕，性能良好。

5）在铺设活动地板的设备间内，应对活动地板进行专门检查，地板板块铺设严密坚固，符合安装要求，每平米水平误差应不大于 2mm，地板应接地良好，接地电阻和防静电措施应符合要求。

设备间的交换机、服务器等设备的安装周围空间不要太拥挤，以利于散热。图 5-3 和图 5-4 分别为设备安装全景和交换机上架的情况。

图 5-3 设备安装全景

图 5-4 交换机上架

5.4.2 敷设缆线

在本子系统的布线系统中，机房内的布线技能与配线子系统和干线子系统中缆线的敷设技能相同，具体步骤可参考另外两个子系统的缆线施工内容。图 5-5 和图 5-6 显示了设备间地板下缆线的安装情况。

图 5-5 电缆梯架缆线安装

图 5-6 线槽桥架缆线安装

5.4.3 设计防雷措施

依据 GB 50057—1994 第六章第 6.3.4 条、第 6.4.5 条、第 6.4.7 条和图 6.4.5-1，以及 GA 371—2001 中的有关规定，对计算机网络中心设备间电源系统采用三级防雷设计。

第一、二级电源防雷：防止从室外窜入的雷电过电压、防止开关操作过电压、感应过电压、反射波效应过电压。一般在设备间总配电处，选用电源防雷器分别在 L-N、N-PE 间进行保护，可最大限度的确保被保护对象不因雷击而损坏，最大限度的保护设备安全。

第三级电源防雷：防止开关操作过电压、感应过电压。主要考虑到设备间的重要设备（服务器、交换机、路由器等）多，必须在其前端安装电源防雷器，如图 5-7 所示。

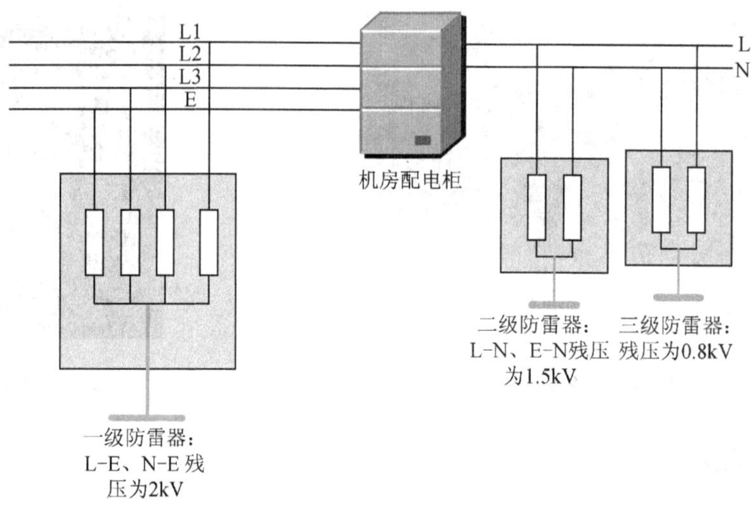

图 5-7　防雷器安装位置

5.4.4　设计防静电措施

本项目以钢结构防静电地板为例进行设计，在进行高架防静电地板安装时的注意事项如下。

1）清洁地面。用水冲洗或拖湿地面，必须等到地面完全干了以后才可施工。

2）画地板网格线和缆线管槽路径标识线，这是确保地板横平竖直的必要步骤。先将每个支架的位置正确标注在地面坐标上，之后应当马上将地板下面集中的大量线槽缆线的出口、安放方向、距离等一同标注在地面上，并准确地画出定位螺钉的孔位，而不能急于安放支架。

3）敷设线槽缆线。先敷设防静电地板下面的线槽，这些线槽都是金属可锁闭和开启的，因而这一工序是将线槽位置全面固定，并同时安装接地引线，然后布放缆线。

4）支架及线槽系统的接地保护。这一工序对于网络系统的安全至关重要。特别注意连接在地板支架上的接地铜带，它是防静电地板的接地保护。注意一定要等到所有支架安放完成后再统一校准支架高度。

5.5　理论思考题

一、选择题

1．在每栋建筑物的适当地点进行网络管理和信息交换的场地是（　　）。
（A）电信间　（B）设备间　（C）进线间　（D）配线间

2. 布放线缆应有冗余。在交接间、设备间的双绞线电缆预留长度一般为（　　）m，工作区为0.3～0.6m。

（A）1～5　（B）2～5　（C）2～6　（D）3～6

3. 安装机柜面板，柜前应留有（　　）m 空间，机柜背面离墙面距离视其型号而定，要便于安装和维护。

（A）0.5　（B）0.6　（C）0.8　（D）1

4. 电信间中应有足够的设备安装空间，其面积最低不应小于（　　）m^2。

（A）5　（B）10　（C）15　（D）20

5. 设备间子系统把（　　）设备的多种不通设备互连起来。

（A）公共系统　（B）公用系统　（C）电话系统　（D）程控交换系统

6. 下列对于设备间设计规定错误描述的是（　　）。

（A）设备间宜处于干线子系统的中间位置，并考虑主干缆线的传输距离和数量

（B）设备间宜尽可能靠近建筑物线缆竖井位置，有利于主干缆线的引入

（C）设备间内应有足够的设备安装空间，其使用面积不应小于 80m²

（D）设备间应尽量远离高低压变配电、电机、X 射线、无线电发射等有干扰源存在的场地

7. 壁挂式配线设备底部离地面的高度不宜不应小于（　　）mm。

（A）50　（B）100　（C）300　（D）500

8. 设备间在设计时对于内部空间和门都有特殊要求，其中，梁下净高不应小于 2.5m；门宜采用外开双扇门，门宽不应小于（　　）m。

（A）1　（B）1.5　（C）2　（D）2.5

9. 综合布线有关设备的温湿度要求可分为 A、B、C 三级，设备间的温湿度也可参照三个级别进行设计，其中，A 级的相对湿度要求是（　　）。

（A）40%～65%　（B）35%～70%

（C）20%～80%　（D）0%～100%

10. 下面不属于接地系统组成的是（　　）。

（A）接地体　（B）接地母线

（C）接地引入线　（D）接地分支线

11. 设备间应提供不少于（　　）个 220V 带保护接地的单相电源插座，但不作为设备供电电源。

（A）1　（B）2　（C）3　（D）4

12. 在架空活动地板下敷设缆线时，地板净空应为（　　）mm。

（A）50～100　（B）150～200　（C）150～300　（D）200～400

13．综合布线系统的交接间、设备间内安装的设备、机架、金属线管、桥架、防静电地板，以及从室外进入建筑物内的电缆等都需要（　　），以保证设备的安全运行。

（A）接地　（B）防火　（C）屏蔽　（D）阻燃

14．为了防止静电带来的危害，更好地保护设备间设备和利用布线空间，应在设备间间内安装高架（　　）地板。

（A）实木　（B）瓷砖　（C）玻化砖　（D）防静电

15．防火产品要由独立的测试实验室进行测试和命名，一旦认可，该实验室将把它的分级标记贴在产品的包装或容器上。这个分级标记表示（　　）。

（A）已经认可该产品用于其设计和测试的应用

（B）已经认可该产品用于所有的防火应用

（C）该产品在进一步测试前不能使用

（D）该产品只有在 FT 等级大于 15 小时的情况下才能使用

16．建筑物内部应设有一套网状接地网络，保证所有设备共同的参考等电位。如果综合布线系统单独设置接地系统，且能保证与其他接地系统之间有足够的距离，则接地电阻值规定为小于等于（　　）Ω。

（A）1　（B）2　（C）3　（D）4

17．设备间内安装了计算机、计算机网络设备、电话程控交换机、建筑物自动化控制设备等硬件设备。下面哪项是在设备间不需要考虑的因素（　　）。

（A）温湿度　（B）尘埃　（C）采光　（D）电磁场干扰

18．在设备间内部装修时，应考虑以下因素（　　）。

（A）地面　（B）墙面　（C）顶棚　（D）隔断

19．设备间内的线缆敷设可以采用的方式是（　　）。

（A）活动地板下　（B）地板或墙壁内沟槽方式

（C）预埋管路方式　（D）机架走线架方式

20．设备间子系统由（　　）组成。

（A）交换机　（B）电缆　（C）连接器　（D）支撑硬件

二、简答题

1．什么是设备间子系统？怎样选择设备间的位置？

2．设备间设计的主要内容是什么？

3．设备间内的缆线一般有几种敷设方式？各自的敷设特点是什么？

4．设备间的温度和湿度一般保持在什么状态？

5．简述综合布线接地系统设计的主要要求。

6．说明什么是设备间电源系统三级防雷设计？

5.6 技能操作题

实训 1 立式机柜的安装指导

1. 实训目的

1）通过立式机柜的安装，了解机柜的布置原则和安装方法及使用要求。
2）通过立式机柜的安装，掌握机柜门板的拆卸和重新安装。

2. 实训要求

1）准备实训工具，列出实训工具清单。
2）独立领取实训材料和工具。
3）完成立式机柜的定位、地脚螺钉调整、门板的拆卸和重新安装。

3. 实训材料和工具

1）立式机柜 1 个。
2）十字头螺钉旋具，长度 150mm，用于固定螺钉，一般每人 1 个。
3）5m 卷尺，一般每组 1 把。

4. 实训设备

立式机柜一个。

5. 实训步骤

1）准备实训工具，列出实训工具清单。
2）领取实训材料和工具。
3）确定立式机柜安装位置。立式机柜在管理间、设备间或机房的布置必须考虑远离配电箱，四周保证有 1m 的通道和检修空间。2～3 人组成一个项目组，选举项目负责人，每组设计一种设备安装图，并且绘制图纸。项目负责人指定 1 种设计方案进行实训。图 5-8 所示为机柜安装示意图。

图 5-8 机柜安装示意

4）实际测量尺寸。
5）准备好需要安装的设备——立式网络机柜，将机柜就位，然后将机柜底部的定位螺栓向下旋转，将四个轱辘悬空，保证机柜不能转动。
6）安装完毕后，学习机柜门板的拆卸和重新安装。

6. 实训报告要求

1）画出立式机柜安装位置布局示意图。
2）分步陈述实训程序或步骤以及安装注意事项。
3）记录实训体会和操作技巧。

实训2 大楼接地电阻测试

1. 实训目的

通过接地电阻的测试，了解大楼接地的一般方式。

2. 实训要求

1）准备实训工具，列出实训工具清单。
2）独立领取实训材料和工具。
3）完成大楼接地电阻的测试。

3. 实训材料和工具

1）ZC-8型接地电阻测试仪1台，辅助接地棒两根，5m、20m、40m导线各一根。
2）铁锤一个、锉刀一把。
3）5m卷尺，一般每组1把。

4. 实训设备

ZC-8型接地电阻测试仪1台。

5. 实训步骤

1）端接仪表端所有导线和应接线应正确无误。

端接导线时应注意：①仪表上的E端钮接5m导线、P端钮接20m线，C端钮接40m线，导线的另一端分别接被测物接地极E′、电位探棒P′和电流探棒C′，且E′、P′、C′应保持直线，其间距为20m；②测量大于等于1Ω接地电阻时的接线图，将仪表上2个E端钮连接在一起；③测量小于1Ω接地电阻时的接线图，将仪表上2个E端钮导线分别连接到被测接地体上，以消除测量时连接导线电阻对测量结果引入的附加误差。

2）仪表连线与接地极E′、电位探棒P′和电流探棒C′应牢固接触。

3）仪表放置水平后，调整检流计的机械零位，归零。

4）将“倍率开关”置于最大倍率，逐渐加快摇柄转速，使其达到150r/min。当检流计指针向某一方向偏转时，旋动刻度盘，使检流计指针恢复到“0”点。此时刻度盘上读数乘上倍率挡即为被测电阻值。

5）如果刻度盘读数小于1时，检流计指针仍未取得平衡，可将倍率开关置于小一挡的倍率，直至调节到完全平衡为止。

6）如果发现仪表检流计指针有抖动现象，可变化摇柄转速，以消除抖动现象。

在测试时应注意：①禁止在有雷电或被测物带电时进行测量；②仪表携带、使用时必须小心轻放，避免剧烈震动。

6. 实训报告要求

1）画出测试仪表连线示意图。

2）分步陈述实训程序或步骤以及安装注意事项。

3）记录实训体会和操作技巧。

单元六
管理间子系统施工

知识教学目标

- 掌握管理的概念。
- 熟悉管理的设计要点。
- 掌握用于管理的标记的分类和应用场合。
- 熟悉用于实现管理的连接器件分类和施工要点。

技能培养目标

- 能够为真实综合布线工程编制管理方案。
- 能够完成标准标记和简易标记的制作与应用。
- 能够依据需求灵活变更缆线路由实现系统管理。

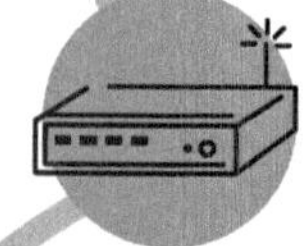

6.1 项 目 引 入

某大学办公楼需要布置综合布线系统，办公楼共 6 层，由于每层信息点较多，因此每层在楼的同样位置都设有一个管理间子系统。该管理间子系统位于楼层中部电梯旁边的一个房间内，该房间内有竖井，如图 6-1 所示，应该如何配置管理间？

（a）配线机柜

（b）竖井连接处

图 6-1 管理间

6.2 项 目 分 析

在进行管理间子系统施工时，我们需要确认以下信息。

1）该建筑物是否每个楼层都设置管理间，位置在哪里？

2）依据缆线数量的不同，管理间使用墙柜还是立式机柜端接线路？

3）管理间子系统内缆线类型有哪些？需要什么类型的端接设备？

4）管理间子系统附近的电源插座、电力电缆、电器管理等情况如何？

针对以上需求，依据项目引入中给出的内容，确认了如下信息。

1）该办公楼每层都设有管理间，并且处于每层相同的位置：电梯旁边房间。

2）由于办公楼用于办公，线路较多，采用立式机柜端接线路。

3）管理间正好在电梯附近，有竖井直接到管理间，所有缆线都从竖井引入引出。

4）该办公楼数据信息点缆线都采用超 5 类双绞线进行敷设，语音信息点采用 3 类双绞线进行敷设，所以端接设备需要网络配线架和通信跳线架两类。

5）该办公楼所有管理间内的电源插座、电力电缆、电器管理设施在土建工程中已合格施工完毕。

6）在管理间子系统施工时，要充分考虑线槽、缆线等设计施工是否规范，用户使用维护是否安全、方便等因素。

要完成此项任务的施工，主要涉及到以下几项技能：机柜安装、桥架缆线敷设、竖井内缆线敷设、地面管槽的敷设、通信跳线架的端接、网络配线架的端接、各类缆线标记制作等。

6.3 相关知识

6.3.1 管理间子系统的定义

管理间子系统由交连、互连和I/O组成。管理间为连接其他子系统提供手段，它是连接干线子系统和水平干线子系统的设备，其主要设备是配线架、交换机、机柜和电源。管理间子系统如图6-2所示。

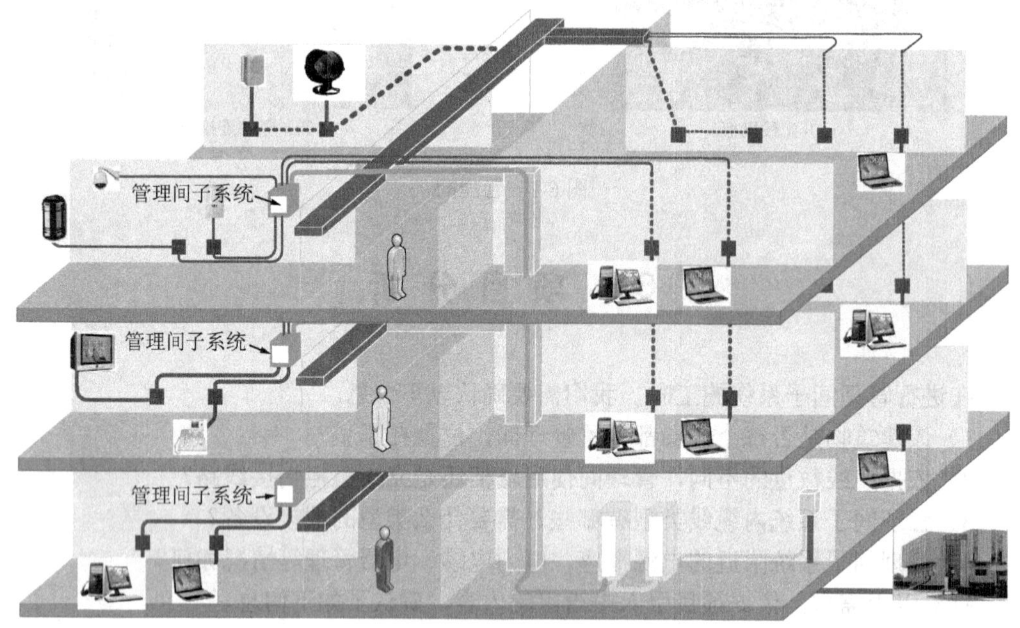

图6-2 管理间子系统示意图

在综合布线系统中，管理间子系统包括了楼层配线间、二级交接间、建筑物设备间的缆线、配线架及相关接插跳线等组成。通过综合布线系统的管理间子系统，可以直接管理整个应用系统终端设备，从而实现综合布线的灵活性、开放性和扩展性。

6.3.2　管理间子系统的划分原则

管理间（电信间）是主要为楼层安装配线设备（机柜、机架、机箱等安装方式）和楼层计算机网络设备（集线器或交换机）的场地，并可考虑在该场地设置缆线竖井、等电位接地体、电源插座、UPS 配电箱等设施。在场地面积满足的情况下，也可设置建筑物安防、消防、建筑设备监控系统、无线信号等系统的布缆线槽和功能模块的安装。如果综合布线系统与弱电系统设备合设于同一场地，从建筑的角度出发，一般也称为弱电间。

现在，许多大楼在综合布线时都考虑在每一楼层都设立一个管理间，用来管理该层的信息点，改变了以往几层共享一个管理间子系统的做法，这也是综合布线的发展趋势。

管理间子系统设置在楼层配线房间，是水平系统电缆端接的场所，也是主干系统电缆端接的场所。它由大楼主配线架、楼层分配线架、跳线、转换插座等组成。用户可以在管理间子系统中更改、增加、交接、扩展缆线，从而改变缆线路由。

管理间子系统中以配线架为主要设备，配线设备可直接安装在 19 英寸机架或者机柜上。

管理间房间面积的大小一般根据信息点的多少安排和确定，如果信息点多，就应该考虑一个单独的房间来放置，如果信息点很少时，也可采取在墙面安装机柜的方式。

6.3.3　阅读建筑物图纸和管理间编号

在管理间位置确定前，索取和认真阅读建筑物设计图纸是必要的，通过阅读建筑物图纸掌握建筑物的土建结构、强电路径、弱电路径，特别是主要电器管理和电源插座的安装位置，重点掌握管理间附近的电器管理、电源插座、暗埋管线等。在阅读图纸时，要进行记录或者标记，这有助于将网络和电话等插座设计在合适的位置，避免强电或者电器管理对网络综合布线系统的影响。

管理间的命名和编号也是一项非常重要的工作，也直接涉及每条缆线的命名，因此管理间命名首先必须准确表达清楚该管理间的位置或者用途，这个名称从项目设计开始到竣工验收及后续维护必须保持一致。如果项目投入使用后用户改变名称或者编号，必须及时制作名称变更对应表，作为竣工资料保存。

管理子系统是综合布线系统的线路管理区域，该区域往往安装了大量的缆线、管理器件及跳线，为了方便以后线路的管理工作，管理子系统的缆线、管理器件及跳线都必须做好标记，以标明位置、用途等信息。管理间子系统使用色标来区分配线设备的性质，标明端接区域、物理位置、编号、容量、规格等，以便维护人员在现场一目了然地加以识别。完整的标记应包含以下的信息：建筑物名称、位置、区号、起始点和功能。电缆和光缆的两端应采用不易脱落和磨损的不干胶条标明相同的编号。综合布线使用三种标记：电缆标记、场标记和插入标记，其中插入标记用途最广。

1. 电缆标记

电缆标记主要用来标明电缆来源和去处，在电缆连接设备前，电缆的起始端和终端都应做好电缆标记。电缆标记由背面为不干胶的白色材料制成，可以直接贴到各种电缆表面上，其规格尺寸和形状根据需要而定。例如，一根电缆从三楼的 311 房的第 1 个计算机网络信息点拉至楼层管理间，则该电缆的两端应标记上“311-D1”的标记，其中“D”表示数据信息点。

2. 场标记

场标记又称为区域标记，一般用于设备间、配线间和二级交接间的管理器件之上，以区别管理器件连接缆线的区域范围。它也是由背面为不干胶的材料制成，可贴在设备醒目的平整表面上。

3. 插入标记

插入标记一般用于管理器件，如 110 配线架、BIX 安装架等。插入标记是硬纸片，可以插在 12.7mm×203.2mm 的透明塑料夹里，这些塑料夹可安装在两个 110 接线块或两根 BIX 条之间。每个插入标记都用色标来指明所连接电缆的源发地，这些电缆端接于设备间和配线间的管理场。对于插入标记的色标，综合布线系统有较为统一的规定，如表 6-1 所示。

表 6-1　综合布线色标规定

色别	设 备 间	配 线 间	二级交接间
蓝	设备间至工作区或用户终端线路	连接配线间与工作区的线路	自交换间连接工作区线路
橙	网络接口、多路复用器引来的线路	来自配线间多路复用器的输出线路	来自配线间多路复用器的输出线路
绿	来自电信局的输入中继线或网络接口的设备侧		
黄	交换机的用户引出线或辅助装置的连接线路		
灰		至二级交接间的连接电缆	来自配线间的连接电缆端接
紫	来自系统公用设备（如程控交换机或网络设备）连接线路	来自系统公用设备（如程控交换机或网络设备）的连接线路	来自系统公用设备(如程控交换机或网络设备)的连接线路
白	干线电缆和建筑群间连接电缆	来自设备间干线电缆的端接点	来自设备间干线电缆的点到点端接

通过不同色标可以很好地区别各个区域的电缆，方便管理子系统的线路管理工作。

管理间子系统的标识编制应按下列原则进行：

1）规模较大的综合布线系统应采用计算机进行标识管理，简单的综合布线系统应按图纸资料进行管理，并应做到记录准确、及时更新、便于查阅。

2）综合布线系统的每条电缆、光缆、配线设备、端接点、安装通道和安装空间均应给定唯一的标志。标志中可包括名称、颜色、编号、字符串或其他组合。

3）配线设备、缆线、信息插座等硬件均应设置不易脱落和磨损的标识，并应有详细的书面记录和图纸资料。

4）同一条缆线或者永久链的两端编号必须相同。

5）设备间、交接间的配线设备应采用统一的色标区别各类用途的配线区。

6.3.4　管理间子系统设计要点

1. 管理间数量的确定

每个楼层一般应至少设置 1 个管理间（电信间）。特殊情况下，每层信息点数量较少，且水平缆线长度不大于 90m，可以几个楼层合设一个管理间。管理间数量的设置应按照以下原则：如果该层信息点数量不大于 400 个，水平缆线长度在 90m 范围以内，可以设置一个管理间，当超出这个范围时应设两个或多个管理间。

在实际工程应用中，为了方便管理和保证网络传输速度或者节约布线成本，例如学生公寓，信息点密集、使用时间集中、楼道很长，也可以每 100～200 个信息点设置一个管理间，将管理间机柜明装在楼道。

2. 管理间面积

GB 50311—2007 中规定管理间的使用面积不应小于 $5m^2$，也可根据工程中配线管理和网络管理的容量进行调整。一般新建楼房都有专门的垂直竖井，楼层的管理间基本都设计在建筑物竖井内，面积在 $3m^2$ 左右。在一般小型网络综合布线系统工程中，管理间也可能只是一个网络机柜。

一般旧楼增加网络综合布线系统时，可以将管理间选择在楼道中间位置的办公室，也可以采取壁挂式机柜直接明装在楼道，作为楼层管理间。

管理间安装落地式机柜时，机柜前面的净空不应小于 800mm，后面的净空不应小于 600mm，便于施工和维修。安装壁挂式机柜时，一般在楼道安装高度不小于 1.8m。

3. 管理间电源要求

管理间应提供不少于两个 220V 带保护接地的单相电源插座。

管理间如果安装电信管理或其他信息网络管理时，管理供电应符合相应的设计要求。

4. 管理间门要求

管理间应采用外开丙级防火门，门宽大于 0.7m。

5. 管理间环境要求

管理间内温度应为 10～35℃，相对湿度应为 20%～80%。一般应该考虑网络交换机等设备发热对管理间温度的影响，在夏季必须保持管理间温度不超过 35℃。

6.3.5 管理间子系统连接器件

管理间子系统的连接器件根据综合布线所用介质类型分为两大类，即铜缆连接器件和光纤连接器件。这些器件用于配线间和设备间的缆线端接，以构成一个完整的综合布线系统。

铜缆连接器件主要有配线架、机柜及缆线相关附件。配线架主要有 110 系列配线架和 RJ-45 模块化配线架两类。110 系列配线架可用于电话语音系统和网络综合布线系统，RJ-45 模块化配线架主要用于网络综合布线系统。光纤连接器件根据光缆布线场合要求分为两类，即光纤配线架和光纤接线箱。

1. 110 系列配线架

各个厂家的 110 系列配线架产品基本相似，有些厂家还根据应用特点不同细分不同类型的产品。例如，AVAYA 公司的 SYSTIMAX 综合布线产品将 110 系列配线架分为两大类，即 110A 和 110P。110A 配线架采用夹跳接线连接方式，可以垂直叠放便于扩展，比较适合线路调整较少、线路管理规模较大的综合布线场合，如图 6-3 所示。110P 配线架采用接插软线连接方式，管理比较简单但不能垂直叠放，较适合线路管理规模较小的场合，如图 6-4 所示。

110A 配线架有 100 对和 300 对两种规格，可以根据系统安装要求使用这两种规格的配线架进行现场组合。110A 配线架由以下配件组成。

1）100 或 300 对线的接线块。

2）3 对、4 对或 5 对线的 110C 连接块，如图 6-5 所示。

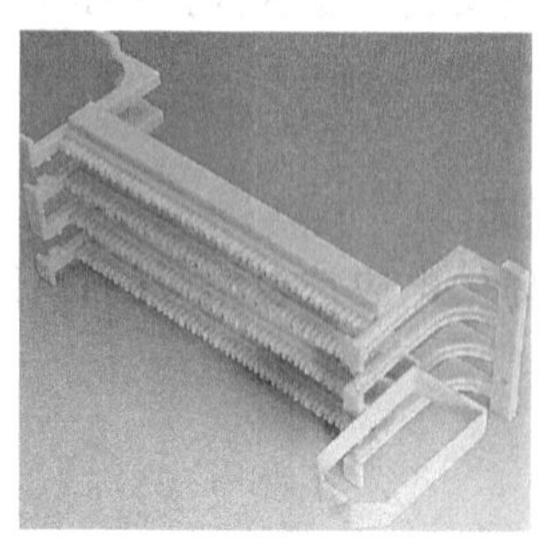

图 6-3　AVAYA 110A 配线架

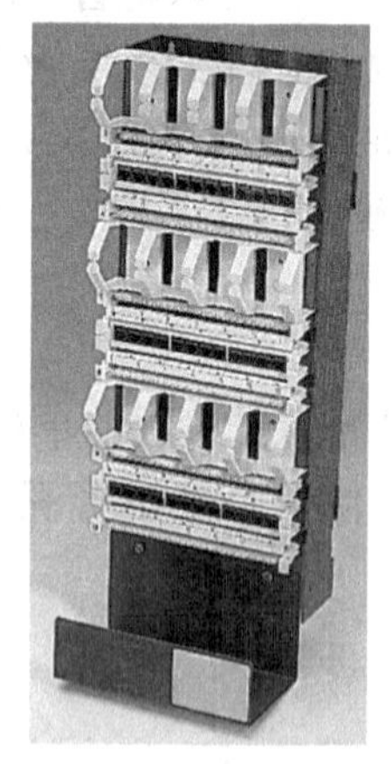

图 6-4　AVAYA 110P 配线架

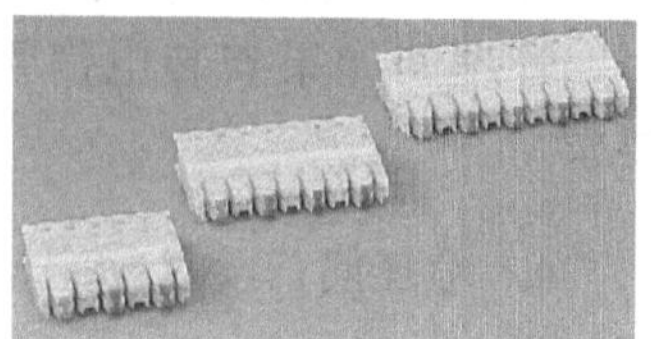

图 6-5　110C 3,4,5 对连接块

3）底板。

4）理线环。

5）跳插软线。

6）标签条。

110P 配线架有 300 对和 900 对两种规格，110P 配线架由以下配件组成。

1）安装于面板上的 100 对线的 110D 型接线块。

2）3 对、4 对或 5 对线的连接块。

3）188C2 和 188D2 垂直底板。

4）188E2 水平跨接线过线槽。

5）管道组件。

6）接插软线。

7）标签条。

110P 配线架的结构如图 6-6 所示。

（a）100 对机架式 110 配线架

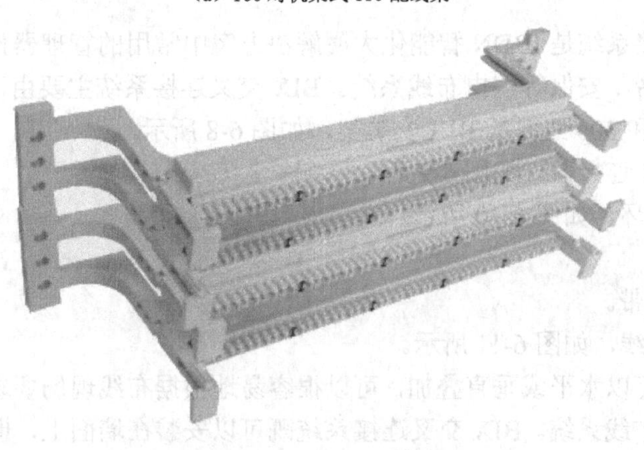

（b）50/100 对有腿 110 配线架

图 6-6　AVAYA 110P 配线架构成

2. RJ-45 模块化配线架

RJ-45 模块化配线架主要用于网络综合布线系统，它根据传输性能的要求分为 5 类、超 5 类、6 类模块化配线架。配线架前端面板为 RJ-45 接口，可通过 RJ-45—RJ-45 软跳线连接到计算机或交换机等网络设备。配线架后端为 BIX 或 110 连接器，可以端接配线子系统缆线或干线缆线。配线架一般宽度为 19 英寸，高度为 1U～4U，主要安装于 19 英寸机柜。模块化配线架的规格一般由配线架根据传输性能、前端面板接口数量以及配线架高度决定。图 6-7 所示为 1U 24 口 RJ-45 模块化网络配线架。

（a）1U 24 口模块化配线架前端面板图示

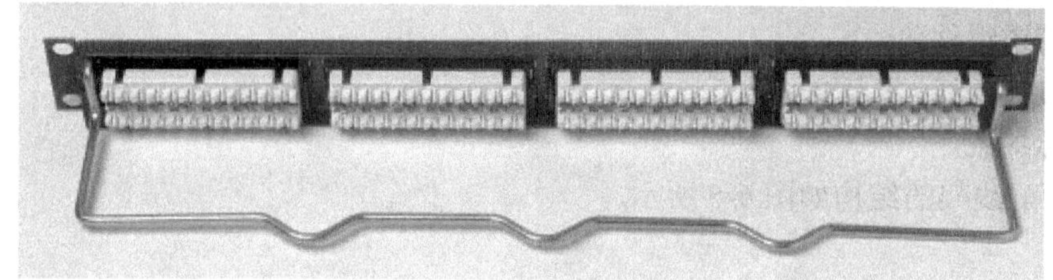

（b）1U 24 口模块化配线架后端图示

图 6-7 1U 24 口模块化配线架

配线架前端面板可以安装相应标签以区分各个端口的用途，方便以后的线路管理，配线架后端的 BIX 或 110 连接器都有清晰的色标，方便线对按色标顺序端接。

3. BIX 交叉连接系统

BIX 交叉连接系统是 IBDN 智能化大厦解决方案中常用的管理器件，可以用于计算机网络、电话语音、安保等弱电布线系统。BIX 交叉连接系统主要由以下配件组成：

1）50、250 和 300 线对的 BIX 安装架，如图 6-8 所示。

2）25 对 BIX 连接器，如图 6-9 所示。

3）布线管理环，如图 6-10 所示。

4）标签条。

5）电缆绑扎带。

6）BIX 跳插线，如图 6-11 所示。

BIX 安装架可以水平或垂直叠加，可以很容易地根据布线现场要求进行扩展，适合各种规模的综合布线系统。BIX 交叉连接系统既可以安装在墙面上，也可使用专用套件固定在 19 英寸的机柜上。图 6-12 为一个安装完整的 BIX 交叉连接系统。

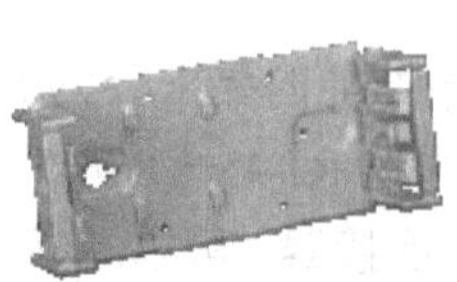

（a）50 对 BIX 安装架

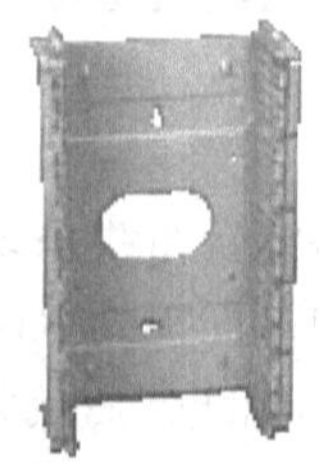

（b）250 对 BIX 安装架

（c）300 对 BIX 安装架

图 6-8 BIX 安装架

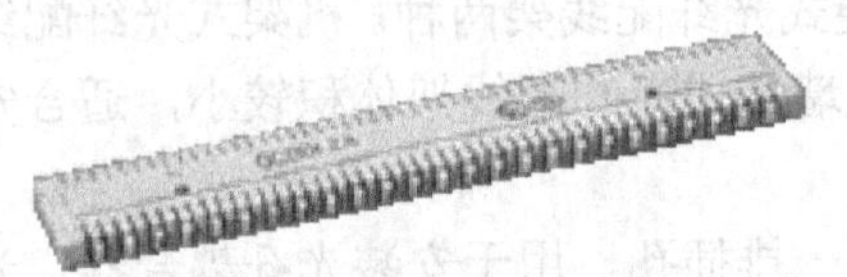

图 6-9　25 对 BIX 连接器

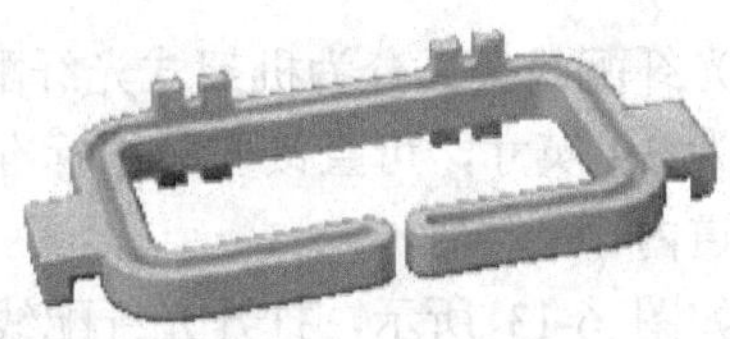

图 6-10　布线管理环

（a）BIX 跳插线 BIX—BIX 端口

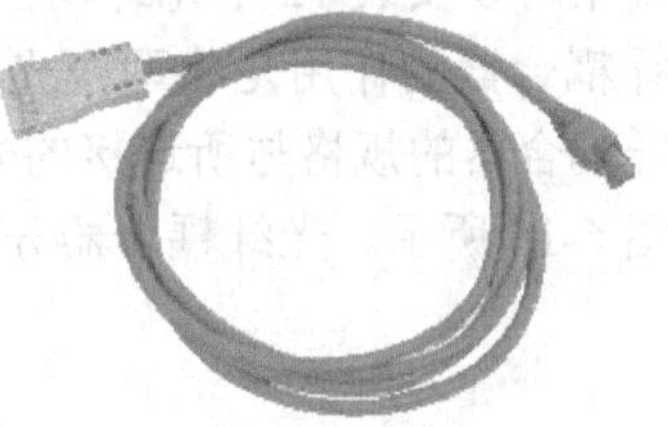

（b）BIX 跳插线 BIX—RJ-45 端口

图 6-11　BIX 跳插线

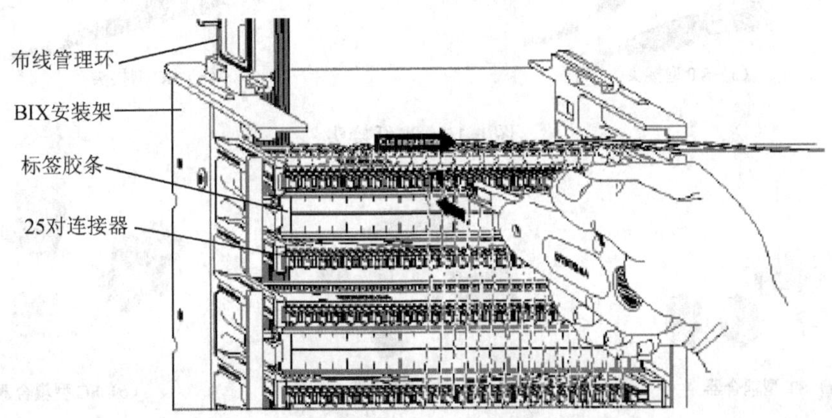

图 6-12　BIX 交叉连接系统

4．光纤连接器件

光纤连接器件根据光缆布线场合要求分为两类，即光纤配线架和光纤接线箱。光纤配线架适合规模较小的光纤互连场合，如图 6-13 所示，而光纤接线箱适合光纤互连较密集的场合，如图 6-14 所示。

图 6-13　机架式光纤配线架

图 6-14　光纤接线箱

光纤配线架又分为机架式光纤配线架和墙装式光纤配线架两种。机架式光纤配线架宽度为 19 英寸，可直接安装于标准的机柜内；墙装式光纤配线架体积较小，适合安装在楼道内。

如图 6-13 所示，打开光纤配线架可以看到一排插孔，用于安装光纤耦合器。光纤配线架的主要参数是可安装光纤耦合器的数量以及高度，例如 IBDN 的 12 口/1U 机架式光纤配线架可以安装 12 个光纤耦合器。

光纤耦合器的作用是将两个光纤接头对准并固定，以实现两个光纤接头端面的连接。光纤耦合器的规格与所连接的光纤接头有关。常见的光纤接头有两类：ST 型和 SC 型，如图 6-15 所示。光纤耦合器分为 ST 型、SC 型和 FC 型，如图 6-16 所示。

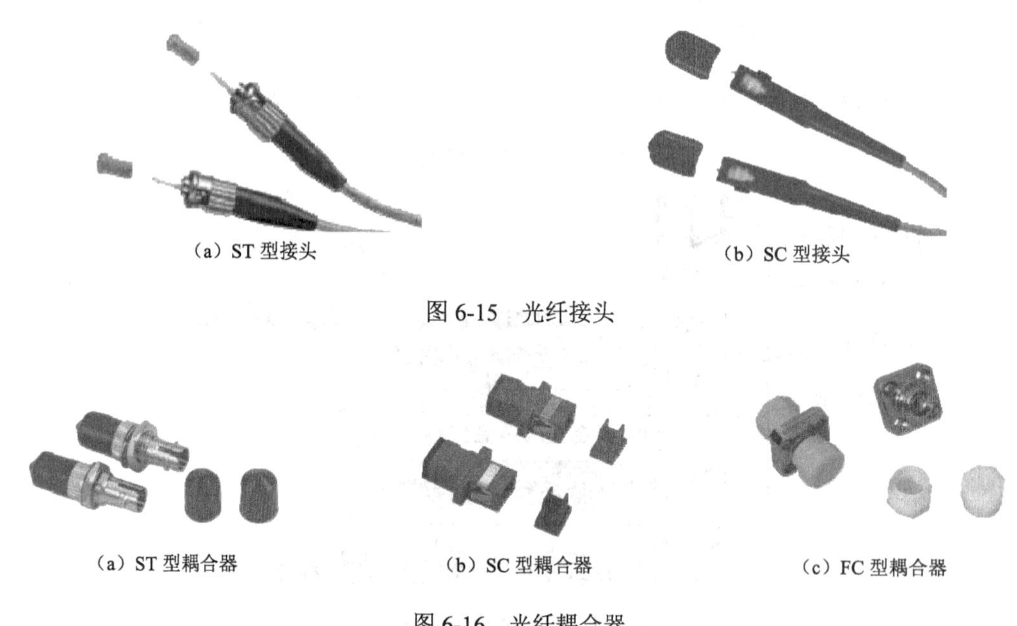

（a）ST 型接头　（b）SC 型接头

图 6-15　光纤接头

（a）ST 型耦合器　（b）SC 型耦合器　（c）FC 型耦合器

图 6-16　光纤耦合器

光纤耦合器两端可以连接光纤接头，两个光纤接头可以在耦合器内准确端接起来，从而实现两个光纤系统的连接。一般多芯光缆剥除后固定在光纤配线架内，通过熔接或磨接技术使各纤芯连接于多个光纤接头，这些光纤接头端接于耦合器一端（内侧），使用光纤跳线端接于耦合器另一端（外侧），然后光纤跳线可以连接光纤设备或另一个光纤配线架。

6.3.6 管理间子系统安装方式

1. 建筑物竖井内安装方式

近年来，随着网络的发展和普及，新建建筑物中每层都要考虑设置管理间，并给网络等留有弱电竖井，便于安装网络机柜等管理设备。如图 6-17 所示，在竖井管理间中安装网络机柜，这样便于设备的统一维修和管理。

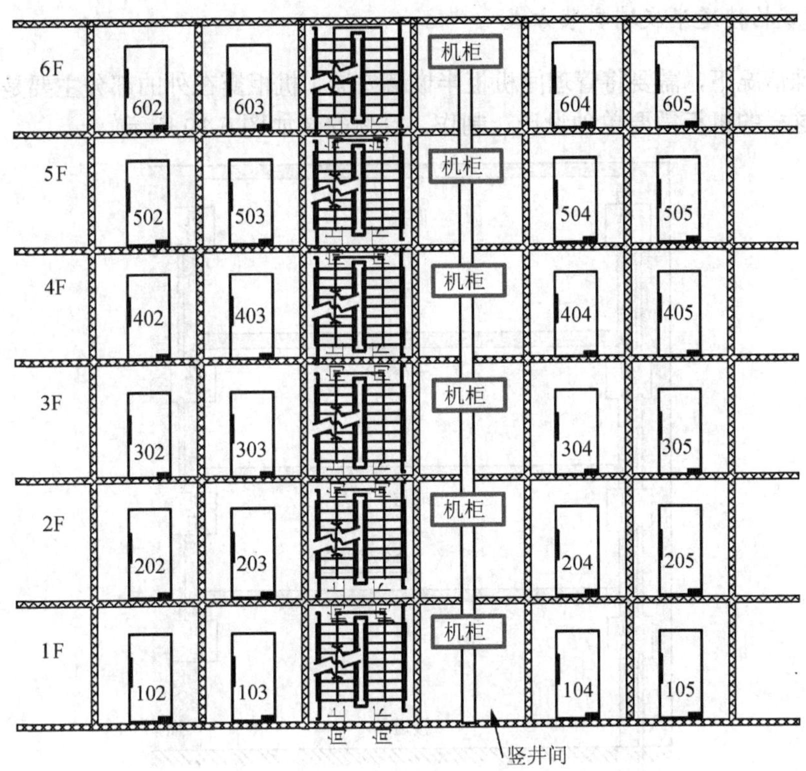

图 6-17　建筑物竖井间安装网络机柜示意图

2. 建筑物楼道明装方式

在学校宿舍信息点比较集中、数量相对多的情况下，我们考虑将网络机柜安装在楼道的两侧，如图 6-18 所示。这样可以减少水平布线的距离，同时也方便网络布线施工的进行。

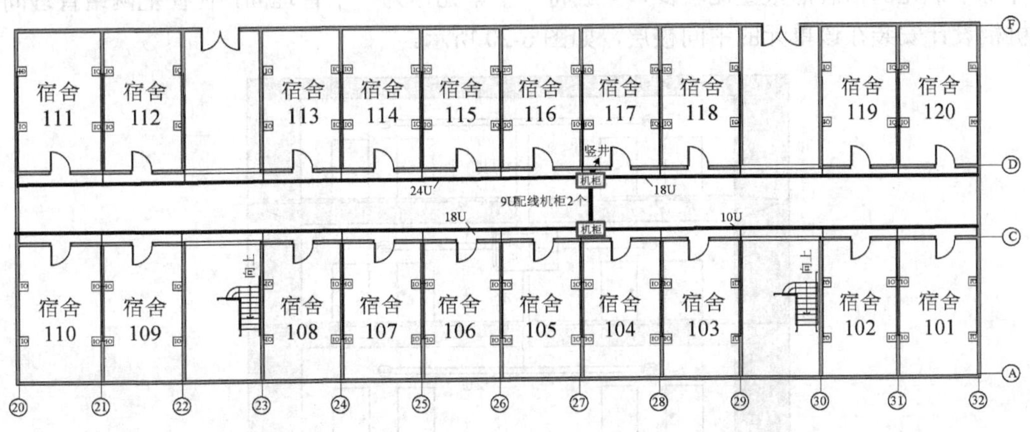

图 6-18　楼道明装网络机柜示意图

3. 建筑物楼道半嵌墙安装方式

在特殊情况下，需要将管理间机柜半嵌墙安装，机柜露在外的部分主要是便于设备的散热，这样的机柜需要单独设计、制作，具体安装如图 6-19 所示。

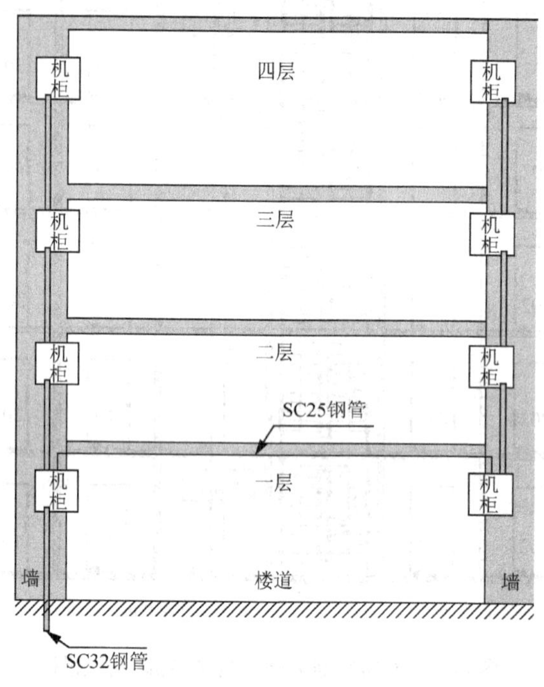

图 6-19 半嵌墙安装网络机柜示意图

4. 住宅楼改造增加综合布线系统

需要在已有住宅楼中增加网络综合布线系统时，一般每个住户考虑 1 个信息点，这样每个单元的信息点数量比较少，一般将一个单元作为一个管理间，往往把网络管理间机柜设计安装在该单元的中间楼层，如图 6-20 所示。

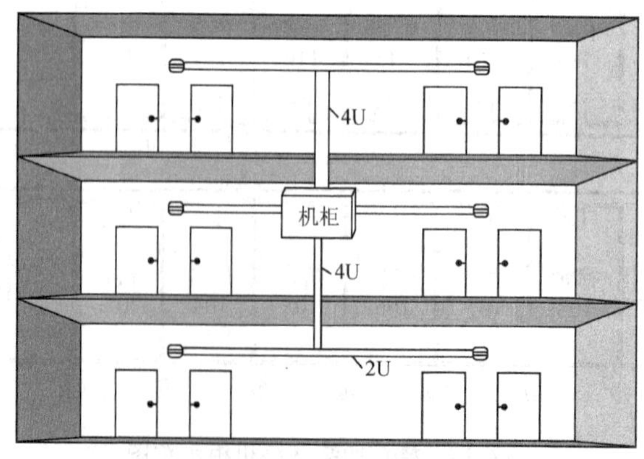

图 6-20 旧住宅楼安装网络机柜示意图

6.3.7　配线架、交换机端口的冗余

有些工程在施工中没有考虑交换机端口的冗余，在使用过程中，某些端口突然出现故障时，无法迅速解决问题，会给用户造成不必要的麻烦和损失。所以为了便于日后维护和增加信息点，必须在机柜内配线架和交换机端口作相应冗余，需要增加用户或设备时，只需简单接入网络即可。

6.4　项 目 实 施

本项目涉及到的施工内容主要有：机柜的安装、通信配线架的端接、网络配线架的端接、交换机的安装、标记的制作和配线架端口线路标示表的制作等。其中，机柜的安装、通信配线架的端接、网络配线架的端接等内容可分别参考 5.3.5、3.4.7 和 3.4.8 节的内容。

6.4.1　安装交换机

交换机安装前首先检查产品外包装是否完整并开箱检查产品，收集和保存配套资料。一般包括交换机、两个支架、四个橡皮脚垫和四个螺钉、一根电源线和一个管理电缆，然后准备安装交换机，一般步骤如下。

1）从包装箱内取出交换机设备。

2）给交换机安装两个支架，安装时要注意支架方向。

3）将交换机放到机柜中提前设计好的位置，用螺钉固定到机柜立柱上，一般交换机上下要留一些空间用于空气流通和设备散热。

4）将交换机外壳接地，把电源线拿出来插在交换机后面的电源接口。

5）完成上面几步操作后就可以打开交换机电源了，开启状态下查看交换机是否出现抖动现象，如果出现请检查脚垫高低或机柜上的固定螺钉松紧情况。

注意：固定螺钉的时候不要过于拧紧，否则会让交换机倾斜，也不能过于松垮，这样交换机在运行时不会稳定，工作状态下设备会抖动。

6.4.2　制作标签

管理间经常用到的标签有插入式标签和缆线标签，其中插入式标签用于标识配线架的端口信息，一般配线设备都有附带，书写相关内容后直接插入就可以了。而缆线标签则需要自己额外制作，本项目中采用专用标签打印机 brother1650 进行制作，具体步骤如下。

1）在任何一台计算机上编辑一个 Excel 文档，将标签内容编辑好，然后保存文档为 note.xls。

2）安装 brother1650 编辑程序“P-touch Editor”，运行该程序。

3）单击“文件”→“数据库”→“连接”→note.xls，打开方式选择“连接为只读”。

4）用鼠标直接将“文档标题”拖曳到标签编辑框中，选择“文本”类型。

5）通过编辑对话框，可以编辑标签的尺寸和标签文字的大小，编辑完成后将结果保存到 note.lbl。

6）将标签打印机接通电源，然后用 USB 线将标签打印机和计算机连接起来，按“功能”+“on/off”开机。

7）单击“文件”→“转换模板”，可以看到编辑文档的模板和数据库文件，对数据库文件更改“PF 键”值，对应打印机上的 PF1～PF9，然后同时选中模板和数据库文件，单击“发送”，就可以将文档发送到标签打印机中。

8）在标签打印机上按“on/off”两次，重新正常开机，然后按“功能”+“PF 值”，就可以选中该文档了。

9）在标签打印机上选择标签类型后就可以按顺序打印所需的标签了。

以上使用的 brother1650 系列不支持文档在计算机中直接打印，brother2700 系列可以支持，就更加方便。对于没有专用标签打印机的工程，推荐另外一种简单实用的方法。

1）在计算机上编辑好标签文档，然后使用大张的标签粘贴纸进行打印。

2）将打印好的标签进行裁剪，分离出各小标签。

3）使用窄带型透明胶将标签固定在中间，也可以保证标签的耐用性。

6.4.3 制作配线架端口表

在管理间的施工中，除了制作相关设备的标签之外，各个设备之间的信息点连接关系也必须制作相关文档保存，一般采用表格方式进行书写。表 6-2 是交换机与配线架信息点的一个对应表格，描述了配线架端口与交换机端口的对应关系。SW2-1 标识第 2 台交换机的第 1 个端口；HD2-1 标识第 2 个配线架的第 1 个端口；3F01D 标识信息点的标号；301 标识 301 房间号。

表 6-2 交换机与配线架信息点对应表

交换机号	SW2-1	SW2-2	SW2-3	SW2-4	SW2-5	SW2-6
配线架	HD2-1	HD2-2	HD2-3	HD2-4	HD2-5	HD2-6
信息点	3F01D	3F02D	3F03D	3F04D	3F05D	3F06D
房间号	301	301	301	302	302	302

6.5 理论思考题

一、选择题

1．管理子系统由（ ）组成。

（A）配线架和标识系统　　（B）跳线和标识系统

（C）信息插座和标识系统　　（D）配线架和信息插座

2. (   )是对设备间、交接间的配线设备、线缆和信息插座等设施，按一定的模式进行标识和记录。

(A) 管理 (B) 管理方式 (C) 色标 (D) 交叉连接

3. 非屏蔽双绞线电缆用色标来区分不同的线，计算机网络系统中常用的 4 对电缆有四种本色，它们是(   )。

(A) 蓝色、橙色、绿色和紫色 (B) 蓝色、红色、绿色和棕色

(C) 蓝色、橙色、绿色和棕色 (D) 白色、橙色、绿色和棕色

4. (   )用于配线架到交换设备和信息插座到计算机的连接。

(A) 理线架 (B) 跳线 (C) 110C 连接块 (D) 尾纤

5. 配线架的配线对数可由管理的(   )数决定。

(A) 调制解调器 (B) 终端 (C) 信息点 (D) 交换机

6. 在开放型办公室布线系统中，CP 点由(   )组成，在电缆与光缆的永久链路中都可以存在。

(A) 屏蔽连接器件 (B) 非屏蔽连接器件

(C) 带跳线的连接器件 (D) 无跳线的连接器件

7. 综合布线系统工程如采用布线工程管理软件和电子配线设备组成的系统进行管理和维护工作，是否应该按专项系统工程进行验收。(   )

(A) 是 (B) 不是 (C) 无所谓 (D) 不需要验收

8. 下列不符合综合布线管理系统的标示符与标签的设置原则的是(   )。

(A) 电信间、设备间、进线间所设置配线设备及信息点处均应设置标签

(B) 每根缆线应指定专用标示符，标在缆线的连接器上或在距每一端护套 1m 外设置标签，缆线的终接点应设置标签标记指定的专用标示符

(C) 接地体和接地导线应指定专用标示符，标签应设置在靠近导线和接地体的连接处的明显部位

(D) 终接色标应符合缆线的布放要求，缆线两端终接点的色标颜色应一致

9. 管理子系统是综合布线系统的线路管理区域，该区域往往安装了大量的线缆、管理器件及跳线，为了方便以后线路的管理工作，管理子系统的线缆、管理器件及跳线都必须做好标记，以标明位置、用途等信息。下列不属于综合布线标记类型的是(   )。

(A) 电缆标记 (B) 场标记 (C) 插入标记 (D) 颜色标记

10. 在管理进行标识编制时，应按下列原则进行(   )。

(A) 配线设备、线缆、信息插座等硬件均应设置不易脱落和磨损的标识，并应有详细的书面记录和图纸资料

(B) 综合布线系统的每条电缆、光缆、配线设备、端接点、安装通道和安装空间均应给定唯一的标志。标志中可包括名称、颜色、编号、字符串或其他组合

(C) 同一条缆线或者永久链的两端编号必须相同

(D) 以上都是

11. 对于插入标记的色标，综合布线系统有较为统一的规定，其中在设备间用于干线电缆和建筑群间连接电缆使用（　　）色标进行标示。

(A) 蓝色　　(B) 绿色　　(C) 橙色　　(D) 白色

12. 不用接插软线或跳线，使用连接器把一端的电缆、光缆与另一端的电缆、光缆直接相连的一种连接方式称为（　　）。

(A) 交连　　(B) 互连　　(C) 直连　　(D) 下连

13. 楼层配线设备与工作区信息点之间水平缆线路由中的连接点称为（　　）。

(A) CP　　(B) CD　　(C) BD　　(D) IP

14. 不带连接器件或带连接器件的电缆线对与带连接器件的光纤，用于配线设备之间进行连接的设备称为（　　）。

(A) 缆线　　(B) 跳线　　(C) 线对　　(D) 接插软线

15. 配线设备和信息通信设备之间采用接插软线或跳线上的连接器件相连的一种连接方式称为（　　）。

(A) 交连　　(B) 互连　　(C) 直连　　(D) 下连

16. 综合布线的各种配线设备，应用色标区分干线电缆、配线电缆或设备端点，同时，还应采用标签表明端接区域、（　　）等，以便维护人员在现场一目了然地加以识别。

(A) 物理位置　　(B) 编号　　(C) 容量　　(D) 规格

17. 综合布线管理系统宜满足下列要求（　　）。

(A) 管理系统级别选择应符合设计要求

(B) 需要管理的每个组成部分均设置标签，并由唯一的标示符进行表示，标示符与标签的设置应符合设计要求

(C) 管理系统的记录文档应详细完整并汉化，包括每个标示符相关信息、记录、报告、图纸等

(D) 不同级别的管理系统可采用通用电子表格、专用管理软件或电子配线设备等进行维护管理

18. GB 50311—2007 中规定管理间的使用面积不应小于（　　）m^2。

(A) 3　　(B) 5　　(C) 10　　(D) 20

19. 设备间要保持一定的（　　），设备才能正常运行。

(A) 洁净度　　(B) 温度　　(C) 湿度　　(D) 干燥度

20. 配线架一般由（　　）配线架组成。

(A) 电源　　(B) 电话　　(C) 光纤　　(D) 铜缆

二、简答题

1. 什么是管理间子系统？它主要包括什么设备？
2. 怎样确定管理间的面积？
3. 在管理间子系统中，常见的连接器件有哪些？
4. 论述管理子系统常用安装方式？

5. 综合布线一般使用哪几种标记？分别列出它们的使用场合。
6. 说明管理间中交换机安装步骤？

6.6 技能操作题

实训 1 壁挂式机柜的安装

1. 实训目的

1）通过常用壁挂式机柜的安装，了解机柜的布置原则、安装方法及使用要求。
2）通过壁挂式机柜的安装，熟悉常用壁挂式机柜的规格和性能。

2. 实训要求

1）准备实训工具，列出实训工具清单。
2）独立领取实训材料和工具。
3）完成壁挂式机柜的定位。
4）完成壁挂式机柜的墙面固定安装。

3. 实训材料和工具

1）实训专用 M6×16 十字头螺钉，用于固定壁挂式机柜，每个机柜使用 4 个。
2）十字头螺钉旋具，长度 150mm，用于固定螺钉，一般每人 1 个。

4. 实训设备

网络综合布线实训装置 1 套，壁挂式机柜一个。

5. 实训步骤

1）准备实训工具，列出实训工具清单。
2）领取实训材料和工具。
3）确定壁挂式机柜安装位置。壁挂式机柜一般安装在墙面，必须避开电源线路，高度在 1.8m 以上。安装前，现场用纸板比对机柜上的安装孔，做一个样板，按照样板孔的位置在墙面开孔，安装 4 个 10～12H mm 膨胀螺栓，然后将机柜安装在墙面，引入电源。2～3 人组成一个项目组，选举项目负责人，每组设计一种设备安装图，并且绘制图纸。项目负责人指定 1 种设计方案进行实训。
4）准备好需要安装的设备——壁挂式网络机柜，使用实训专用螺钉，在设计好的位置安装壁挂式网络机柜，用螺钉固定牢固。
5）安装完毕后，做好设备编号。
安装完成的壁挂式机柜如图 6-21 所示。

图 6-21 壁挂式机柜安装示意

6. 实训报告要求

1）画出壁挂式机柜安装位置布局示意图。
2）写出常用壁挂式机柜的规格。
3）分步陈述实训程序或步骤以及安装注意事项。
4）记录实训体会和操作技巧。

实训 2 铜缆配线设备的安装

1. 实训目的

1）通过网络配线设备的安装和压接线实验，了解网络机柜内布线设备的安装方法和使用功能。
2）通过配线设备的安装，熟悉常用工具和配套基本材料的使用方法。

2. 实训要求

1）准备实训工具，列出实训工具清单。
2）独立领取实训材料和工具。
3）完成网络配线架的安装和压接线实验。
4）完成理线环的安装和理线实验。

3. 实训材料和工具

1）配线架，每个壁挂机柜内 1 个。
2）理线环，每个配线架 1 个。
3）4-UPT 网络双绞线，模块压接线实训用。
4）十字头螺钉旋具，长度 150mm，用于固定螺钉，一般每人 1 个。
5）压线钳，用于压接网络配线架模块，一般每人 1 个。

4. 实训管理

网络综合布线实训装置 1 套。

木板制作的实训装置，轻型建筑材料制作的实训装置，土建墙等。

5. 实训步骤

1）设计一种机柜内安装设备布局示意图，并且绘制安装图。3～4 人组成一个项目组，选举项目负责人，每组设计一种设备安装图，并且绘制图纸，项目负责人指定 1 种设计方案进行实训。

2）按照设计图，核算实训材料规格和数量，掌握工程材料核算方法，列出材料清单。

3）按照设计图，准备实训工具，列出实训工具清单。

4）领取实训材料和工具。

5）确定机柜内需要安装的设备和数量，合理安排配线架、理线环的位置，主要考虑线路合理、施工和维修方便。

6）准备好需要安装的设备，打开设备自带的螺钉包，在设计好的位置安装配线架、理线环等设备，注意保持设备平齐，用螺钉固定牢固，并且做好设备编号和标记。

7）安装完毕后，开始理线和压接缆线。

6. 实训报告要求

1）画出机柜内安装设备布局示意图。

2）写出常用理线环和配线架的规格。

3）分步陈述实训程序或步骤以及安装注意事项。

4）记录实训体会和操作技巧。

单元七

进线间和建筑群子系统施工

知识教学目标

- 掌握进线间和建筑群子系统的概念。
- 熟悉建筑群子系统的设计要点。
- 熟悉进线间管槽安装工艺要求。
- 掌握光缆的敷设要点和技巧。

技能培养目标

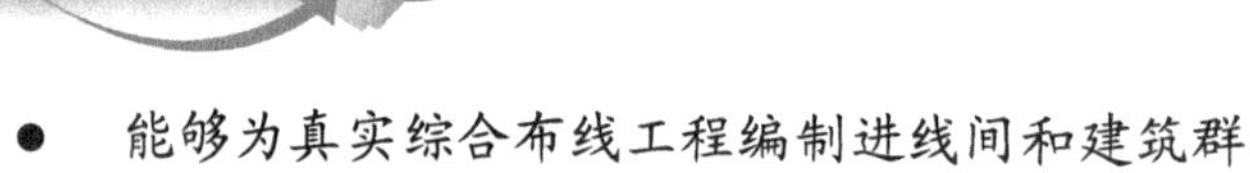

- 能够为真实综合布线工程编制进线间和建筑群子系统施工计划。
- 能够完成室外和室内光缆的敷设和端接。
- 能够完成进线间管槽的敷设。

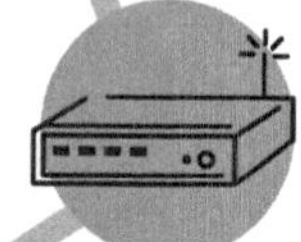

7.1 项 目 引 入

某学校有实验楼、综合教学楼、北教学楼、南教学楼和图书办公大楼，电信提供的网络和电话总线都位于学校大门口的门卫室内。其中，图 7-1 描述了实验楼、综合教学楼、图书办公大楼与门卫室在初建土木工程时预埋的管道情况；北教学楼和南教学楼距离综合教学楼较近，没有预埋管道。现学校因为规模扩大，各大楼原有线路无法满足需求，需要重新进行综合布线。

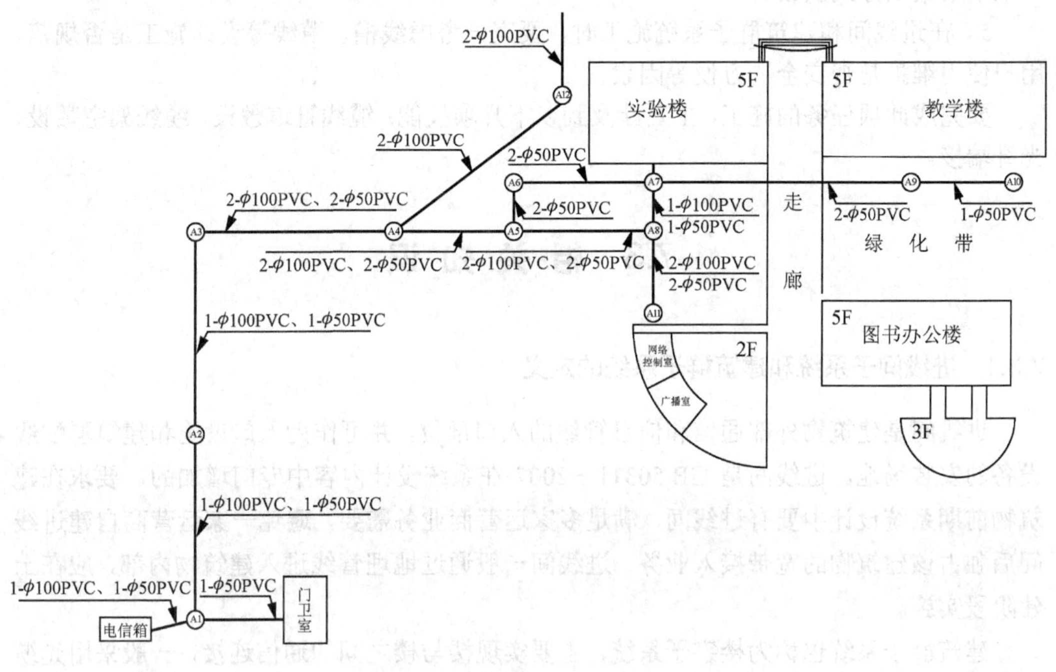

图 7-1 建筑群之间预埋管图

7.2 项 目 分 析

在进行进线间和建筑群子系统施工时，我们需要确认以下信息。

1）所有建筑物是否都有设置进线间？

2）确定需要布线的建筑之间的距离和布线路径？

3）确定建筑物之间的布线方式和布线材料？

4）确定建筑物室外的强电线路、给（排）水管道、煤气管道、道路和绿化等现状。

针对以上需求，依据项目引入中给出的内容，确认了以下信息。

1）该学校建筑建设年代较早，都没有设置单独的进线间，所以所有缆线必须考虑缆线进入大楼的敷设路由。

2）实验楼、综合教学楼、图书办公大楼之间距离较短，相互之间小于 30m，但是该三栋楼距离门卫室超过 2km，北教学楼和南教学楼距离综合教学楼也超过 1km。

3）根据大楼之间的距离情况，统一采用光缆作为各建筑大楼之间的传输介质。

4）实验楼、综合教学楼、图书办公大楼与门卫室因为有预埋的管道，所以这些大楼之间的光缆敷设直接采用管道布线，而北教学楼和南教学楼因与综合教学楼最近，所以这两栋楼线路汇总到综合教学楼。大楼之间室外水泥路面面积太大，不利用路面开挖，所以采用架空方式敷设。

5）在进线间和建筑群子系统施工时，要充分考虑线槽、缆线等设计施工是否规范，用户使用维护是否安全、方便等因素。

要完成此项任务的施工，主要涉及到以下几项技能：缆线管道敷设、缆线架空敷设、光纤端接。

7.3　相关知识

7.3.1　进线间子系统和建筑群子系统的定义

进线间是建筑物外部通信和信息管线的入口部位，并可作为入口设施和建筑群配线设备的安装场地。进线间是 GB 50311—2007 在系统设计内容中专门增加的，要求在建筑物前期系统设计中要有进线间，满足多家运营商业务需要，避免一家运营商自建进线间后独占该建筑物的宽带接入业务。进线间一般通过地埋管线进入建筑物内部，应在土建阶段实施。

建筑群子系统也称为楼宇子系统，主要实现楼与楼之间的通信连接，一般采用光缆并配置相应设备，它支持楼宇之间通信所需的硬件，包括缆线、端接设备和电气保护装置。

7.3.2　国家相关标准

GB 50311—2007 第 6.5.3 条规定：建筑群之间的缆线宜采用地下管道或电缆沟敷设方式，并应符合相关规范的规定。

建筑物子系统的布线距离主要通过两栋建筑物之间的距离来确定的，一般在每个室外接线井里预留 1m 的缆线。

7.3.3　进线间子系统的设计要点

进线间主要作为室外电、光缆引入楼内的成端与分支及光缆的盘长空间位置。由于光缆至大楼、至用户、至桌面的应用及容量日益增多，进线间就显得尤为重要。

1. 进线间的位置

一般一个建筑物设置1个进线间，同时提供给多家电信运营商和业务提供商使用，通常设于地下一层。外线可以从两个不同的路由引入进线间，有利于与外部管道沟通。进线间与建筑物红外线范围内的人孔或手孔采用管道或通道的方式互连。

由于许多的商用建筑物地下一层环境条件大大改善，可安装电、光缆的配线架设备及通信设施。在不具备设置单独进线间或入楼电、光缆数量及入口设施较少的建筑物也可以在入口处采用挖地沟或使用较小的空间完成缆线的成端与盘长，入口设施则可安装在设备间，最好是单独的设置场地，以便功能区分。

2. 进线间面积的确定

进线间因涉及因素较多，难以统一要求具体所需面积，可根据建筑物实际情况，并参照通信行业和国家的现行标准要求进行设计。

进线间应满足缆线的敷设路由、成端位置及数量、光缆的盘长空间和缆线的弯曲半径、充气维护设备、配线设备安装所需要的场地空间和面积。

进线间的大小应按进线间的进局管道最终容量及入口设施的最终容量设计，同时应考虑满足多家电信业务经营者安装入口设施等设备的面积要求。

3. 缆线配置要求

建筑群主干电缆和光缆、公用网和专用网电缆、光缆及天线馈线等室外缆线进入建筑物时，应在进线间成端转换成室内电缆、光缆，并在缆线的终端处可由多家电信业务经营者设置入口设施，入口设施中的配线设备应按引入的电、光缆容量配置。

电信业务经营者或其他业务服务商在进线间设置安装入口配线设备应与BD（建筑物配线设备）或CD（建筑群配线设备）之间敷设相应的连接电缆、光缆，实现路由互通。缆线类型与容量应与配线设备相一致。

4. 入口管孔数量

进线间应设置管道入口。进线间缆线入口处的管孔数量应留有充分的余量，以满足建筑物之间、建筑物弱电系统、外部接入业务及多家电信业务经营者和其他业务服务商缆线接入的需求，建议留有2～4孔的余量。

进线间入口管道口所有布放缆线和空闲的管孔应采取防火材料封堵，做好防水处理。

5. 进线间的设计

进线间宜靠近外墙和在地下设置，以便于缆线引入。进线间设计应符合下列规定。

1）进线间应防止渗水，应设有抽排水装置。

2）进线间应与布线系统垂直竖井沟通。

3）进线间应采用相应防火级别的防火门，门向外开，宽度不小于 1000mm。

4）进线间应设置防有害气体措施和通风装置，排风量按每小时不小于 5 次容积计算。

5）进线间如安装配线设备和信息通信设施时，应符合设备安装设计的要求。

6）与进线间无关的管道不宜通过。

6. 进线间入口管道处理

进线间入口管道所有布放缆线和空闲的管孔应采用防火材料封堵，做好防水处理。

7.3.4 建筑群子系统的设计要点

建筑群子系统在设计过程中，应该考虑以下几点因素。

1. 环境美化要求

建筑群主干布线子系统设计应充分考虑建筑群覆盖区域的整体环境美化要求，建筑群干线电缆尽量采用地下管道或电缆沟敷设方式。因客观原因最后选用了架空布线方式的，也要尽量选用原已架空布设的电话线或有线电视电缆的路由，干线电缆与这些电缆一起敷设，以减少架空敷设的电缆线路。

2. 建筑群未来发展需要

在缆线布线设计时，要充分考虑各建筑需要安装的信息点种类和数量，选择相对应的干线电缆的类型以及电缆敷设方式，使综合布线系统建成后，保持相对稳定，能满足今后一定时期内各种新的信息业务发展需要。

3. 缆线路由的选择

考虑到节省投资，缆线路由应尽量选择距离短、线路平直的路由，但具体的路由还要根据建筑物之间的地形或敷设条件而定。在选择路由时，应考虑原来铺设的各种地下管道，缆线在管道内应与电力缆线分开敷设，并保持一定间距。

4. 电缆引入要求

建筑群干线电缆、光缆进入建筑物时，都要设置引入设备，并在适当位置终端转换为室内电缆、光缆。引入设备应安装必要保护装置以达到防雷击和接地的要求。干线电缆引入建筑物时，应以地下引入为主，如果采用架空方式，应尽量采取隐蔽方式引入。

5. 干线电缆、光缆交接要求

建筑群的干线电缆、主干光缆布线的交接不应多于两次。从每幢建筑物的楼层配线架到建筑群设备间的配线架之间只应通过一个建筑物配线架。

6. 建筑群子系统布线缆线的选择

建筑群子系统敷设的缆线类型及数量由综合布线连接应用系统种类及规模来决定。一般来说，计算机网络系统常采用光缆作为建筑物布线缆线，在网络工程中，经常使用

62.5/125 μm （62.5 μm 是光纤纤芯直径，125 μm 是纤芯包层的直径）规格的多模光缆，有时也用 50/125 μm 和 100/140 μm 规格的多模光纤。户外布线大于 2km 时可选用单模光纤。

电话系统常采用 3 类大对数双绞线作为布线缆线。3 类大对数双绞线是由多个线对组合而成的电缆，为了适用于室外传输，电缆还覆盖了一层较厚的外层皮。3 类大对数双绞线根据线对数量分为 25 对、50 对、100 对、250 对、300 对等规格，要根据电话语音系统的规模来选择 3 类大对数双绞线相应的规格及数量。

有线电视系统常采用同轴电缆或光缆作为干线电缆。

7. 电缆线的保护

当电缆从一建筑物到另一建筑物时，要考虑易受到雷击、电源碰地、电源感应电压或地电压上升等因素，必须采取措施保护这些电缆。如果电气保护设备位于建筑物内部（不是对电信公用设施实行专门控制的建筑物），那么所有保护设备及其安装装备都必须有 UL 安全标记。

有些方法可以确定电缆是否容易受到雷击或电源的损坏，有些保护器可以防止建筑物、设备和电缆线因火灾和雷击而遭毁坏。

当发生下列任何情况时，线路就被暴露在危险的境地。

1）雷击所引起的干扰。

2）工作电压超过 300V 以上而引起的电源故障。

3）地电压上升到 300V 以上而引起的电源故障。

4）60Hz 感应电压值超过 300V。

如果出现上述所列的情况时就应对其进行保护，确定被雷击的可能性。除非下述任意一个条件存在，否则电缆就有可能遭到雷击。

1）该地区每年遭受雷暴雨袭击的次数只有 5 天或更少，而且大地的电阻率小于 100Ω・m。

2）建筑物的直埋电缆小于 42m，而且电缆的连续屏蔽层在电缆的两端都接地。

3）电缆处于已接地的保护伞之内，而此保护伞是由邻近的高层建筑物或其他高层结构所提供。

在具体设计时，一般按以下步骤设计。

1）确定敷设现场的特点。包括确定整个工地的大小、工地的地界、建筑物的数量等。

2）确定电缆系统的一般参数。包括确认起点、端接点位置、所涉及的建筑物及每座建筑物的层数、每个端接点所需的双绞线的对数、有多个端接点的每座建筑物所需的双绞线总对数等。

3）确定建筑物的电缆入口。

建筑物入口管道的位置应便于连接公用设备，根据需要在墙上穿过一根或多根管道。

对于现有的建筑物，要确定各个入口管道的位置、每座建筑物有多少入口管道可供使用、入口管道数目是否满足系统的需要。

如果入口管道不够用，则要确定在移走或重新布置某些电缆时是否能腾出某些入口管道，再不够用的情况下应另装多少入口管道。

如果建筑物尚未建起，则要根据选定的电缆路由完善电缆系统设计，并标出入口管道。建筑物入口管道的位置应便于连接公用设备、根据需要在墙上穿过一根或多根管道。查阅当地的建筑法规，了解对承重墙穿孔有无特殊要求。所有易燃材料（如聚丙烯管道、聚乙烯管道）应端接在建筑物的外面，外线电缆的聚丙烯表皮可以例外，只要它在建筑物内部的长度（包括多余电缆的卷曲部分）不超过 15cm。如果外线电缆延伸到建筑物内部的长度超过 15m，就应使用合适的电缆入口器材，在入口管道中填入防水和气密性很好的密封胶，如 B 型管道密封胶。

4）确定明显障碍物的位置。包括确定土壤类型、电缆的布线方法、地下公用设施的位置、查清拟定的电缆路由中沿线各个障碍物位置或地理条件及其对管道的要求等。

5）确定主电缆路由和备用电缆路由。包括确定可能的电缆结构、所有建筑物是否共用一根电缆，查清在电缆路由中哪些地方需要获准后才能通过、选定最佳路由方案等。

6）选择所需电缆的类型和规格。包括确定电缆长度、画出最终的结构图、画出所选定路由的位置和挖沟详图，确定入口管道的规格、选择每种设计方案所需的专用电缆、保证电缆可进入入口管道，选择其规格和材料、规格、长度和类型等。

7）确定每种选择方案所需的劳务成本。包括确定布线时间、计算总时间、计算每种设计方案的成本、总时间乘以当地的工时费以确定成本。

8）确定每种选择方案的材料成本。包括确定电缆成本，所有支持结构的成本、所有支撑硬件的成本等。

9）选择最经济、最实用的设计方案。把每种选择方案的劳务费成本加在一起，得到每种方案的总成本，比较各种方案的总成本，选择成本较低者，确定比较经济的方案是否有重大缺点，以致抵消了经济上的优点。如果发生这种情况，应取消此方案，考虑更优化的设计方案。

7.3.5 建筑群子系统的缆线敷设方法

建筑群子系统的缆线布设方式有四种：架空布线法、直埋布线法、地下管道布线法和隧道内电缆布线，下面将详细介绍这四种方法。

1. 架空布线法

架空布线法通常应用于有现成电杆，对电缆的走线方式无特殊要求的场合。这种布线方式造价较低，但影响环境美观且安全性和灵活性不足。架空布线法要求用电杆将缆线在建筑物之间悬空架设，一般先架设钢丝绳，然后在钢丝绳上挂放缆线。架空布线使用的主要材料和配件有：缆线、钢缆、固定螺栓、固定拉攀、预留架、U 形卡、挂钩、标志管等，如图 7-2 所示，在架设时需要使用滑车、安全带等辅助工具，图 7-3 显示了架空布线法的一般结构。

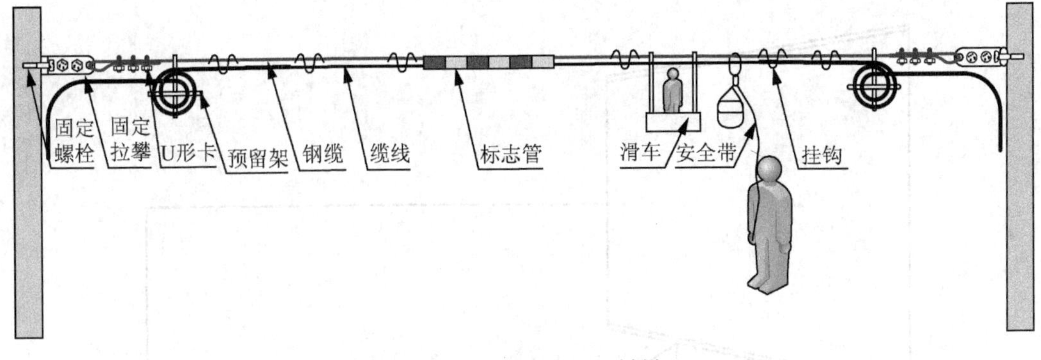

图 7-2 架空布线主要材料

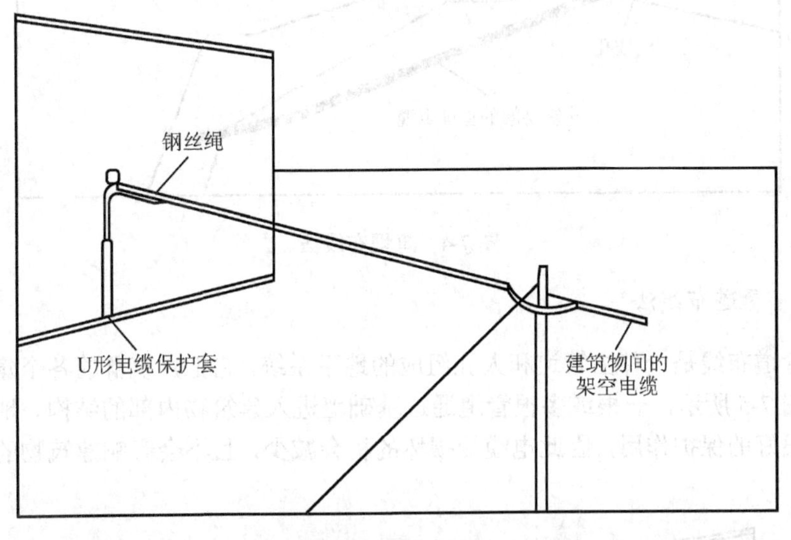

图 7-3 架空布线法

2. 直埋布线法

直埋布线法根据选定的布线路由在地面上挖沟，然后将缆线直接埋在沟内。直埋布线的电缆除了穿过基础墙的那部分电缆有管保护外，电缆的其余部分直埋于地下，没有保护，如图 7-4 所示。直埋电缆通常应埋在距地面 0.6m 以下的地方，或按照当地城管等部门的有关法规去施工。

当建筑群子系统采用直埋沟内敷设时，如果在同一个沟内埋入了其他的图像、监控电缆，应设立明显的共用标志。

直埋布线法的路由选择受到土质、公用设施、天然障碍物（如木、石头）等因素的影响。直理布线法具有较好的经济性和安全性，总体优于架空布线法，但更换和维护电缆不方便且成本较高。

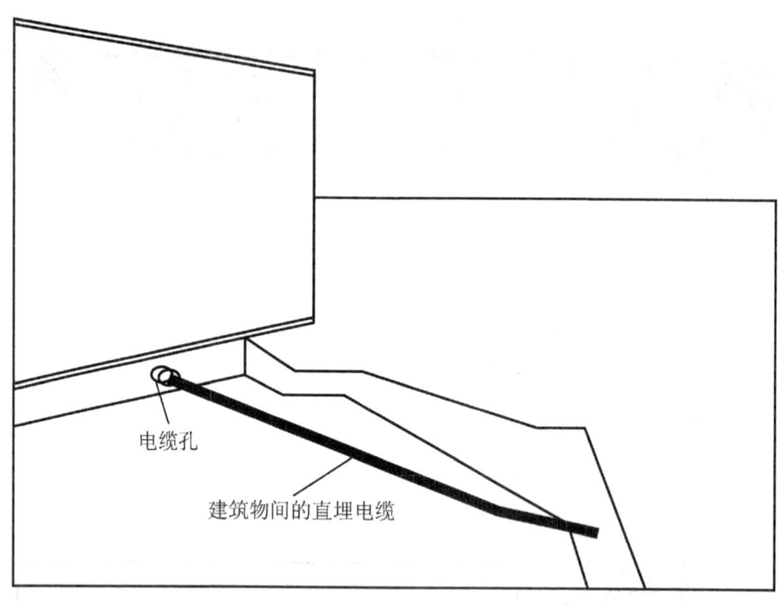

图 7-4 直埋布线法

3. 地下管道布线法

地下管道布线是一种由管道和人孔组成的地下系统，它把建筑群的各个建筑物进行互连。如图 7-5 所示，一根或多根管道通过基础墙进入建筑物内部的结构。地下管道对电缆起到很好的保护作用，因此电缆受损坏的机会减少，且不会影响建筑物的外观及内部结构。

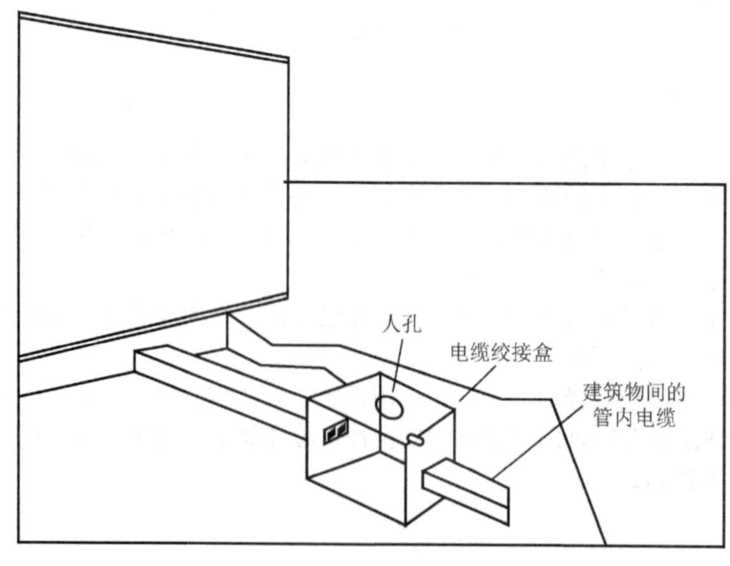

图 7-5 地下管道布线法

管道埋设的深度一般在 0.8～1.2m，或符合当地城管等部门有关法规规定的深度。为了方便日后的布线，管道安装时应预埋 1 根拉线，以供以后的布线使用。为了方便缆线的管理，地下管道应间隔 50～180m 设立一个接合井，以方便人员维护。接合井可以是预制的，也可以是现场浇筑的。

此外，安装时至少应预留 1～2 个备用管孔，以供扩充之用。

地埋布线材料如图 7-6 所示。

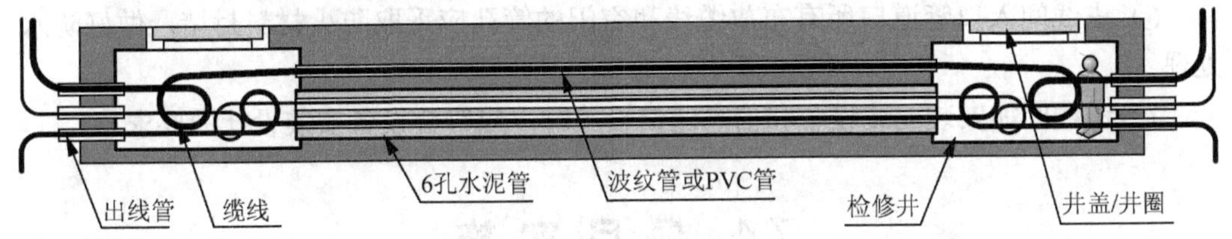

图 7-6　地埋材料图

4. 隧道内电缆布线

在建筑物之间通常有地下通道，大多是供暖供水的，利用这些通道来敷设电缆不仅成本低，而且可以利用原有的安全设施。如考虑到暖气泄漏等条件，电缆安装时应与供气、供水、供电的管道保持一定的距离，安装在尽可能高的地方，可根据民用建筑设施的有关条件进行施工。

以上叙述了管道内、直埋、架空、隧道 4 种建筑群布线方法，它们的优缺点如表 7-1 所示。

表 7-1　四种建筑群布线方法比较

方　法	优　点	缺　点
管道内	提供最佳的机械保护，任何时候都可敷设电缆，敷设、扩充和加固都很容易，可以保持建筑物的外貌	挖沟、开管道和入孔的成本很高
直埋	提供某种程度的机械保护，保持建筑物的外貌	挖沟成本高，难以安排电缆的敷设位置，难以更换和加固
架空	如果本来就有电线杆，则成本最低	没有提供任何机械保护，灵活性差，安全性差，影响建筑物美观
隧道	保持建筑物的外貌，如果本来就有隧道则成本最低，安全	热量或泄漏的热气可能会损坏电缆，可能被水淹没

7.3.6　进线间安装工艺要求

1）进线间应设置管道入口。

2）进线间应满足缆线的敷设路由、成端位置及数量、光缆的盘长空间和缆线的弯曲半径、充气维护设备、配线设备安装所需要的场地空间和面积。

3）进线间的大小应按进线间的入口管道最终容量及入口设施的最终容量设计，同时应考虑满足多家电信业务经营者安装入口设施等设备的面积。

4）进线间宜靠近外墙和在地下设置，以便于缆线引入。进线间设计应符合下列规定。

- 进线间应防止渗水，应设有抽排水装置。
- 进线间应与布线系统通过垂直竖井沟通。
- 进线间应采用相应防火级别的防火门，门向外开，宽度不小于1000mm。
- 进线间应设置防有害气体措施和通风装置，排风量按每小时不小于5次容积计算。

5）与进线间无关的管道不宜通过。

6）进线间入口管道口所有布放缆线和空闲的管孔应采取防火材料封堵，做好防水处理。

7）进线间如安装配线设备和信息通信设施时，应符合设备安装设计的要求。

7.4 项目实施

本项目涉及到的施工内容主要有：根据各建筑设计的路由图进行相关材料预算，最后进行光缆管道敷设、光缆架空敷设、机柜内的光缆端接，最后对敷设完的线路进行检测和纠错。下面分别讲解相关的施工技能点。

7.4.1 敷设光缆管道

一般管道的建设是在建筑土建时完成，在室外每隔50m或者更远的距离设置一个弱电井，以供缆线的敷设。光缆的敷设步骤如下。

1）打开弱电井盖。

2）一施工人员将光缆沿预留的管道插入，另一施工人员在邻近的弱电井中负责引出。

3）如此反复，将光缆沿预留管道路径敷设即可。

在光缆敷设时，应注意以下几点。

（1）避开动力线，谨防线路短路

强电系统对弱电系统干扰很大，危害也很严重。在2001年杨凌高新中学铺设一路室外缆线的时候，由于当时在施工中没有将网络和广播系统分管道布线，在使用了两年以后，由于广播系统电缆中间的接头出现老化，并且发生了短路，把该管道内的所有线路都给损坏了。经过这样的教训，提醒我们以后在室外布线时，一定将弱电缆线的信号线和供电缆线分管道铺设。

（2）管道容量预留

敷设室外管道时要采用直径较大的，要留有余量。敷设光缆时要特别注意转弯半径，转弯半径过小会导致链路严重损耗，仔细检查每一条光缆，特别是光接点的面板盒，有的面板盒深度不够，光点做好以后，面板没装到盒上时是好的，装上去以后测试就不好，原因是装上去后光缆转角半径太小，造成严重损耗。

7.4.2　敷设架空光缆

架空电缆通常穿入建筑物外墙上的U形钢保护套，然后向下（或向上）延伸，从电缆孔进入建筑物内部，如图7-7所示。建筑物到最近处的电线杆相距应小于30m。建筑物的电缆入口可以是穿墙的电缆孔或管道，电缆入口的孔径一般为5cm。一般建议另设一根同样口径的备用管道，如果架空线的净空有问题，可以使用天线杆的入口。该天线的支架一般不应高于屋顶1200mm，如果再高，就应使用拉绳固定。通信电缆与电力电缆之间的间距应遵守当地城管等部门的有关法规。

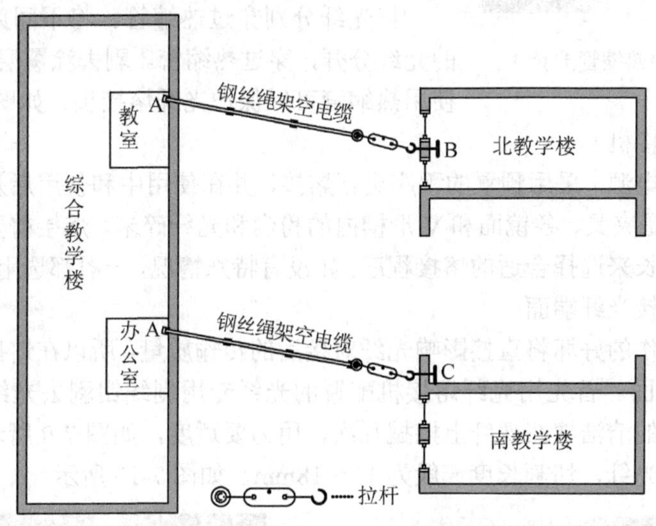

图7-7　室外架空图

为防止意外破坏，架空高度4m以上，而且一定要固定在墙上或电线杆上，切勿搭架在电杆上、电线上、墙头上甚至门框、窗框上。

架空缆线敷设时，一般步骤如下。

1）电杆以30～50m的间隔距离为宜。

2）根据缆线的质量选择钢丝绳，一般选8芯钢丝绳。

3）接好钢丝绳。

4）架设缆线。

5）每隔0.5m架一个挂钩。

7.4.3　端接光缆

在本项目中，敷设的缆线全部采用光缆，光缆的端接是光缆敷设的必需步骤。以下是光缆端接的具体步骤。

（1）开剥光缆并将光缆固定到接续盒内

在开剥光缆之前应去除施工时受损变形的部分，使用专用开剥工具，将光缆外护套开剥1m左右。如遇铠装光缆时，用老虎钳将铠装光缆护套里的护缆钢丝夹住，利用钢

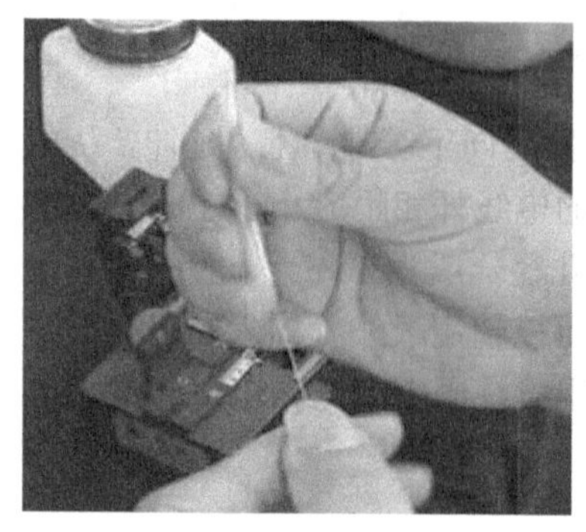

图 7-8 光纤穿热缩管护套

丝缆线外护套开剥，并将光缆固定到接续盒内，用卫生纸将油膏擦拭干净后，穿入接续盒。固定钢丝时一定要压紧，不能有松动，否则，有可能造成光缆打滚折断纤芯。注意剥光缆时不要伤到束管。注意事项：在剥除光纤的套管时要使套管长度足够伸进容纤盘内，并有一定的滑动余地，使得翻动纤盘时不致于使套管口上的光纤受到损伤。

（2）分纤

将光纤分别穿过热缩管。将不同束管、不同颜色的光纤分开，穿过热缩管。剥去涂覆层的光纤很脆弱，使用热缩管可以保护光纤熔接头，如图 7-8 所示。

（3）准备熔接机

打开熔接机电源，采用预置的程序进行熔接，并在使用中和使用后及时去除熔接机中的灰尘，特别是夹具、各镜面和 V 形槽内的粉尘和光纤碎末。熔接前要根据系统使用的光纤和工作波长来选择合适的熔接程序，如没有特殊情况，一般都选用自动熔接程序。

（4）制作对接光纤端面

光纤端面制作的好坏将直接影响光纤对接后的传输质量，所以在熔接前一定要做好被熔接光纤的端面。首先用光纤熔接机配置的光纤专用剥线钳剥去光纤纤芯上的涂覆层，再用霑酒精的清洁棉在裸纤上擦拭几次，用力要适度，如图 7-9 所示。然后用精密光纤切割刀切割光纤，切割长度一般为 15～18mm，如图 7-10 所示。

图 7-9 用剥线钳去除纤芯涂覆层

图 7-10 用光纤切割刀切割光纤

（5）放置光纤

将光纤放在熔接机的 V 形槽中，如图 7-11 所示，小心压上光纤压板和光纤夹具，要根据光纤切割长度设置光纤在压板中的位置，一般将对接的光纤的切割面基本都靠近电极尖端位置。关上防风罩，按“SET”键即可自动完成熔接。需要的时间一般根据使用的熔接机而不同，一般需要 8～10 秒。

（6）移出光纤用加热炉加热热缩管

打开防风罩，把光纤从熔接机上取出，再将热缩管放在裸纤中间，然后放到加热炉中加热，如图 7-12 所示。加热器可使用 20mm 微型热缩套管和 40mm、60mm 一般热缩套管，20mm 热缩管需 40 秒，60mm 热缩管为 85 秒。

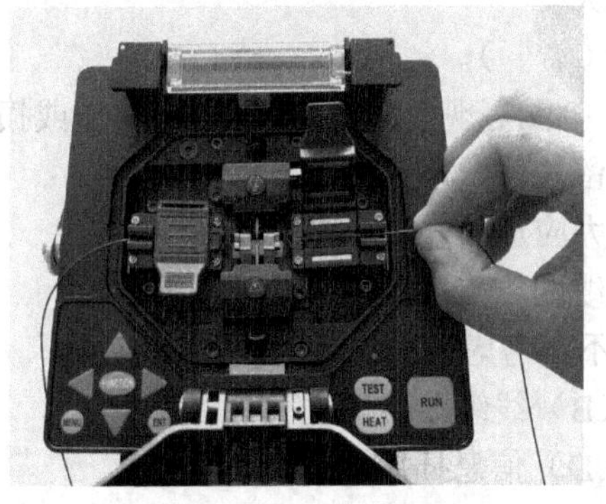

图 7-11　熔接光纤放置光纤

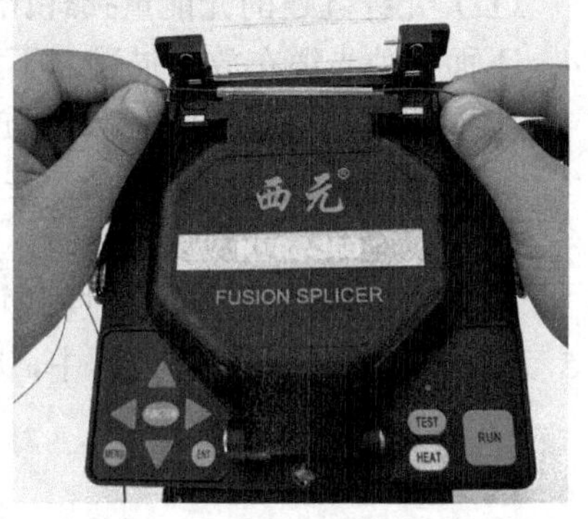

图 7-12　用加热炉加热热缩管

（7）盘纤固定

将接续好的光纤盘到光纤收容盘内，在盘纤时，盘圈的半径越大，弧度越大，整个线路的损耗越小。所以一定要保持一定的半径，避免激光在光纤传输时产生一些不必要的损耗。

（8）密封和挂起

进行野外熔接时，接续盒一定要密封好，防止进水。熔接盒进水后，由于光纤及光纤熔接点长期浸泡在水中，可能会先出现部分光纤衰减增加。最好将接续盒做好防水措施并用挂钩并挂在吊线上，至此，光纤熔接完成。

在工程施工过程中，光纤接续是一项细致的工作，此项工作直接影响到整套系统的运行情况，它是整套系统的基础，这就要求我们在现场操作时要仔细观察、规范操作，这样才能提高实践操作技能，全面提高光纤熔接质量。

7.5　理论思考题

一、选择题

1．制作光缆牵引头时，利用工具切去一段光缆的外护套，并由一端开始的（　　）m 处环切光缆的外护套，然后除去外护套。

（A）0.3　　（B）0.4　　（C）0.5　　（D）0.6

2．光缆与电缆同管敷设时，应在管道内预设塑料子管。将光缆敷设在子管内，使光缆和电缆分开布放，子管的内径应为光缆外径的（　　）倍。

（A）2.5　　（B）3　　（C）3.5　　（D）5

3．下面有关光缆成端端接的描述，不正确的是（　　）。

（A）制作光缆成端普遍采用的方法是熔接法

（B）所谓光纤拼接就是将两段光缆中的光纤永久性地连接起来

（C）光纤端接与拼接不同，属非永久性的光纤互连，又称光纤活结

（D）光纤互连的光能量损耗比交叉连接大

4．下面有关光缆布放的描述，不正确的是（　　）。

（A）光缆的布放应平直，不得产生扭绞、打圈等现象，不应受到外力挤压或损伤

（B）光缆布放时应有冗余，在设备端预留长度一般为5～10m

（C）以牵引方式敷设光缆时，主要牵引力应加在光缆的纤芯上

（D）在光缆布放的牵引过程中，吊挂光缆的支点间距不应大于1.5m

5．建筑群子系统在设计过程中，哪个因素不在考虑范围之内（　　）。

（A）环境美化要求　　（B）线缆路由的选择

（C）电缆线的保护　　（D）信息插座的设计

6．（　　）用于在建筑群内连接建筑群配线架与建筑物配线架的光缆。

（A）水平光缆　　（B）干线光缆

（C）建筑群主干光缆　　（D）永久干线光缆

7．室外电缆进入建筑物时，通常在入口处经过一次转接进入室内。在转接处加上电器保护设备，以避免因电缆受到雷击、感应电势或与电力线接触而给用户设备带来的损坏。这是为了满足（　　）的需要。

（A）屏蔽保护　　（B）过流保护　　（C）电气保护　　（D）过压保护

8．建筑物配线设备又称（　　），为建筑物主干缆线或建筑群主干缆线终接的配线设备。

（A）FD　　（B）BD　　（C）CD　　（D）CP

9．CD宜安装在（　　）或设备间，并可与入口设施或BD合用场地。

（A）电信间　　（B）交接间　　（C）进线间　　（D）配线间

10．下列哪个顺序正确的描述了光纤熔接的步骤（　　）。

（A）盘纤固定→开剥光缆→分纤→制作对接光纤端面→熔接纤芯→加热热缩管

（B）开剥光缆→盘纤固定→分纤→制作对接光纤端面→熔接纤芯→加热热缩管

（C）开剥光缆→分纤→制作对接光纤端面→熔接纤芯→加热热缩管→盘纤固定

（D）开剥光缆→制作对接光纤端面→分纤→熔接纤芯→加热热缩管→盘纤固定

11．（　　）要求用电杆将线缆在建筑物之间悬空架设，一般先架设钢丝绳，然后在钢丝绳上挂放线缆。

（A）架空布线法　　（B）直埋布线法

（C）地下管道布线法　　（D）隧道内电缆布线

12．室外光缆在敷设过程中，管线的敷设弯曲半径不小于光缆外径的（　　）倍。

（A）2　　（B）5　　（C）10　　（D）12

13．当电缆从建筑物外面进入建筑物时，是否应选用适配的信号线路浪涌保护器？（ ）

（A）是　（B）否　（C）无所谓

14．进线间一个建筑物宜设置（ ）个，一般位于地下层，外线宜从两个不同的路由引入进线间，有利于与外部管道沟通。

（A）4　（B）3　（C）2　（D）1

15．光缆芯线终接应符合下列要求（ ）。

（A）采用光纤连接盘对光纤进行连接、保护，在连接盘中光纤的弯曲半径应符合安装工艺要求

（B）光纤熔接处应加以保护和固定

（C）光纤连接盘面板应有标志

（D）光纤连接损耗值，最大损耗值小于 0.3dB

16．目前 SFF 小型光纤连接器件被布线市场认可的主要有（ ）。

（A）LC　（B）MT-RJ　（C）RJ45　（D）FJ

17．建筑群子系统也称（ ）子系统。

（A）大楼　（B）楼宇　（C）学校　（D）园区

18．建筑群子系统的室外电缆敷设一般有三种情况：（ ）、（ ）和（ ）。

（A）架空　（B）窨井　（C）直埋　（D）地下管道

19．进线间宜靠近外墙和在地下设置，以便于缆线引入。进线间设计应符合下列规定（ ）。

（A）进线间应防止渗水，宜设有抽排水装置

（B）进线间应与布线系统垂直竖井沟通

（C）进线间应采用相应防火级别的防火门，门向内开，宽度不小于 1000mm

（D）进线间应设置防有害气体措施和通风装置，排风量按每小时不小于 5 次容积计算

20．建筑物进线间及入口设施的检查应包括下列内容（ ）。

（A）引入管道与其他设施如电气、水、煤气、下水道等的位置间距应符合设计要求

（B）引入缆线采用的敷设方法应符合设计要求

（C）管线入口部位的处理应符合设计要求，并应检查采取排水及防止气、水、虫等进入的措施

（D）进线间应提供 220V 带保护接地的单相电源插座

二、简答题

1．什么是建筑群子系统？什么是进线间子系统？

2．怎样选择进线间的位置？

3．进线间的设计要注意什么？

4．建筑群子系统的缆线布设方式有几种方式？各自有什么特点？

5．简述建筑群布线子系统有几种管槽路由设计方法。

6．进线间安装工艺有哪些要求？

7．说明光缆端接的具体步骤。

7.6　技能操作题

1．准备室外光缆 5m、钢丝绳 5m、固定螺栓 2 个、预留架 2 个、U 形卡 6 个、固定拉攀 2 个、挂钩若干、标志管一根、电钻一把、十字螺钉旋具一把、人字梯 1 架，按图 7-13 所示结构完成以下内容。

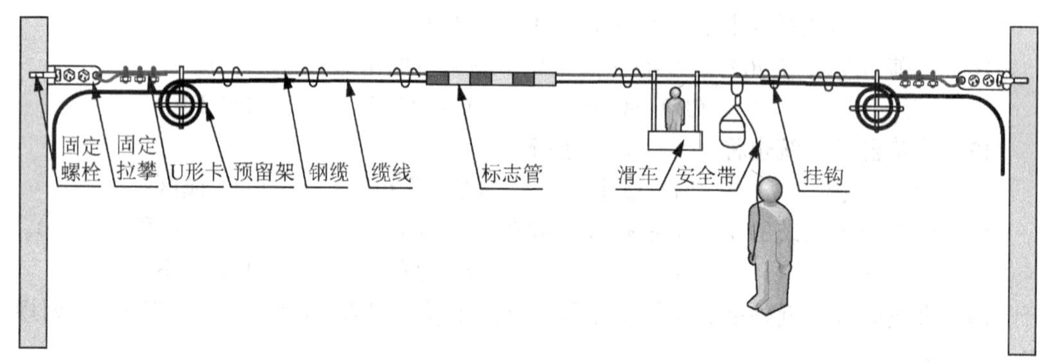

图 7-13　实训题图

1）确定缆线安装位置和高度。

2）安装固定拉攀。

3）安装固定钢丝绳。

4）安装光缆。

2．准备室外光缆 5m、光纤熔接盒一个、熔接机一台、光纤工具箱一个，完成以下内容。

1）光缆两端的剥线。

2）光缆在熔接盒中进行固定。

3）光纤熔接。

单元八
网络综合布线工程设计

知识教学目标

- 熟悉网络综合布线常见术语。
- 熟悉综合布线系统工程设计的一般原则和设计步骤。
- 掌握各系统的设计内容。
- 熟悉工程预算方式，掌握工程预算编制方法。

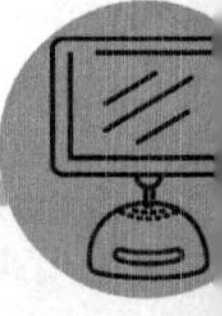

技能培养目标

- 能够为真实综合布线工程设计工程建设方案。

综合布线系统是建筑物网络工程的重要基础设施之一，为了使综合布线系统更好地满足客户需求，在综合布线系统工程规划及设计之前，必须对智能建筑的用户信息需求进行分析，用户信息需求调查分析就是对信息点的数量、位置以及通信业务需求进行分析。分析结果是综合布线系统的基础数据，它的准确和完善程度将会直接影响综合布线系统的网络结构、缆线规格、设备配置、布线路由和工程投资等重大问题。因为设计方和建设方对工程的理解角度不同，所以双方必须通过反复的沟通，对分析结果进行重复认证，最后得到双方的一致认同，才能达到调研的目的。而双方认同的分析结果，也将作为该工程综合布线系统设计的最原始依据。

目前，我们国家兴建的建筑工程类型多种多样，但是如果以建筑物的使用性质进行分类，基本可以分为以下几大类别。

1）办公型建筑：一般为自用、出租、写字楼等。

2）住宅建筑：一般为小区、公寓等。

3）公共事业建筑：一般为学校、博物馆、展览馆、剧场等。

4）商业建筑：一般为大型商场、超级市场、厂房、车间等。

针对不同类型的建筑来说，由于其功能的不同，各种建筑对于应用系统的要求也不尽相同，所以综合布线的系统设计也都有各自的特点。在本书中主要以住宅建筑和公共事业建筑两种类型为例对综合布线系统设计进行说明。其中住宅建筑设计相对简单，公共事业建筑比较复杂，但是通过这两种类型建筑的设计我们基本可以熟悉综合布线设计时应该考虑的问题。其他建筑类型的设计可以参考相关的内容完成。

8.1 项目 1 住宅建筑综合布线设计

8.1.1 项目引入

住宅建筑一般为家庭普通住房。近年来，大部分住房都是由承包商统一建造，各种基础设施都建设到了家庭住房的门口。为了能够满足日益发展的信息化建设需求，用户选择综合布线对住宅建筑进行设计是一个必然的趋势。目前大多数新建楼宇都已经在使用综合布线进行设计。

图 8-1 是一个上下两层复式结构户型的建筑平面图纸，针对该图纸实现家居综合布线设计，综合布线实现以下目标：

1）客厅、主卧室、卧室、餐厅、小房、卫生间都可以接听电话，可以接入多条外线，内部可以相互通话。

2）客厅、主卧室、卧室、餐厅、小房都可以接入互联网，家中多台计算机可组成一个小型局域网，相互通信。

3）客厅、主卧室、卧室、餐厅、小房都可以单独收看有线电视节目，共享 DVD。

4）可以控制小孩房间（小房）的电话、计算机、电视，以确保小孩在家人的控制下使用这些设备。

5）预留线路可满足未来智能家电、多媒体应用等设备的使用。

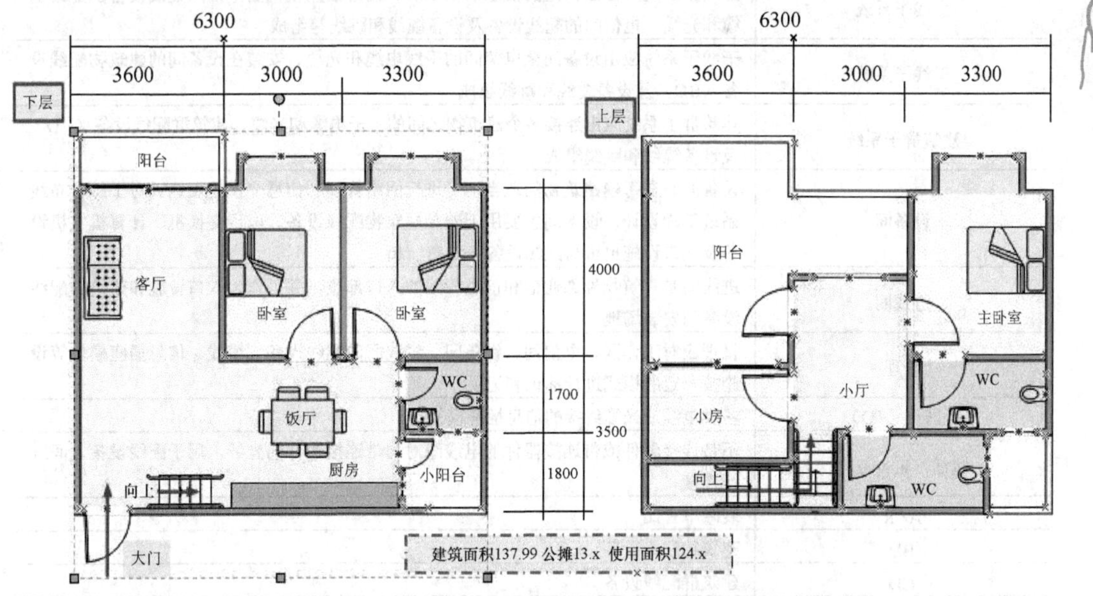

图 8-1 上下两层复式结构户型平面图

8.1.2 项目分析

本项目设计对象是一户家庭普通住房，主要设计内容是住房内的缆线敷设，根据用户提出的需求，信息点数量不多，管线也不多，设计主要考虑因素如下：

1）因为主要线路在下层，所以在下层设置一个配线箱，用于汇集所有线路。

2）所有线路采用暗管敷设，因为每根管中缆线不多，采用φ16 型号即可。

3）因为是普通住房的缆线，考虑到经济性和未来的可扩展性，全部线路都采用超 5 类双绞线进行敷设。

4）所有布线产品统一采用 TCL 品牌产品。

8.1.3 相关知识

1. 综合布线系统的常用术语

综合布线系统的常用术语如表 8-1 所示。

表 8-1 常用术语

术 语	说 明
建筑物综合布线系统	能够支持信息电子设备相连的各种缆线、跳线、接插软线和连接器件组成的系统
工作区	一个独立的需要设置终端设备的区域宜划分为一个工作区。工作区应由配线子系统的信息插座模块延伸到终端设备处的连接缆线及适配器组成

续表

术　语	说　明
配线子系统	配线子系统应由工作区的信息插座模块、信息插座模块至电信间配线设备的配线电缆和光缆、电信间的配线设备及设备缆线和跳线等组成
干线子系统	干线子系统应由设备间至电信间的干线电缆和光缆、安装在设备间的建筑物配线设备（BD）及设备缆线和跳线组成
建筑群子系统	建筑群子系统应由连接多个建筑物之间的主干电缆和光缆、建筑群配线设备（CD）及设备缆线和跳线组成
设备间	设备间是在每幢建筑物的适当地点进行网络管理和信息交换的场地。对于综合布线系统工程设计，设备间主要用于安装建筑物配线设备。电话交换机、计算机主机设备及入口设施也可与配线设备安装在一起
进线间	进线间是建筑物外部通信和信息管线的入口部位，并可作为入口设施和建筑群配线设备的安装场地
管理	管理应对工作区、电信间、设备间、进线间的配线设备、缆线、信息插座模块等设施按一定的模式进行标识和记录
信息点（TO）	各类电缆或光缆终接的信息插座模块
跳线（jumper）	不带连接器件或带连接器件的电缆线对与带连接器件的光纤，用于配线设备之间进行连接
ACR	衰减串音比
BD	建筑物配线设备
CD	建筑群配线设备
CP	集合点
dB	分贝电信传输单元
FD	楼层配线设备
FEXT	远端串音衰减（损耗）
IL	插入损耗
OF	光纤
RL	回波损耗
SC	用户连接器（光纤连接器）
TE	终端设备
UL	美国保险商实验所安全标准

2. 确定综合布线系统设计原则

综合布线在设计过程中应该遵循一定的原则进行设计。

（1）模块化

综合布线系统中，除去固定在建筑物内的缆线外，其余所有的接插件都应是模块化的标准件，以方便管理、调整和使用。

（2）实用性

满足当前的各种通信要求和未来的应用，并把原来互不兼容、分散的系统综合在一个布线统一、兼容、结构清晰的网络结构内。

（3）先进性

设计中的一次性布线工程符合未来数十年设备变换的要求，保证整个系统的应用在15～20年内不落伍。

（4）开放性

系统完全满足国际上对开放式系统定义的原则：具有互操作性、可伸缩性和可移植性。

（5）灵活性

布线系统能够满足灵活应用的要求，即任一信息点能够连接不同类型的设备，如计算机、打印机和多媒体终端。

（6）扩充性

布线系统应是可扩充的，以便将来有更大的发展时，很容易将设备扩展进去。

（7）标准性

满足最新的国际标准和国家标准。

（8）安全性和可靠性

综合布线系统必须具有高度的安全性、可靠性和稳定性。

（9）经济性

在实现先进性和可靠性的前提下，达到较高的性能价格比。

3. 确定设计依据及参照标准

此处罗列了综合布线设计时需要参照的一些设计依据和标准。

- 《智能建筑设计标准》：GB/T 50314—2000
- 《建筑智能化系统工程设计标准》：DBJ 13-32—2000
- 《综合布线系统工程设计规范》：GB 50311—2007
- 《综合布线系统工程验收规范》：GB 50312—2007
- 《建筑电气工程施工质量验收规范》：GB 50303—2002
- 《大楼通信综合布线系统-第 1-2 部分》：YD/T 926.1（2）—1997
- 《大楼通信综合布线系统-第 3 部分》：YD/T 926.3—1998
- 原邮电部颁发的《接入网技术体制（暂行规定）》：YDN 061—1997
- 原邮电部颁发的《用户接入网设计暂行规定》：YD 5032—1996
- 《民用建筑电气设计规范》：JGJ/G 16—1992
- 《建筑物电子信息系统防雷技术规范》：GB 50343—2004
- 《建筑物防雷设计规范》：GB 50057—1994（2000 年修）
- 《电子计算机机房设计规范》：GB 50174—1993
- 《电子计算机场地通用规范》：GB/T 2887—2000
- 《高层民用建筑设计防火规范》：GB 50045—1995
- 《计算站场地安全要求》：GB 9361—1988

4. 综合布线系统的典型结构

综合布线系统的一般基本构成如图 8-2 所示，各子系统的构成如图 8-3 所示。图 8-4 所示的是综合布线系统入口设施及引入缆线构成，其中，配线子系统中可以设置集合点

（CP 点），也可不设置集合点。图 8-3 的虚线表示 BD 与 BD 之间、FD 与 FD 之间可以设置主干缆线。对设置了设备间的建筑物，设备间所在楼层的 FD 可以和设备中的 BD/CD 及入口设施安装在同一场地。

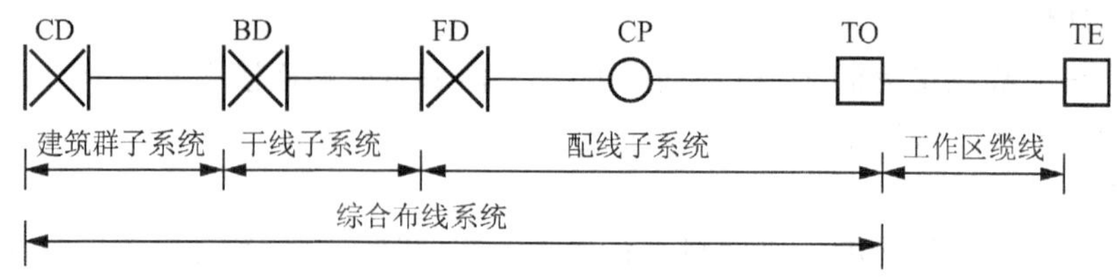

图 8-2　综合布线系统基本构成

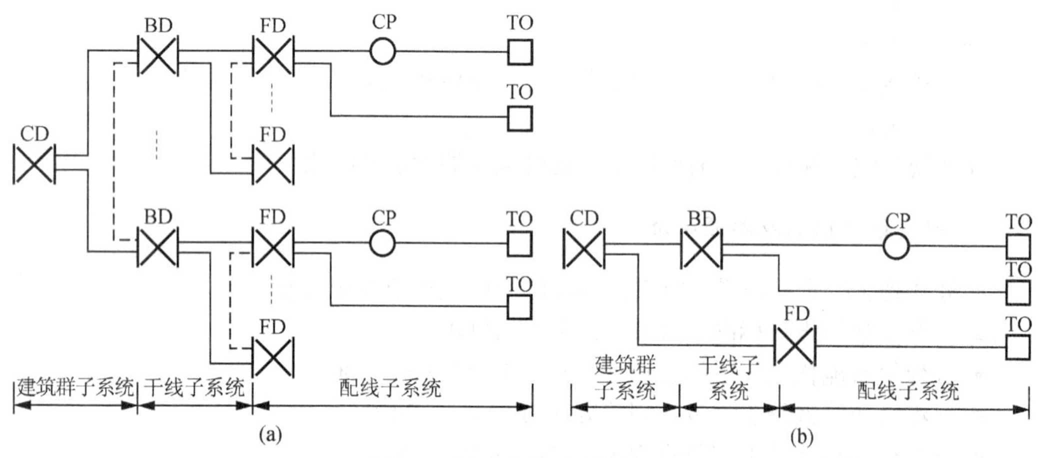

图 8-3　综合布线子系统构成

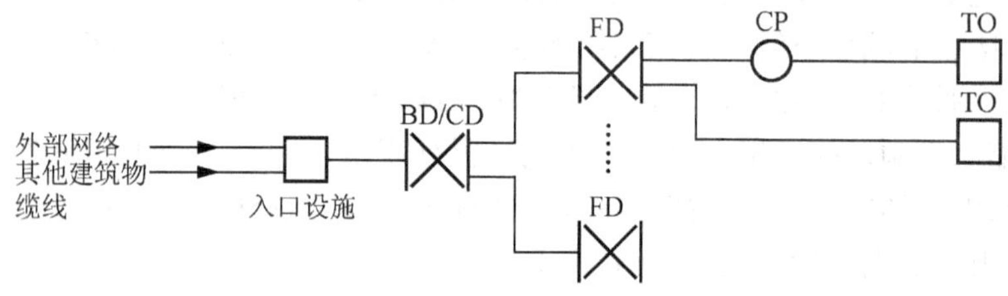

图 8-4　综合布线系统入口设施及引入缆线构成

5. 系统配置设计

（1）工作区

1）工作区适配器的选用应符合下列规定：

- 设备的连接插座应与连接电缆的插头匹配，不同的插座与插头之间应加装适配器。
- 在连接使用信号的数模转换、光电转换、数据传输速率转换等相应的装置时，应采用适配器。
- 对于网络规程的兼容，采用协议转换适配器。
- 各种不同的终端设备或适配器均安装在工作区的适当位置，并应考虑现场的电源与接地。

2）每个工作区的服务面积，应按不同的应用功能确定。

（2）配线子系统

1）根据工程提出的近期和远期终端设备的设置要求，用户性质、网络构成及实际需要确定建筑物各层需要安装信息插座模块的数量及其位置，配线应留有扩展余地。

2）配线子系统缆线应采用非屏蔽或屏蔽 4 对对绞电缆，在需要时也可采用室内多模或单模光缆。

3）电信间 FD 与电话交换配线及计算机网络设备之间的连接方式应符合以下要求：

● 电话交换配线的连接方式应符合图 8-5。

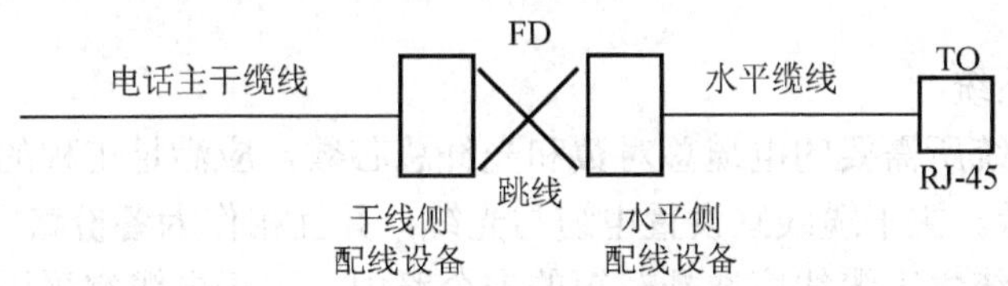

图 8-5 电话系统连接方式

● 计算机网络设备连接方式有两种：经跳线连接和经设备缆线连接方式，如图 8-6 所示。

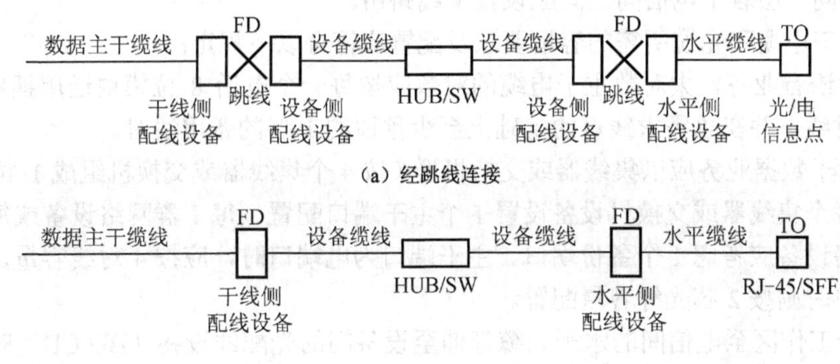

图 8-6 计算机网络设备连接方式

4）每一个工作区信息插座模块（电、光）数量不宜少于 2 个，并满足各种业务的需求。

5）底盒数量应以插座盒面板设置的开口数确定，每一个底盒支持安装的信息点数量不宜大于 2 个。

6）光纤信息插座模块安装的底盒大小应充分考虑到水平光缆（2 芯或 4 芯）终接处的光缆盘留空间和满足光缆对弯曲半径的要求。

7）工作区的信息插座模块应支持不同的终端设备接入，每一个 8 位模块通用插座应连接一根 4 对对绞电缆；对每一个双工或 2 个单工光纤连接器件及适配器连接 1 根 2

芯光缆。

8）从电信间至每一个工作区水平光缆应按 2 芯光缆配置。光纤至工作区域满足用户群或大客户使用时，光纤芯数至少应有 2 芯备份，按 4 芯水平光缆配置。

9）连接至电信间的每根水平电缆/光缆应终接于相应的配线模块，配线模块与缆线容量相适应。

10）电信间 FD 主干侧各类配线模块应按电话交换机、计算机网络的构成及主干电缆/光缆的所需容量要求及模块类型和规格的选用进行配置。

11）电信间 FD 采用的设备缆线和各类跳线应按计算机网络设备的使用端口容量和电话交换机的实装容量、业务的实际需求或信息点总数的比例进行配置，比例范围为 25%～50%。

（3）干线子系统

1）干线子系统所需要的电缆总对数和光纤总芯数，应满足工程的实际需求，并留有适当的备份容量。主干缆线宜设置电缆与光缆，并互相作为备份路由。

2）干线子系统主干缆线应选择较短的安全路由。主干电缆宜采用点对点终接，也可采用分支递减终接。

3）如果电话交换机和计算机主机设置在建筑物内不同的设备间，应采用不同的主干缆线来分别满足语音和数据的需要。

4）在同一层若干电信间之间应设置干线路由。

5）主干电缆和光缆所需的容量要求及配置应符合以下规定：

- 对语音业务，大对数主干电缆的对数应按每一个电话 8 位模块通用插座配置 1 对线，并在总需求线对的基础上至少预留约 10%的备用线对。
- 对于数据业务应以集线器或交换机群（按 4 个集线器或交换机组成 1 群），或以每个集线器或交换机设备设置 1 个主干端口配置。每 1 群网络设备或每 4 个网络设备应考虑 1 个备份端口。主干端口为电端口时，应按 4 对线容量，为光端口时则按 2 芯光纤容量配置。
- 当工作区至电信间的水平光缆延伸至设备间的光配线设备（BD/CD）时，主干光缆的容量应包括所延伸的水平光缆光纤的容量在内。
- 建筑物与建筑群配线设备处各类设备缆线和跳线的配备应符合（GB 50311—2007）第 4.2.11 条的规定。

（4）建筑群子系统

1）CD 宜安装在进线间或设备间，并可与入口设施或 BD 合用场地。

2）CD 配线设备内外侧的容量应与建筑物内连接 BD 配线设备的建筑群主干缆线容量及建筑物外部引入的建筑群主干缆线容量相一致。

（5）设备间

1）在设备间内安装的 BD 配线设备干线侧容量应与主干缆线的容量相一致。设备侧的容量应与设备端口容量相一致或与干线侧配线设备容量相同。

2）BD 配线设备与电话交换机及计算机网络设备的连接方式应符合（GB 50311—

2007）第 4.2.3 条的规定。

（6）进线间

1）建筑群主干电缆和光缆、公用网和专用网电缆、光缆及天线馈线等室外缆线进入建筑物时，应在进线间成端转换成室内电缆、光缆。缆线的终端处，可由多家电信业务经营者设置入口设施，入口设施中的配线设备应按引入的电缆、光缆容量配置。

2）电信业务经营者在进线间设置安装的入口配线设备应与 BD 或 CD 之间敷设相应的连接电缆、光缆，实现路由互通。缆线类型与容量应与配线设备相一致。

3）在进线间线缆入口处的管孔数量应满足建筑物之间外部接入业务及多家电信业务经营者线缆接入的需求，并应留有 2～4 口的余量。

（7）管理

1）对设备间、电信间、进线间和工作区的配线设备、缆线、信息点等设施应按一定的模式进行标识和记录，应符合下列规定：

- 综合布线系统工程应采用计算机进行文档记录与保存，简单且规模较小的综合布线系统工程可按图纸资料等纸质文档进行管理，并做到记录准确、及时更新、便于查阅；文档资料应实现汉化。
- 综合布线的每一个电缆、光缆、配线设备、端接点、接地装置、敷设管线等组成部分均应给定唯一的标识符，并设置标签。标识符应采用相同数量的字母和数字等标明。
- 电缆和光缆的两端均应标明相同的标识符。
- 设备间、电信间、进线间的配线设备应采用统一的色标区别各类业务与用途的配线区。

2）所有标签应保持清晰、完整，并满足使用环境要求。

3）对于规模较大的布线系统工程，为提高布线工程维护水平与网络安全，应采用电子配线设备对信息点或配线设备进行管理，以显示与记录配线设备的连接、使用及变更状况。

4）综合布线系统相关设施的工作状态信息应包括：设备和缆线的用途、使用部门、组成局域网的拓扑结构、传输信息速率、终端设备配置状况、占用器件编号、色标、链路与信道的功能和各项主要指标参数及完好状况、故障记录等，还应包括设备位置和缆线走向等内容。

6. 工程预算方式

在工程设计完成后，需要对整个项目所用材料设备进行型号和数量的确认。每个项目对于用户来说，都有预估的建设经费，如果设计方案预算费用远超于用户的预建设费用，那么该工程的设计方案则无法实施，必须进行设计调整。所以，材料预算与工程设计是一个反复调整的相互过程。一个准确的材料预算能够确保设计的有效性和可实施性。在综合布线工程中，一般预算方式有以下几种。

（1）国家行业管理部门概预算方式

参考信息产业部和建设部相关标准，工程费用一般含直接费和间接费两大部分。具

体项目内容参照行业部门出版的定额标准进行计算，该方法适用于大型工程项目。

（2）材料费用和人工费用按照比例报价

首先对工程布线材料费用进行报价，然后人工费用取整个工程材料费用的一定百分比计算。百分比的大小可以根据工程材料型号的不同有所差异，特别是同类产品使用国内和国外产品，其差异性比较明显。该方法适合中小工程项目。

（3）材料费用和人工费用分开报价

首先对工程布线材料费用进行报价，人工费用报价方式为：固定单个信息点的施工费用，然后乘以工程项目总信息点即得。

8.1.4 项目实施

由于住宅建筑综合布线主要是围绕着一个相对密闭的建筑空间进行小范围布线，所以在进行综合布线设计时，主要是考虑工作区子系统和配线子系统的设计内容。

1. 设计工作区

（1）信息点确定

由于房间功能性强，而且基本上功能比较固定，所以在信息点的规划上主要是针对各空间的使用特点来决定，总体规划为：每间书房、卧室、餐厅、客厅都设置 2 个信息插座（1 个用于数据通信，1 个用于语音通信）和 1 个有线电视插座；卫生间设置 1 个信息插座（用于语音通信）。

（2）信息插座的安装方式

1）插座的安装方式通常有墙面出口方式、地面出口方式和家具出口方式，最常使用的就是墙面出口方式，此处也选用墙面出口方式。

2）信息插座安装底部离地面的高度为 30cm。

3）信息插座旁边应该配置电源插座，电源插座与信息插座距离相隔 20cm 以上。

4）数据和语音通信模块端口统一使用 RJ-45 接口。

图 8-7 中墙上预留的空间就是安装信息插座的位置。

图 8-7　信息插座安装处

2. 设计配线子系统

（1）配线管理方式

在综合布线配线管理中，一般有集中式和分布式两种，如图 8-8 所示。由于住宅建筑中信息点数量不多，所以可以采用集中式管理模式：在客厅处增加一个配线箱，将所有线路集中于配线箱统一管理。

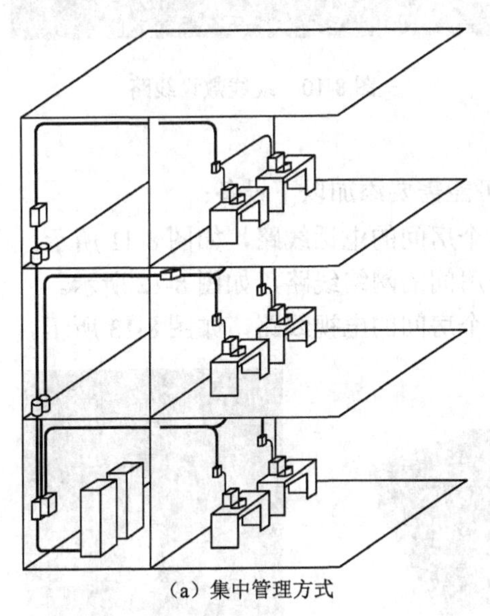

（a）集中管理方式

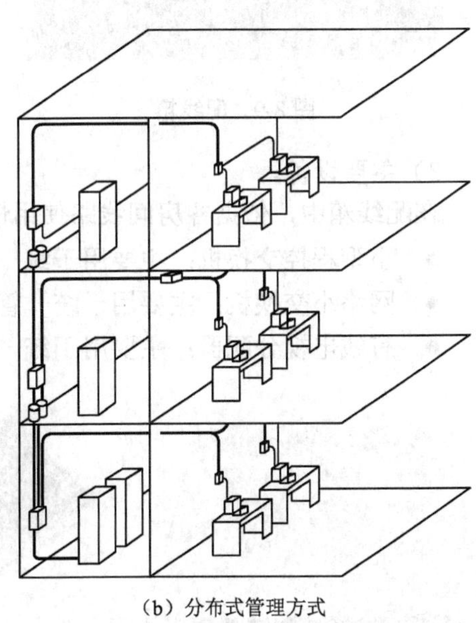

（b）分布式管理方式

图 8-8 配线管理方式

（2）配线箱的设计

1）功能。配线箱的功能是集中管理家居的所有综合布线线路，图 8-9 所示为配线箱所在位置。

2）主要线路。

- 入箱线路：主要指从小区提供给该建筑的数据、语音和有线电视信号的引入总线。为了满足主要家居生活需求和未来发展需求，配置两条 Cat6 UTP 双绞线（一条用于数据通信，另一条用于语音通信）、一条 4 芯室外多模光缆（用于高带宽数据通信）、一条 75 Ω 的同轴电缆（用于有线电视通信）。
- 出箱线路：主要指从配线箱到各个房间的线路。为了保证各个房间的通信使用，一般对于书房、卧室、餐厅、客厅：配置两条 Cat6 UTP 双绞线（一条用于数据和一条用于语音通信）、一条 75 Ω 的同轴电缆（用于有线电视通信）；对于卫生间配置一条 Cat6 UTP 双绞线（主要用于语音通信）。

图 8-10 所示为配线箱的入线和出线。

图 8-9 配线箱

图 8-10 缆线敷设线路

3）主要设备。

在配线箱中，依据各房间线路使用情况，可能需要添加以下设备：

- 小型程控交换机：主要用于统一管理各个房间的电话线路，如图 8-11 所示。
- 网络小交换机：主要用于统一管理各个房间的网络线路，如图 8-12 所示。
- 有线电视分配器：主要用于统一管理各个房间的电视线路，如图 8-13 所示。

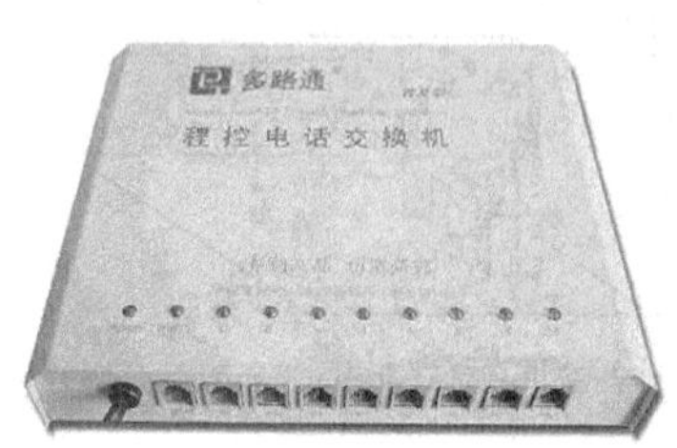

图 8-11 程控交换机

图 8-12 8 口集线器

图 8-13 电视分配器

4）配线箱电源。家居配线箱内一般禁止 220V 交流电接入，在配线箱中的设备电源一般通过暗管接入，接入电源在配线箱旁边 1m 范围内预留，同时需要考虑接地问题。

5）配线箱位置。考虑到检修的方便性，配线箱一般低位安装在家庭内隐蔽部位。

（3）水平路由方式

在家居综合布线设计中，一般采用暗管布线方法，图 8-14 和图 8-15 分别显示了暗管的敷设现场和管道被回填的状态。

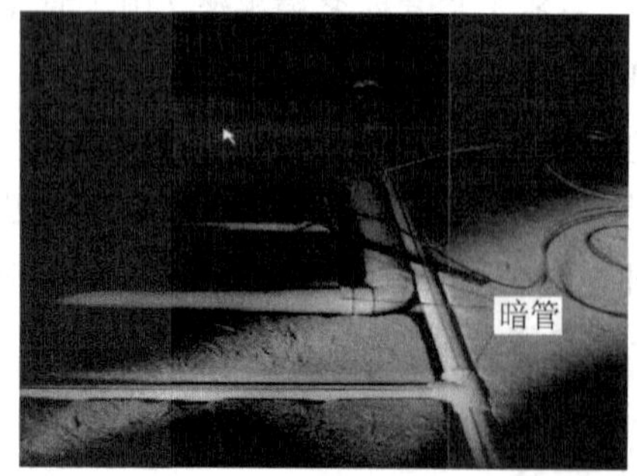

图 8-14 暗管线路

图 8-15 暗管回填

3. 确定工程预算

在计算工程量时，一般有两种方法进行预算，一种是针对小工程而言，因为施工工程量较小，则直接将其费用包含在材料的预算当中，工程量就不单独作预算。对于中大型工程，按照国家相关定额标准进行编制工程概预算。工程材料与工程量分开计算，具体如表 8-6 所示。

（1）主要安装材料明细表

按照表 8-2，材料费用合计为 1594.3 元。

表 8-2 材料明细表

名称	规格型号	单位	数量	单价	金额/元
6 类双绞线	TCL	箱	1	620.00	620
6 类信息模块	TCL	个	7	25.00	175
3 类信息模块	TCL	个	8	23.00	184
RJ45 头及护套	TCL	个	14	3.00	42
RJ11 头及护套	TCL	个	16	3.00	48
双口面板 86	TCL	个	8	5.50	44
86 底盒		个	8	1.80	14.4
配线箱		个	1	120.00	120
PVC 管	ø16	根	31	4.50	139.5
PVC 管 直通	ø16	个	10	0.30	3
PVC 管 三通	ø16	个	8	0.40	3.2
PVC 管 弯头	ø16	个	3	0.40	1.2
辅料		批	1	200.00	200
合计					1594.3

（2）人工费用

按照 3 名施工人员，4 天完成所有工程施工计算，如果按每人 200 元/天费用计算，人工费用总共为 2400 元。

4. 确定工程管理和施工进度表

家居布线一般有两种方式：委托专门设计公司实施和零散装修工人实施。

本项目涉及的施工内容主要是暗管的敷设、缆线敷设和信息插座的端接，其中，暗管的敷设一般在土建工程过程中进行。可能用到的主要施工工具如表 8-3 所示。

表 8-3 材料明细表

设备名称	型号规格	单位	数量
人字梯	3m	副	6
4 对铜缆通测试仪	STM-8	个	2
手电钻	GBM 6	台	1
RJ-45 卡钳	FT-5Y-7003	把	12
组合工具	12PCS	套	2

由于工程量不大，一般 2～3 名施工人员即可，正常情况下 4～5 天可完成所有工程。

8.2 项目 2 公共事业建筑综合布线设计

8.2.1 项目引入

公共事业建筑一般指的是学校、博物馆等设施。由于其建筑范围广泛，一般包含若干建筑楼宇，每个楼宇的功能也各不相同，下面以东方大学作为设计对象进行设计。

（1）工程概况

东方大学整个校区有教学区、学生生活区等。根据校方提供的平面示意图及学校建筑统计，主楼区有博学楼、作物楼等；南区有明德楼、创新楼、农改楼等；北区有开发公司、幼儿园、附属小学、学生公寓等。东方大学平面示意图和明德楼分别如图 8-16 和图 8-17 所示。

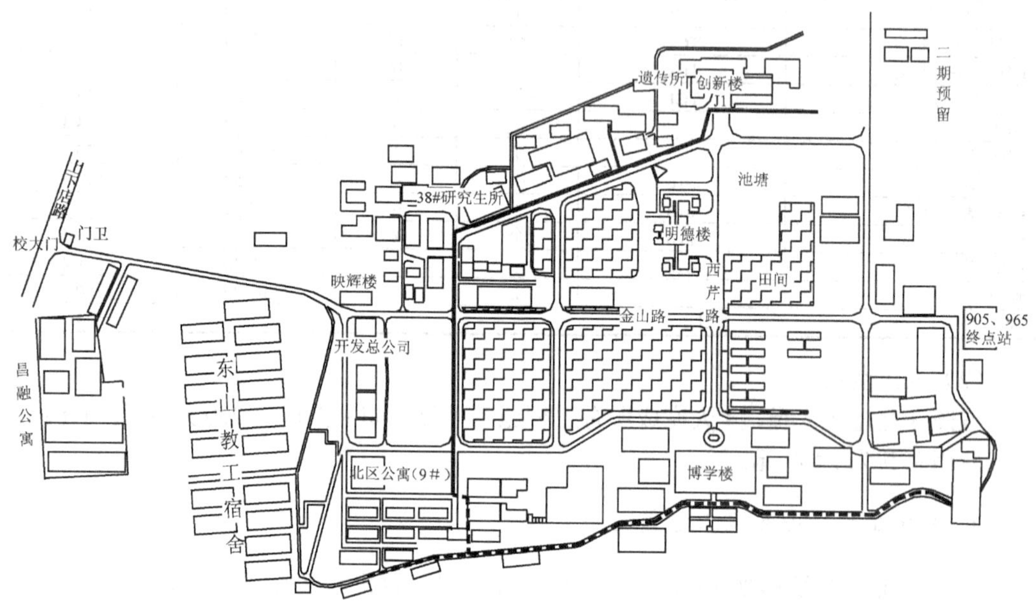

图 8-16 东方大学平面图

图 8-17 明德楼

在明德楼一层划分三个房间作为中心机房，设计面积约为 175m^2，层高约为 3.5m。

（2）工程建设内容

根据招标文件技术要求、目前国内校园建设的经验，以及高校数字化校园的发展方向，东方大学校园数字化网络建设内容包括室外管网系统和各大楼内综合布线系统。

（3）校园建设总目标

东方大学校园数字化网络建设能实现以下建设总体目标：

1）建设数字化新校园，为东方大学下属各学院、教学和科研部门、管理部门、后勤部门的教学、科研、行政管理提供快捷有效地信息服务、提供良好的通信环境，实现信息资源的高度共享。

2）实现集中式数据存储，实现新老校区在网络系统上的高速互连互通，及新老校区间信息资源和软硬件资源共享。

3）为校园创造安全、高效、便利的教学和科研环境。

4）提高新校区的科技含量，树立东方大学重视科技应用的良好形象，并达到短期投资长期受益的目的。

8.2.2　项目分析

本项目方案根据招标文件的技术要求，按照科学性、合理性及先进性的原则对东方大学校园数字化网络建设进行统一规划，产品全部选用行业内的先进知名品牌，并进行合理的设备配置。经过查看招标文件、现场勘查和与用户沟通，确定以下设计内容。

（1）设计指导思想

1）采用总体规划、分布实施、主干布线一步到位的原则。

从工程施工角度看，缆线敷设在地下，更换和扩充难度比较大；如果更换缆线，容易损坏园区道路，并容易影响园区内其他配套系统。因此，在设计布线时，选用档次较高的缆线并预留一定的冗余，以满足现在和未来扩充的需要。

2）构建一套符合东方大学校园建设实际情况的综合布线系统。

本系统将依据各建筑的功能和对网络的实际需求进行针对性设计。弱电智能化系统功能设置体现“以人为本”，以“面向需求、经济实用”为原则，对于校园内不同应用进行灵活配置，尽可能降低系统造价，提高系统性价比。

3）总体规划设计充分采用标准化的技术和产品，确保系统的开放性和可扩展性。

（2）设计依据

- 《东方大学数字化校园数字化网络建设招标文件》及相关设计图纸
- 《智能建筑设计标准》（GB/T 50314—2000）
- 《综合布线系统工程设计规范》（GB 50311—2007）
- 《综合布线系统工程验收规范》（GB 50312—2007）

⋮

（3）系统设计综述

整个项目分为三大块进行设计：室外管网系统、综合布线系统和机房建设系统。其中，室外管网系统包括光缆线路建设和室外管道建设两部分；综合布线系统设计包括教学楼各单体建筑和明德楼中心机房两部分。

1）光缆线路建设。光缆线路建设包括校园光缆干线的规划（即综合布线系统的建筑群系统设计）和光缆线路的敷设安装设计。其光纤主干路由图如图 8-18 所示。

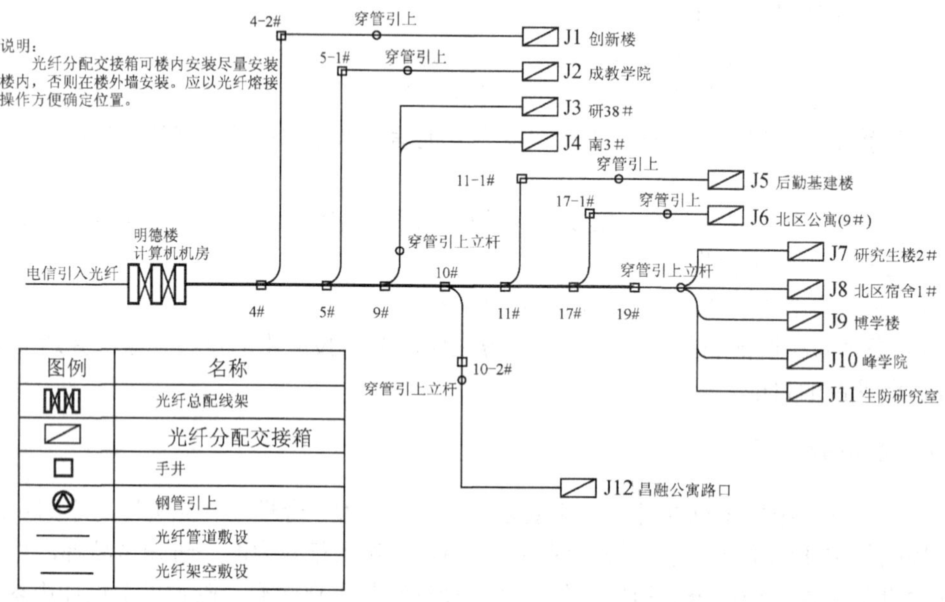

图 8-18 光纤主干路由图

校园光缆干线设计采用中心配线、汇聚配线及接入配线三层配线拓扑结构。其中，中心配线房设在明德楼一层；汇聚配线共设 12 个 48 芯单模光纤熔接箱，位置分别在创新楼、成教学院、昌融公寓路口等；接入配线设于各教学楼及学生生活区的楼内设备间。

中心配线房至 12 个汇聚配线点光纤采用 48 芯单模光纤；12 个汇聚配线点至各教学楼及学生生活区的楼内设备间采用 6 芯单模光纤。

光缆线路的敷设安装设计包括以下内容。

- 管道光缆的敷设安装设计。
- 架空光缆的敷设安装设计（包括立杆与借杆）。
- 吊墙式光缆线路的敷设、安装和防护技术措施等设计。

2）室外管道建设。室外管道建设包括管道路由的选择和管道铺设的主要技术要求。

本次路由设计是在多次考察东方大学校园的基础上并结合校方的需求最终形成的，还要考虑不损坏古树及整个校园整洁美观。该路由也是其他专业管道相对较少的，以降低风险。

管材采用 SG100 双壁波纹管作为手孔间的管道通路，横穿马路及水渠用 GG100 镀锌钢管。光缆从手孔引上也用 GG100 镀锌钢管。

3）根据招标文件所附设计图纸中的平面图，本系统设计的教学楼各单体建筑共计 48 幢楼，包括博学楼、实验楼等，其余教学楼未提供建筑平面图，暂不做系统的设计。

根据招标文件所附设计图纸中的平面图信息点的设置情况，48 幢教学楼建筑楼群信息点共计 1790 个，均按超 5 类标准来设计。教学楼各单体建筑内根据信息点的设置数量各设置一个设备间或多个楼层配线间，设备间至管理配线架光纤采用室内 4 芯多模光纤。

教学楼室内部分均采用 24*14PVC 线槽明敷，水平及垂直主干部分根据各教学楼的建筑情况选用相应规格的金属桥架或 PVC 线槽敷设。

明德楼中心机房共设 252 个六类信息点和 108 芯光纤点（9 根 12 芯多模室内光纤），系统按 6 类标准来设计。

4）东方大学网络中心机房负责全校的计算机网络系统的内外通信，是校园网的中枢。

网络中心机房设于明德楼一层，面积共计 175m^2，层高约为 3.5m，整个机房三个区域的功能设置如表 8-4 所示。

表 8-4 机房区域功能

机房区域	机房面积/m^2	功 能
机房办公区	40	内设 8 人办公区域
核心机房区	60	内设 27 个集线架，包括 9 台网络柜、9 台服务器柜及 9 台服务器预留位
机房辅助区	74.5	内设电源室 40m^2、监控室 13.7m^2、介质室 8.9m^2、值班室 8.7m^2 和过道 5.4m^2

机房建设内容主要包含各系统工程设计内容，如表 8-5 所示。

表 8-5 系统工程设计内容

工程项目	工程设计内容
装修工程	建筑功能分区、装修系统
电气工程	动力配电系统、不间断电源配电系统、照明配电系统、防雷接地系统、电气安装及配管线槽
空调工程	空调系统、新风系统
弱电工程	综合布线系统、门禁系统、漏水检测系统

（4）产品设备选型

考虑到布线产品的兼容性问题，本系统均采用国内知名品牌大唐电信综合布线产品。

1）大唐电信综合布线产品介绍详见其说明书。

2）对所选设备就符合标准、自身特性及用途三方面做介绍。

- UTP 超 5 类 4 对非屏蔽电缆 DTT-C5-11048-1019。
- UTP 6 类 4 对非屏蔽电缆 DTT-C6-11048。
- 超 5 类 RJ45 模块（非屏蔽）DTT-M5-1181。
- 6 类模块 DTT-M6-1281。
- 24 口配线架。
- GYTA-48B1 室外 48 芯单模层绞式普通光缆。
- 光纤终端箱。

8.2.3 相关知识

1. 综合布线系统分级与组成

1）综合布线铜缆系统的分级与类别划分应符合表 8-6 的要求，其中，3 类、5 类/超 5 类、6 类、7 类布线系统应能支持向下兼容的应用。

表 8-6 铜缆布线系统的分级与类别

系统分级	支持带宽/Hz	支持应用器件	
		电缆	连接硬件
A	100k		
B	1M		
C	16M	3 类	3 类
D	100M	5 类/超 5 类	5 类/超 5 类
E	250M	6 类	6 类
F	600M	7 类	7 类

2）光纤信道分为 OF-300、OF-500 和 OF-2000 三个等级，各等级光纤信道应支持的应用长度不应小于 300m、500m 及 2000m。

3）综合布线系统信道应由最长 90m 水平缆线、最长 10m 的跳线和设备缆线及最多 4 个连接器件组成，永久链路则由 90m 水平缆线及 3 个连接器件组成，其连接方式如图 8-19 所示。

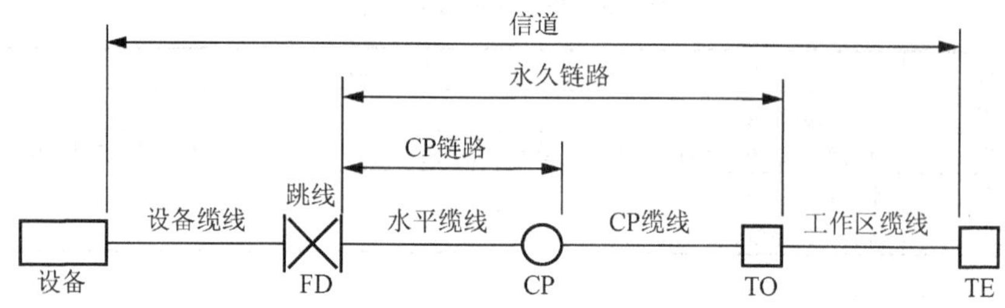

图 8-19 布线系统信道、永久链路、CP 链路构成

4）光纤信道构成方式应符合以下要求。

- 水平光缆和主干光缆至楼层电信间的光纤配线设备应经光纤跳线连接构成，如图 8-20（a）所示。
- 水平光缆和主干光缆在楼层电信间应经端接（熔接或机械连接）构成，如图 8-20（b）所示。
- 水平光缆经过电信间直接连至大楼设备间光配线设备构成，如图 8-20（c）所示。

5）当工作区用户终端设备或某区域网络设备需直接与公用数据网进行互通时，应将光缆从工作区直接布放至电信入口设施的光配线设备。

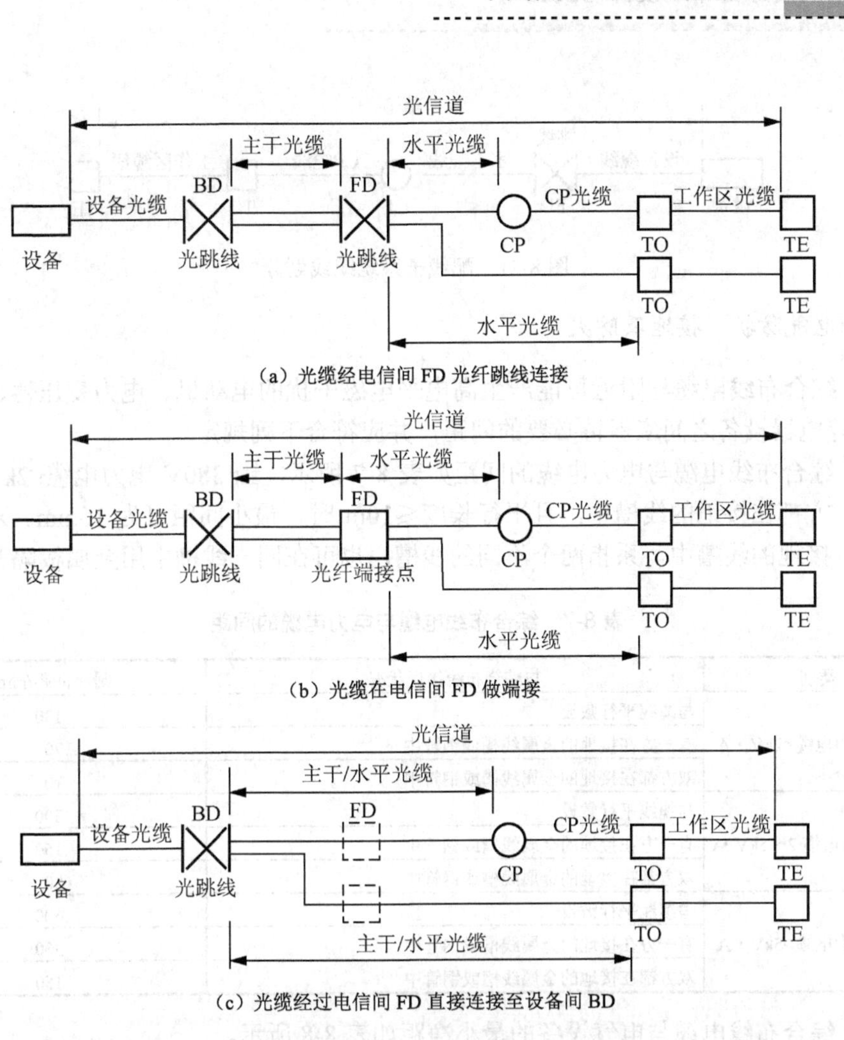

（a）光缆经电信间 FD 光纤跳线连接

（b）光缆在电信间 FD 做端接

（c）光缆经过电信间 FD 直接连接至设备间 BD

图 8-20 光纤信道构成

2. 综合布线各部分缆线长度极限值

1）综合布线系统水平缆线与建筑物主干缆线及建筑群主干缆线之和所构成信道的总长度不应大于 2km。

2）建筑物或建筑群配线设备之间（FD 与 BD、FD 与 CD、BD 与 BD、BD 与 CD 之间）组成的信道出现 4 个连接器件时，主干缆线的长度不应小于 15m。

3）配线子系统各缆线长度应符合下列要求。

- 配线子系统信道的最大长度不应大于 100m。
- 工作区设备缆线、电信间配线设备的跳线和设备缆线之和不应大于 10m，当大于 10m 时，水平缆线长度（90m）应适当减少。
- 楼层配线设备跳线、设备缆线及工作区设备缆线各自的长度不应大于 5m。

配线子系统缆线划分如图 8-21 所示。

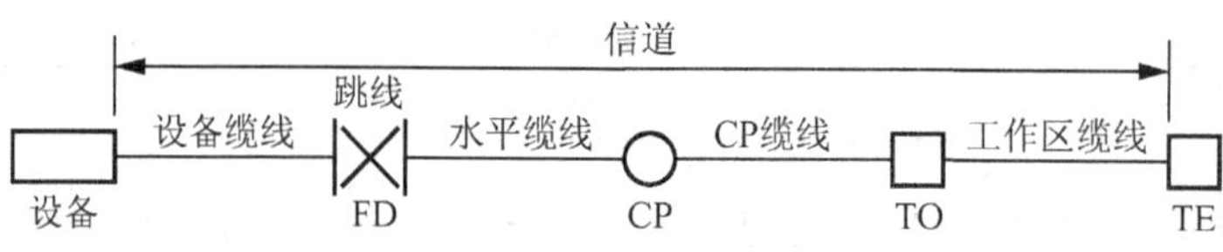

图 8-21 配线子系统缆线划分

3. 电气防护、接地及防火

1）综合布线电缆与附近可能产生高电平电磁干扰的电动机、电力变压器、射频应用设备等电器设备之间应保持必要的间距，并应符合下列规定。

- 综合布线电缆与电力电缆的间距如表 8-7 所示，当 380V 电力电缆<2kV·A，双方都在接地的线槽中，且平行长度≤10m 时，最小间距可为 10mm。双方都在接地的线槽中，系指两个不同的线槽，也可在同一线槽中用金属板隔开。

表 8-7 综合布线电缆与电力电缆的间距

类别	与综合布线接近状况	最小间距/mm
380V 电力电缆<2kV·A	与缆线平行敷设	130
	有一方在接地的金属线槽或钢管中	70
	双方都在接地的金属线槽或钢管中	10
380V 电力电缆 2～5kV·A	与缆线平行敷设	300
	有一方在接地的金属线槽或钢管中	150
	双方都在接地的金属线槽或钢管中	80
380V 电力电缆>5kV·A	与缆线平行敷设	600
	有一方在接地的金属线槽或钢管中	300
	双方都在接地的金属线槽或钢管中	150

- 综合布线电缆与电气设备的最小净距如表 8-8 所示。

表 8-8 综合布线电缆与电气设备的最小净距

名　称	最小净距/m	名　称	最小净距/m
配电箱	1	电梯机房	2
变电室	2	空调机房	2

- 综合布线电缆及管线间的间距如表 8-9 所示，当墙壁电缆敷设高度超过 6000mm 时，与避雷引下线的交叉间距应按下式计算

$$S \geqslant 0.05L$$

式中，S 为交叉间距（mm）；L 为交叉处避雷引下线距地面的高度（mm）。

表 8-9 综合布线缆及管线与其他管线的间距

其他管线	平行净距/mm	垂直交叉净距/mm
避雷引下线	1000	300
保护地线	50	20

续表

其他管线	平行净距/mm	垂直交叉净距/mm
给水管	150	20
压缩空气管	150	20
热力管（不包封）	500	500
热力管（包封）	300	300
煤气管	300	20

2）综合布线系统应根据环境条件选用相应的缆线和配线设备，或采取防护措施，并应符合下列规定。

- 当综合布线区域内存在的电磁干扰场强低于 3V/m 时，应采用非屏蔽电缆和非屏蔽配线设备。
- 当综合布线区域内存在的电磁干扰场强高于 3V/m 时，或用户对电磁兼容性有较高要求时，可采用屏蔽布线系统和光缆布线系统。
- 当综合布线路由上存在干扰源，且不能满足最小净距要求时，应采用金属管线进行屏蔽，或采用屏蔽布线系统及光缆布线系统。

3）在配线间、设备间及进线间应设置楼层或局部等电位接地端子板。

4）综合布线系统应采用共用接地的接地系统，如单独设置接地体时，接地电阻不应大于 4Ω。如布线系统的接地系统中存在两个不同的接地体时，其接地电位差不应大于 1Vr.m.s。

5）楼层安装的各个配线柜（架、箱）应采用适当截面的绝缘铜导线单独布线至就近的等电位接地装置，也可采用竖井内等电位接地铜排引到建筑物共用接地装置，铜导线的截面应符合设计要求。

6）缆线在雷电防护区交界处，屏蔽电缆屏蔽层的两端应做等电位连接并接地。

7）综合布线的电缆采用金属线槽或钢管敷设时，线槽或钢管应保持连续的电气连接，并应有不少于两点的良好接地。

8）当缆线从建筑物外面进入建筑物时，电缆和光缆的金属护套或金属件应在入 El 处就近与等电位接地端子板连接。

9）当电缆从建筑物外面进入建筑物时，应选用适配的信号线路浪涌保护器，信号线路浪涌保护器应符合设计要求。

10）根据建筑物的防火等级和对材料的耐火要求，综合布线系统的缆线选用和布放方式及安装的场地应采取相应的措施。

11）综合布线工程设计选用的电缆、光缆应从建筑物的高度、面积、功能、重要性等方面加以综合考虑，选用相应等级的防火缆线。

4. 典型综合布线设计结构

综合布线设计方案的章节内容通常有如下部分。

1）工程概况。对工程内容作简要概述，主要突出设计原则、依据及内容。

2）布线系统总体结构。

3）设计依据。

4）设计指导思想。

5）需求分析。在对各子系统进行系统结构分析的基础上，有针对性地提出合理化建议并分析采用这些合理化建议带来的好处。从满足用户需求、系统结构、产品选型三个设计要点为线索，对本设计方案进行总体说明，并为后续系统的详细设计作铺垫。

6）系统详细设计。对系统结构框图、建筑群子系统、干线子系统、配线子系统、设备间及进线间子系统、管理子系统和工作区子系统等进行详细设计。

7）产品选型及性能指标。产品选型及其性能指标包括工作区设备选型及性能指标、配线子系统选型及性能指标、干线子系统设备选型及性能指标、机柜选型及性能指标。

8）接地、电源与环境要求。

9）造价概算。

10）主要设备清单。

11）综合布线系统施工组织方案。根据工程的施工内容和施工目标，从人员组织、施工工艺要求和施工规范等方面入手，狠抓工程管理，确保工程质量和工期的完成，最终实现全优工程目标。综合布线系统施工组织方案还包括施工进度安排、工期保证措施等。

12）工程测试验收。

13）培训、售后服务与保证期。

14）设计图纸。

综合布线工程中常见的图纸主要包含以下几类。

① 楼层点位图。楼层点位图主要是用来描述综合布线工程中数据信息点和语音信息点在建筑物中的具体位置。

② 工程系统结构图。系统结构图主要描述综合布线系统中线路规划情况，各主配线间及其楼层配线间的位置，配线间之间、配线间与工作区之间的传输介质类型规格，以及各楼层工作区的信息点数量。

③ 工程系统管线路由图。系统管线路由图主要描述综合布线系统中各种线路的走线情况，包含工作区、水平区、干线区及其建筑子系统的线路走线方式。

④ 机柜配线设备信息点分布图。机柜配线设备信息点分布图主要描述综合布线系统配线子系统、干线子系统和管理子系统中的信息点连接方式。

8.2.4 项目实施

本系统设计包括教学楼各单体建筑和明德楼中心机房两部分。

根据招标文件所附设计图纸中的平面图，本系统设计的教学楼各单体建筑共计 48 幢楼，包括博学楼、实验楼、海外学院等，其余教学楼未提供建筑平面图，暂不做系统的设计。

根据招标文件所附设计图纸中的平面图信息点的设置情况，48 幢教学楼建筑楼群信息点共计 1790 个，均按超 5 类标准来设计。教学楼各单体建筑内根据信息点的设置数量各设置一个设备间或多个楼层配线间，设备间至管理配线架光纤采用室内 4 芯多模光纤。

教学楼室内部分均采用 24×14PVC 线槽明敷，水平及垂直主干部分根据各教学楼的建筑情况选用相应规格的金属桥架或 PVC 线槽敷设。

明德楼中心机房共设 252 个六类信息点和 108 芯光纤点(9 根 12 芯多模室内光纤)，系统按 6 类标准来设计。

本系统均采用国内知名品牌大唐电信综合布线产品。

1. 设计工作区

根据招标文件所提供的各教学楼信息点布置平面图，设计点数如表 8-10 所示。

表 8-10 各教学楼信息点布置平面图

大楼名称	信息点数量
博学楼（主楼）	221
实验楼	40
⋮	⋮
海外学院	9
小计	1790

根据招标文件所提供的各教学楼信息点布置平面图，超 5 类信息点共计 1790 个。

2. 设计配线子系统

根据招标文件所提供的各教学楼信息点平面布置图（共计 1790 个超五类信息点），各幢楼内的楼层配线设备配置如表 8-11 所示。

表 8-11 楼层配线设备配置表

大楼名称	设备间位置	数据点	24 口配线架	配线机柜		
				40U 机柜	20U 机柜	12U 机柜
博学楼（主楼）	2、6、8 层各一个	221	12	1	2	
实验楼	103 室	40	2		1	
⋮	⋮	⋮	⋮	⋮	⋮	⋮
海外学院	一层会议室	9	1			1
小计		1790	97	7	10	37

招标文件所附综合布线工程量清单的信息点数量为 2459 个(含机房 252 个信息点)，投标上述表格内的点位及相应配线设备配置，招标文件综合布线工程量清单的配线设备配置为：信息点 1790 个，配线设备为 97 个，比例为 1790/97＝18.45 个，即 18.45 个信息点需配置 1 个 24 口配线架。

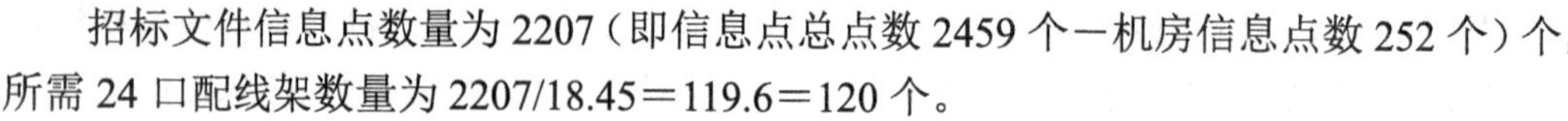

招标文件信息点数量为 2207（即信息点总点数 2459 个－机房信息点数 252 个）个，所需 24 口配线架数量为 2207/18.45＝119.6＝120 个。

3. 设计干线子系统

根据招标文件所提供的各教学楼信息点平面布置图，博学楼、现代农业设施（共 7 栋）因建筑结构情况和信息点的设置采用等级星级结构（需配置垂直主干的相关设备），而招标文件所附的综合布线工程量清单没有此工程量，现代化建议如下。

（1）博学楼

根据招标文件所附的综合布线工程量清单中没有室内 4 芯多模光缆设备子项，而招标文件所附设计图纸中博学楼采用等级星形结构，在 6 层设有主设备间，在 8 层、2 层各设有楼层配线间，楼层配线间与主设备间数据主干采用室内 4 芯多模光缆连接。

因为博学楼建筑高 8 层，建筑长度为 89.2m，如果采用全星形结构，信息点的水平缆线会超过 90m，所以应采用招标文件所附设计图纸的等级星形结构，建议增加室内 4 芯多模光缆设备。

（2）现代农业设施（共 7 栋）

现代农业设施建筑楼（共 7 栋），共设置 48 个信息点。根据招标文件所附设计的综合布线系统图，现代农业设施各建筑楼的信息点采用超 5 类缆线集中引至其中一栋现代农业设施建筑楼。根据现场勘察，如果采用这种设计，缆线会超长（超过 90m 的有效距离），不满足规范要求，建议现代农业设施各建筑采用 12U 的配线机柜管理各楼的信息点，建筑楼之间采用室外 6 芯多模光缆连接，便于管理及满足规范验收要求，也利于将来系统的扩展。

4. 设计设备间

设备间是在每一幢大楼的适当地点设置电信设备和计算机网络设备，它由主配线机柜中的电缆、连接模块和相关支撑硬件组成。对于综合布线系统工程设计，设备间主要安装建筑物配线设备（BD）。

教学楼和学生宿舍各单体建筑的网络数据系统的设备间设置相同，如表 8-12 所示。

表 8-12　网络数据系统的设备间

大楼名称	设备间位置	管理范围
博学楼（主楼）	6 层网络主机房；2 层、8 层各设置一个分机房	1～3F 配置 3 台，4～6F 配置 4 台，7～9F 配置 3 台；利旧 C3560 上连 S5600、下连楼层交换机
实验楼	103 室	管理 1～5F 信息点
⋮	⋮	⋮
海外学院	一层会议室	管理 1F 信息点

5. 设计管理间

管理间应对设备间、交接间和工作区的配线设备、缆线、信息插座等设施，按一定的模式进行标识和记录，并设置中文管理文档。文档包括设备和缆线的用途，使用部门，组成局域网的拓扑结构，信息插座及配线架的编号、色标、链路的功能和各项主要特征参数、链路的完好状况、故障记录等内容，还应标明设备位置和缆线的走向等内容。

6. 设计建筑群子系统

为保护原有环境，减少施工破坏面，本工程在施工时将充分利用原有已敷设到位的管、槽、立杆、缆线沟。根据招标文件提出需求，该系统是本工程设计的主要内容之一，包括光缆线路建设和管道建设两大部分。

（1）校园园区的光缆总体规则

校园光缆干线设计采用中心配线、汇聚配线及接入配线三层配线拓扑结构。其中，中心配线房设在明德楼（综合楼）一层；汇聚配线共设 12 个 48 芯单模光纤熔接箱，位置分别在创新楼、成教学院、博学楼等；接入配线设于各教学楼及学生生活区的楼内设备间。

中心配线房至 12 个汇聚配线点光纤采用 48 芯单模光纤；12 个汇聚配线点至各教学楼及学生生活区的楼内设备间采用 6 芯单模光纤。校园光缆干线的总体拓扑图如图 8-22 所示。

（2）光缆线路选定

本工程光缆线路的选定是以线路的安全、便于施工和维护，以及较为经济合理为原则进行勘察设计的。

1）采用环形或树形不递减交接配线方式进行用户光缆线路建设。

2）每一个光缆交接区，交接区一旦确定后，不得跨区配线。

3）光缆网络分为两层面，主干光缆：中心机房—光缆分配箱；光缆分配箱—各楼光纤配线箱。

（3）光缆线路的设备配置

1）光纤配线设备。

中心配线区 1 处，汇聚配线设置 12 个，接入配线按招标文件工程量清单为 72 个；中心配线区至汇聚配线区采用 48 芯室外单模光缆，汇聚配线区至接入配线区采用 6 芯室外单模光缆；光纤与光纤配线架采用光纤熔接的方式连接，本工程配置光纤跳线作为光纤熔接及光纤配线间的跳接使用。

室外光纤配线架设备配置如表 8-13 所示。

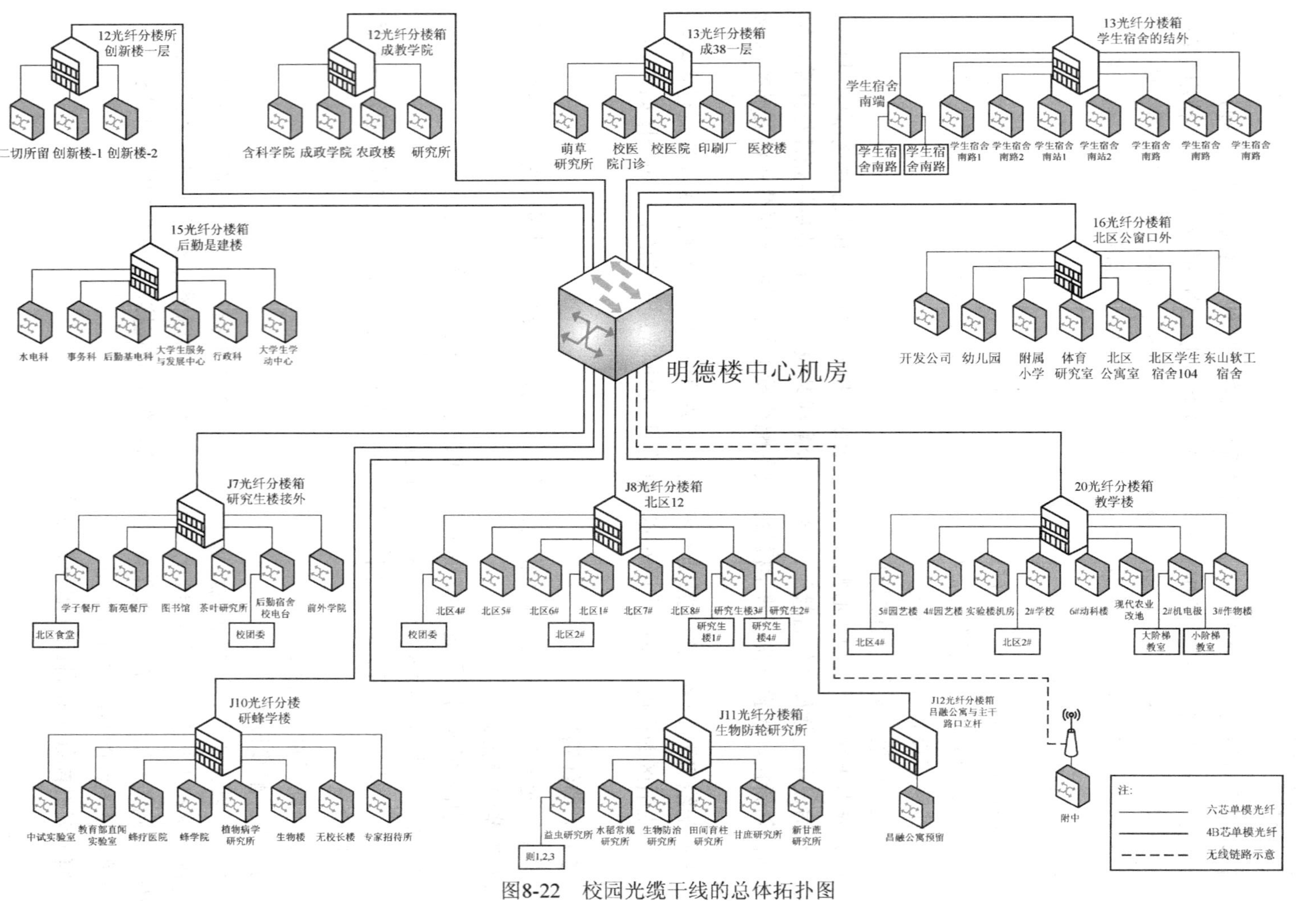

图8-22 校园光缆干线的总体拓扑图

表 8-13 光纤配线架

设备配置	中心机房（1 处）	48 芯光缆分配箱（12 个）	各楼 6 芯光纤配线箱（72 个）	总　计
光纤芯数/芯	48×12=576	48×12+72×6=576+432=1008	72×6=432	576+1008+432=2016
24 口光纤配线架/个	（48/24）×12=24	（48/24）×12×2=48		24+48=72
12 口光纤配线架/个			72	72
光纤耦合器/个	48×12=576	48×12+72×6=576+432=1008	72×6=432	576+1008+432=2016
光纤跳线/根	48×12/2=576/2=288	48×12/2+72×6/2+72×6=936	72×6/2=216	288+936+216=1440

- 纤芯分配：各段均按从前往后的原则，优先占用各段前 2 芯，顺时针方向的发送占用第 1 芯，接收占第 2 芯。
- 配线光缆：每幢楼按 6 芯分配（其中 2 芯宽带、4 芯备用）。光缆分配箱有条件安装在楼内的，尽量楼内安装，否则楼外墙安装。
- 尾纤配置：本工程光缆在 ODF 或 ODB 上均全部成端，线路成端所用尾纤均为 3m 单头尾纤。

2）光纤配盘。

本工程主要有 48 芯光纤配盘表和 6 芯光纤配盘表，表 8-14 所示为 48 芯光纤配盘表的数据。

表 8-14 48 芯光纤配盘表

光缆段落名称	盘号	单盘光缆起点	单盘光缆止点	型号芯数	段长/m	盘长/m
明德楼主机房-创新楼 J1 熔接箱	2	明德楼主机房	创新楼 J1 熔接箱	48	355	390
明德楼主机房-成教学院 J2 熔接箱	2	明德楼	成教学院	48	320	350
⋮	⋮	⋮	⋮	⋮	⋮	⋮
明德楼主机房-昌融公寓 J12 熔接箱	5	明德楼	昌融公寓	48	1225	1350
合计					12546	13810

（4）管道建设方案

1）通信管道建设原则。

由于原先校园内已有众多管道，如电力管道、给排水管道、输气管道、电信专用管道、铁通专用管道等，本次管道路由应尽量避免与各种管道交越，并确定障碍点，以免破坏原有的线路，造成不必要的损失。

在条件允许的情况下，光纤敷设尽量考虑采用地下管道方式，以保持校园整洁。弱电综合管道应尽量在人行道下敷设，经绿化带接至建筑物的进线手孔。管道敷设应避免放射性的随意敷设，以免在建设地上、地下构造物时，需要移动和改变位置。从室外手孔进入建筑物采用镀锌钢管。

2）通信管道路由选定。

本次路由设计是在多次考察东方大学校园的基础上最终形成的，同时该路由也是各种管道相对较少的，以降低风险。东方大学的管道示意图如图 8-16 所示。

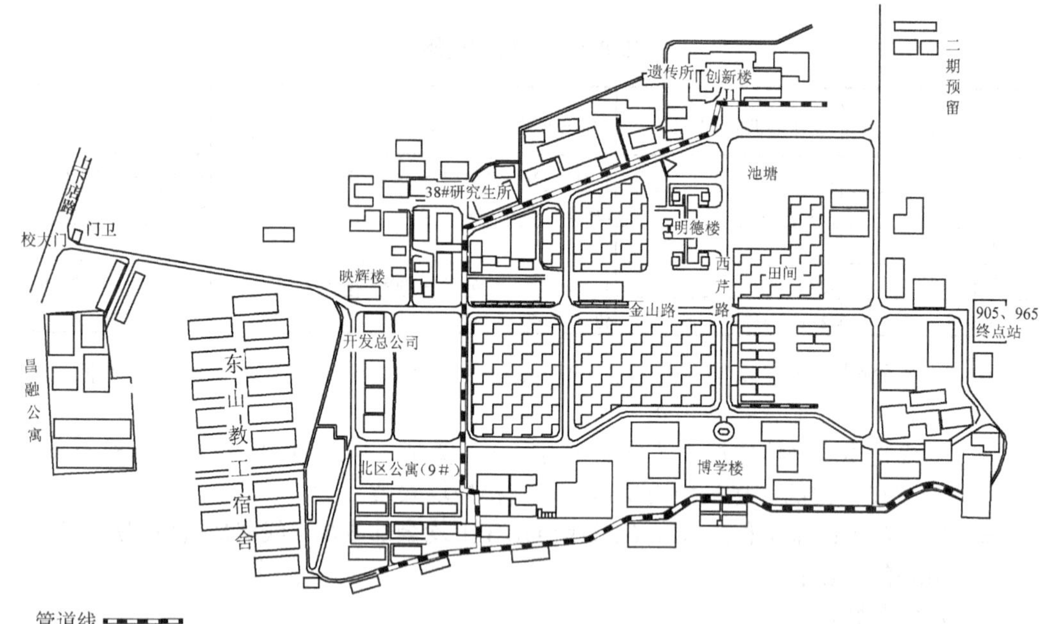

图 8-23　东方大学的管道示意图

金山路是 905 路小公共汽车与 965 路小公共汽车的必经之路，由此主干道上再开挖分为南区、北区显然不太合理。

从明德楼到博学楼之间的西芹路上有较多古树，如果综合管道从西芹路过，由于开挖区域较大，必然会损害古树，为了保护环境，故综合管道路由不考虑从西芹路过。求知路上由于有桥梁，不方便管道跨越施工，故最终考虑综合管道由明德楼中心机房出发，往南方向设 1#～4#手孔到路边，沿路砌手孔到南 3#，转为荆东路至北区。由于北区建筑物大多依山而建，如果在南侧砌手孔会大量破坏原有路面且不利于向各楼辐射，故考虑在研究生 1#旁转为立杆到北山体护坡，再沿护坡敷设至西区。

这样设计造成综合管道和主干光纤的工程投资增加较多，但与损坏古树及整个校园的整洁美观相比是值得的。

由于西区及北区多为教学与科研区，应将它们作为校园建设的重点，由于离明德楼中心机房不是很远，建议直接从明德楼往西转北敷设光缆。但创新楼西侧正在建设，明德楼西侧的田间及池塘等无法提供敷设光缆的物理通道，西芹路在前面已经分析过，不适于做综合管道，故沿本次路由设计来走较为合理，待创新楼西侧建设完成才具备通过创新楼附近的二期预留口到西区的条件。

映辉楼跟开发总公司分别在金山路两侧，距离虽近，但不适合用同一条路由。一是因为金山路是主干道，破路会影响交通；二是因为映辉楼手孔的位置不好确定，即使破路过去，光纤也很难进楼。故映辉楼可以由位于研究生 38#的 J3 光纤熔接箱接入，经 10-1#手孔及 10-2#手孔，转为立杆从后山进楼。开发总公司则通过位于北区公寓 9#的 J6 光纤熔接箱进局。

由于至昌融公寓的光纤预留路由要经过映辉楼到校大门之间的道路，距离较远。如

果立杆架设光缆可减少投资，但会影响校园的美观。本条路北侧为山体，故立杆或砌手孔均应考虑在路的南侧。而南侧路上原有电信等的管道，如果沿路砌手孔至昌融公寓则投资较重，而且要与众多管道交越，施工难度大。故考虑尽量利用电信的管道，加强与电信方的协调沟通工作。

建议东山教工生活区应预留网络接口。由于教工生活区的特殊性，不便归于教学区或学生宿舍区来管理，且统一管理实现起来较为困难，根据校方要求应归于学生宿舍区。东山教工生活区离位于北区公寓 9#的 J6 光纤熔接箱最近，同时 J6 光纤熔接箱为开发总公司、附属小学、幼儿园、体育研究所等教学楼提供进局路由；为北区公寓 9#、北区学生宿舍 10#等学生宿舍楼提供进局路由，故东山教工生活区考虑由 J6 光纤熔接箱接入学生宿舍区，并可根据需要转为由教学区来管理。

7. 确定工程预算

根据各子系统的设计内容，项目总价表和工作量预算清单分别如表 8-15 和表 8-16 所示。

表 8-15 项目总价表

名称（公章）：________ 招标编号：________ 货币单位：________

货物序号					
分系统名称	光缆工程	管道工程	综合布线工程	机房装饰工程	机房电气工程
原产地	大唐		大唐		
数量	1	1	1	1	1
设备材料价					
应用软件开发费					
备品备件价	赠送		赠送		
专用工具价			赠送		
技术服务费					
安装调试费					
检验培训费					
运输保险费用					
其他费用					

表 8-16 工作量预算清单

序号	主要设备名称	型号规格	单位	数量	品牌	单价	合价
一、光缆工程							
1	施工测量光（电）缆		100m	80.41			
2	立 9m 以下水泥杆（综合土）	6m	根	15			
3	市区架设 7/2.2 吊线（含镀锌钢铰线等配件）		1000m/条	1.972			
4	架设架空光缆（丘陵、水田、市区）12 芯以下（6 芯光缆）		1000m/条	1.972			
5	7-1 室外 6 芯单模光缆	GYXTY-6B1	100m/条	41.02	大唐		

续表

序号	主要设备名称	型号规格	单位	数量	品牌	单价	合价
6	敷设管道光缆（6 芯光缆）		1000m/条	3.101			
7	镀锌钢管 DN32		m	102			
⋮	⋮	⋮	⋮	⋮	⋮		
24	光跳线（ST 头单模单芯 3m）	RFPC201-ST	条	288	大唐		
本项累计合价：							
二、管道工程							
1	施工测量通信管道		100m	23.07			
2	人工开挖路面（混凝土路面 150mm 以下）	150mm 以下	100m²	4.285			
3	开挖土方（硬土）		100m³	27.98			
4	回填土方（夯填原土）		100m³	19.25			
5	做混凝土通信管道基础 四平 B 型（725mm 宽）#150	150#	100m	0.9			
6	敷设 双壁波纹管 100	DN100	100m	3.7			
7	敷设镀锌钢管 100	DN100	100m	1.2			
⋮	⋮	⋮	⋮	⋮	⋮		
25	砖砌 SK3 手孔		个	2			
本项累计合价：							
三、综合布线工程							
1	施工测量光（电）缆		100m	222.13			
2	打穿楼墙洞（砖墙）		个	1493			
4	敷设塑料线槽	100×40	百米	40.42			
5	安装信息盒底座		10 个	245.9			
6	安装吊装式桥架 100×50		10m	108			
7	安装配线机柜（落地式）	600×600×2000	个	9	金盾		
8	明布放六类对绞电缆	DTT-C6-11048	百米条	100.8	大唐		
⋮	⋮	⋮	⋮	⋮	⋮		
20	电缆链路测试		链路	2459			
本项累计合价：							
四、机房装饰工程（略）							
五、机房电气工程（略）							
总累计合价：							

8. 确定工程施工内容和工艺

（1）施工工期及范围

本施工组织设计是按工程全部竣工的施工工期考虑编制的，其施工项目范围包括综合布线系统、校区户外管网工程、网络中心机房装修。工期要求：机房装修 30 日历天；全部工程 40 日历天。

（2）工程施工的配合

1）与建设方的配合。

在施工前，施工工程中需要具备的施工条件，如仓库、施工办公室、施工用水用电等辅助办公及施工设施，需要业主来配合施工单位安排部署、落实到位。

建议要求仓库面积尽可能不小于 60m²，另需要 1 间办公室用于系统工程办公之用，满足基本要求即可。系统用水用电建议在施工工地的每栋楼提供一个接点，提供施工工地现场用水用电。

2）与网络设备供应商的配合。

由于网络设备安装于机柜中，因此应与网络设备供应商协调设备安装位置及配合网络分配跳线，保证网线的物理链路的畅通，以便网络设备供应商的网络调试运行。

（3）主要工程量与材料

本次工程主要包括 3 个分项工程：综合布线系统工程、校区总平管网工程和中心网络机房装修工程。

户外总平管道、手井、立杆及楼内管、槽安装等作为本工程的基础工程，也是本工程的重点工序之一。按照施工设计方案的规范要求，以保证缆线的敷设通路。户外地埋式管道采用波纹管与镀锌钢管，立杆采用 6m 水泥杆；楼内根据各楼情况采用金属线槽 KGB 钢管或 PVC 线槽及 PVC 管。中心机房装修，地面敷设抗静电地板，吊顶安装微孔铝塑扣板。

主要工作量有：敷设 48 芯光缆 13810m；敷设 6 芯光缆 8810m；开挖土方 $2800m^2$；砌手井 44 座；敷设管道超过 9800m；立杆 15 处；熔接光纤 1944 芯；敷设网络双绞线约 80000m；安装信息模块 2459 个；安装金属线槽超过 1300m；安装 PVC 线槽约 20000m；安装落地机柜 46 台；墙柜 33 台；敷设抗静电地板 $174.8m^2$；安装吊顶 $136.8m^2$。

（4）施工工艺及主要方法

1）户外管网。

- 基本工序：①地埋管：测量定位划线－人工挖槽沟－管道敷设－砌人手井－管道混凝土包封－回填土－恢复地面；②立杆架空：杆定位－挖杆坑－埋杆固定－吊索钢丝安装。
- 主要施工方法：挖管道沟、砌手井、波纹管敷设、回填土、立杆。

2）缆线布放。

- 基本工序。①楼内布线：测量定位安装线槽及管道面板安装盒－机柜安装－缆线敷设－模块、配线架安装－缆线、面板、配线架编码标识－线路测试；②楼外主干光缆：测量配线－管道分配－光缆敷设－熔接箱安装－光纤配线架安装－光纤熔接－编码标识－光纤测试。
- 主要施工方法：线槽安装、网线敷设、模块和配线架安装、光缆敷设与熔接、降低光纤接头熔接损耗方法。

3）机房装修。

- 基本工序：由墙面割管槽埋管及墙面修复－洁净处理－墙面粉刷－吊顶支架安装－地面洁净处理－桥架管道安装－缆线敷设－门框安装－活动地板安装－割断玻璃安装－吊顶微孔板安装－机柜设备安装。
- 主要施工方法：活动地板和吊顶安装、接地极和接地线的安装。

4）设备安装调试。

在系统缆线敷设完毕后，根据相应设备的安装进行调试工作。根据施工前的图纸审核和技术交底工作，安排施工前的施工培训工作，按照培训要求安装系统的相关设备，并保证设备的可运行性；工程在施工前对可预见的施工难点进行分析，并安排技术人员进行技术支持，保证工程进度和工程质量，按期完成施工进度。

9. 确定工程劳动力与施工设备投入计划

（1）施工主要设备的投入

在工程施工中投入先进的、数量足够的施工设备实施流水作业施工是保障项目顺利实施的重要条件之一。根据施工计划安排，施工单位将投入的主要施工设备配置情况如表 8-17 所示。

表 8-17 主要施工设备

设备名称	型号规格	单位	数量
万用表	VC9800	台	6
无线对讲机	GP328	对	6
接地电阻测试仪	ZC29B-1	台	1
混凝土搅拌机（租用）	JZC200	台	1
人字梯	3m	副	6
钩线器	PR0BE-PIC	个	2
4 对铜缆通测试仪	STM-8	个	2
光纤工具	1032B6	套	2
手电钻	GBM 6	台	1
角磨机	S1M-MH2-100B	台	1
冲击钻	Z1JE-MH-16/10	台	1
RJ45 卡钳	FT-5Y-7003	把	12
组合工具	12PCS	套	2
接地电阻测试仪	ZC29B-1	台	1
万用表	VC9800	台	3
4 对铜缆测试仪	DSP100	台	2
福禄克（铜缆/光纤测试）	DTX-1200	台	1
单芯光纤熔接机	S175 V.2000	台	1
离心水泵		台	2
交流焊机	AX-300	台	1
路面切割机		台	2

（2）劳动力的投入

充足劳动力的投入是确保工期实现的一项必不可少的要素，对于专业施工工种和劳动力的选择，必须以素质高、技术好为条件进行选取。

在劳动力的需求量上，将根据各分项工程的特点以及工期控制的要求配备足够的劳动力，建立奖罚制度，开展劳动竞赛，作好班组工作等后勤保障工作，确保施工任务的顺利完成。根据施工计划安排，各施工区在施工期间配备一个施工班组，班组内各工序在施工段期间实行流水作业，以工作面确定劳动力的进场。

施工管理人员共 11 人，其中项目经理 1 人、技术负责人 4 人、质检员 1 人、材料员 1 人、资料员 1 人、会计 1 人、采纳 1 人、预算 1 人。

作业操作工人共计划分为 10 个施工班组，每班组共 5 人，每个施工班组（队）负责一个施工面；每个组成员职能的划分由班组长根据施工的具体情况进行安排。

户外管道施工安排 3 个施工班组；水泥杆安装安排 1 个班组；楼内管槽施工安排 4

个班组；中心机房装修安排 2 个施工班组。各项施工同时展开。

（3）项目施工管理

根据本工程的规模、特点，本工程施工实行项目施工法管理。组织以项目经理为主的施工管理班子，全权负责本工程现场施工管理，项目班子优选有能力、有技术、有实际经验的各级管理人员，对该工程的质量、安全、工期及文明施工进行有计划、有组织的高效、科学、协调管理，确保本工程质量优良，争创优良样板工程。表 8-18 列出了本项目相关人员配置情况。

表 8-18 项目部技术管理人员配置表

名 称	姓 名	职 务	职 称
技术负责人	***	总工程师二级项目经理	高级工程师
项目经理	***	工程部经理二级项目经理	助理工程师
技术支持	***	技术经理	工程师
施工协助	***	质检员	助工
施工协助	***	材料员	助工
施工协助	***	施工员	助工
施工协助	***	安全员	助工
施工协助	***	会计	中级会计师
施工协助	***	预、决算员	工程师

10. 确定工程施工进度安排

（1）施工阶段划分

根据本工程的特点，为了确保工程优质、高效施工，拟将整个工程划分为如下五个施工阶段。

第一阶段为施工前的准备工作，包括现场测量、图纸深化设计会审；

第二阶段为基础施工阶段，包括敷设户外管道、手井、立杆；楼楼内管槽安装；机房管道敷设、洁净处理等；

第三阶段为机柜、缆线敷设阶段，包括按照设备的安装位置，铺设相应的缆线、光缆，并保证其缆线的通路；

第四阶段为设备安装、光纤熔接阶段，其主要是将系统设备按照施工图纸标注的位置、按照标准规范安装到位，并与相对应的设备连接保证设备的通路，光纤的分配熔接完成主干光纤的导通；

第五阶段是测试、试运行阶段，主要测试缆线并保证设备的可运行性。配合网络设备供应商进行校园网络系统的试运行。

（2）施工进度计划

工程施工主要工期控制点如下。

1）户外基础工程施工，预计需要 28 天。

2）楼内管、槽、线工程，计划该部分的总工期为 30 天。

3）室外光缆工程，计划该部分的总工期为 12 天。

4）室内设备安装调试工程，计划该部分的总工期为 12 天。

5）系统测试工作，计划总工期为 10 天。

6）机房装修，土建部分计划工期为 7 天。

7）机房装修，装潢部分计划总工期为 23 天。

本工程施工进度和工期接点控制是按甲方投标书要求编制，因此工期的控制要根据实际施工中的情况来调整，施工工序交叉进行。

（3）施工总进度表

工程施工总进度如表 8-19 所示。

表 8-19　施工总进度表

施工进度表																				
工种、工序	工期（每格两天）																			
	2	4	6	8	10	12	14	16	18	20	22	24	26	28	30	32	34	36	38	40
1）总平管网工程																				
户外管网线路测量、划线	■																			
挖土方槽沟		■	■	■	■	■	■	■	■											
混凝土基础					■	■	■	■	■	■										
管道敷设							■	■	■	■	■									
砌人手井									■	■	■	■								
土方回填											■	■	■							
清理\恢复地面												■	■	■						
立水泥杆								■	■	■	■									
户外光纤敷设													■	■	■	■	■			
光纤熔接															■	■	■	■		
光纤链路测试																	■	■	■	
2）综合布线工程																				
线槽、管安装	■	■	■	■	■	■	■	■	■											
管\槽布线			■	■	■	■	■	■	■	■	■	■	■							
机柜安装										■	■	■								
配线架安装											■	■	■	■						
模块\面板安装								■	■	■	■	■	■	■	■					
系统链路测试														■	■	■	■	■	■	
3）机房装修工程																				
管道敷设、修补墙面	■	■																		
洁净处理		■	■																	
墙面粉刷			■	■																
吊顶支架安装					■	■														
地面线槽、管安装						■	■	■												
管、槽穿线								■	■	■										
门、窗安装									■	■	■									
活动地板安装											■	■	■							
吊顶扣板安装													■	■						
设备安装														■	■					
验收																				■

11．统计设计图纸

本工程图纸包括校园网总平管网图、校园网总体拓扑图、光纤路由图、校园网管道图、管道剖面图、校园网架空光缆图、架空光缆吊线安装图、校园网综合布线系统图、各楼平面图、中心机房吊顶布置图、机柜安装示意图，以及管、盒安装示意图等。图 8-24 和图 8-25 罗列了其中两张案例图。

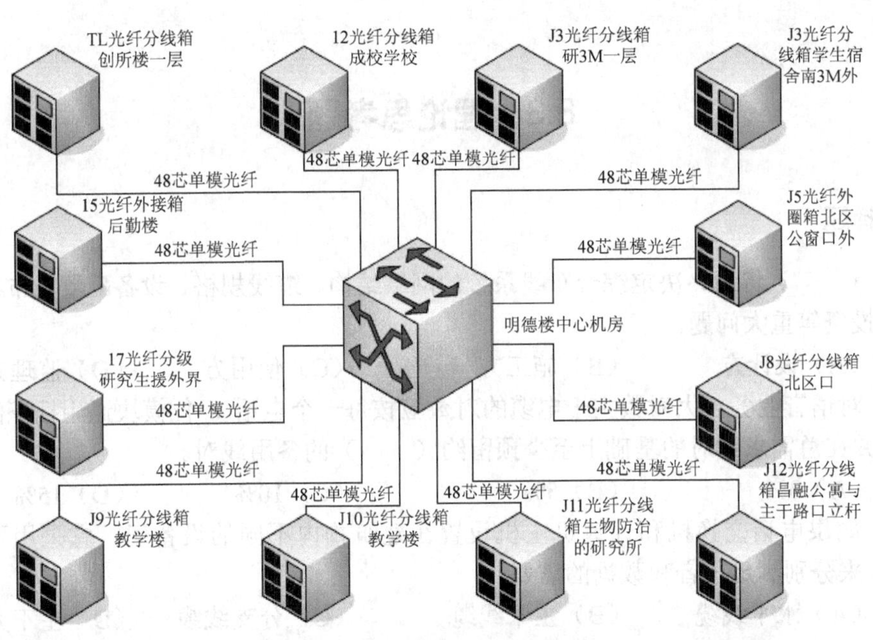

图 8-24 校园网综合布线系统图

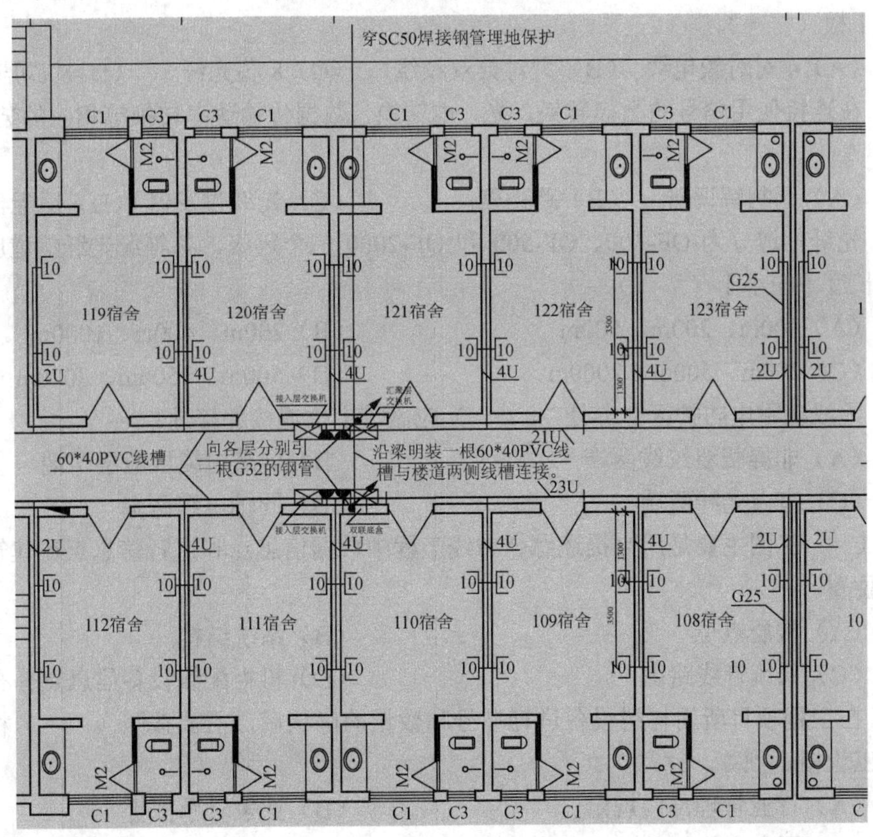

图 8-25 创新楼一层平面图

8.3 理论思考题

一、选择题

1.（　　）将最终决定综合布线系统的网络结构、缆线规格、设备配置、布线路由和工程投资等重大问题。

（A）设计方　（B）施工方　（C）使用方　（D）监理方

2．对语音业务，大对数主干电缆的对数应按每一个电话 8 位模块通用插座配置 1 对线，并在总需求线对的基础上至少预留约（　　）的备用线对。

（A）3%　（B）5%　（C）10%　（D）15%

3．如果电话交换机和计算机主机设置在建筑物内不同的设备间，宜采用不同的（　　）来分别满足语音和数据的需要。

（A）水平线缆　（B）主干线缆　（C）分支线缆　（D）主干光缆

4．工作区的信息插座模块应支持不同的终端设备接入，每一个 8 位模块通用插座应连接 1 根（　　）。

（A）4 对对绞电缆　（B）大对数双绞线　（C）8 芯光纤　（D）8 芯屏蔽线缆

5．在连接使用信号的数模转换，光、电转换，数据传输速率转换等相应的装置时，采用（　　）。

（A）调制解调器　（B）路由器　（C）光纤收发器　（D）适配器

6．光纤信道分为 OF-300、OF-500 和 OF-2000 三个等级，各等级光纤信道应支持的应用长度不应小于（　　）。

（A）100m、200m、500m　（B）200m、400m、1000m

（C）300m、500m、2000m　（D）500m、1500m、3000m

7．缆线在雷电防护区交界处，（　　）应做等电位连接并接地。

（A）非屏蔽双绞线两端　（B）屏蔽电缆屏蔽层两端

（C）室内光纤两端　（D）同轴电缆两端

8.（　　）图主要是用来描述综合布线工程中数据信息点和语音信息点在建筑物中的具体位置。

（A）楼层点位　（B）系统结构

（C）系统管线路由　（D）机柜配线设备信息点分布

9．在工程项目所用材料设备进行型号和数量的确认后，需要按照（　　）标准进行项目工程概、预算。

（A）行业管理部门规定　（B）竞争对手报价

（C）用户底价　（D）设备、材料进价

10．当综合布线路由上存在干扰源，且不能满足最小净距要求时，应采用金属管线进行屏蔽，或采用（　　）系统及光缆布线系统。

（A）UTP 布线　（B）环型布线　（C）星型布线　（D）STP 布线

二、简答题

1．综合布线系统设计可分为几个不同的设计等级？每个设计等级的基本配置是什么？

2．在工作区的设计过程中，信息插座的数量如何确定？

3．在配线子系统设计过程中，各种缆线的数量如何确定？管槽的规格如何确定？

4．简要说明点位图绘制的要点。

5．综合布线工程预算一般有几种方法？各有什么优缺点？

6．楼内布线基本工序是什么？

7．机房装修基本工序是什么？

8．综合布线的设计方案通常有哪几部分？

三、计算题

1．已知某一办公楼有 6 层，每层 20 个房间。根据用户需求分析得知，每个房间需要安装 1 个电话语音点、1 个计算机网络信息点和 1 个有线电视信息点。请计算该办公楼综合布线工程应定购的信息点插座的种类和数量是多少？需定购的信息模块的种类和数量是多少？

2．已知某学生宿舍楼有 7 层，每层有 12 个房间，要求每个房间安装两个计算机网络接口，以实现 100M 接入校园网络。为了方便计算机网络管理，每层楼中间的楼梯间设置一个配线间，各房间信息插座连接的水平线缆均连接至楼层管理间内。根据现场测量知道每个楼层最远的信息点到配线间的距离为 70m，每个楼层最近的信息点到配线间的距离为 10m。请确定该幢楼应选用的水平布线线缆的类型并估算出整幢楼所需的水平布线线缆用量。实施布线工程应订购多少箱电缆？

3．已知某建筑物需要实施综合布线工程，根据用户需求分析得知，其中第 6 层有 60 个计算机网络信息点，各信息点要求接入速率为 100Mb/s，另有 50 个电话语音点，而且第 6 层楼层管理间到楼内设备间的距离为 60m，请确定该建筑物第 6 层的干线电缆类型及线对数。

4．已知某建筑物其中一楼层采用光纤到桌面的布线方案，该楼层共有 40 个光纤点，每个光纤信息点均布设一根室内 2 芯多模光纤至建筑物的设备间，请问设备间的机柜内应选用何种规格的 IBDN 光纤配线架？数量多少？需要订购多少个光纤耦合器？

（提示：IBDN 光纤配线架的规格为 12 口、24 口、48 口。）

5．已知某校园网分为三个片区，各片区机房需要布设一根 24 芯的单模光纤至网络中心机房，以构成校园网的光纤骨干网络。网管中心机房为管理好这些光缆应配备何种规格的光纤配线架？数量多少？光纤耦合器多少个？需要订购多少根光纤跳线？

8.4 技能操作题

已知楼宇结构如图 8-26 所示，楼高 2.8m。要求机柜设在 205 房间，楼内采用超 5 类双绞线布线，所有缆线都汇聚在机柜内；205 房间共有 11 台计算机，需设置 11 个信息点，其他每个房间两个信息点，信息点位置在房间右墙上距墙 3m，高 30cm 处；走廊用金属线槽架空敷设，房间内沿墙壁用 PVC 线槽敷设至每个房间的信息底座及机柜，根据要求完成以下内容。

1）画出布线路由图。

2）估算出施工中以下材料的数量清单：面板、86 型标准底盒、信息模块的数量，超 5 类 UTP 双绞线的箱数（305m/箱），24 口配线架数量（只需要计算或估算给出的这一层楼所需材料），制成表格，包括材料的种类、规格、数量等内容。估算线材要有计算步骤和计算过程。

3）根据布线路由图，计算金属线槽截面的大小和型号，PVC 槽的型号和数量，施工中需要哪些工具？计算金属线槽大小时要有计算步骤和计算过程。

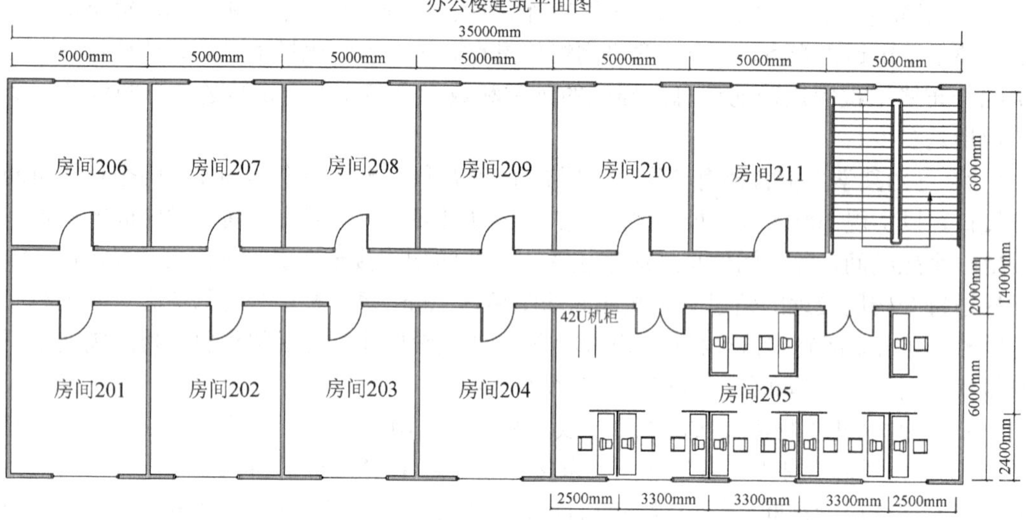

图 8-26 实训题图

单元九

网络综合布线系统测试与验收

知识教学目标

- 熟悉几种常见的测试仪的使用方法。
- 熟悉综合布线链路测试标准及分类。
- 掌握双绞线链路的测试方法和技巧。
- 掌握光纤链路的测试方法和技巧。
- 熟悉综合布线系统验收内容和方法。
- 掌握综合布线系统验收分类及相关技术规范。
- 了解综合布线系统验收相关表格。

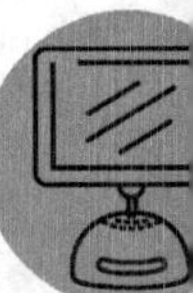

技能培养目标

- 能够为真实综合布线工程编制系统测试和验收计划。
- 能够完成永久链路和通道链路的测试。
- 能够实施综合布线系统工程所有验收。

在综合布线工程施工过程中，绝大部分工程都以屏蔽（STP）或非屏蔽双绞线（UTP）作为配线子系统缆线、以大对数电缆或光缆作为干线子系统缆线进行施工。但从目前的相关业务运行情况来看，有近50%的故障来自于电缆系统。由此可知，综合布线系统必须进行认证测试，使布线系统能真正地满足未来高速网络系统的运行。1995年10月，美国TIA/EIA颁布了《TSB-67非屏蔽双绞线系统性能现场测试规范》，规定了3、4、5类水平布线系统必须对连线图、长度、衰减和近端串扰进行测试，合格后方能投入使用，这在一定程度上保证了缆线在100MHz频率以内的传输性能。这些指标不仅与电缆和接插件本身有关，还与安装施工的工艺水平有相当大的关系。所以说，安装完毕的电缆系统，必须通过性能测试才能够真正投入使用，以达到规划中高效的缆线集成功能。

为促进信息化建设的发展、规范施工和工程验收，2000年，国家质量技术监督局和国家建设部联合颁布实施了《建筑与建筑群综合布线系统工程验收规范》（GB/T 50312—2000），对综合布线系统工程验收做了进一步的规定。2007年，在原来基础上根据实际布线发展颁布实施了《GB/T 50312—2007》版本。

工程验收是一项系统性工作，它包含链路连通性、电气和物理特性测试，还包括对施工环境、工程器材、设备安装、缆线敷设、缆线终接、竣工技术文档等的验收。验收工作贯穿于整个综合布线工程中，包括施工前检查、随工检验、初步验收、竣工验收等几个阶段，每个阶段都有其特定的内容。

9.1 项目1 双绞线链路测试

9.1.1 项目引入

某学院综合楼综合布线施工完毕，其中配线子系统全部采用TCL6类双绞线进行敷设，全楼共6层，配线间设在5楼中央控制室，各楼层的信息点都直接汇总到配线间的配线架上，总共246个网络信息点。现需要对综合布线系统进行专业参数认证，以确保整个综合布线系统的缆线性能达到行业使用标准。

9.1.2 项目分析

施工项目测试的主要内容就是检查工程施工是否达到了工程设计的预期目标，网络线路的传输能力是否符合标准。

根据项目引入中的要求，设计如下。

1）本次工程涉及建筑只有一栋大楼，共246个信息点。因为信息点数量不多，可以采用100%测试的方法，也就是对所有信息点进行测试。而对于规模较大的工程可以考虑采用抽测的方法进行。

2）因为该项目中缆线都使用TCL6类双绞线，所以选择FLUKE-1200专业测试设备对所有链路进行永久链路模式测试，并将所有数据保存起来。

3）将 FLUKE 设备的测试数据导入计算机，通过 LinkWare 软件进行数据分析，为项目的验收和整改提供依据。

9.1.3 相关知识

1. 测试设备

在综合布线工程中，用于测试双绞线链路的设备通常有两种——“能手”系列和 FLUKE DTX 系列。前者主要用于链路的简单通断性判定，后者用于链路性能参数的确定。

（1）“能手”ST-468 多功能网络电缆测试仪

1）产品介绍。

该设备采用自动扫描方式，快速测试并具有流线型外形，符合人体工程学设计，可测试缆线类型包括 RJ-11 和 RJ-45 等。

该设备可对双绞线 1、2、3、4、5、6、7、8、G 线对逐根（对）测试，并可区分判定哪一根（对）错线、短路和开路。

2）界面介绍。

“能手”测试仪结构相对简单，如图 9-1 所示，主控端上面有一个有源开关，负责开关机，主控端和远端各有一个接口用于被测试缆线的端接。

开关 ON 为正常测试速度，S 为慢速测试速度，M 为手动挡。

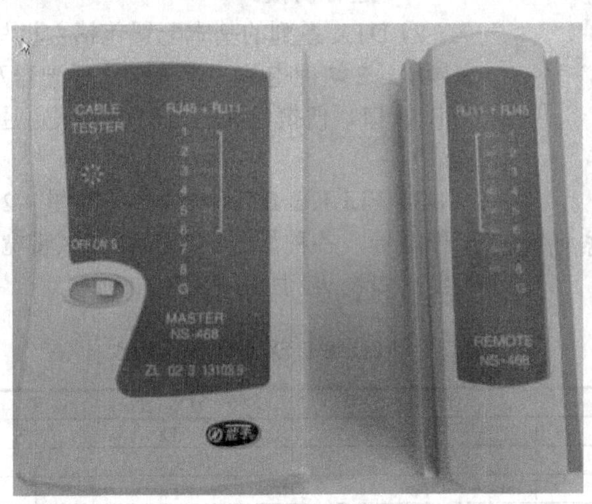

图 9-1 “能手”测试仪

3）双绞线测试使用方法。

打开电源，将网线插头分别插入主测试器和远程测试器，主机指示灯从 1～G 逐个顺序闪亮，下面以 RJ-45 为例介绍。

主测试器：1—3—4—5—6—7—8—G。

远程测试器：1—2—3—4—5—6—7—8—G。

若接线不正常，按下述情况显示：

- 当有一根网线如 3 号线断路，则主测试仪和远程测试端 3 号灯都不亮。
- 当有几条线不通，则几条线都不亮，当网线少于两根线连通时，灯都不亮。
- 当两头网线乱序，如 2、4 线乱序，则显示为。

主测试器不变：1—2—3—4—5—6—7—8—G。

远程测试端为：1—4—3—2—5—6—7—8—G。

- 当网线有两根短路时，则主测试器不亮，而远程测试端显示短路的两根线灯都微亮，若有 3 根以上（含 3 根）短路时则所有短路的几条线号的灯都不亮。

若测配线架和墙座模块，则需两根匹配跳线引到测试仪上。

（2）FLUKE DTX 系列电缆认证分析仪

1）产品概述。

- 出众的 IV 级测试精度，超越了 Cat 5e/6/7 的标准要求。
- 完成一次 Cat 6 自动测试只需要 12s，比以前的测试仪快了至少 3 倍。
- 先进省时的故障诊断能力，能准确指出故障，还能提供修复建议。
- 900MHz 的频率范围，为未来应用的扩展做好准备，例如万兆以太网、Class F 链路或 CATV。
- 背插式光缆模块，单键即可在铜缆和光缆测试之间进行切换。

图 9-2　FLUKE DTX 系列产品

2）DTX 系列的基本配置包括主机与智能远端、彩色中文显示、2 块锂电池、永久链路适配器及 PM06 测试模块、USB 接口、便携包和内置对讲机（可通过铜缆或光缆进行通话）。

3）FLUKE DTX 系列产品如图 9-2 所示，该系列包括三种型号，各种型号的产品在测试带宽和测试时间上具有差异，如表 9-1 所示。

表 9-1　FLUKE DTX 系列产品对比

产品特点	DTX-1800	DTX-1200	DTX-LT
Cat 6 认证测试时间/s	12	12	35
最高测试带宽/MHz	900	350	350
测试精度	IV	IV	IV
内部存储器（Cat 6 图形报告）	250	250	250
支持 MMC 卡	支持	支持	不支持
Cat 6 通道适配器	标配	标配	选配
耳机	标配	标配	选配

4）LinkWare 软件的使用。

LinkWare 软件可完成测试结果的管理，其界面如图 9-3 所示。可提供灵活的报告，图 9-4 显示了 LinkWare 提供的各种格式的测试报告，如图形、览和纯文本等。LinkWare 具有强大的统计功能，图 9-5 显示了 LinkWare 对单个信息点进行单项参数数据进行统计的结果。

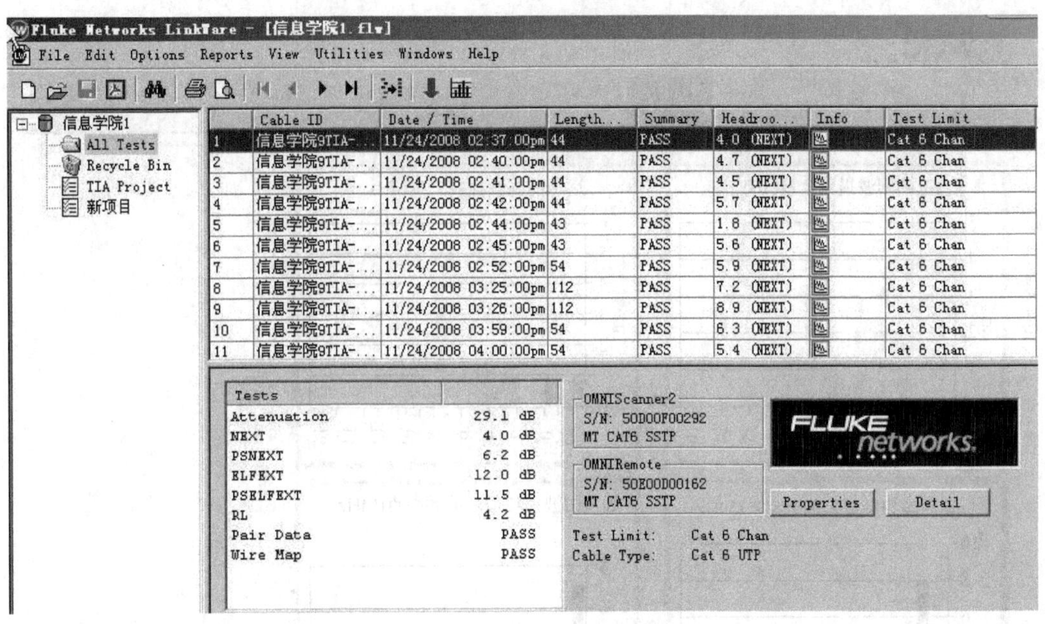

图 9-3　LinkWare 界面

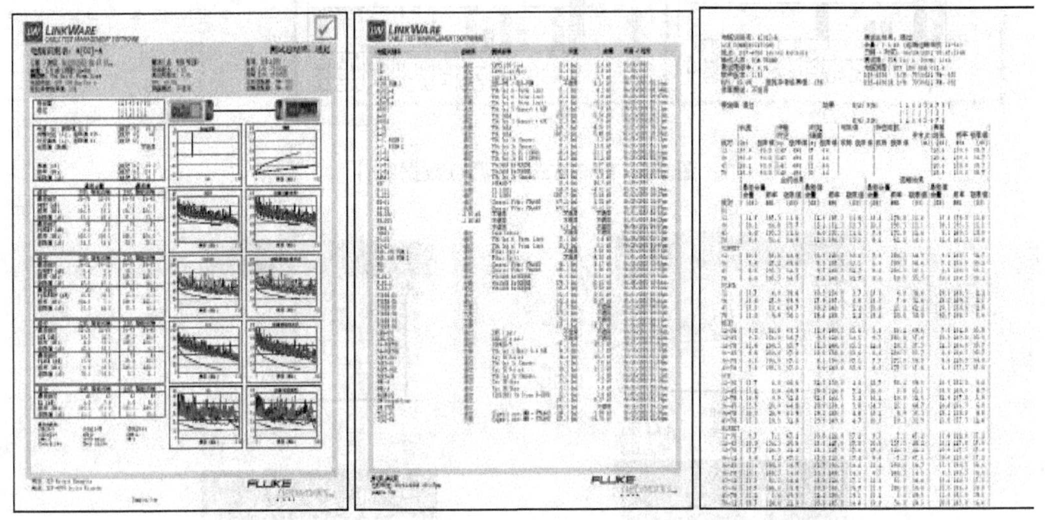

图 9-4　LinkWare 报告

5）测试仪器精度。

测试结果中出现“*”，表示该结果处于测试仪器的精度范围内，测试仪无法准确判断。测试仪器的精度范围也被称为“灰区”，精度越高，“灰区”范围越小，测试结果越可信。图 9-6 显示了 FLUKE 测试仪成功和失败的灰区结果。

影响测试仪精度的因素有高精度的永久链路适配器和匹配性能好的插头。

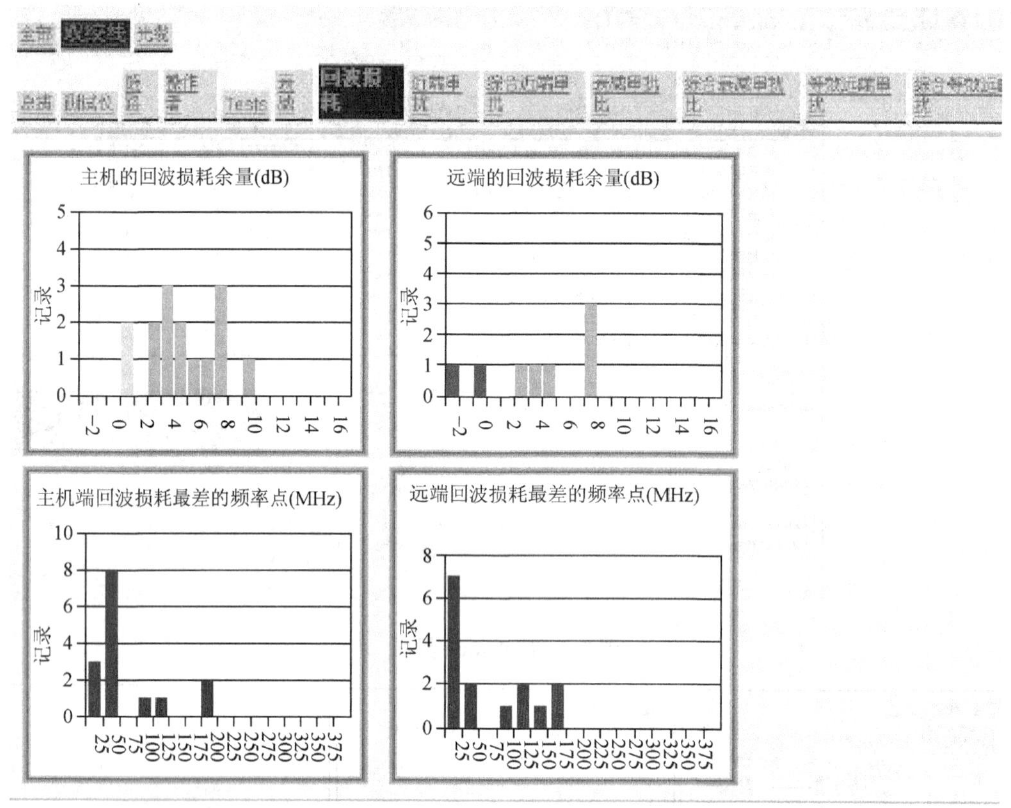

图 9-5 LinkWare 信息点数据统计

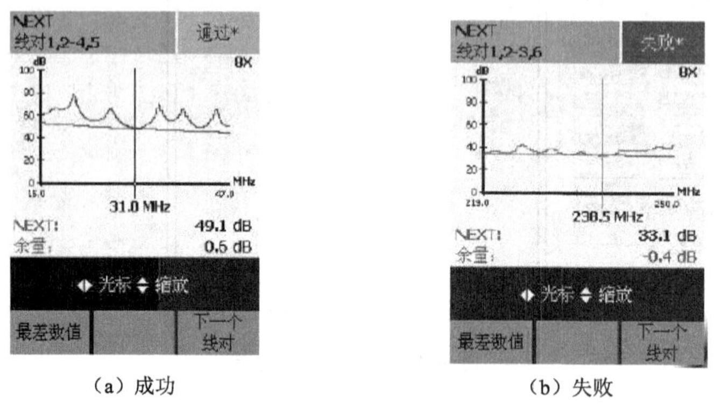

(a) 成功　　(b) 失败

图 9-6 FLUKE 测试结果

2. 认证测试模型

(1) 基本链路模型

基本链路包括三部分：最长为 90m 的建筑物中固定的水平布线电缆、水平电缆两端的接插件（一端为工作区信息插座，另一端为楼层配线架）和两条与现场测试仪相连的

2m 测试设备跳线。基本链路连接模型应符合图 9-7 方式，其中 F 是信息插座至配线架之间的电缆，G、E 是测试设备跳线，G=E=2m，F≤90m。F 是综合布线承包商负责安装的，链路质量由他们负责，所以基本链路又称为承包商链路。

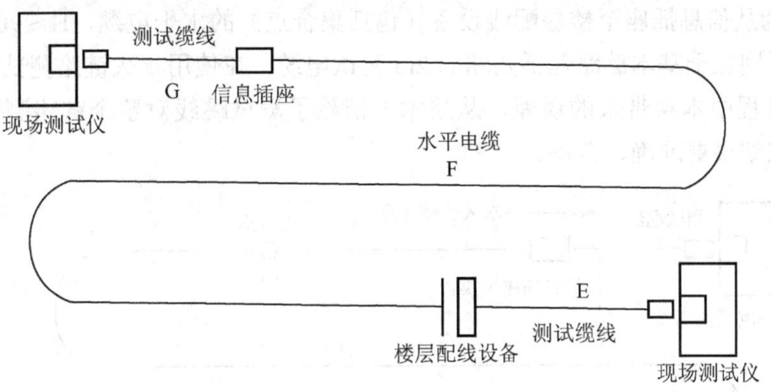

图 9-7 基本链路连接模型

（2）信道模型

信道指从网络设备跳线到工作区跳线间端到端的连接，它包括了最长为 90m 的建筑物中固定的水平布线电缆、水平电缆两端的接插件（一端为工作区信息插座，另一端为楼层配线架）、一个靠近工作区的可选的附属转接连接器、最长为 10m 的在楼层配线架上的两处连接跳线和用户终端连接线，信道最长为 100m。信道模型中，A 是用户端连接跳线，B 是转接电缆，C 是水平电缆，D 是最大 2m 的跳线，E 是配线架到网络设备间的连接跳线，B+C 最大长度为 90m，A+D+E 最大长度为 10m。信道测试的是网络设备到计算机间端到端的整体性能，是用户所关心的，故信道又被称为用户链路，如图 9-8 所示。

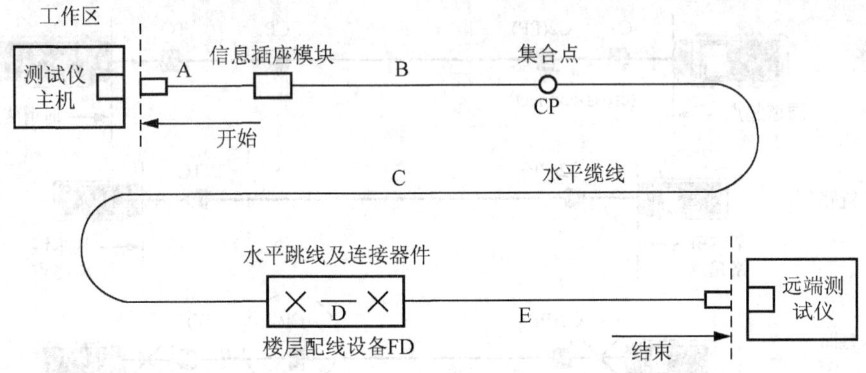

图 9-8 信道连接模型

基本链路和信道的区别在于基本链路不含用户使用的跳接电缆（配线架与交换机或集线器间的跳线、工作区用户终端与信息插座间跳线）。测试基本链路采用测试仪专配的测试跳线连接测试仪的接口，而测试信道时直接用链路两端的跳接电缆连接测试仪接口。

（3）永久链路模型

永久链路又称固定链路，它由最长为 90m 的水平电缆、水平电缆两端的接插件（一端为工作区信息插座，另一端为楼层配线架）和链路可选的转接连接器组成，如图 9-9 所示。H 为从信息插座至楼层配线设备（包括集合点）的水平电缆，H≤90m。其与基本链路的区别在于基本链路包括两端的 2m 测试电缆。在使用永久链路测试时可排除跳线在测试过程中本身带来的误差，从技术上消除了测试跳线对整个链路测试结果的影响，使测试结果更准确、合理。

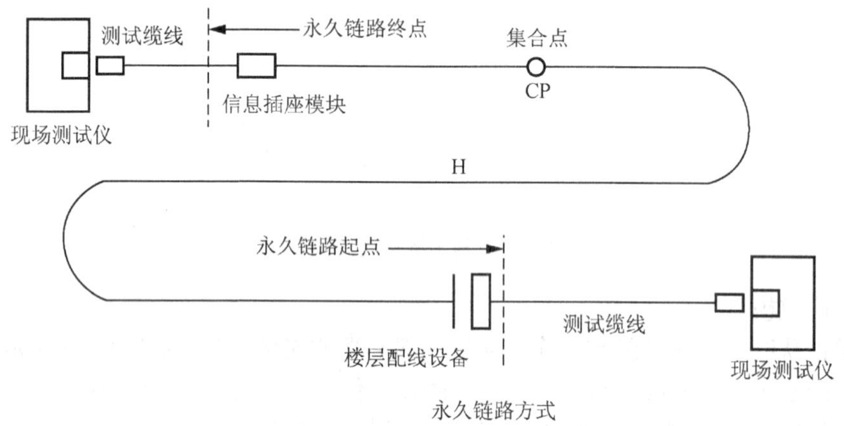

图 9-9　永久链路连接模型

（4）各种模型之间的差别

图 9-10 显示了三种测试模型之间的差异性，主要体现在测试起点和终点的不同、包含的固定连接点不同和是否可用终端跳线等。

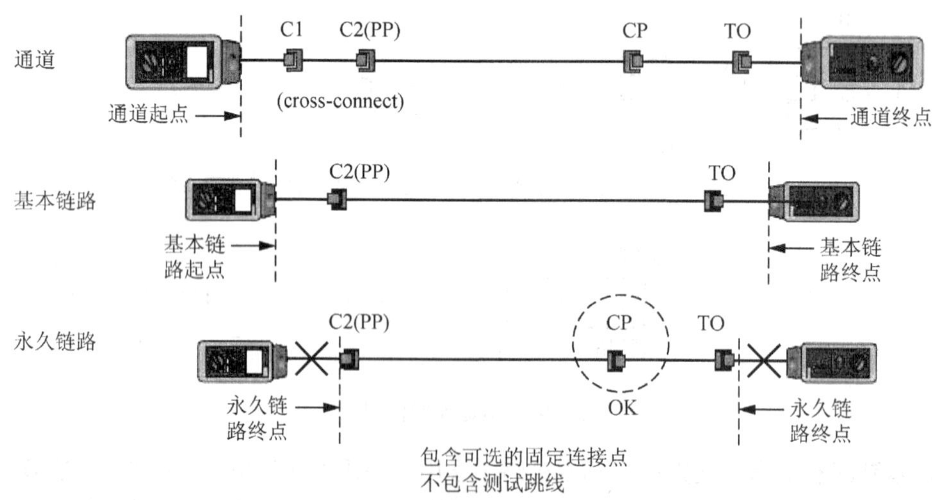

图 9-10　三种链路链接模型差异比较

3. 测试类型

从工程的角度可将综合布线工程的测试分为两类：验证测试和认证测试。

- 验证测试一般是在施工的过程中由施工人员边施工边测试，以保证所完成的每一个连接的正确性。
- 认证测试是指对布线系统依照标准进行逐项检测，以确定布线是否达到设计要求，包括连接性能测试和电气性能测试。认证测试通常分为自我认证和第三方认证两种类型。

（1）自我认证

这项测试由施工方自行组织，按照设计施工方案对工程所有链路进行测试，确保每一条链路都符合标准要求。如果发现未达标准的链路，应进行整改，直至复测合格。同时，编制确切的测试技术档案，写出测试报告，交建设方存档。测试记录应当做到准确、完整、规范，便于查阅。由施工方组织的认证测试，可邀请设计、施工监理多方参与，建设单位也应派遣网络管理人员参加这项测试工作，以便了解整个测试过程，方便日后管理与维护。

（2）第三方认证

越来越多的建设方既要求布线施工方提供布线系统的自我认证测试，同时也委托第三方对系统进行验收测试，以确保布线施工的质量，这是综合布线验收质量管理的规范。

第三方认证测试目前采用两种做法。

1）对工程要求高，使用器材类别多，投资较大的工程，建设方除要求施工方要做自我认证测试外，还邀请第三方对工程做全面验收测试。

2）建设方在要求施工方做自我认证测试的同时，请第三方对综合布线系统链路做抽样测试。按工程大小确定抽样样本数量，一般 1000 个信息点以上的抽样 30%，1000 个信息点以下的抽样 50%。

衡量、评价综合布线工程质量的优劣，唯一科学、有效的途径就是进行全面现场测试。

4. 测试标准

布线的测试首先是与布线的标准紧密相关的。近几年来布线的标准发展地很快，主要是由于有像千兆以太网这样的应用需求在推动着布线性能的提高，由此导致了对新的布线标准的要求加快。布线的现场测试是布线测试的依据，它与布线的其他标准息息相关，我们在此对这些标准进行逐一的简单介绍，更详细的资料可以直接参考标准原件。

（1）ISO/IEC 11801 通用用户端电缆标准

1）ISO/IEC 11801 通用用户端电缆标准的目的如下。

- 定义与应用无关的开放系统。
- 定义有灵活性的电缆结构使得更改方便和经济。

- 给建筑专业人员提供一个指南，确定在未知特定要求之前的电缆结构。
- 定义电缆系统支持当前应用以及未来产品的基础。

2）发展史。

- 1995 年发布 D 级（相当于 Cat5）。
- 2000 年发布 D 级（相当于 Cat5e）。
- 2002 年发布 E 级（相当于 Cat6）。

（2）中国国家与行业标准

1）GB/T 50312—2007：综合布线工程验收规范。

2）GB/T 18233—2000（准备修订）：信息技术用户建筑群的通用布线。

3）YD/T 926.1—2001：大楼通信综合布线系统第 1 部分：总规范。

4）YD/T 1013—1999：综合布线系统电气特性通用测试方法。

（3）TIA 标准

1）568-B 商业建筑通信布线标准。

2）569 商业建筑电信通道及空间标准。

3）570 住宅电信布线标准。

4）606 商业建筑物电信基础结构管理标准。

5）607 商业建筑物接地和接线规范。

（4）ANSI-TIA-EIA-568 测试标准的发展

1）发展史。

- Cat5：1995 年 10 月发布。
- Cat5e：2000 年 1 月发布。
- Cat6e：2002 年 6 月发布。

2）ANSI-TIA-EIA-568-B。

TIA 的工作目标是每 5 年修订一次标准内容，568-B 标准在 2001 年 4 月发布（Cat5e），568-B.2-1 标准在 2002 年 6 月发布（Cat6）。

标准分三部分。

- 568-B.1：第一部分（一般要求）。
- 568-B.2：第二部分（平衡双绞线布线系统）。
- 568-B.3：第三部分（光纤布线部件标准）。

Cat6 测试标准如下。

- 频率范围 1～250MHz。
- 取消了基本链路的测试模型。
- 改善了在串扰和回波损耗方面的性能。
- 保证在 200MHz 时的 ACR 余量大于 0。
- 高于 Cat5e 布线系统 1.5 倍的传输带宽。

表 9-2 所示为超 5 类与 6 类系统的测试标准差异，从中可以看出 6 类系统对缆线的参数要求更加严格。

表 9-2 超 5 类与 6 类系统测试标准的比较

参 数	超 5 类	6 类
频率范围	1～100MHz	1～250MHz
传输时延	与 TSB95 相同	与 TSB95 相同
时延偏离	与 TSB95 相同	与 TSB95 相同
衰减	与 5 类相同	比 5 类更严格 43%
近端串扰	比 5 类更严格 41%	比 5 类更严格 337%
综合远端串扰	与 5 类相同	比 5 类更严格 216%
等效远端串扰	比 5 类更严格 5%	比 5 类更严格 104%
综合等效远端串扰	与 TSB95 相同	比 5 类更严格 95%
回波损耗	比 5 类更严格 26%	比 5 类更严格 58%

5. 测试技术参数

综合布线的双绞线链路测试中，需要现场测试的参数包括接线图、长度、传输时延、插入损耗、近端串扰、综合近端串扰、回波损耗、衰减串扰比、等效远端串扰和综合等效远端串扰等。下面介绍比较重要的几个参数。

（1）接线图

接线图的测试，主要测试水平电缆终接在工作区或电信间配线设备的 8 位模块式通用插座的安装连接是否正确。正确的线对组合为 1/2、3/6、4/5、7/8，分为非屏蔽和屏蔽两类，对于非 RJ-45 的连接方式按相关规定要求列出结果。

布线过程中可能出现以下正确或错误的连接图测试情况。

图 9-11 所示为正确接线的测试结果。

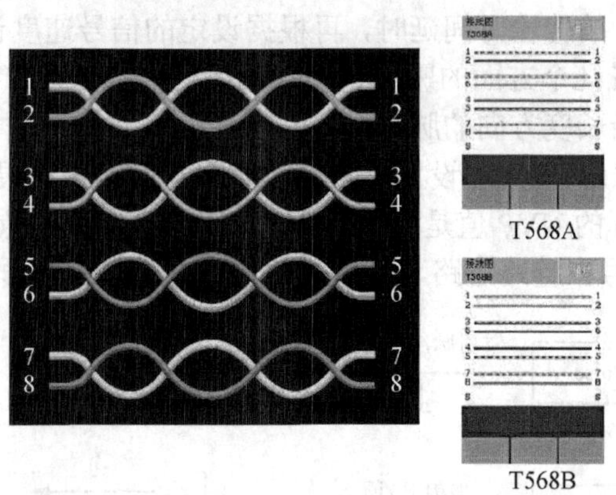

图 9-11 正确接线图

对布线过程中出现错误的连接图测试情况分析如下。

- 开路：双绞线中有个别芯没有正确连接，图 9-12 显示第 8 芯断开，且中断位置分别距离测试的双绞线两端 22.3m 和 10.5m 处。
- 反接/交叉：双绞线中有个别芯对交叉连接，图 9-13 显示 1、2 芯交叉。

- 短路：双绞线中有个别芯对铜芯直接接触，图 9-14 显示 3、6 芯短路。
- 跨接/错对：双绞线中有个别芯对线序错接，图 9-15 显示 1 和 3、2 和 6 两对芯错对。

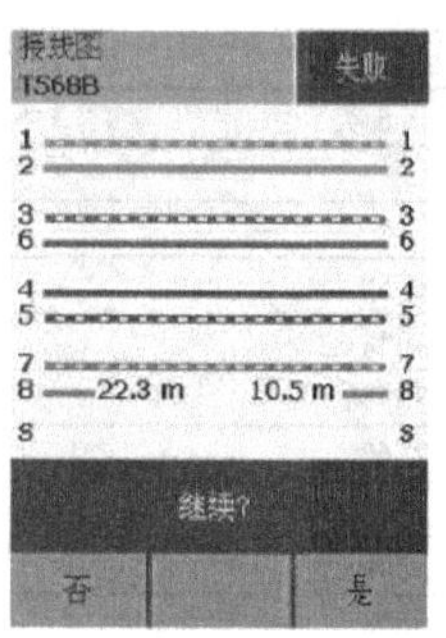

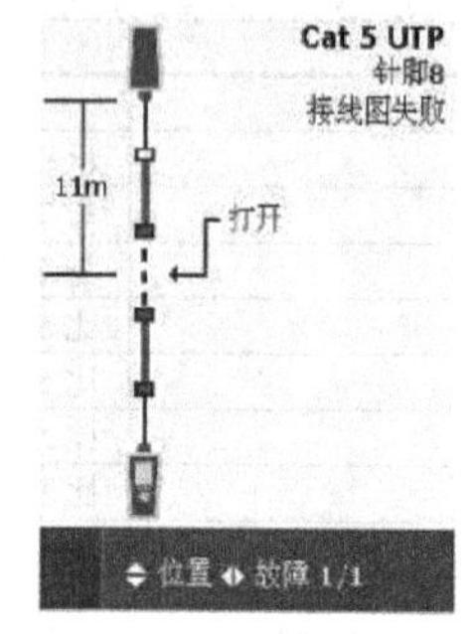

图 9-12　开路

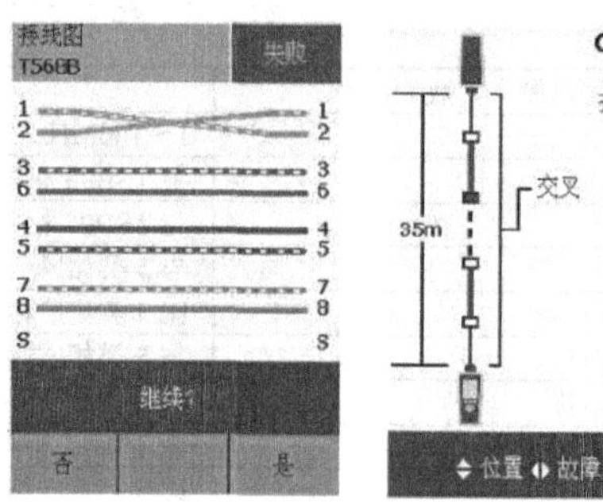

图 9-13　反接/交叉

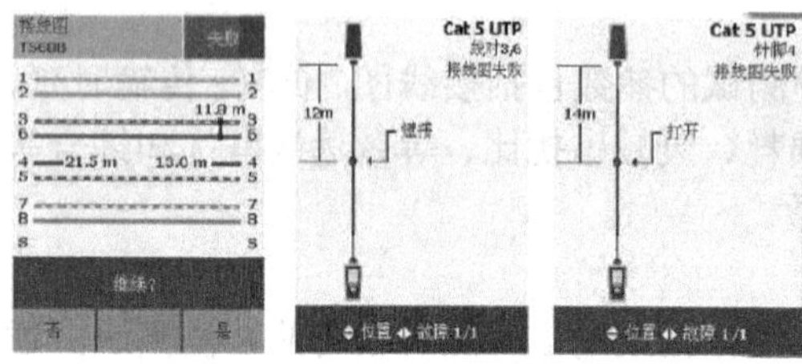

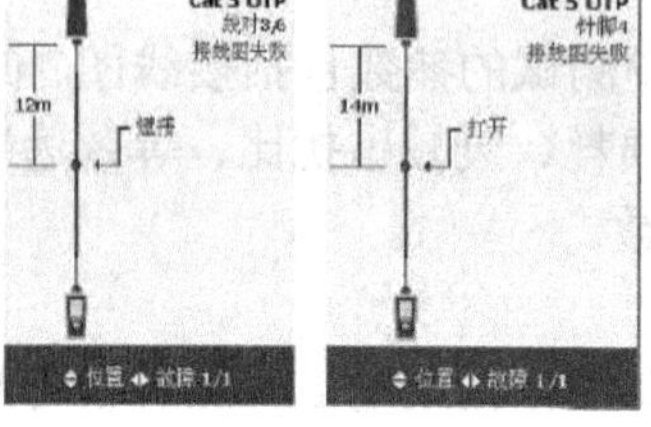

图 9-14　短路

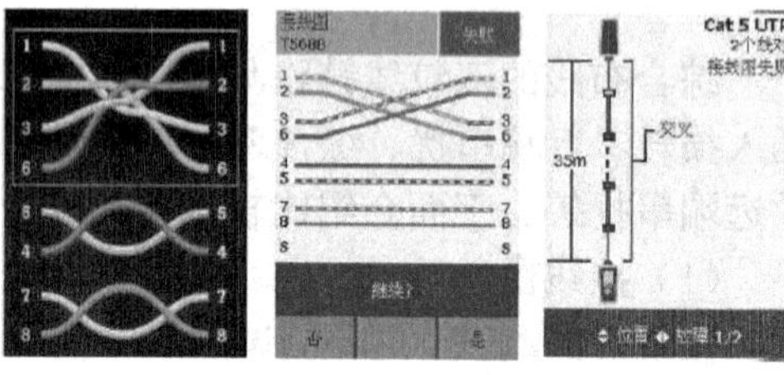

图 9-15　跨接/错对

（2）长度

长度表征被测双绞线的实际长度。测量双绞线长度时，通常采用时域反射测试技术，即测量信号在双绞线中的传输时间延时，再根据设定的信号速度计算出长度值。所以长度测量的准确性主要受几个方面的影响：缆线的额定传输速度（NVP）、绞线长度与外皮护套的长度，以及沿长度方向的脉冲散射。NVP 表述的是信号在缆线中传输的速度，以光速的百分比形式表示。NVP 设置不正确将导致长度测试结果错误，比如如果 NVP 设定为 70%而缆线实际的 NVP 值是 65%，那么测量还没有开始就有了 5%以上的误差。图 9-16 说明了一个信号在链路短路、开路和正常状态下的三种传输状态。

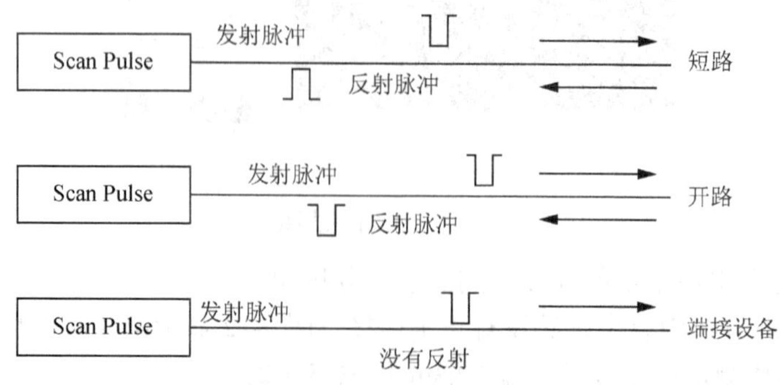

图 9-16　时域反射

（3）传输时延

传输时延表征被测双绞线的信号在发送端发出后到达接收端所需要的时间，最大值为 555ns；图 9-17 描述了信号的发送过程，图 9-18 描述了测试结果，从中可以看到不同线对的信号是先后到达对端的。

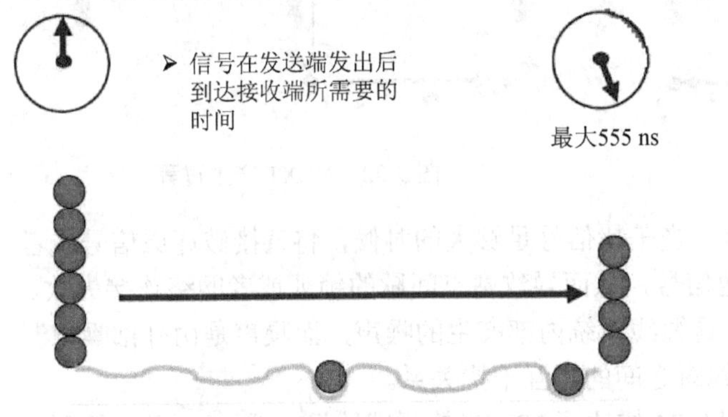

图 9-17 传输时延产生过程

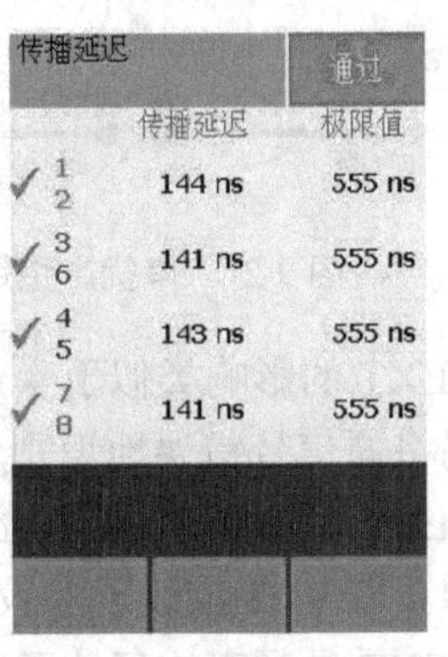

图 9-18 传输时延测试结果

（4）衰减或者插入损耗

衰减或者插入损耗表征链路中传输所造成的信号损耗（以分贝 dB 标示）。图 9-19 描述了信号的衰减过程；图 9-20 显示了插入损耗测试结果。造成链路衰减的主要原因有：电缆材料的电气特性和结构、不恰当的端接和阻抗不匹配的反射，而线路过量的衰减会使电缆链路传输数据变得不可靠。对于衰减故障，衰减的故障不能直接定位，可通过测试长度是否超长、直流环路电阻和阻抗是否匹配的判定进行辅助定位。

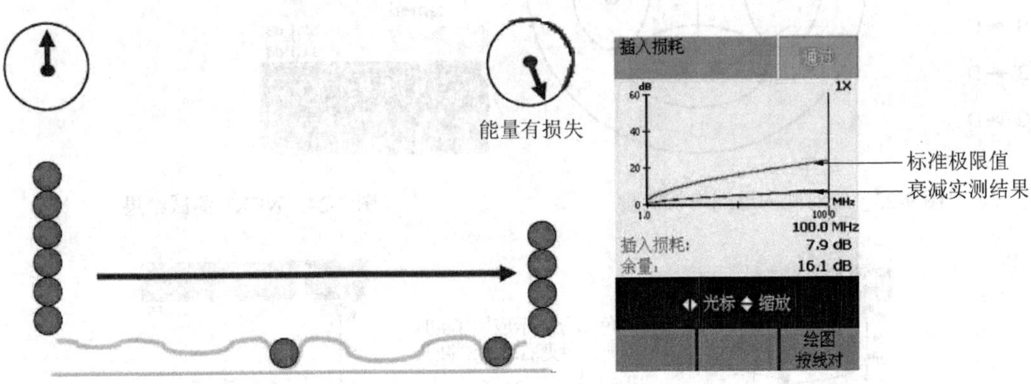

图 9-19 插入损耗产生过程

图 9-20 插入损耗测试结果

（5）串扰

串扰是测量来自其他线对泄露过来的信号。图 9-21 显示了串扰的形成过程。串扰又可分为近端串扰（NEXT）和远端串扰（FEXT）。NEXT 是在信号发送端（近端）进行测量。图 9-22 显示了 NEXT 的形成过程。对比图 9-21 和图 9-22 可知，NEXT 只考虑了近端的干扰，忽略了对远端的干扰。

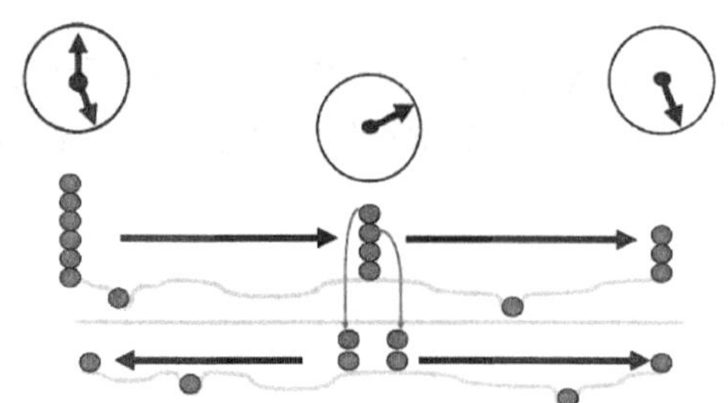

图 9-21 串扰产生过程

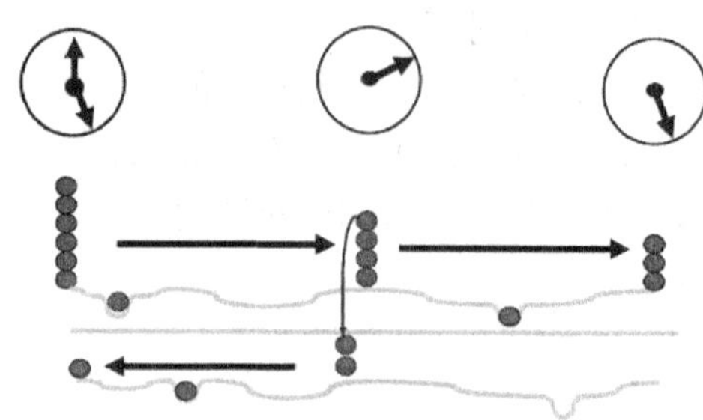

图 9-22 NEXT 产生过程

NEXT 的影响类似于噪声干扰，当干扰信号足够大的时候，将直接破坏原信号或者接收端将原信号错误地识别为其他信号，从而导致站点间歇的锁死或者网络连接失败。

NEXT 又与噪声不同，NEXT 是缆线系统内部产生的噪声，而噪声是由外部噪声源产生的。图 9-23 描述了双绞线各线对之间的相互干扰关系。

NEXT 是频率的复杂函数，图 9-24 描述了 NEXT 的测试结果。图 9-25 显示的测试结果验证了 4dB 原则。在 ISO11801：2002 标准中，NEXT 的测试遵循 4dB 原则，即当衰减小于 4dB 时，可以忽略 NEXT。

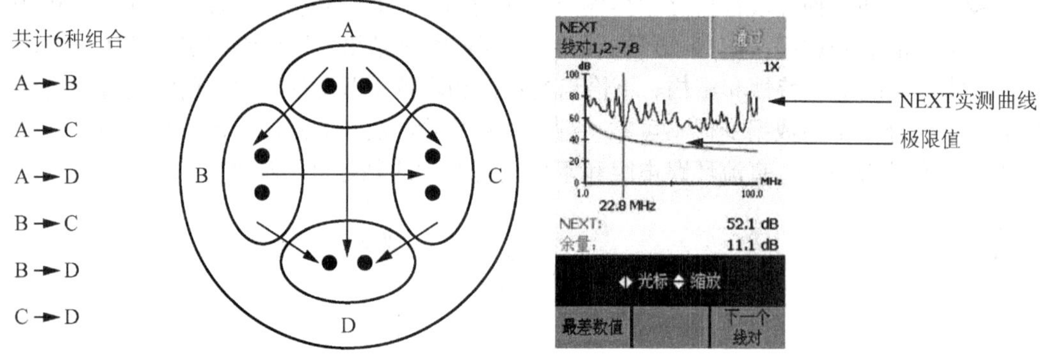

图 9-23 线对间的近端串扰测量

图 9-24 NEXT 测试结果

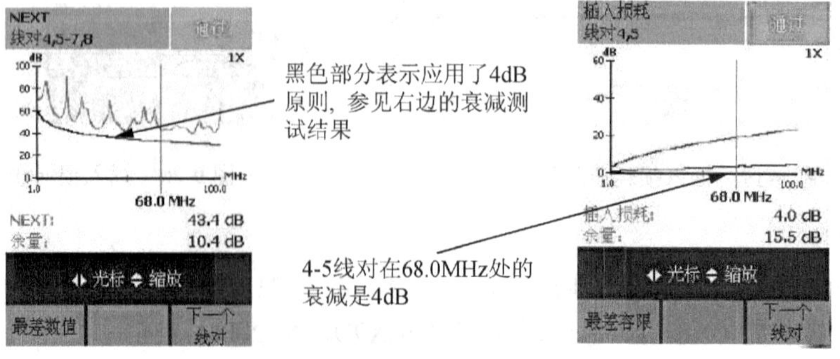

图 9-25 4dB 原则

（6）综合近端串扰

综合近端串扰（PS NEXT）是一对线感应到所有其他绕对对其的近端串扰的总和。图 9-26 描述了综合近端串扰的形成，图 9-27 显示了测试结果。

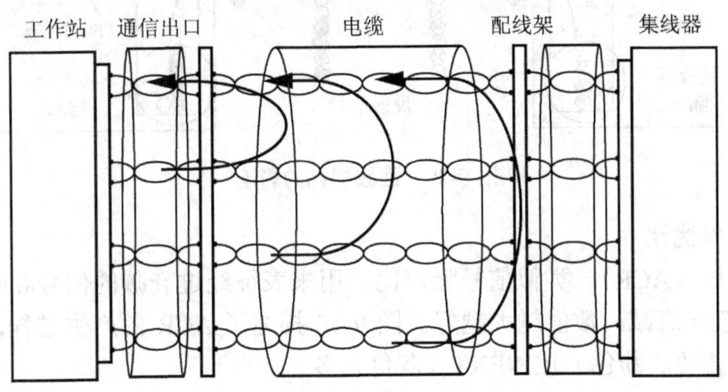

图 9-26　综合近端串扰产生过程

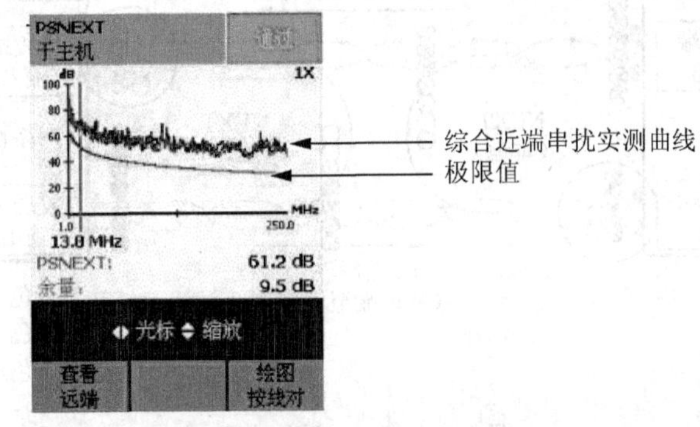

图 9-27　综合近端串扰测试结果

（7）回波损耗

回波损耗是由于缆线阻抗不连续/不匹配所造成的反射，产生原因是特性阻抗之间的偏离，体现在缆线的生产过程中发生的变化、连接器件和缆线的安装过程。

回波损耗的影响是噪声对信号的干扰程度。同时，在 TIA 和 ISO 标准中，回波损耗遵循 3dB 原则，即当衰减小于 3dB 时，可以忽略回波损耗。图 9-28 描述了回波损耗的产生过程。图 9-29 描述了回波损耗的影响。

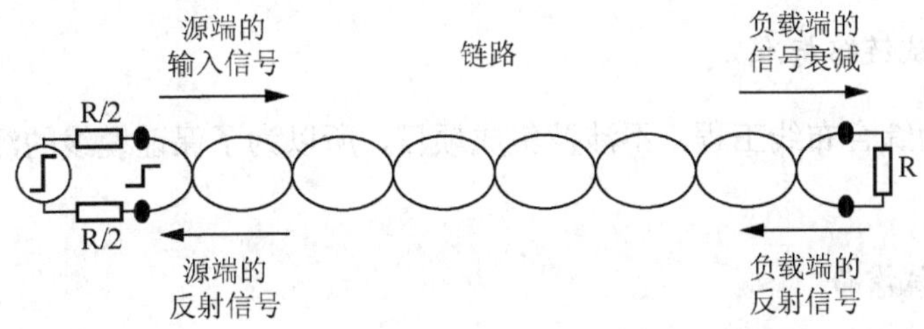

图 9-28　回波损耗产生过程

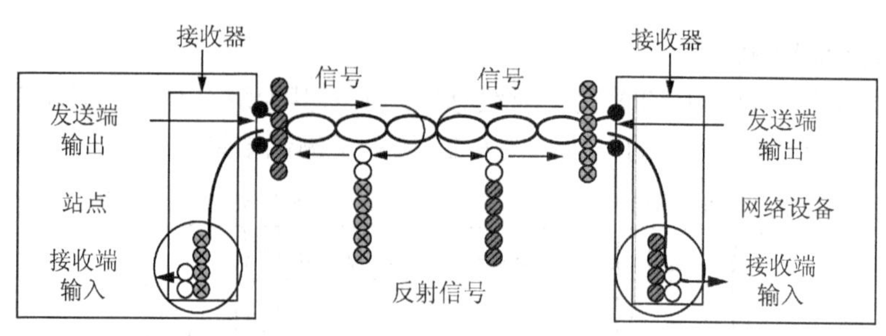

图 9-29　回波损耗的影响

（8）衰减串扰比

衰减串扰比（ACR），类似信号噪声比，用来表征经过衰减的信号和噪声的比值，ACR=NEXT 值－衰减，数值越大越好。图 9-30 描述了 ACR 的产生过程，我们需要衰减过的信号（蓝色、粉色）比 NEXT（灰色）多。

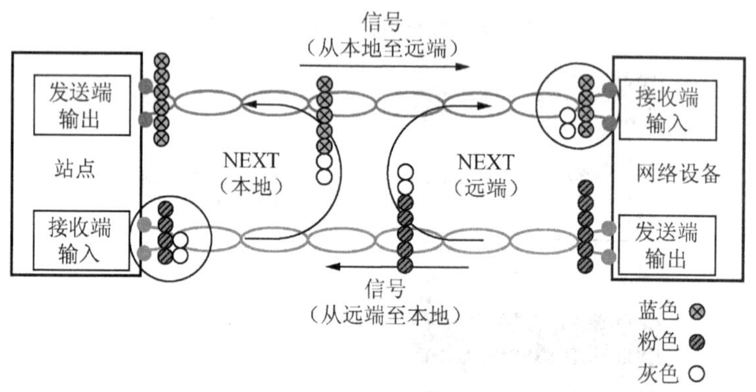

图 9-30　ACR 产生过程

9.1.4　项目实施

根据项目分析的内容，确定项目实施内容。

1. 确定测试标准

由于该工程为国内工程，所以使用目前国内普遍使用的 ANSI-TIA-EIA-568-B 标准测试。

2. 确定测试链路标准

由于工程为综合布线工程，不涉及集成项目，所以为了保证缆线的测试精度，采用永久链路测试。

3. 确定测试设备

由于项目要求对缆线进行性能参数测试，通过简单的“能手”测线仪无法满足测试要求，所以选用 FLUKE-DTX 系列的测线仪；再者，全部缆线都是使用 6 类线进行敷设，所以测试时必须选用 FLUKE-DTX 的 6 类双绞线模块进行。

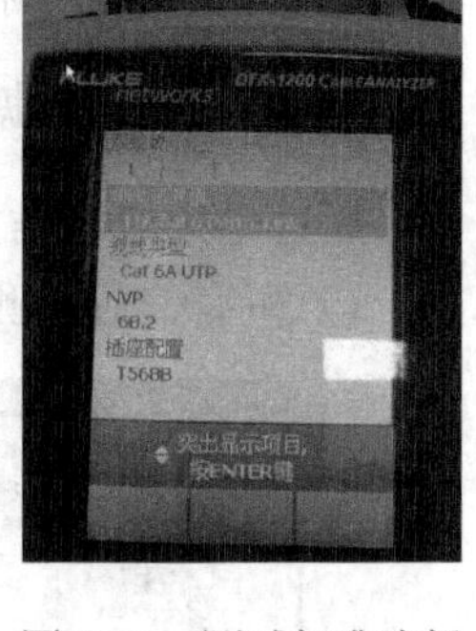

图 9-31 测试标准选择

4. 测试信息点

1）将 FLUKE-DTX 设备的主机和远端机都接好 6 类双绞线永久链路测试模块。

2）将 FLUKE-DTX 设备的主机放置在配线间（中央控制室）的配线架前，远端机接入到各楼层的信息点进行测试。

3）设置 FLUKE-DTX 主机的测试标准，旋钮至“SETUP”，选择测试标准为“TIA Cat6 Perm.link”，如图 9-31 所示。

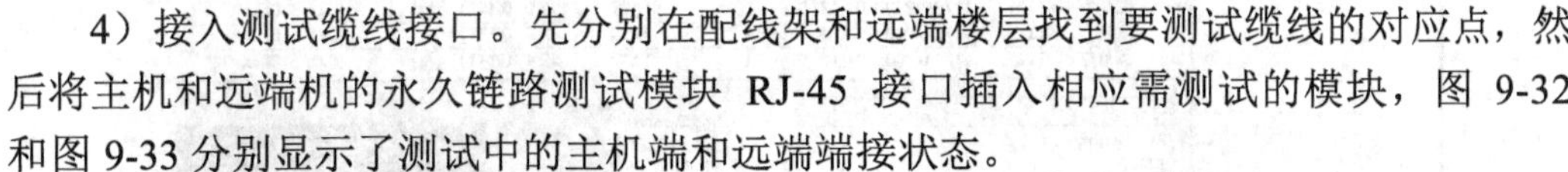

4）接入测试缆线接口。先分别在配线架和远端楼层找到要测试缆线的对应点，然后将主机和远端机的永久链路测试模块 RJ-45 接口插入相应需测试的模块，图 9-32 和图 9-33 分别显示了测试中的主机端和远端端接状态。

图 9-32 主机端端接状态

图 9-33 远端端接状态

5）缆线测试。旋钮至“AUTO TEST”，按下“TEST”，设备将自动开始测试缆线，图 9-34 和图 9-35 分别显示了开始测试和保存结果操作。

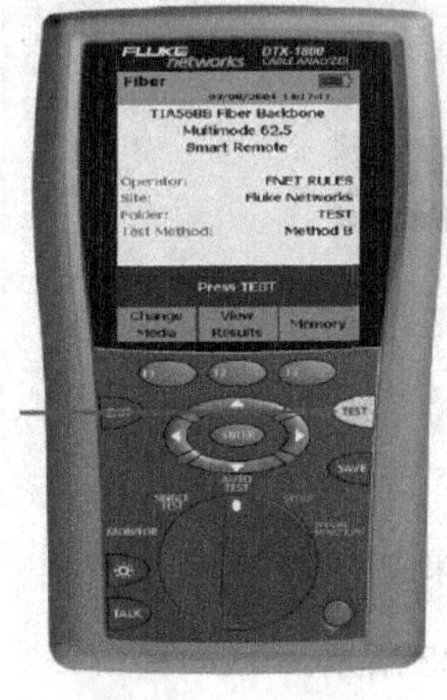

图 9-34 开始测试

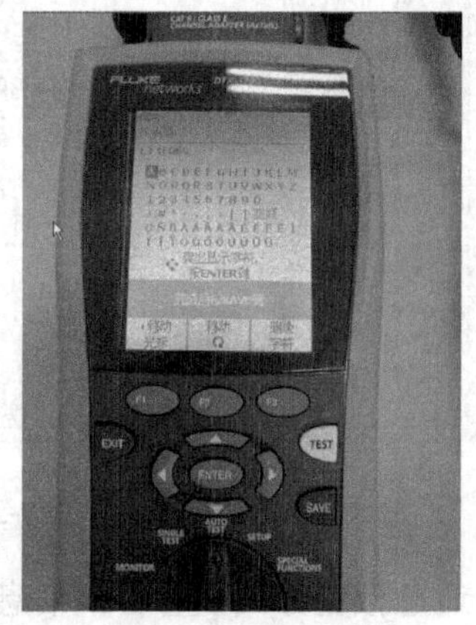

图 9-35 保存结果

6）保存测试结果。直接按“SAVE”即可对结果进行保存。

5. 分析测试数据

通过专用线将结果导入到计算机中，通过“LinkWare”软件即可查看相关结果。

1）所有信息点测试结果如图 9-36 所示。

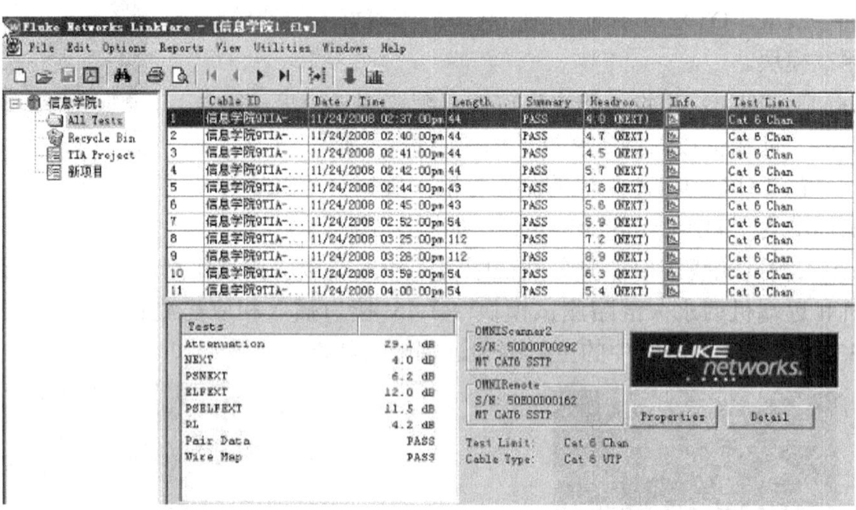

图 9-36　所有信息点测试结果

2）单个信息点测试结果如图 9-37 所示。

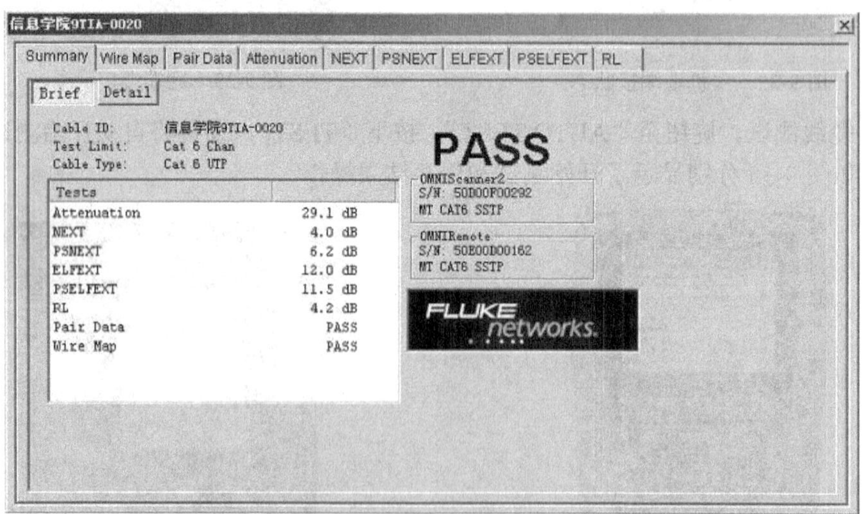

图 9-37　单个信息点测试结果

3）通过预览方式查看各个信息点测试结果如图 9-38 所示。

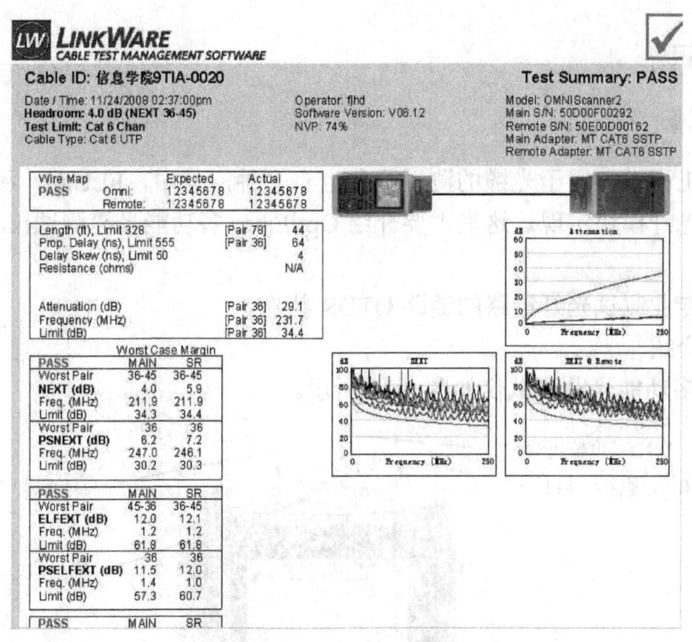

图 9-38 预览方式查看测试结果

9.2 项目 2 光纤链路测试

9.2.1 项目引入

某学院综合楼二期综合布线施工完毕，信息学院的整个网络中心机房设在 5 楼中央控制室，学院其他大楼的综合布线链路都通过多模光纤汇总到中央控制室。现需要对中央控制室到学院其他大楼的光纤链路进行专业参数认证，以确保整个综合布线系统的缆线性能达到行业使用标准。

9.2.2 项目分析

光缆测试目的是为了检测光缆敷设和端接是否正确。光缆测试类型主要包括衰减测试和长度测试，其他还有带宽测试和故障定位测试。带宽是光纤链路性能的另一个重要参数，但光纤安装过程中一般不会影响这项性能参数，所以在验收测试中很少进行带宽性能检查。

根据项目引入中的要求，设计如下。

1）项目中所有链路都为光纤多模链路，可选择 OptiFiber 多功能光缆测试仪作为测试工具，并将所有数据保存起来。

2）将测试数据导入计算机，通过 LinkWare 软件进行数据分析。

9.2.3 相关知识

1. 测试设备

综合布线工程中，用于光缆的测试设备也有多种，其中，FLUKE 系列测试仪上就可以通过增加光纤模块实现。这里主要介绍 OptiFiber 多功能光缆测试仪。

（1）功能

可以实现专业测试光纤链路的链路 OTDR 状态。

（2）界面介绍

OptiFiber 多功能光缆测试仪如图 9-39 所示。

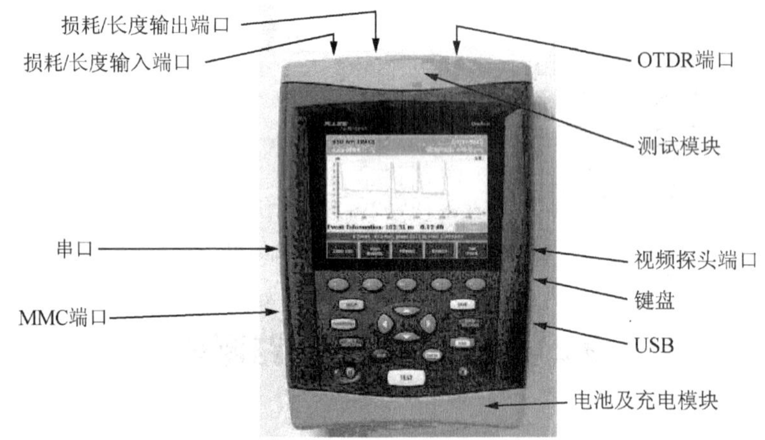

图 9-39 OptiFiber 多功能光缆测试仪界面

（3）FiberInspector 光缆端截面检查器

FiberInspector 光缆端截面检查器（见图 9-40）可直接检查配线架或设备光口的端截面，比传统的放大镜快 10 倍，同时也可避免眼睛直视激光所造成的眼睛伤害。

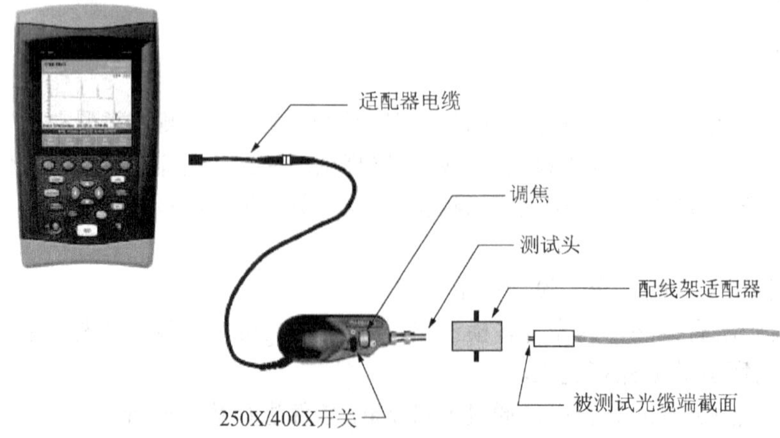

图 9-40 光缆端截面检查器

2. 光纤测试标准

（1）通用标准

与应用无关的安装光缆的标准。一般为基于电缆长度、适配器以及接合的可变标准。例如 TIA/EIA-568-B.3，ISO11801，EN50173。

（2）LAN 应用标准

略。

（3）特定应用标准

每种应用的测试标准是固定的，例如 10BASE-FL，Token Ring，ATM。

1）TIA/EIA-568-B.3 标准。该标准主要定义了光缆、连接器和链路长度的标准。

对于光缆：

- 光缆每公里最大衰减（850nm）3.75dB。
- 光缆每公里最大衰减（1300nm）1.5dB。
- 光缆每公里最大衰减（1310nm）1.0dB。
- 光缆每公里最大衰减（1550nm）1.0dB。

连接器（双工 SC 或 ST）中，适配器最大衰减 0.75dB，熔接最大衰减 0.3dB。

链路长度（主干）标准如表 9-3 所示。

表 9-3 链路长度标准

分　段	HC-IC	IC-MC
62.5/125 多模	300m	1700m
50/125 多模	300m	1700m
8/125 单模	300m	2700m

2）TIA TSB140 标准。该标准于 2004 年 2 月被批准，主要对光缆定义了两个级别的测试。

- 级别 1：测试长度与衰减，使用光损耗测试仪或 VFL 验证极性。
- 级别 2：级别 1 加上 OTDR 曲线，证明光缆的安装没有造成性能下降的问题（例如弯曲、连接头、熔接问题）。

3. 测试技术参数

（1）衰减

1）衰减是指光沿光纤传输过程中光功率的减少。

2）对光纤网络总衰减的计算：光纤损耗（LOSS）是指光纤输出端的功率（power out）与发射到光纤时的功率（power in）的比值。

3）损耗是同光纤的长度成正比的，所以总衰减不仅表明了光纤损耗本身，还反映了光纤的长度。

4）光纤损耗因子（α）：用来反映光纤衰减的特性。

因为光纤连接到光源和光功率计时不可避免地会引入额外的损耗，所以在现场测试时就必须先进行对测试仪的测试参考点的设置（即归零的设置）。对于测试参考点有好几种方法，主要是根据所测试的链路对象来选用。在光纤布线系统中，由于光纤本身的长度通常不长，所以在测试方法上会更加注重连接器和测试跳线，方法更加重要。

（2）回波损耗

回波损耗又称为反射损耗，它是指在光纤连接处，后向反射光相对输入光的比率的分贝数。回波损耗愈大愈好，以减少反射光对光源和系统的影响。改进回波损耗的有效方法是，尽量将光纤端面加工成球面或斜球面。

（3）插入损耗

插入损耗是指光纤中的光信号通过活动连接器之后，其输出光功率相对输入光功率的比率的分贝数，插入损耗愈小愈好。插入损耗的测量方法同衰减的测量方法相同，其测试结果如图 9-41 所示。

（4）OTDR 参数

OTDR 测量的是反射的能量而不是传输信号的强弱，如图 9-42 所示。

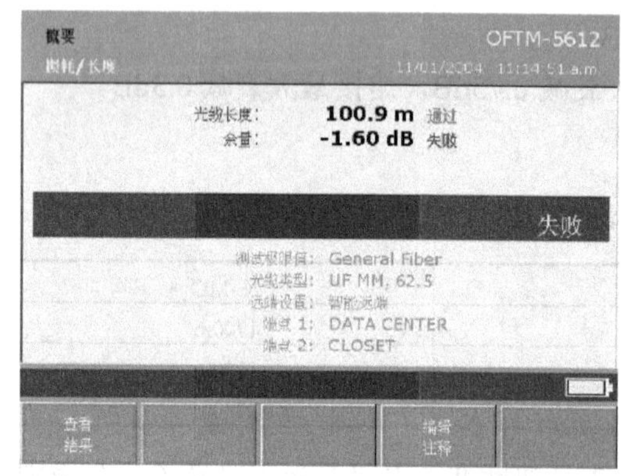

图 9-41　光缆测试结果

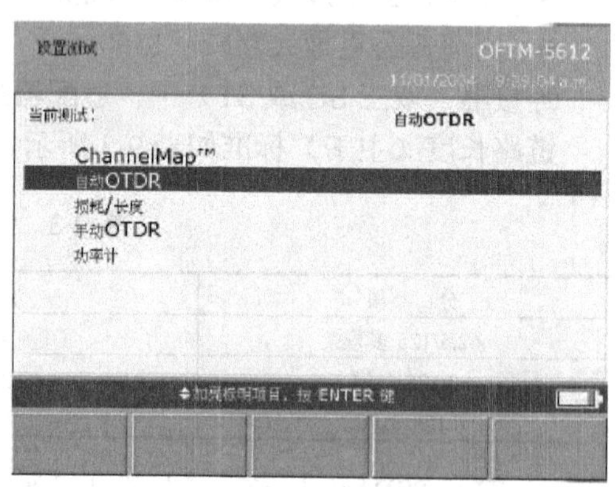

图 9-42　OTDR 测量

1）Channel Map。图形显示链路中所有连接和各连接间的光缆长度，如图 9-43 所示。

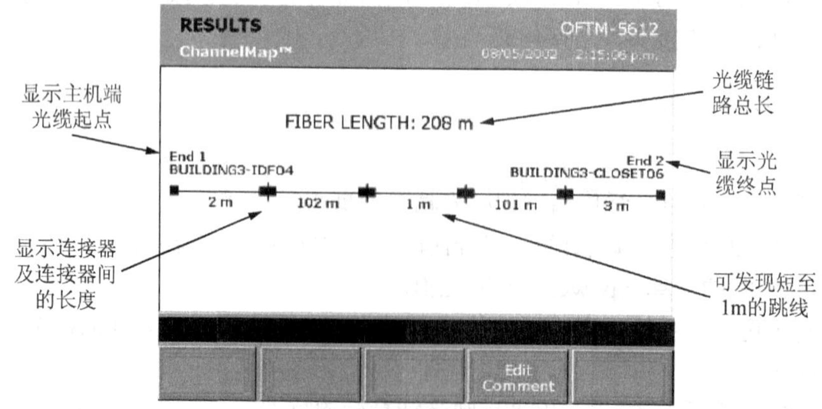

图 9-43　Channel Map 结果

2）OTDR 曲线。曲线自动测量和显示事件，光标自动处于第一个事件处，可移动到下一个事件，如图 9-44 所示。

3）OTDR 事件表。可以显示所有事件的位置和状态，以及各种不同的事件特征，例如末端、反射、损耗、幻象等，如图 9-45 所示。

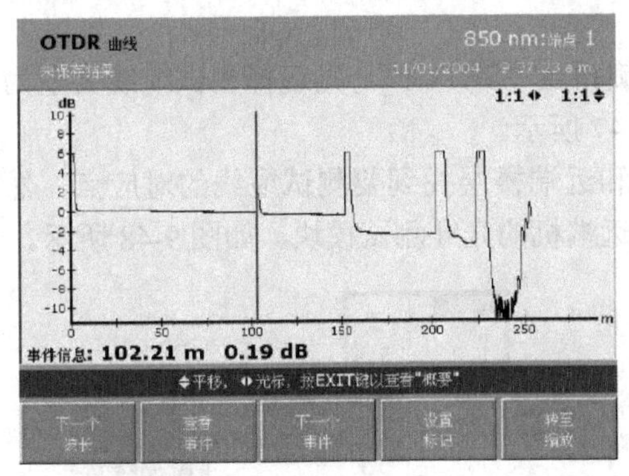

图 9-44　OTDR 曲线

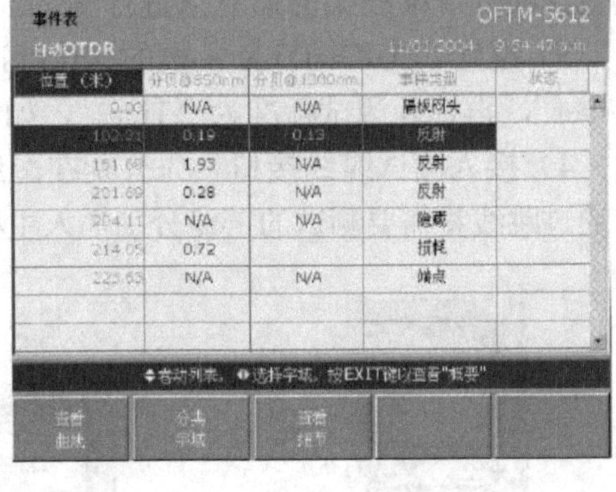

图 9-45　OTDR 事件表

4）光功率。验证光源和光缆链路的性能，如图 9-46 所示。

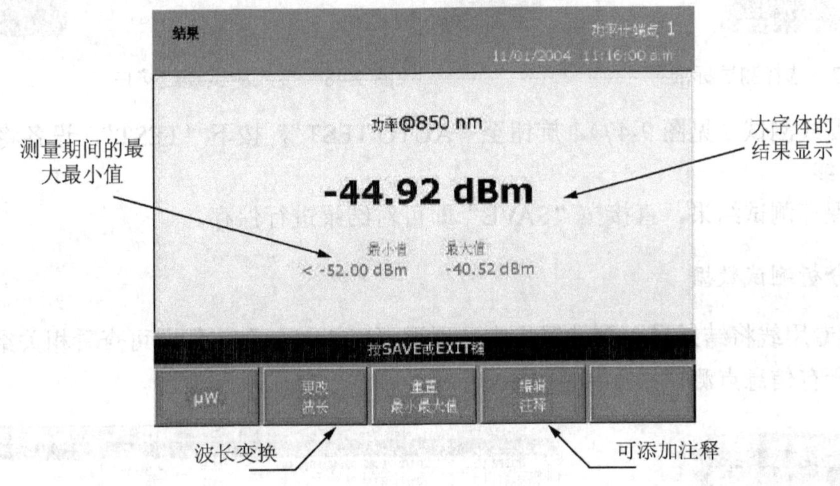

图 9-46　光功率测试结果

9.2.4　项目实施

1. 确定测试标准

由于该工程为国内工程，所以使用目前国内普遍使用的 TIA TSB140 标准测试。

2. 确定测试设备

由于项目要求对缆线进行性能参数测试，所以不但希望得到简单的光缆链路的长度和损耗，更希望能得到 OTDR 曲线图，所以选择 FLUKE-DTX-FTM 的光纤模块进行测试。

3. 测试信息点

1）将 FLUKE-DTX 设备的主机和远端机都接好 FTM 测试模块。

2）将 FLUKE-DTX 设备的主机放置在中央控制室的光纤配线架前，远端机接入到其他大楼光纤配线架的信息点进行测试。

3）设置 FLUKE-DTX 主机的测试标准，旋钮至“SETUP”，先选择测试缆线类型为“Fiber”，再选择测试标准为“Tier2”，如图 9-47 所示。

4）接入测试缆线接口。先分别在配线架和远端楼层找到要测试缆线的对应点，然后通过跳线将需要测试的链路分别插入主机和远端机的光纤测试模块，如图 9-48 所示。

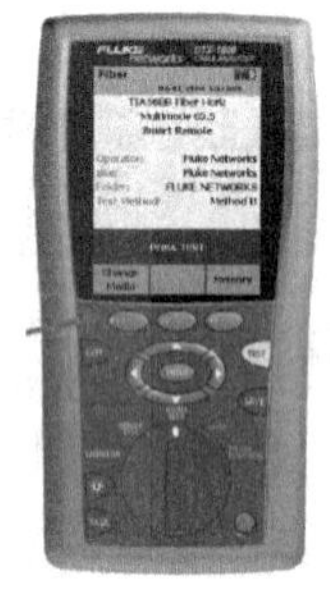

图 9-47　选择测试标准

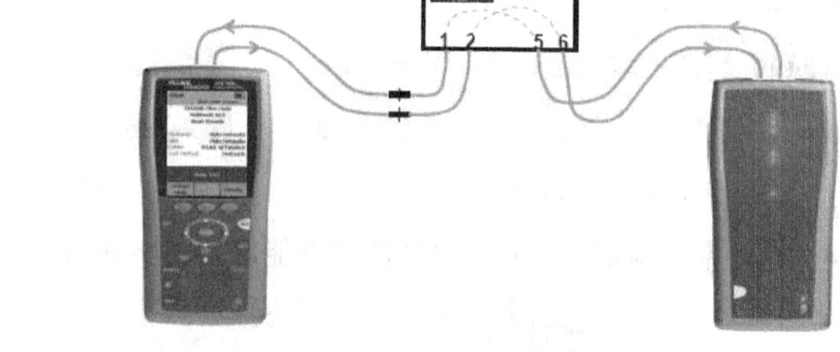

图 9-48　接入测试缆线接口

5）缆线测试（见图 9-49），旋钮至“AUTO TEST”，按下“TEST”，设备将自动开始测试缆线。

6）保存测试结果，直接按“SAVE”即可对结果进行保存。

4. 分析测试数据

通过专用线将结果导入到计算机中，通过“LinkWare”软件即可查看相关结果。

1）所有信息点测试结果如图 9-50 所示。

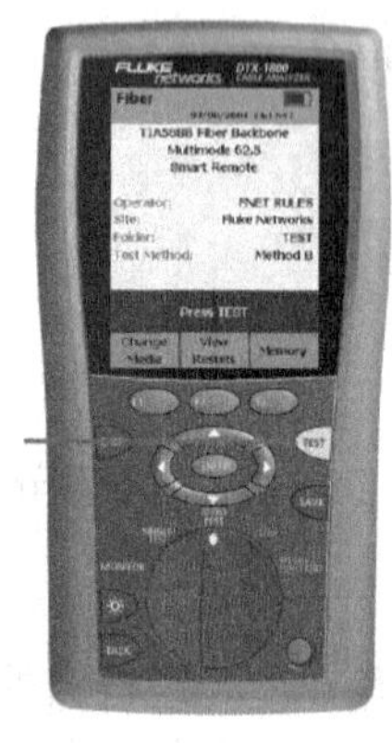

图 9-49　缆线测试

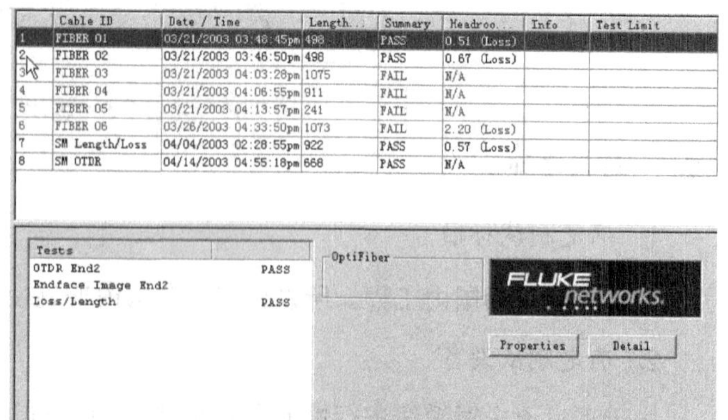

	Cable ID	Date / Time	Length...	Summary	Headroo...	Info	Test Limit
1	FIBER 01	03/21/2003 03:48:45pm	498	PASS	0.51 (Loss)		
2	FIBER 02	03/21/2003 03:46:50pm	498	PASS	0.67 (Loss)		
3	FIBER 03	03/21/2003 04:03:28pm	1075	FAIL	N/A		
4	FIBER 04	03/21/2003 04:06:55pm	911	FAIL	N/A		
5	FIBER 05	03/21/2003 04:13:57pm	241	FAIL	N/A		
6	FIBER 06	03/26/2003 04:33:50pm	1073	FAIL	2.20 (Loss)		
7	SM Length/Loss	04/04/2003 02:28:55pm	922	PASS	0.57 (Loss)		
8	SM OTDR	04/14/2003 04:55:18pm	668	PASS	N/A		

图 9-50　查看所有信息点结果

2）单个信息点测试结果如图 9-51 所示。

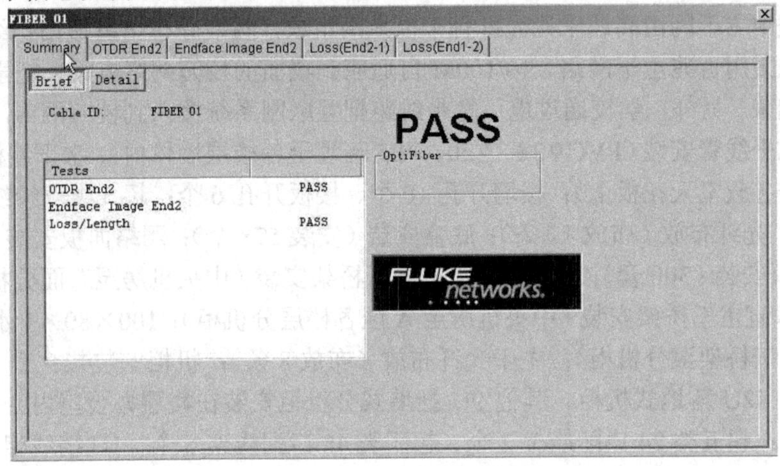

图 9-51 查看单个信息点结果

3）通过预览方式查看测试结果如图 9-52 所示。

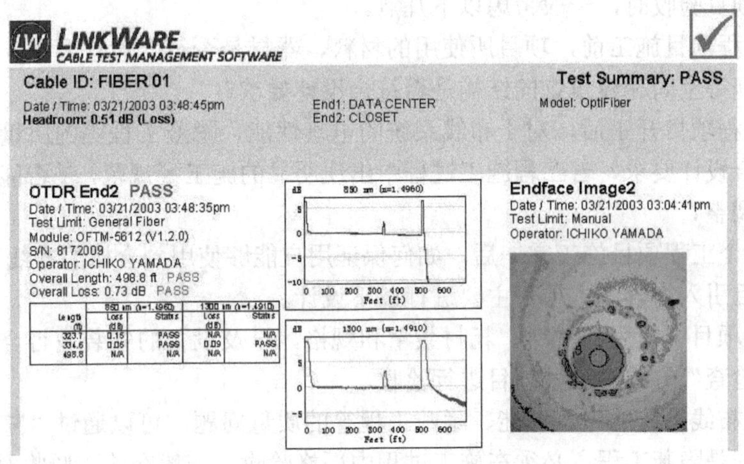

图 9-52 预览方式查看结果

9.3 项目 3 系统验收

9.3.1 项目引入

（1）工程概况

本工程为某学院综合楼综合布线工程，本次施工是校园内综合楼二期，共计 218 个信息点。

（2）工程项目内容

本工程中主干网由高速千兆光纤骨干以太网组成，网络分布呈星形拓扑结构，水平布线子系统采用百兆主干网络、10/100M 自适应到桌面的校园网络方案，把学校的各个资源联系起来。另外，学校通过电信宽带线路把互联网系统接入到校园网内。综合布线部分包括水平线管安装（PVCϕ32、ϕ20、ϕ25 暗埋于各楼层墙体内）；水平线槽安装（安装在综合楼各教室天花板上）；楼墙开孔 10 个、楼板开孔 6 个；超 5 类双绞线布放（布放 218 条）；光纤布放（布放 12 条）；底盒安装（安装 578 个）；网络面板安装（安装 218 套）；白面板安装（300 套）；150×75 水平主干桥架安装（中央机房至对面分机柜）；150×75 竖井垂直主干桥架安装（中央机房至 A 区各楼层分机柜）；100×80×1 水平主干桥架安装（主干桥架至分机柜）；主干光纤布放（布放 8 条）；机柜安装共 9 个（安装在 3 楼中央机房 42U 落地式机柜、其他 9U 挂墙式分机柜安装在楼层办公室内）；配线架安装（共 8 个：超五类 24 口配线架 2 个、超五类 48 口配线架 6 个、1U 绕线架 8 个）；光纤盒安装（共 9 个：24 口光纤盒 2 个、12 口光纤盒 7 个）；配线架缆线端接（226 条）；模块端接 218 个；超 5 类缆线测试 218 条；光纤测试 6 条。

9.3.2 项目分析

在进行项目验收时，一般考虑以下几点。

1）在工程项目施工前，项目所使用的材料、器材是否符合设计要求？需要安装的设备的配线间等空间和建筑物的结构是否符合设计要求？

2）在工程项目开工后，对于布线系统的电气性能、隐蔽工程等的质量问题如何保证其施工符合设计要求？若工程施工过程中出现明显的施工不规范，是否能够快速准确判定并及时调整？

3）当整个工程项目施工完毕后，如何保证用户能够使用到合格的布线系统？

根据项目引入内容，本项目主要进行以下设计。

1）对于项目中使用的材料、耗材数量和规格，以及设备的安装是否合格，可以通过“开工前检查”方式对工程项目进行验收。

2）对于布线系统的电气性能、隐蔽工程等的质量问题，可以通过“随工验收”方式验收，特别是隐蔽工程，必须在施工过程中严格验收，一般在竣工验收时不再验收。

3）在整个项目施工结束后，首先通过“初步验收”对综合布线系统在加载应用系统运行之前进行验收；合格之后，用户将工程系统投入实际使用，各种数据、语音系统将投入试用，一般在 1 周之后到 1 个月之内，再通过“竣工验收”对综合布线系统进行最后一个步骤的验收。

9.3.3 相关知识

1. 工程验收人员组成

验收是整个工程中最后的部分，同时标志着工程的全面完工。为了保证整个工程的

质量，需要聘请相关行业的专家参与验收。对于防雷及地线工程等关系到计算机信息系统安全相关的工程部分，甚至还可以申请有关主管部门协助验收（例如气象局、公安局、纪检部门等）。所以，通常综合布线系统工程验收领导小组可以考虑聘请以下人员参与工程的验收。

1）工程双方单位的行政负责人。

2）有关直管人员和项目主管。

3）主要工程项目监理人员。

4）建筑物设计施工单位的相关技术人员。

5）第三方验收机构或相关技术人员组成的专家组（如电信、城建、公安、消防、信息技术等）。

2. 工程验收分类

（1）开工前检查

工程验收应从工程开工之日起就开始。从对工程材料的验收开始，严把产品质量关，保证工程质量，开工前的检查包括设备材料检验和环境检查。设备材料检验包括查验产品的规格、数量、型号是否符合设计要求，检查缆线的外护套有无破损，抽查缆线的电气性能指标是否符合技术规范。环境检查包括检查土建施工情况，包括地面、墙面、电源插座及接地装置、机房面积和预留孔洞等。

（2）随工验收

在工程中为随时考核施工单位的施工水平和施工质量，对产品的整体技术指标和质量有一个了解，部分验收工作应在随工中进行，如布线系统的电气性能测试工作、隐蔽工程等。这样可及时发现工程质量问题，避免造成人、财的浪费。

随工验收应对工程的隐蔽部分边施工边验收，在竣工验收时，一般不再对隐蔽工程进行复查，由建筑工地代表和质量监督员负责。

（3）初步验收

对所有的新建、扩建和改建项目，都应在完成施工调测之后进行初步验收。初步验收的时间应在原计划的建设工期内进行，由建设方组织设计、施工、监理和使用等单位人员参加。初步验收工作包括检查工程质量、审查竣工资料、对发现的问题提出处理的意见，并组织相关责任单位落实解决。

（4）竣工验收

综合布线系统接入电话交换系统、计算机局域网或其他弱电系统，在试运行后的半个月内，由建设方向上级主管部门报送竣工报告，并请示主管部门组织对工程进行验收。

3. 验收内容

对综合布线系统工程验收的主要内容为：环境检查、器材及测试仪表工具检查、设备安装检验、缆线敷设和保护方式检验、缆线终接和工程电气测试等。

（1）环境检查

工作区、电信间、设备间的检查内容如下。

1）工作区、电信间、设备间土建工程已全部竣工。房屋地面平整、光洁，门的高度和宽度应符合设计要求。

2）房屋预埋线槽、暗管、孔洞和竖井的位置、数量、尺寸均应符合设计要求。

3）铺设活动地板的场所，活动地板防静电措施及接地应符合设计要求。

4）电信间、设备间应提供 220V 带保护接地的单相电源插座。

5）电信间、设备间应提供可靠的接地装置，接地电阻值及接地装置的设置应符合设计要求。

6）电信间、设备间的位置、面积、高度、通风、防火及环境温、湿度等应符合设计要求。

建筑物进线间及入口设施的检查内容如下。

1）引入管道与其他设施如电气、水、煤气、下水道等的位置间距应符合设计要求。

2）引入缆线采用的敷设方法应符合设计要求。

3）管线入口部位的处理应符合设计要求，并应检查是否采取排水及防止气、水、虫等进入的措施。

4）进线间的位置、面积、高度、照明、电源、接地、防火、防水等应符合设计要求。

（2）器材及测试仪表工具检查

1）工程所用缆线和器材的品牌、型号、规格、数量、质量应在施工前进行检查，应符合设计要求并具备相应的质量文件或证书，原出厂检验证明材料、质量文件与设计不符者不得在工程中使用。

2）综合布线系统的测试仪表应能测试相应类别工程的各种电气性能及传输特性，其精度符合相应要求。测试仪表的精度应按相应的鉴定规程和校准方法进行定期检查和校准，经过相应计量部门校验取得合格证后，方可在有效期内使用。

（3）设备安装检验

机柜、机架和配线设备安装要求如下。

1）机柜、机架安装位置应符合设计要求，垂直偏差度不应大于 3mm。

2）机柜、机架上的各种零件不得脱落或碰坏，漆面不应有脱落及划痕，各种标志应完整、清晰。

3）机柜、机架、配线设备箱体、电缆桥架及线槽等设备的安装应牢固，如有抗震要求，应按抗震设计进行加固。

4）各部件应完整、安装就位、标志齐全。

5）安装螺栓必须拧紧，面板应保持在一个平面上。

6）安装机柜、机架、配线设备屏蔽层及金属管、线槽、桥架使用的接地体应符合设计要求，就近接地，并应保持良好的电气连接。

信息插座模块安装要求如下。

1）信息插座模块、多用户信息插座、集合点配线模块安装位置和高度应符合设计要求。

2）安装在活动地板内或地面上时，应固定在接线盒内，插座面板采用直立和水平等形式。接线盒盖可开启，并应具有防水、防尘、抗压功能，接线盒盖面应与地面齐平。

3）信息插座底盒同时安装信息插座模块和电源插座时，间距及采取的防护措施应符合设计要求。

4）信息插座模块明装底盒的固定方法根据施工现场条件而定。

5）固定螺栓需拧紧，不应产生松动现象。

6）各种插座面板应有标识所接终端设备业务类型。

7）工作区内终接光缆的光纤连接器件及适配器安装底盒应具有足够的空间，并应符合设计要求。

电缆桥架及线槽的安装要求如下。

1）桥架及线槽的安装位置应符合施工图要求，左右偏差不应超过 50mm。

2）桥架及线槽水平度每米偏差不应超过 2mm。

3）垂直桥架及线槽应与地面保持垂直，垂直度偏差不应超过 3mm。

4）线槽截断处及两线槽拼接处应平滑、无毛刺。

5）吊架和支架安装应保持垂直、整齐牢固，无歪斜现象。

6）金属桥架、线槽及金属管各段之间应保持连接良好，安装牢固。

7）采用吊顶支撑柱布放缆线时，支撑点宜避开地面沟槽和线槽位置，支撑应牢固。

（4）缆线敷设和保护方式检验

1）缆线的型号、规格应与设计规定相符。

2）缆线的布放应自然平直，不得产生扭绞、打圈、接头等现象，不应受外力的挤压和损伤。

3）缆线两端应贴有标签，应标明编号，标签书写应清晰、端正和正确。标签应选用不易损坏的材料。

4）缆线应有余量以适应终接、检测和变更。对绞电缆预留长度：在工作区宜为 3～6cm，电信间宜为 0.5～2m，设备间宜为 3～5m；光缆布放路由应盘留，预留长度应为 3～5m，有特殊要求的应按设计要求预留长度。

5）屏蔽电缆的屏蔽层端到端应保持完好的导通性。

6）预埋线槽宜采用金属线槽，预埋或密封线槽的截面利用率应为 30%～50%。

7）敷设暗管宜采用钢管或阻燃聚氯乙烯硬质管。布放大对数主干电缆及 4 芯以上光缆时，直线管道的管径利用率应为 50%～60%，弯管道应为 40%～50%。暗管布放 4 对对绞电缆或 4 芯及以下光缆时，管道的截面利用率应为 25%～30%。

（5）缆线终接

1）缆线在终接前，必须核对缆线标识内容是否正确。

2）对绞线与 8 位模块式通用插座相连时，必须按色标和线对顺序进行卡接。插座类型、色标和编号应符合布线标准（568A 和 568B）的规定。两种连接方式均可采用，但在同一布线工程中两种连接方式不应混合使用。

3）光纤采用光纤连接盘对光纤进行连接、保护，在连接盘中光纤的弯曲半径应符合安装工艺要求，光纤熔接处应加以保护和固定，光纤连接盘面板应有标志。

（6）工程电气测试

综合布线工程电气测试包括电缆系统电气性能测试及光纤系统性能测试。电缆系统电气性能测试项目应根据布线信道或链路的设计等级和布线系统的类别要求制定。各项测试结果应有详细记录，作为竣工资料的一部分。

（7）管理系统验收

1）管理系统的记录文档应详细完整并汉化，包括每个标识符相关信息、记录、报告、图纸等。

2）标识符应包括安装场地、缆线终端位置、缆线管道、水平链路、主干缆线、连接器件、接地等类型的专用标识，系统中每一组件应指定一个唯一标识符。

3）每根缆线应指定专用标识符，标在缆线的护套上或在距每一端护套 300mm 内设置标签，缆线的终接点应设置标签标记指定的专用标识符。

（8）工程验收

1）竣工技术文件。

工程竣工后，施工单位应在工程验收以前将工程竣工技术资料交给建设单位。综合布线系统工程的竣工技术资料应包括以下内容：安装工程量；工程说明；设备、器材明细表；竣工图纸；测试记录；工程变更、检查记录及施工过程中，需更改设计或采取相关措施，建设、设计、施工等单位之间的双方洽商记录；随工验收记录；隐蔽工程签证；工程决算。

2）工程内容。

综合布线系统工程应按表 9-4 所列项目、内容进行检验。检测结论作为工程竣工资料的组成部分及工程验收的依据之一。

表 9-4 检验项目及内容

阶段	验收项目	验收内容	验收方式
施工前检查	1.环境要求	（1）土建施工情况：地面、墙面、门、电源插座及接地装置；（2）土建工艺：机房面积、预留孔洞；（3）施工电源；（4）地板铺设；（5）建筑物入口设施检查	施工前检查
	2.器材检验	（1）外观检查；（2）型式、规格、数量；（3）电缆及连接器件电气性能测试；（4）光纤及连接器件特性测试；（5）测试仪表和工具的检验	
	3.安全、防火要求	（1）消防器材；（2）危险物的堆放；（3）预留孔洞防火措施	
设备安装	1.电信间、设备间、设备机柜、机架	（1）规格、外观；（2）安装垂直、水平度；（3）油漆不得脱落标志完整齐全；（4）各种螺钉必须紧固；（5）抗震加固措施；（6）接地措施	随工检验
	2.配线模块及 8 位模块式通用插座	（1）规格、位置、质量；（2）各种螺钉必须拧紧；（3）标志齐全；（4）安装符合工艺要求；（5）屏蔽层可靠连接	

续表

阶段	验收项目	验收内容	验收方式
电、光缆布放（楼内）	1.电缆桥架及线槽布放	（1）安装位置正确；（2）安装符合工艺要求；（3）符合布放缆线工艺要求；（4）接地	随工检验
	2.缆线暗敷（包括暗管、线槽、地板下等方式）	（1）缆线规格、路由、位置；（2）符合布放缆线工艺要求；（3）接地	隐蔽工程签证
电、光缆布放（楼间）	1.架空缆线	（1）吊线规格、架设位置、装设规格；（2）吊线垂度；（3）缆线规格；（4）卡、挂间隔；（5）缆线的引入符合工艺要求	随工检验
	2.管道缆线	（1）使用管孔孔位；（2）缆线规格；（3）缆线走向；（4）缆线的防护设施的设置质量	隐蔽工程签证
	3.埋式缆线	（1）缆线规格；（2）敷设位置、深度；（3）缆线的防护设施的设置质量；（4）回土夯实质量	
	4.通道缆线	（1）缆线规格；（2）安装位置，路由；（3）土建设计符合工艺要求	
	5.其他	（1）通信线路与其他设施的间距；（2）进线室设施安装、施工质量	随工检验隐蔽工程签证
缆线终接	1.8 位模块式通用插座	符合工艺要求	随工检验
	2.光纤连接器件	符合工艺要求	
	3.各类跳线	符合工艺要求	
	4.配线模块	符合工艺要求	
系统测试	1.工程电气性能测试	（1）连接图；（2）长度；（3）衰减；（4）近端串音；（5）近端串音功率和；（6）衰减串音比；（7）衰减串音比功率和；（8）等电平远端串音；（9）等电平远端串音功率和；（10）回波损耗；（11）传播时延；（12）传播时延偏差；（13）插入损耗；（14）直流环路电阻；（15）设计中特殊规定的测试内容；（16）屏蔽层的导通	竣工检验
	2.光纤特性测试	（1）衰减；（2）长度	
管理系统	1.管理系统级别	符合设计要求	竣工检验
	2.标识符与标签设置	（1）专用标识符类型及组成；（2）标签设置；（3）标签材质及色标	
	3.记录和报告	（1）记录信息；（2）报告；（3）工程图纸	
工程总验收	1.竣工技术文件	清点、交接技术文件	
	2.工程验收评价	考核工程质量，确认验收结果	

注：系统测试内容的验收亦可在随工中进行检验。

1）系统工程安装质量检查，各项指标符合设计要求，则被检项目检查结果为合格；被检项目的合格率为 100%，则工程安装质量判为合格。

2）系统性能检测中，对绞电缆布线链路、光纤信道应全部检测，竣工验收需要抽验时，抽样比例不低于 10%，抽样点应包括最远布线点。

3）系统性能检测单项合格判定：

- 如果一个被测项目的技术参数测试结果不合格，则该项目判为不合格。如果某一被测项目的检测结果与相应规定的差值在仪表准确度范围内，则该被测项目应判为合格。
- 按规范 GB 50312—2007 附录 B 的指标要求，采用 4 对对绞电缆作为水平电缆或主干电缆，所组成的链路或信道有一项指标测试结果不合格，则该水平链路、信道或主干链路判为不合格。

- 主干布线大对数电缆中按 4 对对绞线对测试，指标有一项不合格，则判为不合格。
- 如果光纤信道测试结果不满足规范 GB 50312—2007 附录 C 的指标要求，则该光纤信道判为不合格。
- 未通过检测的链路、信道的电缆线对或光纤信道可在修复后复检。

4）竣工检测综合合格判定：

- 对绞电缆布线全部检测时，无法修复的链路、信道或不合格线对数量有一项超过被测总数的 1%，则判为不合格。光缆布线检测时，如果系统中有一条光纤信道无法修复，则判为不合格。
- 对绞电缆布线抽样检测时，被抽样检测点（线对）不合格比例不大于被测总数的 1%，则视为抽样检测通过，不合格点（线对）应予以修复并复检。被抽样检测点（线对）不合格比例如果大于 1%，则视为一次抽样检测未通过，应进行加倍抽样，加倍抽样不合格比例不大于 1%，则视为抽样检测通过。若不合格比例仍大于 1%，则视为抽样检测不通过，应进行全部检测，并按全部检测要求进行判定。全部检测或抽样检测的结论为合格，则竣工检测的最后结论为合格；全部检测的结论为不合格，则竣工检测的最后结论为不合格。

综合布线管理系统检测，标签和标识按 10%抽检，系统软件功能全部检测。检测结果符合设计要求，则判为合格。

（9）工程验收文档

工程验收过程都伴随着验收文档的产生，一般验收文档包含验收报告和技术文档两大类。表 9-5 和表 9-6 给出了验收文档模板，表 9-7 给出了工程验收证书模板，表 9-8 罗列了验收文档的技术文档目录。

表 9-5 工程竣工初验报告

<table>
<tr><td>建设项目名称</td><td colspan="2"></td><td>建设单位</td><td colspan="2"></td></tr>
<tr><td>单位工程名称</td><td colspan="2"></td><td>施工单位</td><td colspan="2"></td></tr>
<tr><td>建设地点</td><td colspan="2"></td><td>监理单位</td><td colspan="2"></td></tr>
<tr><td>开工日期</td><td></td><td>竣工日期</td><td></td><td>初验日期</td><td></td></tr>
<tr><td>工程内容</td><td colspan="5"></td></tr>
<tr><td colspan="6">验收意见及施工质量评语：</td></tr>
<tr><td colspan="6">施工单位代表：
施工单位签章：
日　　期：　　年　月　日</td></tr>
<tr><td colspan="6">监理单位代表：
监理单位签章：
日　　期：　　年　月　日</td></tr>
<tr><td colspan="6">建设单位代表：
建设单位签章：
日　　期：　　年　月　日</td></tr>
</table>

注：本报告一式三份，建设单位、监理单位、施工单位各一份。

表 9-6 工程竣工终验报告

建设项目名称			建设单位		
单位工程名称			施工单位		
建设地点			监理单位		
开工日期		竣工日期		初验日期	
工程内容					
验收意见及施工质量评语：					
施工单位代表： 施工单位签章： 日　　期：　　年　月　日					
监理单位代表： 监理单位签章： 日　　期：　　年　月　日					
建设单位代表： 建设单位签章： 日　　期：　　年　月　日					

注：本报告一式三份，建设单位、监理单位、施工单位各一份。

表 9-7 工程验收证书

项目编号：　项目名称：　验收日期：

工程名称			
工程地址			
工程总投资		合同工期	
施工日期	开工日期：		完工日期：
工程内容简述：			
验收意见及评定等级：			
验收人员签名：			
建设单位： （盖章）	施工单位： （盖章）		监理单位： （盖章）

注：本报告一式三份，建设单位、监理单位、施工单位各一份。

表 9-8 验收技术资料总目录

工程名称：

序号	目　录	页　数	备　注
1	已安装设备清单		
2	设备安装工艺检查情况表		
3	综合布线系统缆线穿布检查记录表		
4	综合布线信息点抽检电气测试验收记录表		
5	综合布线光纤抽检测试验收记录表		
6	综合布线系统机柜安装检查记录表		
7	隐蔽工程报验申请表		
8	工程材料/构配件/设备报审表		

续表

工程名称：			
目　录		页　数	备　注
9	缆线终接检查记录表		
10	缆线终接测试记录表		
11	施工质量自检自测结论		
12	工程设计文件及施工图		
13	深化设计投标文件		
14	变更设计有关文件		
15	工程施工合同或有关协议		
16	器材供应商提供的质量合格文件及有关技术文件		
17	器材抽样检测报告		
18	工程自检报告		
19	工程监理报告		
20	验收检测报告		
21	工程竣工报告		

9.3.4 项目实施

根据项目分析内容，本项目验收过程分别进行了“开工前检查”、“随工验收”、“初步验收”和“竣工验收”四种验收过程。

步骤 1）首先根据工程设计方案要求，进行“开工前检查”，确保工程器材和设备符合设计要求。表 9-9 和表 9-10 分别为材料进场记录表和设备进场记录表。

表 9-9　材料进场记录表

项目名称：学院综合楼综合布线工程　　　　项目编号：XXXY-XXZX008

序号	材料名称	型号/规格	生产厂家	性能参数	数量
1	联塑 PVC 线管	$\phi32$	顺德联塑实业	符合 JG/T 3050—1998 标准	720m
2	双绞线	IBDN 超五类	丽特网络有限公司	符合 YD/T 1013—1999 标准	58 箱
3	镀锌铁桥架	100×80	健成五金桥架厂	符合 CECS31:91 标准	2600m
4	…	…	…	…	…

记录人：　　　　监督人：　　　　日期：

注：本报告一式三份，建设单位、监理单位、施工单位各一份。

表 9-10　设备进场记录表

项目名称：学院综合楼综合布线工程　　　　项目编号：XXXY-XXZX008

序号	设备名称	设备型号	生产厂家	数量	备注
1	落地式机柜	PB1466-42U 落地式机柜	TCL	1	
2	绕线架	PA2212（02）	TCL	8	
3	光纤耦合器	PG5101-ST	TCL	84	
4	…	…	…	…	…

记录人：　　　　接收人：　　　　监督人：　　　　日期：　　　　设备所在地：

注：本报告一式三份，建设单位、监理单位、施工单位各一份。

步骤 2）然后在工程施工中，重点检查隐蔽工程，可使用“随工验收”。表 9-11 所示为该工程的相关记录文件格式。

表 9-11　隐蔽工程报验申请表

项目名称：学院综合楼综合布线工程　　　　项目编号：XXXY-XXZX008

<table>
<tr><td>致：________________（监理单位）
我单位已完成了________________分项工作，经自检具备隐蔽验收的条件，现报上该分项工程隐蔽工程报验申请表，请予以审查和隐蔽验收。
附件：

承包单位（章）
项目经理
日　期</td></tr>
<tr><td>审查意见：

项目监理机构（盖章）：________
总/专业监理工程师：________
日　期：________</td></tr>
</table>

注：本报告一式三份，建设单位、监理单位、施工单位各一份。

步骤 3）整个工程中最重要的验收就是在整个工程结束后，分别进行“初步验收”和“竣工验收”。表 9-12～表 9-18 为相关记录文件。

表 9-12　验收技术资料总目录

工程名称：

序号	目　录	页 数	备 注
1	已安装设备清单	1	
2	设备安装工艺检查情况表	1	
3	综合布线系统缆线穿布检查记录表	1	
…	…	…	
15	综合布线系统机柜安装检查记录表	1	

表 9-13　已安装设备清单

项目名称：学院综合楼综合布线工程　　　　项目编号：XXXY-XXZX008

序号	设备名称及型号	单位	数量	安装地点	备注
1	42U 落地式机柜安装	个	1	中央机房	
2	15U 挂墙式机柜安装	个	8	各个楼层的分机柜	
…	…	…	…	…	
24	超五类 48 口配线架安装	个	6	分机柜	

注：1. 本报告一式三份，建设单位、监理单位、施工单位各一份；

2. 工程简要内容：中心机房、配线间终端设备安装。

表 9-14 设备安装工艺检查情况表

项目名称：学院综合楼综合布线工程　　　　　　　　　　　　　　项目编号：XXXY-XXZX008

序号	检 查 项 目	检 查 情 况
1	配线架端接安装	安装、缆线标签及扎放工艺良好
2	PVC 线管安装	水平度、固定、接头及安装工艺符合施工规范
3	镀锌铁线槽安装	水平度、垂直度、接口、稳固度符合施工规范
4	缆线敷设、扎放	缆线标签、预留长度、扎放松紧符合设计要求和施工规范，无扭曲、打结现象
…	…	…
12	光纤头端接	端接工艺、接触性能符合施工规范

检查人员：　　　　　　　　　　　　　　　　　　　　日　　期：

注：1．本报告一式三份，建设单位、监理单位、施工单位各一份；

2．工程简要内容：安装 PVC 线管、镀锌铁桥架、安装机柜、敷设光纤、超 5 类缆线和端接测试。

表 9-15 综合布线系统缆线穿布检查记录表

项目名称：学院综合楼综合布线工程　　　　　　　　　　　　　　项目编号：XXXY-XXZX008

施工单位		施工负责人		完成日期	
工程完成情况					
序号	缆线品牌、规格型号	根数	均长	备注	
1	IBDN 超五类双绞缆线	218	68m	网络布线	
2	TCL/PC51MM50-6 六芯室内光纤	9	110m	网络布线	
…	…	…	…	…	
检查情况					
两端预留长度有无编号					
缆线弯折有无情况					
缆线外皮有无破损					
松紧冗余					
槽、管利用率					
过线盒安装是否符合标准					

检查人员　　　　　　　　　　　　日期　　年　　月　　日

注：本报告一式三份，建设单位、监理单位、施工单位各一份。

表 9-16 综合布线信息点抽检电气测试验收记录表

项目名称：学院综合楼综合布线工程　　项目编号：　XXXY-XXZX008　　抽验日期：　年　月　日

信息点总数	218	其中	数据点	218	配线间数（设备间）	9	拟抽检点数	20 个点
			语音点					
缆线厂家型号	IBDN 超 5 类双绞线		模块厂家型号	TCL　PM1011/超 5 类信息模块		配线架厂家型号	TCL PD11/48/24 口配线架	
测 试 标 准	TIA/EIA568A、ISO/IEC11801 标准		使用的测试仪器	FLUKE				
设 计 单 位				施工单位				

选 点 及 抽 检 结 果

序号	配线间	信息点编号	长度	接线图	工作电容	绝缘电阻	近端串扰	直流电阻	回波损耗	结果
1	三楼中央机房	3FA-05	65.8m		≤5.2	5000	60dB	≤9.4	26.3dB	合格
2	三楼中央机房	3FA-12	78.5m		≤5.2	5000	82.54dB	≤9.4	27.7dB	合格
3	三楼中央机房	3FA-15	56.3m		≤5.4	5000	64.2dB	≤9.4	23.3dB	合格
…	…	…	…		…	…	…	…	…	…

测量人员：　　　　　　监视人员：　　　　　　记录人员：　　　　　　日期

注：本报告一式三份，建设单位、监理单位、施工单位各一份。

表 9-17 综合布线光纤抽检测试验收记录表

项目名称：学院综合楼综合布线工程　　项目编号：XXXY-XXZX008　　抽验日期：　年　月　日

光纤总根数（段数）	12	其中室内（分芯数）	9	室外（分芯数）	3	拟抽检根数	
光纤厂家型号	TCL/PC51MM50-6 六芯室内光纤/ PC51MM50-6 六芯室外光纤					端接设备厂家型号	
测试标准	YD/T901-2001 国际标准			使用的测试仪器			
设计单位				施工单位			

序号	起始配线间（设备间）	端止配线间	光纤类型编号	典型插入损耗	最大回波损耗	插入损耗	回波损耗	震动（单振幅）	结果
1	三楼机房	三楼分机房	室内 PC51MM50-6	≤0.25dB	≤-50dB	≤0.1dB	≤0.2dB	10～60Hz	合格
2	三楼机房	二楼分机房	室内 PC51MM50-6	≤0.24dB	≤-50dB	≤0.1dB	≤0.2dB	10～60Hz	合格
3	三楼机房	一楼分机房	室内 PC51MM50-6	≤0.251dB	≤-50dB	≤0.1dB	≤0.2dB	10～60Hz	合格
…	…	…	…	…	…	…	…	…	…

测量人员：　　监视人员：　　记录人员：　　日期/时间：

注：本报告一式三份，建设单位、监理单位、施工单位各一份。

表 9-18 综合布线系统机柜安装检查记录表

项目名称：学院综合楼综合布线工程　　项目编号：XXXY-XXZX008

施工单位		施工负责人		完成日期	2003-7-26
工程完成情况					

序号	机柜型号	台数	生产厂家	安装地点	安装方式	备注
1	PB1466-42U	1	TCL 国际电工	三楼中央机房	落地式	
2	PB4064-15U	8	TCL 国际电工	各楼层分机房	挂墙式	
3	…	…	…	…	…	

检查情况	
机柜稳固情况	
水平度/垂直度	
外观损坏、地脚锈蚀和清洁情况	
接线配线工作方便情况	
电源与接地情况	

检查人员：　　日期：

注：本报告一式三份，建设单位、监理单位、施工单位各一份。

9.4 理论思考题

一、选择题

1．工程验收项目的内容和方法，应按（　　）的规定来执行。

（A）TSB—67　　（B）GB 50312—2007

（C）GB 50311—2007　　（D）TIA/EIA 568 B

2．（　　）是由信息产业部主编、建设部批准，于2007年10月1日施行的综合布线系统工程验收国家标准，适用于新建、扩建、改建的建筑与建筑群综合布线系统工程的验收。

（A）TSB-67　　（B）GB50311—2007

（C）GB50312—2007　　（D）TIA/EIA 568 B

3．综合布线系统工程的验收内容中，验收项目（　　）是环境要求的验收内容。

（A）电缆电气性能测试　　（B）施工电源

（C）外观检查　　（D）消防器材

4．工程竣工后施工单位应提供符合技术规范的结构化综合布线系统工程竣工技术资料，其中不包括（　　）。

（A）安装工程量和设备、器材明细表

（B）综合布线系统总图和路由图

（C）综合布线系统信息点分布平面图和各配线区（管理）布局图

（D）信息端口与配线架端口位置的对应关系表和系统性能测试报告

5．下列有关验收的描述中，不正确的是（　　）。

（A）综合布线系统工程的验收贯穿了整个施工过程

（B）布线系统性能检测验收合格，则布线系统验收合格

（C）竣工总验收是工程建设的最后一个环节

（D）综合布线系统工程的验收是多方人员对工程质量和投资的认定

6．综合布线系统工程的验收内容中，验收项目（　　）不属于隐蔽工程签证。

（A）管道线缆　　（B）架空线缆

（C）埋式线缆　　（D）隧道线缆

7．下列有关电缆认证测试的描述，不正确的是（　　）。

（A）认证测试主要是确定电缆及相关连接硬件和安装工艺是否达到规范和设计要求

（B）认证测试是对通道性能进行确认

（C）认证测试需要使用能满足特定要求的测试仪器并按照一定的测试方法进行测试

（D）认证测试不能检测电缆链路或通道中连接的连通性

8．通道链路全长小于等于（　　）m。

（A）80　　（B）90　　（C）94　　（D）100

9．将同一线对的两端针位接反的故障，属于（　　）故障。

（A）交叉　　（B）反接　　（C）错对　　（D）串扰

10．下列有关串扰故障的描述，不正确的是（　　）。

（A）串扰就是将原来的线对分别拆开重新组成新的线对

（B）出现串扰故障时端与端的连通性不正常

（C）用一般的万用表或简单电缆测试仪“能手”检测不出串扰故障

（D）串扰故障需要使用专门的电缆认证测试仪才能检测出来

11．下列有关衰减测试的描述，不正确的是（ ）。

（A）在 TIA/EIA 568B 中，衰减已被定义为插入损耗

（B）通常布线电缆的衰减还是频率和温度的连续函数

（C）通道链路的总衰减是布线电缆的衰减和连接件的衰减之和

（D）测量衰减的常用方法是使用扫描仪在不同频率上发送 0dB 信号，用选频表在链路远端测试各特定频率点接收的电平值

12．下列有关长度测试的描述，不正确的是（ ）。

（A）长度测量采用时域反射原理（TDR）

（B）长度 L 值的计算公式为 L＝T×NVP×C

（C）NVP 为电缆的标称传播速率，典型 UTP 电缆的 NVP 值是 62%～72%

（D）校正 NVP 值的方法是使用一段已知长度的（必须在 15m 以上）同批号电缆来校正测试仪的长度值至已知长度

13．回波损耗是衡量（ ）的参数。

（A）阻抗一致性 （B）抗干扰特性

（C）连通性 （D）物理长度

14．HDTDX 技术主要针对（ ）故障进行精确定位。

（A）各种导致串扰的 （B）有衰减变化的

（C）回波损耗 （D）有阻抗变化的

15．接线图错误不包括（ ）。

（A）反接、错对 （B）开路、短路

（C）超时 （D）串扰

16．下列有关电缆链路故障的描述，不正确的是（ ）。

（A）在电缆材质合格的前提下，衰减过大多与电缆超长有关

（B）串扰不仅仅发生在接插件部位，一段不合格的电缆同样会导致串扰的不合格

（C）回波损耗故障可以利用 HDTDX 技术进行精确定位

（D）回波损耗故障不仅发生在连接器部位，也发生于电缆中特性阻抗发生变化的地方

17．定义光纤布线系统部件和传输性能指标的标准是（ ）。

（A）ANSI/TIA/EIA 568-（B）1 （B）ANSI/TIA/EIA 568-（B）2

（C）ANSI/TIA/EIA 568-（B）3 （D）ANSI/TIA/EIA 568-A

18．不属于光缆测试的参数是（ ）。

（A）回波损耗 （B）近端串扰

（C）衰减 （D）插入损耗

19．衰减是由电缆线对对阻抗和通过泄漏到电缆隔离物质外的能量损失产生的，这一能量损失是以（ ）来表示的。

（A）伏特 （B）安培 （C）分贝 （D）欧姆

20．验收是整个工程中最后的部分，同时标志着工程的全面完工。为了保证整个工程的质量，需要聘请相关行业的专家参与验收。下列哪项内容不属于综合布线系统工程验收的主要内容为（　　）。

（A）环境检查　　（B）器材及测试仪表工具检查

（C）设备安装检验　　（D）甲醛使用过量

二、简答题

1．综合布线工程验收分类有几大类？

2．说明三种认证测试模型的差异？

3．6 类双绞线的测试技术指标有哪些？分别代表什么含义？

4．光纤测试的技术指标有哪些？分别代表什么含义？

5．工程验收人员一般由哪些人组成？

6．工程验收分哪几类？

7．工程验收的主要内容有哪些？

8．工程竣工技术文件有哪些？

9．什么要进行 NVP 校验，怎样校验？

10．解释 FLUKE DTX1800 仪表中余量的概念。

11．简述长度测试的工作原理。

9.5　技能操作题

1．准备 FLUKE-LT 测试设备一套、跳线一条、一条两端都打好模块的双绞线，分别完成以下内容：

1）完成 FLUKE-LT 的自校正操作。

2）使用 6 类标准测试给定的跳线，记录结果。

3）使用超 5 类标准测试给定的使用模块的双绞线，记录结果。

2．从学校选择最近完工的大楼，按照 9.4.5 节工程验收文档打印各空表格，依据选中大楼的实际情况完成表格的填写。

单元十

综合布线工程招投标

知识教学目标

- 熟悉招标和投标的意义。
- 熟悉招投标人员组成和招投标实施方式。
- 熟悉招投标文件的组成。
- 了解综合布线工程通用合同条款内容。

技能培养目标

- 能够完成真实综合布线工程的招投标流程操作。
- 能够依据真实综合布线工程招标文件制作投标文件。

综合布线工程招标与投标，是借助成熟的工程招标投标方法来培育综合布线工程市场，提高综合布线系统服务水平，推动综合布线系统发展，加速与国际综合布线接轨的一种有效措施。目前综合布线工程招投标已在业界广泛实施，是从业人员必须了解掌握的知识之一。综合布线工程招投标属建设工程招标投标，一般指建设工程发包人单方面阐述自己的招标条件和具体要求，向多数特定或不特定的勘查单位、设计单位及施工单位等承包人发出邀约邀请，被邀请人向发包人发出邀约，进而由发包人从中择优选出交易对象并作出承诺的行为。

在实际招投标工作中，常见根据邀请方式和被邀请人是否特定来区分的招投标有两种类型，即邀请招投标和公开招投标。邀请招标指招标人以投标邀请书的方式邀请特定的法人或者其他组织投标的招标行为。采用此种方式招标的，发标人应当向三个以上具备承担招标项目的能力、资信良好的特定的法人或者其他组织发出投标邀请书。公开招标指招标人以招标公告的方式邀请不特定的法人或者其他组织投标的招标行为。另外，招标方式还有竞争性谈判和询价采购。部分省市除进行纸质招投标外，还要求进行电子招投标。

10.1 项 目 引 入

该项目是东方大学校园网络建设工程的公开招标项目，应标公司应该依据表 10-1 所提供招标材料要求编制合格的投标文件，参与本项目的投标。

表 10-1 东方大学校园网络建设招标文件

公开招标文件

招标编号：ZFCG-20*-5*　　　　项目名称：东方大学校园网络建设

目　　录

续表

第一部分　投标邀请

东方大学招标有限公司受采购方委托，对东方大学校园网络建设进行国内公开招标，现邀请合格的投标方对招标项目进行密封投标。

招标项目名称：东方大学校园网络建设。

招标项目编号：ZFCG-20*-5*

招标采购内容：具体内容详见招标文件技术规范要求与图纸要求。

招标文件售价：招标文件售价150元整人民币（含图纸），售后不退，如需邮寄另加100元人民币。

投标保证金：人民币叁万元整。

招标文件发售时间：2009年7月17日始，北京时间每天上午8：30至11：30、下午3：00至5：00（节假日除外）。逾期未购买招标文件的视同自动放弃参与投标。

招标文件发售地点：**招标有限公司（**路建兴广厦7层）。

招标地点：**招标有限公司（**路建兴广厦7层）。

开（截）标时间：2009年8月8日上午9：00（北京时间）。

异地购买招标文件者，按公告提供的开户名、开户行、账号及本公告第4条的要求，电汇相应的金额到本公司账户，同时将电汇底单复印件及贵公司所需购买的招标文件编号、公司名称、联系人、联系电话、手机、传真和公司地址一并标注后传真至本公司。联系人：陈小姐

对本招标文件需要质疑和澄清的以书面材料提交招标方，**招标有限公司将根据各投标方提出的问题以书面形式予以答复，口头提交质疑澄清的问题不予接受。

地址：**路建兴广厦七层　　邮编：350001　　传真：***　　联系电话：***

开户名称：**招标有限公司　　开户银行：中国光大银行**支行　　帐号：***

**招标有限公司

2009年7月

1．投标保证金须以转帐或电汇形式交纳。

2．每周三、四为退还投标保证金时间。（联系电话：***　联系人：黄小姐）

第二部分　投标方须知

就基本资质条件（必须同时具备）、最高限价、合同价格模式、投标有效期、投标保证金金额、付款、评标标准和方法、工期要求、投标文件递交、投标截止期、开标时间地点、招标代理服务费、现场勘察时间地点等项目进行具体说明。

第三部分　招标项目要求

就项目概述、招标内容、技术规范要求（详见附件一）、技术服务要求：安装和调试、验收、工程质量要求、技术培训、技术资料、特殊工具、备品备件、质量保修期和售后支持服务、质量保修期后的服务要求、标准与规范、其他要求、完工期（见招标文件第二部分须知表第9项要求）、付款（见招标文件第二部分须知表第7项要求）、工程量清单（详见附件二）、图纸（详见附件三）等进行具体说明。

第四部分　合同格式及条款

此处给出合同格式模板。

第五部分　投标文件格式

给出投标书、报价一览表：投标分项报价表、供货范围表（主要设备报价表、备品备件及专用工具报价表、安装及施工材料报价表）、货物说明一览表（按投标货物合同包下品目号类别分别填写）、技术规格和商务偏离表、投标方的资格声明、法人营业执照、法定代表人资格证明、法定代表人授权委托书、投标方工程业绩、投标方企业情况、生产销售服务许可证、投标方应提交的其他资料、投标保证金承诺书文件格式模板。

附件一

1．概述

1.1　工程概况

东方大学位于**路，整个校区有教学区、学生生活区等。根据校方提供的平面示意图及学校建筑统计，主楼区有：博学楼、作物楼、经管楼、园艺楼、动科楼等；南区有：明德楼、创新楼、农改楼、食科楼、成教学院、食科宿舍楼、

续表

学生宿舍楼等；北区有：发展总公司、幼儿园、附属小学、学生公寓、图书馆等。

东方大学规划数字化校园的建设，建设具有领先水平的校园网络系统，为学校的教学、科研、管理提供先进的技术平台。利用计算机技术、网络技术、通信技术对学校与教学、科研、管理和生活有关的所有信息资源进行全面的数字化，为东方大学的管理、教学、科研及对外交流造就高速信息网络。

1.2 设计依据

《东方大学校园项目设计招标文件》；《综合布线系统工程设计规范》GB/T50311—2007；《综合布线系统工程验收规范》GB/T50312—2007；东方大学提供的相关资料；东方大学平面示意图…。

1.3 主要工程量

东方大学校园网线路及管道工程的光缆线路（教学区）、管道的主要工程量详见工程量清单。教学区综合布线系统设置信息点数约 2680 个。

1.4 信息点设置

东方大学教学区信息点的数量设置根据院方要求，信息点具体安装位置根据现场情况确定。

教学区综合布线系统设置信息点数约 2459 个。

1.5 管线配置

中心配线间与汇聚配线点之间敷设 48 芯单模室外光纤。

汇聚配线点与设备间之间敷设 1 根 6 芯单模室外光纤连接。

光纤在户外综合弱电管道中敷设时，为保护缆线，应单独走管，不得与其他系统缆线共管孔。

2．教学区建筑物楼内综合布线系统

教学区建筑物楼内综合布线系统由建筑群子系统、工作区子系统、配线子系统、干线子系统、设备间子系统、管理子系统组成，采用星型拓扑结构。

2.1 建筑群子系统

本项目中即为中心配线间至各汇聚配线点及各汇聚配线点至设备间的连接，网络拓扑结构为星型。

2.2 工作区

根据要求和现场勘查，实际设置信息点约 2680 个。

2.3 配线子系统

由工作区的信息插座，信息插座至楼层配线架设备（FD）的配线电缆或光缆，楼层配线设备和跳线组成。楼层配线设备采用快接式配线架，所有配线架均在机柜内安装。

⋮

3．光缆线路和管道

3.1 光缆线路建设方案

3.1.1 光缆线路路由选定

（1）采用环型或树型不递减交接配线方式进行用户光缆线路建设。

（2）每一个光缆交接区，交接区一旦确定后，不得跨区配线。

⋮

3.1.2 主干光缆线路路由

中心机房位于明德楼一层，分别在创新楼、成教学院、研 38#、南 3#楼、后勤基建楼、北区公寓 9#、…、昌融公寓设光纤分配交接箱。共设 12 条 48 芯主干光缆。

3.2 管道建设方案

3.2.1 手孔设计

手孔结构，手孔分类等。

3.2.1 管道敷设要求

管道敷设、手孔制作等工艺应满足《通信管道工程施工及验收技术规范》、《智能建筑弱电工程设计施工图集》、《通信电缆配线管道图集》的要求。

续表

4．主要设计标准和技术措施

管道采用 ϕ 110 双壁波纹管，横穿马路与水渠时采用 DN100 镀锌钢管，光纤采用室外单模光缆，立杆采用水泥杆。

4.1 楼内综合布线产品选型

（1）信息插座：选用超 5 类非屏蔽模块。符合并超过 EIA/TIA 超 5 类传输性能，支持高达 100MHz 的信号传输，配有防脱线保护盖，568A/B 打线色标方便打线。

（2）超 5 类缆线：选用 4 对非屏蔽超 5 类双绞线。优于现行的 TIA/EIA-568 超 5 类传输标准，依据 YD/T1019-2001 和 TIA/EIA-568-A-5 及 ISO/IEC11801。

⋮

5．各系统主要设备推荐品牌

名　　称	备选 1	备选 2	备选 3
超 5 类非屏蔽信息模块	TCL	大唐	日海
光纤耦合器	TCL	大唐	日海
PVC 线槽	亚通	启东	启东
⋮	⋮	⋮	⋮

附件二

主要工作量表

一、校园网线路及管道单项工程

光缆工程

序号	项 目 名 称	单　位	数　量
1	施工测量光（电）缆	100m	80.410
2	架设钉固式墙壁光缆	100m/条	2.020
3	敷设管道光缆（12 芯以下）	1000m/条	3.101
⋮	⋮	⋮	⋮

管道工程

序号	项 目 名 称	单　位	数　量
1	施工测量通信管道	100m	23.070
2	人工开挖路面（混凝土路面 150mm 以下）	$100m^2$	4.285
3	开挖土方（硬土）	$100m^3$	27.980
4	铺设塑料管管道（6 孔 3×2）	100m	10.400
⋮	⋮	⋮	⋮

综合布线工程

序号	项 目 名 称	单　位	数　量
1	施工测量光（电）缆	100m	222.130
2	打穿楼墙洞（砖墙）	个	1493.000
3	敷设塑料线槽（100mm 宽以下）	100m	196.970
4	安装吊装式桥架（100mm 宽以下）	10m	108.000
⋮	⋮	⋮	⋮

附件三

相关图纸

10.2 项目分析

一般公司在处理招标工程时，一般有如下几个步骤：查看招标公告→购买招标文件→分析标书→编制投标文件→封标投标→签订合同→实施工程。

综合布线系统招标项目需求主要分析两方面内容，一是商务需求分析，二是技术需求分析。

（1）商务需求分析

对标书中的商务条款逐条分析，投标公司只有满足了全部商务条款才能决定是否参与工程项目的投标活动。在本项目中主要有投标单位的要求、工作进度要求、标书要求、评标方式和其他要求。

（2）技术需求分析

除了要详细研究招标书提供的技术信息和图纸，一定要去现场确定各个工作区的施工技术方案，统计出所需各种材料的数量，施工所需的工具和工作量；按照招标标书要求制定施工计划，绘制施工图纸。

根据项目引入内容，本项目需要确定以下内容。

1）招标文件中的技术要求，公司是否能够满足。

2）招标文件中的商务要求，公司是否能够满足。

3）项目的总限价是多少。

4）项目采用何种方式评标。

5）招标文件中是否存在描述不清，或者有疑问的地方。

6）是否需要到用户单位查看现场。

10.3 相关知识

10.3.1 招标基本概念

（1）什么是综合布线系统工程招标

综合布线系统工程招标通常是指需要投资建设综合布线系统的单位（一般称为招标人），通过招标公告或投标邀请书等形式邀请有具备承担招标项目能力的系统集成施工单位（一般称为投标人）投标，最后选择其中对招标人最有利的投标人进行工程总承包的一种经济行为。

综合布线系统工程招标也可以委托工程招标代理机构来进行。

（2）招标人

招标人是指提出招标项目、进行招标的法人或者其他组织。

(3) 招标代理机构

招标代理机构是指依法设立、从事招标代理业务并提供相关服务的社会中介组织。

招标代理机构应当具备下列条件。

1）有从事招标代理业务的营业场所和相应资金。

2）有能够编制招标文件和组织评标的相应专业力量。

3）有符合《中华人民共和国招标投标法》、可以作为评标委员会成员人选的技术、经济等方面的专家库。

(4) 招标文件

招标文件一般由招标人或者招标代理机构根据招标项目的特点和需要进行编制。

招标文件应当包括以下内容。

1）招标项目的技术要求：主要包括综合布线系统的等级、布线产品的档次和配置量等的要求。

2）招标项目的商务要求：主要包括投标人资格审查标准、投标报价要求、评标标准以及拟签订合同的主要条款等。

3）招标项目需要划分标段、确定工期的，招标人应当合理划分标段、确定工期，并在招标文件中载明。

4）招标文件不得要求或者标明特定的生产供应者以及含有倾向或者排斥潜在投标人的其他内容。

5）招标人对已发出的招标文件进行必要的澄清或者修改的，应当在招标文件要求提交投标文件截止时间至少十五日前，以书面形式通知所有招标文件收受人。该澄清或者修改的内容为招标文件的组成部分。

6）招标人应当确定投标人编制投标文件所需要的合理时间，依法必须进行招标的项目，自招标文件开始发出之日起至投标人提交投标文件截止之日止，最短不得少于二十日。

10.3.2　招标涉及的人员

项目招标主要涉及三方面人员，一是项目建设单位，二是招标工作人员和评审人员，三是投标公司的工作人员。项目建设单位主要是项目负责人和技术人员，提出项目建设的具体技术需求和商务（财务）要求。招标工作人员主要是招标公司或招标部门的工作人员，有时还有纪检监察部门的人员，和由招标部门事先建立的专家库中随机抽取的五人以上单数组成的评审人员。投标公司的工作人员由技术人员会同主要产品厂商售前支持人员按照标书的要求制作出投标的技术材料和工程预算报价，由商务人员按标书的要求准备好执照、资质和各种认证等商务材料，做成投标书。

10.3.3　招标方式

综合布线系统工程项目招标的方式主要有以下 4 种。

（1）公开招标

公开招标，也称无限竞争性招标，是指招标人或招标代理机构以招标公告的方式邀请不特定的法人或者其他组织投标。

公开招标的条件如下。

1）招标人或招标代理机构通过国家指定的报刊、信息网络或者其他媒介发布项目的招标公告。招标公告应当载明招标人的名称和地址、招标项目的性质、数量、实施地点和时间，以及获取招标文件的办法等事项。任何认为自己符合招标人要求的法人或其他组织都有权向招标人索取招标文件并届时投标。招标人不得以任何借口拒绝向符合条件的投标人出售招标文件，不得以地区或者部门不同等借口违法限制任何潜在投标人参加投标。

2）公开招标必须采取公告的方式，向社会公众明示其招标要求，使尽量多的潜在投标商获取招标信息，前来投标，从而保证公开招标的公开性。

（2）竞争性谈判

竞争性谈判，是指招标人或招标代理机构以投标邀请书的方式邀请三家以上特定的法人或者其他组织直接进行合同谈判。一般在用户有紧急需要，或者由于技术复杂而不能规定详细规格和具体要求时采用。

竞争性谈判的特点如下。

1）招标时间短，招标项目可以更快地发挥作用；

2）招标工作量少，省去了大量的开标、投标工作，有利于提高工作效率，降低成本。

3）招标人和投标人双方能够进行更为灵活的谈判。

（3）询价采购

询价采购，也称货比三家，是指招标人或招标代理机构以询价通知书的方式邀请三家以上特定的法人或者其他组织进行报价，通过对报价进行比较来确定中标人。询价采购是一种简单快速的采购方式，一般在采购货物的规格、标准统一、货源充足且价格变化幅度小时采用。

询价采购的特点如下。

1）邀请报价的法人或者其他组织不得少于三家。

2）邀请报价的法人或者其他组织只能提供一个报价，其报价不能更改。

询价采购的方式如下。

1）公开邀请，指招标人或招标代理机构在政府采购管理机关指定的政府采购信息发布媒体上公布采购信息，刊登询价公告，邀请三家以上不特定的法人或者其他组织进行报价，比如网上询价等。

2）邀请方式，指招标人或招标代理机构在政府采购供应商信息库中采取随机方式公开选择三家以上法人或者其他组织，以报价邀请函的方式邀请报价。

（4）单一来源采购

单一来源采购，是指招标人或招标代理机构以单一来源采购邀请函的方式邀请生产、销售垄断性产品的法人或其他组织直接进行价格谈判。单一来源采购是一种非竞争性采购，一般适用于独家生产经营、无法形成比较和竞争的产品。

10.3.4 招标程序

一个完整的工程项目招标程序一般如下：首先由招标人进行项目报建，并提出招标申请，同时送交市招投标中心审查。审查通过后，由招标人编制工程标底和招标文件，并发布招标公告或投标邀请书。在对投标人进行资格审查之后，召开招标会，发放招标文件。最后开标、评标、定标，直至签订合同。

一般招标流程为：项目报建→招标申请→市招投标中心送审→编制工程标底和招标文件→发布招标公告或投标邀请书→投标人资格审查→招标会→制作标书→开标→评标→定标→签订合同。

1. 发布招标公告或投标邀请书

发布招标公告或投标邀请书时应注意以下两点。

1）招标人或招标代理机构可以根据招标项目本身的要求，在招标公告或者投标邀请书中，要求潜在投标人提供有关资质证明文件和业绩情况，并对潜在投标人进行资格审查。

2）招标人或招标代理机构在招标公告或投标邀请书中，不得以不合理的条件限制或者排斥潜在投标人，不得对潜在投标人实行歧视待遇。

2. 开标

开标应当在招标文件预先确定的时间和地点公开进行，由招标人主持，邀请所有投标人参加。开标时，由投标人或者其推选的代表检查投标文件的密封情况，也可以由招标人委托的公证机构检查并公证；经确认无误后，由工作人员当众拆封，宣读投标人名称、投标价格和投标文件的其他主要内容。开标过程应当记录，并存档备查。

3. 评标

评标由招标人依法组建的评标委员会在严格保密的情况下进行。评标委员会由招标人的代表和有关技术、经济等方面的专家组成，成员人数为五人以上单数，其中技术、经济等方面的专家不得少于成员总数的三分之二。

评标委员会按照招标文件确定的评标标准和方法，对投标文件进行评审和比较；评标委员会完成评标后，向招标人提出书面评标报告，并推荐合格的中标候选人。招标人根据评标委员会提出的书面评标报告和推荐的中标候选人确定中标人。招标人也可以授权评标委员会直接确定中标人。

中标人的投标应当符合下列条件之一。

1）能够最大限度地满足招标文件中规定的各项综合评价标准。

2）能够满足招标文件的实质性要求，并且经评审的投标价格最低，但是投标价格低于成本的除外。

4. 定标

中标人确定后，招标人应当向中标人发出中标通知书，并同时将中标结果通知所有未中标的投标人。中标通知书对招标人和中标人具有法律效力。中标通知书发出后，招标人改变中标结果的，或者中标人放弃中标项目的，应当依法承担法律责任。

5. 签订合同

招标人和中标人应当自中标通知书发出之日起三十日内，按照招标文件和中标人的投标文件订立书面合同。同时，招标人应当自确定中标人之日起十五日内，向有关行政监督部门提交招标投标情况的书面报告。

中标人应当按照合同约定履行义务，完成中标项目。不得向他人转让中标项目，也不得将中标项目肢解后分别向他人转让。

10.3.5 投标

1. 什么是综合布线系统工程投标

综合布线系统工程投标通常是指系统集成施工单位（一般称为投标人）在获得了招标人工程建设项目的招标信息后，通过分析招标文件，迅速而有针对性的编写投标文件，参与竞标的一种经济行为。

2. 投标人及其资格

投标人是响应招标、参加投标竞争的法人或者其他组织。

投标人应当具备承担招标项目的能力，并且具备招标文件规定的资格条件，投标人的资质证明文件应当使用原件或投标单位盖章后生效。一般投标人需要提交的自制证明文件包括以下几种。

1）投标人的企业法人营业执照副本。

2）投标人的企业法人组织代码证。

3）投标人的税务登记证明。

4）系统集成资质证书。

5）施工资质证明。

6）ISO9000 系列质量保证体系认证证书。

7）高新技术企业资质证书。

8）金融机构出具的资信证明。

9）产品厂家授权的分销或代理证书。

10）产品鉴定入网证书。

11）投标人认为有必要的其他资质证明文件。

两个以上法人或者其他组织可以组成一个联合体，以一个投标人的身份共同投标。

3. 分析工程项目招标文件

招标文件是编制投标文件的主要依据，投标人必须对招标文件进行仔细研究，重点注意以下几个方面。

1）招标技术要求，该部分是投标人核准工程量、制定施工方案、估算工程总造价的重要依据，对其中建筑物设计图样、工程量、布线系统等级、布线产品档次等内容必须进行分析，做到心中有数。

2）招标商务要求，主要研究投标人须知、合同条件、开标、评标和定标的原则和方式等内容。

3）通过对招标文件的研究和分析，投标人可以核准项目工程量，并且制定施工方案，完成了投标文件编制的重要工作。

4. 编制项目投标文件

投标人应当按照招标文件的要求编制投标文件，并对招标文件提出的实质性要求和条件作出响应。

投标文件的编制主要包括以下几个方面。

1）投标文件的组成：项目概况、施工方案、施工计划、开标一览表、工程量清单、投标分项报价表、资质证明文件、技术规格偏离表、商务条款偏离表、项目负责人与主要技术人员介绍、机械设备配置情况、工程图纸以及投标人认为有必要提供的其他文件。

综合布线项目招标图纸一般包括布线系统图、各布线位置平面图、机房布置图、机柜安装大样图等。

2）投标文件的格式：投标人应该按照招标文件要求的格式和顺序编制投标文件，并且装订成册。

3）投标文件的数量：投标人应该按照招标文件规定的数量准备投标文件的正本和副本，一般正本一份，其余为副本。在每一份投标文件上注明“正本”或“副本”字样，一旦正本和副本有差异，以正本为准。同时，投标人还应将投标文件密封，并在封口启封处加盖单位公章。

4）投标文件的递交：投标人应当在招标文件要求提交投标文件的截止时间前，将投标文件送达投标地点。招标人收到投标文件后，应当签收保存，不得开启。投标人少于三个的，招标人应当依照本法重新招标。

5）投标文件的补充、修改和撤回：投标人在招标文件要求提交投标文件的截止时间前，可以补充、修改或者撤回已提交的投标文件，并书面通知招标人。补充、修改的内容为投标文件的组成部分。

编制投标文件的注意事项如下。

1）投标文件一般由熟悉综合布线系统工程招投标过程的人员编制。

2）投标文件的内容应该尽量丰富详细、贴近事实。

3）投标文件的编制应当遵循诚实信用的原则，在产品选择、施工方式等方面要做

到实事求是。

4）投标文件中要尽可能多地提供投标人的技术实力、工程案例、商业信誉等资质证明文件，以体现整体实力。

5）投标文件中的施工计划应当在保证响应招标文件要求的前提下，尽量降低成本，提高利润。

5. 工程项目投标报价

（1）工程项目投标报价的内容

1）工程项目造价的估算：一般可以根据项目工程完成的信息点数来估算工程的总造价。例如使用光纤做干线子系统，每个信息点的造价为 300 元，如果有 2000 个信息点，则可估算工程的总造价为 60 万元。

2）工程项目投标报价的依据：工程项目投标报价应当对项目成本和利润进行分析，并且参照厂家的产品报价及相关行业制定的工程概、预算定额，充分考虑综合布线系统的等级、布线产品的档次和配置量等因素。

3）工程项目投标报价的内容：包括主要设备、工具和材料的价格、项目安装调试费、设计费、培训费等，并且给出优惠价格和工程总价。

（2）工程项目投标报价的要求

1）投标人不得相互串通投标报价，不得排挤其他投标人的公平竞争，损害招标人或者其他投标人的合法权益。

2）投标人不得与招标人串通投标，损害国家利益、社会公共利益或者他人的合法权益。不得以向招标人或者评标委员会成员行贿的手段谋取中标。

3）投标人不得以低于成本的报价竞标，也不得以他人名义投标或者以其他方式弄虚作假，骗取中标。

10.3.6 评标

1. 项目评标组织

评标工作是招投标中重要环节，由招标办、业主、建设单位的上级主管部门、建设单位的财务、审计部门及有关技术专家共同参加，一般由采购部门在预先建立的专家库中抽取 5～7 名行业专家。评标组织按评标方法对投标文件进行严格的审查，按评分排列次序，选择性能价格比最高的投标单位推荐为中标候选者，提供领导最后决策。为此，评标组织应在评审前编制评标办法，按招标文件中所规定的各项标准确定商务标准和技术标准。

商务标准是指技术标准以外的全部招标要素，如招标人须知、合同条款所要求的格式，特别是招标文件要求的投标保证金、资格文件、报价、交货期等。

技术指标是指招标文件中技术部分所规定的技术要求、设备或材料的名称、型号、主要技术参数、数量和单位，以及质量保证、技术服务等。

2. 项目评标方法

评标的方法目前主要有两种：综合评价法和最低评标价法。

（1）综合评价法

综合评价法能够最大限度地满足招标文件中规定的各项综合评价标准，具体有两种操作方式。

1）专家评议法。主要根据标书中报价、资质、方案的设计和性能、施工组织计划、工程质量保证和安全措施等进行综合评议，专家经过讨论或投票，集中大多数人的意见，选择出各项条件较为优良者，推荐为中标单位。

2）打分法。按投标书及答辩中的商务和技术的各项内容采用无记名的方式填表打分，一般采用百分制，统计获取最高的评分单位，即为中标者。评标结束后，评标小组提出评标报告，评委均应签字确认，文件归档。

综合评价法特点：综合评分法是目前布线工程，尤其是规模大、技术难度大、施工条件复杂的大型工程普遍采用的评标方法。该方法兼顾了价格、技术等方面的因素，比较客观地反映了工程招标文件的要求，能全面评估投标人的整体实力。但是，该方法除了报价这一客观因素外，其他标准均受个人主观判断影响，且评标专家一般都是临时抽调的，短时间内无法充分熟悉所评工程的资料，不能全面正确掌握评标因素及其权值。评标专家的选择和专家评标的客观性成为综合评分法能否发挥实效的两个关键要素。因此，选用综合评分法时，在权重系数的分配上要尽可能的考虑工程项目的主要影响因素。在打分的过程中，要尽可能限制评标人在打分过程中的主观随意性，要制定具体、明确、客观、具有可操作性的打分标准。

（2）最低评标价法

最低评标价法能够满足招标文件的实质性要求，并且经评审的投标价格最低，但是投标价格低于成本的除外。在严格预审各项条件均符合投标书要求的前提下，选择最低位报价单位作为中标者。

最低价评标法特点：该方法对招标前期的工作质量要求比较高，应加强对投标企业的资格预审，确保入围企业都是资质较高、信誉优良、能独立完成项目的企业。成本价标底应采用实物法编制，计入足额的材料费、机械费和人工费、保证工程能正常施工的现场管理费和总部管理费，不计入利润。但是，准确估计投标人的建设成本是非常困难的，因为建设成本涉及到投标人的施工技术、管理能力、材料采购、财务状况等多方面因素，且目前在我国许多地区的相关法规中对如何确定投标报价低于成本价并没有明确的评判标准，这就给实际操作带来了很大困难。合理低价法适用于工程技术方案较简单，各项要求非常明确的情况下。

3. 项目评标标准

评标的具体标准多种多样，每个项目都有其特点，标准也不尽相同，表 10-2 和表 10-3 提供了两种评分标准供参考。

表 10-2 评分表 1

序号	投标单位	技术方案	产品			报价	施工		资质	业绩	培训	售后服务	总分
			指标	可靠性	品牌		措施	计划					
		25	5	5	5	30	5	5	5	5	5	5	100

表 10-3 评分表 2

评标项目	评标细则	得　分
投标报价（45）	报价（40）	
	产品品牌、性能、质量（5）	
设计方案（15）	方案的先进性、合理性、扩展性（5）	
	图纸的合理性（3）	
	系统设计的合理性、科学性（4）	
	设备选型合理性（3）	
施工组织计划（10）	施工技术措施（2）	
	先进技术应用（2）	
	现场管理（2）	
	施工计划优化及可行性（4）	
工程业绩和项目经理（15）	近三年完成重大工程（3）	
	管理能力和水平（3）	
	近三年工程获奖情况（2）	
	项目经理技术答辩（5）	
	项目经理业绩（2）	
质量工期保障措施（5）	工期满足标书要求（2）	
	质量工期保证措施（3）	
履行合同能力（5）	注册资本（1）	
	ISO9000\14000 等认证（2）	
	重合同守信誉及银行资信证明（2）	
优惠条件（2）	有实质性优惠条件（2）	
售后服务承诺（3）	本地有服务部门（2）	
	客户评价良好（1）	
总分		

投标单位：

4. 定标及履约

确定中标单位后，公开发布中标通知。中标单位得到通知后到采购部门领取中标通知书，持中标通知书与项目建设单位签订合同。开始综合布线工程实施。

1）中标公司应提供完整的技术方案，详细的文字说明及包括系统原理图或者系统拓扑图、管线设计图、施工图、机房布置图等在内的系统图纸，并详细列出所涉及的施工计划、施工组织方案、验收标准与测试方法、培训计划、售后服务承诺等。

2）中标公司与建筑设计单位及土建施工单位密切配合，保证平面管线设计的可行性和合理性。承包商完成的所有设计图纸必须经建筑设计工程师的认可方可交付施工。

3）进场后积极与建筑工程师、业主工程师和监理工程师协调，并对具体施工过程做适当调整，以避免与其他专业安装发生矛盾或使相关工作顺利进行。

4）由中标公司提供验收设备，在业主和监理的认可和指导下，进行规定的所有验收项目，并提交验收报告。

5）中标公司对业主操作人员进行培训，使维护人员对系统设备的各类部件、系统构成和功能有清晰的了解，能够正确使用相关设备，能够应对一般故障的紧急处理，掌握常见的故障判断、原因分析、易损件的更换、日常保养与恰当地维护。

10.3.7 合同条款

依据合同的适用范围，合同可以分为通用合同和专用合同两大类，通用合同条款的内容是按我国各建设行业工程合同管理中的共性规则制定。专用合同条款则根据各行业的管理要求和具体工程的特点，由各行业在其施工招标文件范本中自行制定。在一般的建设行业工程实施过程中普遍使用通用合同，对于部分具有本身特点和要求的行业，可以在通用合同基础上增加专用合同条款进行进一步约定。

下面主要针对通用合同进行介绍和分析。

1. 通用合同条款组成

《中华人民共和国标准施工招标文件》中的通用合同条款全文共24条130款，分为以下八组，如表10-4所示。

表 10-4 通用合同条款

序号	合同条款约束范围	功能描述	条款具体内容
1	合同主要用语定义和一般性约定	对合同中使用的主要用语和常用语予以专门定义;对相关合同文件的通用性解释和一般性说明	1. 一般约定
2	合同双方的责任、权利和义务	约定合同双方的责任、权利和义务	2. 发包人义务
			3. 监理人
			4. 承包人
3	合同双方的施工资源投入	列出双方投入施工资源的责任及其具体操作内容	5. 材料和工程设备
			6. 施工设备和临时设施
			7. 交通运输
			8. 测量放线
			9. 施工安全、治安保卫和环境保护
4	工程进度控制	列出双方对工程进度控制的责任及其具体操作内容	10. 进度计划
			11. 开工和竣工
			12. 暂停施工

续表

序号	合同条款约束范围	功能描述	条款具体内容
5	工程质量控制	列出双方对工程质量控制的责任及其具体操作内容	13. 工程质量
			14. 试验和检验
6	工程投资控制	列出双方对工程投资控制的责任及其具体操作内容	15. 变更
			16. 价格调整
			17. 计量和支付
7	验收和保修	列出双方对工程竣工验收，缺陷修复，保修责任及其具体操作内容	18. 竣工验收
			19. 缺陷责任与保修责任
8	工程风险、违约和索赔	列出双方对工程风险、违约和索赔的责任及具体操作内容	20. 保险
			21. 不可抗力
			22. 违约
			23. 索赔
			24. 争议的解决

2. 编制通用合同条款的主要思路

1）合同条款约定的合同双方的责任界面应清晰，约定的内容应能覆盖建设工程施工中遇到的所有合同问题。

标准施工招标文件规定，招标人（发包人）和投标人（承包人）是工程招投标和履行合同的两个责任主体，本通用合同条款第 2 条与第 4.1 条明确规定了发包人和承包人的主要义务，并在第 5～24 条中详细约定了合同双方在建设工程履约过程中遇到的所有合同问题，避免出现空白，而造成履约困难。

在合同公正/公平的前提下，约定的合同双方责任界面清晰是合同顺利履行的基本条件，需要总结我国近年来建设工程合同的实践和经验教训。

2）对监理人在施工合同中职能的准确定位：监理人受发包人的委托，在施工现场为发包人管理合同。

监理人按发包人的授权进行合同管理，对工程的施工进度、质量、安全和合同支付负有监理责任。

监理人应忠实地执行发包人与承包人签署的施工合同，无权修改合同，监理人不是合同的第三方。

监理人应认真运用好通用合同条款第 3.5 条“商定或确定”条款，以公正的立场，促进双方在合同范围内通过协商，友好地解决合同争议。

监理人只对发包人承担监理责任，承包人不能因监理人的工作不到位而要求免除或减轻自己在合同中应负的责任。

3）树立正确的合同变更理念，建立科学的变更程序，及时处理好设计和施工过程中出现的变更，有利于减少合同争议。

合同变更在建设工程合同中常常是不可避免的，尤其是对一些复杂和大型的工程都可能在设计和施工过程中发生变更。

树立正确的合同变更理念，有利于推进合同的顺利履行，促进合同双方的良好合作。

变更的范围和内容在通用合同条款第 15.1 条中已有约定，各行业可在专用合同条款中约定具体实物内容，但不能取消第 15.1 条中约定的任何一项内容。

只有监理人才有权发出变更，承包人无权自行变更，但监理人发出重大变更时，应经发包人同意。

发生变更事项应及时做好同期记录，并及时按通用合同条款第 15.3 条进行处理，以免事后造成历史资料缺失而引起争议。

4）根据我国目前的合同管理状况，编制本合同支付条款时，考虑了尽量适用于单价合同和总价合同两种支付模式。

本合同条款的支付模式是以测量计量为基础的，支付条款的设定包含了单价合同的测量计量支付与总价合同的按形象进度支付。当前总价支付方式尚缺乏经验，为此建议当前仅在规模较小、工期较短的总价合同中使用。

通用合同条款中涉及单价合同和总价合同的，主要有第 15.1 条“变更的范围和内容”、第 15.4 条“变更估价原则”、第 16.1 条“物价波动引起的价格调整”、第 17.1 条“计量”和第 17.3 条“工程进度付款”。招标人在编制招标文件时，按照选定的合同模式，在专用合同条款中补充约定其具体支付方式和内容。

对于规模较小、工期较短的总价合同，第 16.1 条约定的价格调整，发包人可根据行业管理或项目实际，在专用合同条款中约定不调整或仅对某几个指标进行调整。

第 17.1 条约定的“计量”，同时包括了单价子目计量和总价子目计量的内容，并按顺序编排序号。根据选定的合同形式，分别适用于第 17.1.4 条或第 17.1.5 条。

第 17.3 条约定的“进度付款”，同时包括了按计量周期付款、按形象进度付款，以及周期付款和形象进度付款的结合等多种形式。哪些工作内容采用周期付款、哪些工作内容采用形象进度付款，由当事人在专用合同条款或支付分解报告中确定。绝大多数建设工程中，均采用按月进度进行计量付款。

5）科学设定各项合同管理程序，强调处理合同事宜的及时性。

通用合同条款中设定了工程进度控制、质量检查和验收，合同变更、计量和进度付款、竣工验收、竣工结算与争议调解等合同管理程序。

以上工作程序的设定，强调了处理合同事宜的及时性。公平、合理地约定合同双方各自的工作时限，保证双方都能高效地完成合同管理程序中规定的工作，防止问题长期积压，影响合同的正常履行，避免积累成合同争议。

6）合同双方应齐心协力面对工程风险，共同克服由于不可抗力灾害对工程施工的不利影响，各自进行必要的保险，以规避风险。

鉴于工程建设项目施工较为复杂、合同履行周期较长等特点，合同双方应在合同订立时客观地评估合同风险，承包人在报价中应认真估列风险费用，并应将工程保险作为解决合同风险的重要手段。

保险的目的是把合同双方的风险降低到最低限度，本通用合同条款第 20 条设定了合同双方必须投保的各保险项目，监理人督促双方及时投保。

为保障承包人人员的合法权益，承包人必须为其施工作业人员投保本合同条款所列的各项人员险种，并计入报价。

不可抗力灾害属于非合同双方责任的意外风险，但作为本合同的项目业主，理应承担工程的主要损失，但承包人也应承担其自身的某些财产损失，以及其合同中的部分利润损失。

7）本通用合同条款建议建立由独立第三方承担的合同争议评审机制。

通用合同条款第 24 条从维护合同的公平性出发，建议设立合同争议评审机制，其目的是通过独立第三方的公正评审和调解，促进合同双方在本合同范围内友好地解决争议，尽量避免将合同争议进入司法程序。

第三方对合同争议的评审，只是作为提供合同双方进一步协商解决合同争议的参考依据。其中任何一方不接受，争议评审意见将不具有合同约束力。

一般情况下，合同双方聘请的争议评审专家通常是业内比较有经验的资深专家，在不受合同任一方影响的情况下提出的评审意见往往是具有一定的权威性，即使进入司法程序后，也可能是司法机关取证的重要参考材料。为此，独立第三方的争议评审机制可以促进合同双方进一步和解，减少和避免争议进入司法程序，从而也可节省解决争议的成本。

3. 常用合同格式

合同协议书应按“施工招标文件”确定的格式拟定，合同协议书是合同双方的总承诺，表 10-5 列出了合同的常见格式，具体内容应约定在协议书附件和以下文件中。

1）中标通知书应由发包人在施工招标确定中标人后，按“施工招标文件”确定的格式拟定。

2）投标函及投标函附录中包含有合同双方在合同中相互承诺的条件，应附入合同文件。

3）专用合同条款和通用合同条款是整个施工合同中最重要的合同文件，它根据合同法的公平原则，约定了合同双方在履行合同全过程中的工作规则。其中，通用合同条款是要求各建设行业共同遵守的共性规则，专用合同条款则可由各行业根据其行业的特殊情况，自行约定的行业规则。但各行业自行约定的行业规则不能违背本通用合同条款已约定的通用规则。

4）“技术标准和要求”的内容是施工合同中根据工程的安全、质量和进度目标，约定合同双方应遵守的技术标准的内容和要求，技术标准中的强制性规定必须严格遵守。

5）“图纸”是施工合同中为实施工程施工的全部工程图纸和有关文件。

6）已标价的工程量清单是投标人在投标阶段的报价承诺，合同实施阶段用于发包人支付合同价款，工程完工后用于合同双方结清合同价款的依据。

7）“其他合同文件”是合同双方约定需要进入合同的其他文件。

表 10-5 常用合同格式

附件一：合同协议书

合同协议书

________（发包人名称，以下简称“发包人”）为实施______（项目名称），已接受__________（承包人名称，以下简称“承包人”）对该项目____标段施工的投标。发包人和承包人共同达成如下协议。

1. 本协议书与下列文件一起构成合同文件：

（1）中标通知书；

（2）投标函及投标函附录；

（3）专用合同条款；

（4）通用合同条款；

（5）技术标准和要求；

（6）图纸；

（7）已标价工程量清单；

（8）其他合同文件。

2. 上述文件互相补充和解释，如有不明确或不一致之处，以合同约定次序在先者为准。

3. 签约合同价：人民币（大写）__________元（¥ ____________）。

4. 承包人项目经理：__________。

5. 工程质量符合________________标准。

6. 承包人承诺按合同约定承担工程的实施、完成及缺陷修复。

7. 发包人承诺按合同约定的条件、时间和方式向承包人支付合同价款。

8. 承包人应按照监理人指示开工，工期为________日历天。

9. 本协议书一式________份，合同双方各执一份。

10. 合同未尽事宜，双方另行签订补充协议。补充协议是合同的组成部分。

发包人：__________（盖单位章）

承包人：__________（盖单位章）

法定代表人或其委托代理人：____（签字）

法定代表人或其委托代理人：___（签字）

_____年___月___日　　　　_____年___月___日

附件二：履约担保格式

履约担保

______________________________（发包人名称）：

鉴于________（发包人名称，以下简称“发包人”）接受______（承包人名称，以下称“承包人”）于____年____月____日参加__________（项目名称）____标段施工的投标。我方愿意无条件地、不可撤销地就承包人履行与你方订立的合同，向你方提供担保。

1. 担保金额人民币（大写）____________元（¥____________）。

2. 担保有效期自发包人与承包人签订的合同生效之日起至发包人签发工程接收证书之日止。

3. 在本担保有效期内，因承包人违反合同约定的义务给你方造成经济损失时，我方在收到你方以书面形式提出的在担保金额内的赔偿要求后，在 7 天内无条件支付。

4. 发包人和承包人按《通用合同条款》第 15 条变更合同时，我方承担本担保规定的义务不变。

担 保 人：________________（盖单位章）

法定代表人或其委托代理人：________（签字）

地　　址：

邮政编码：

电　　话：

传　　真：

年　月　日

续表

附件三：支付担保格式

支 付 担 保

______________________________（承包人名称）：

根据____________________（承包人名称，以下称“承包人”）与__________________（发包人名称，以下简称“发包人”）于______年______月______日签订的______________（项目名称）___标段施工承包合同，你方要求发包人向你方提交下述金额的支付担保保函，作为发包人履行本合同责任的保证金。我方同意为发包人出具本担保保函。

我方在此代表发包人向你方承担支付（大写）____________________（币种，金额，单位）___（小写：____________________）的责任，发包人在履行合同过程中，由于资金不足或非不可抗力等原因给你方造成经济损失或不按合同约定付款时，在你方以书面形式提出要求得到上述金额内的任何付款时，我方于_____日内给予支付，不挑剔、不争辩、也不要求你方出具证明或说明背景、理由。

我方放弃你方应先向发包人要求赔偿上述金额然后再向我方提出要求的权利。

发包人和承包人按《通用合同条款》第 15 条变更合同时，我方承担本保函规定的义务不变。

本保函直至发包人依据合同付清应付给你方按合同约定的一切款项后 28 天内一直有效。

担 保 人：____________________（盖单位章）

法定代表人或其委托代理人：________（签字）

地　　址：

邮政编码：

电　　话：

传　　真：

年　　月　　日

附件四：预付款担保格式

预 付 款 担 保

__________________（发包人名称）：

根据__________（承包人名称，以下称“承包人”）与___________（发包人名称，以下简称“发包人”）于____年____月____日签订的____（项目名称）__标段施工承包合同，承包人按约定的金额向发包人提交一份预付款担保，即有权得到发包人支付相等金额的预付款。我方愿意就你方提供给承包人的预付款提供担保。

1. 担保金额人民币（大写）_________元（¥ ______________）。

2. 担保有效期自预付款支付给承包人起生效，至发包人签发的进度付款证书说明已完全扣清止。

3. 在本保函有效期内，因承包人违反合同约定的义务而要求收回预付款时，我方在收到你方的书面通知后，在 7 天内无条件支付。但本保函的担保金额，在任何时候不应超过预付款金额减去发包人按合同约定在向承包人签发的进度付款证书中扣除的金额。

4. 发包人和承包人按《通用合同条款》第 15 条变更合同时，我方承担本保函规定的义务不变。

担 保 人：____________________（盖单位章）

法定代表人或其委托代理人：________（签字）

地　　址：

邮政编码：

电　　话：

传　　真：

年　　月　　日

10.4 项目实施

10.4.1 购买招标书

项目招标书根据用户公开招标方式的不同，获取方式也有所不同。本项目用户是委托某招标公司实施的招标，所以招标书向该招标公司进行购买。而现在有很多项目是通过政府公开竞价方式进行实施，部分的标书购买是通过电子招投标平台获得，下面以福州建设工程电子招投标平台为例介绍通过电子招投标平台购买标书的步骤。

1. 用户插件的下载安装

1）用户打开 IE 浏览器，在地址栏中输入“福州建设工程电子招投标平台”的网址 http：//www.fzztb.com，浏览器将出现图 10-1 所示页面。

图 10-1 福州建设工程电子招投标平台

2）移动鼠标到“企业用户插件下载”，如图 10-2 所示，下载插件并安装到本机。

图 10-2 企业用户插件下载

2. 用户登录

1）将电子标书的“软件狗”插入本机的 USB 接口。

2）用 IE 浏览器打开“福州建设工程电子招投标平台”的网站，在网页上方的用户登录文本框将自动读取出用户名（如果未出现用户名请按 F5 键刷新页面，此时“电子狗”的指示灯不处于点亮状态），输入用户密码，单击“登录”按钮完成用户登录操作，如图 10-3 所示。

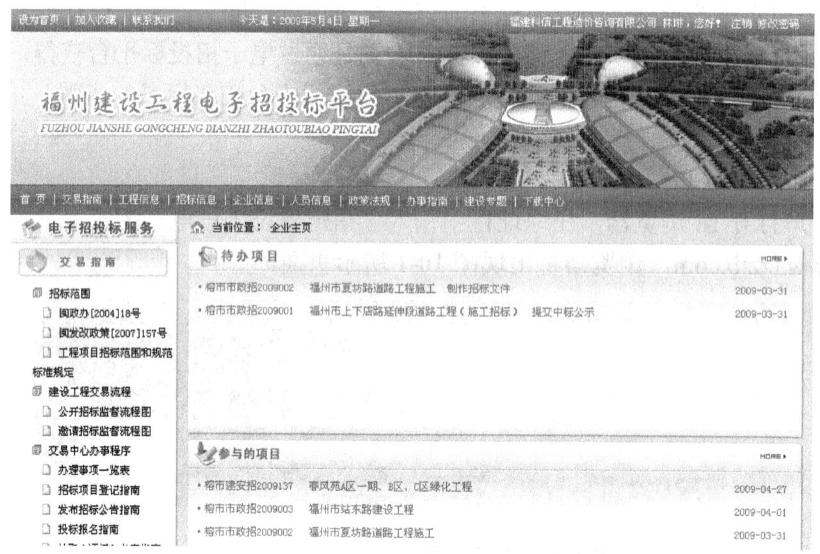

图 10-3　用户登录页面

3. 查看招标公告

（1）查看招标公告列表

打开网站的首页，选择公开招标里的招标公告，单击右侧的 MORE 打开公告列表，如图 10-4 和图 10-5 所示。

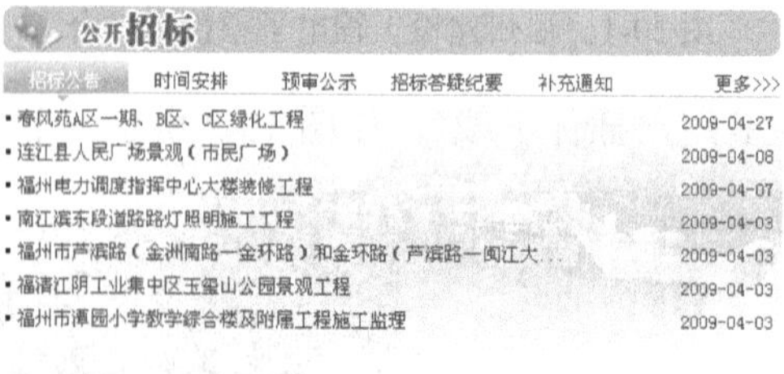

公开招标

招标公告　时间安排　预审公示　招标答疑纪要　补充通知　更多>>>

- 春风苑A区一期、B区、C区绿化工程　2009-04-27
- 连江县人民广场景观（市民广场）　2009-04-08
- 福州电力调度指挥中心大楼装修工程　2009-04-07
- 南江滨东段道路路灯照明施工工程　2009-04-03
- 福州市芦滨路（金洲南路—金环路）和金环路（芦滨路—闽江大…　2009-04-03
- 福清江阴工业集中区玉融山公园景观工程　2009-04-03
- 福州市潭园小学教学综合楼及附属工程施工监理　2009-04-03

图 10-4　招标公告列表

（2）查看允许报名的招标文件列表

打开首页单击“电子招投标服务”，选择“投标报名”，根据操作指南打开允许报名的招标公告列表，如图 10-6 所示。

图 10-5 招标公告列表

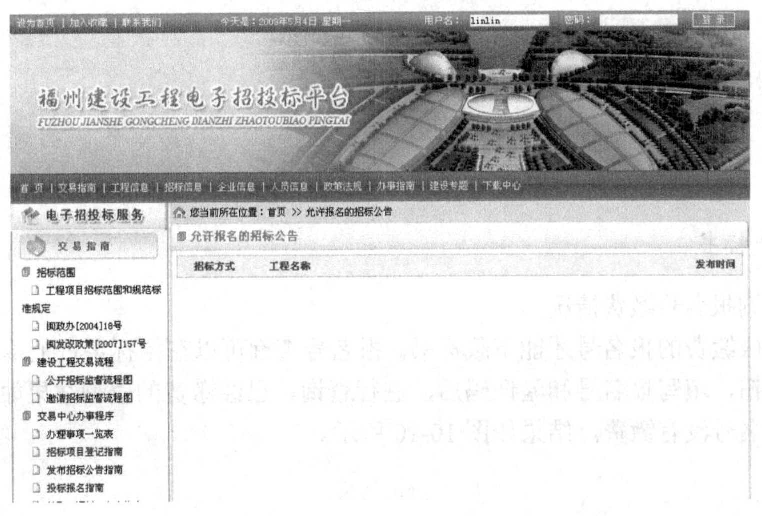

图 10-6 允许报名的招标公告列表

4. 匿名报名

如果用户已登录，应该先注销，并拔出软件狗，然后进行以下操作。

（1）完成报名

选择打开要报名的招标公告文件，在招标公告文件上单击“投标报名”按钮，如图 10-7 所示，在弹出的界面中输入正确的验证码，单击完成报名。

（2）网上缴费

单击“网上缴费”按钮，选择帐户的类型单击“继续”按钮，根据提示完成缴费。单击“打印报名号”按钮，可完成报名号的打印，如图 10-8 所示。

投标报名

1. 招标条件

本招标项目 福州市黎明片区安置房周边道路工程 （项目名称）已由 福州市人民政府 （项目审批、核准或备案机关名称）以 榕6798003456 （批名称及编号）批准建设，项目业主为 福州市鼓楼区房地产开发经营公司 ，建设资金来自 财政拨款 （资金来源），招标人为 福州市鼓楼区房地产开发经营公司 ，委托的招标代理单位为 福建省闽建工程造价咨询有限公司 。项目已具备招标条件，项目已具备招标条件，现对该项目的施工进行 公开招标 （招标方式）招标。

投标报名

主办单位：福州市建设局 备案号码：闽ICP备 05017042号

技术支持：福州市勘测院 Email：admin@fzztb.com

未经授权，以任何形式复制抄袭本网站内容的个人和单位，本中心将对其追究法律责任

Copyright @ 2005 Fuzhou Municipal Construction Trade Center All Rights Reserved.

图 10-7 投标报名界面

报名缴费

工程名称：	福建省NOC及IT监控中心
报 名 号：	2009728614
报名时间：	2009年4月10日

网上缴费 打印报名号 报名查询

图 10-8 网上缴费和打印报名号

5. 下载标书

（1）查询报名号缴费情况

只有完成缴费的报名号才能下载标书。报名号查询可以在招标主页上单击“投标报名查询”按钮，填写报名号和验证码后，进行查询，已经缴费的查询结果如图 10-9 所示。如果报名号没有缴费，结果如图 10-10 所示。

查询结果

工程名称：	福建省NOC及IT监控中心
报 名 号：	2009728614
报名时间：	2009年4月10日

下载标书 招标公告 打印报名号

图 10-9 缴费报名号查询结果

查询结果

工程名称：	福建省NOC及IT监控中心
报 名 号：	2009729128
报名时间：	2009年4月10日

网上缴费 招标公告 打印报名号

图 10-10 未缴费报名号查询结果

（2）下载标书

单击已缴费的查询结果界面上的“下载标书”按钮，进行标书下载。

6. 投标项目提问

如果在阅读下载标书的标书后，发现对标书有疑问，可以在网上进行提问，打开如图 10-11 已经参与投标项目的招标公告，输入提问的内容并单击“提问”按钮完成提问过程。同时也可单击图 10-12 所示“提问列表”查看提问过的项目列表。

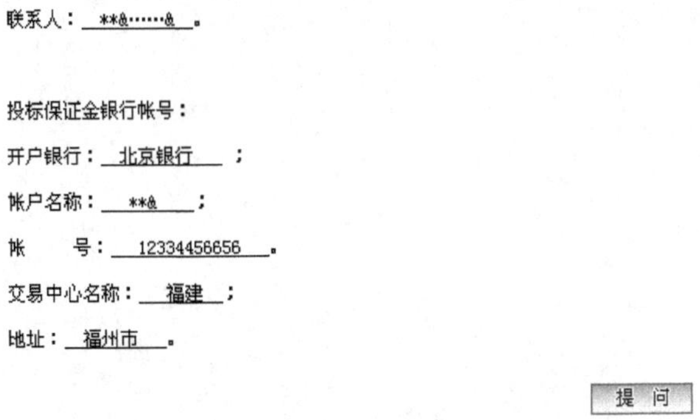

联系人：**&……&。

投标保证金银行帐号：

开户银行：北京银行；

帐户名称：**&；

帐　　号：12334456656。

交易中心名称：福建；

地址：福州市。

提　问

图 10-11　已经参与投标项目的招标公告

办理依据

收费依据及标准

投标报名

参与投标工程记录

网上招投标

待办招标项目

参与招标项目

提问列表

企业管理

图 10-12　提问列表

10.4.2　制定项目设计方案

在获取项目招标书后，公司设计人员针对项目给定需求，制定项目建设方案。项目建设方案的设计内容是项目开标时审查的主要内容，不同公司针对同一招标文件可设计出不同的设计方案。表 10-6 罗列了本工程的设计方案的目录。

表 10-6　东方大学校园网络建设方案目录

东方大学校园网络建设方案目录

第一章　设计总述

第一节　工程概况及设计指导思想

一、概述

二、工程建设概况

1．工程概况

2．工程建设内容

三、校园建设总目标

四、设计指导思想

五、设计依据

第二节　系统设计综述及优化建议

一、系统设计综述

1．室外管网系统

2．综合布线系统

二、系统优化建议

续表

第二章 设计方案

第一节 室外管网系统

一、概述

二、设计依据

三、设计指导思想

四、光缆线路建设方案

1．校园园区的光缆总体规则

2．光缆线路选定

3．光缆线路的设备配置

4．光缆线路的设备选型

5．光缆线路的敷设安装要求

6．光缆线路防护要求与措施

五、管道建设方案

1．通信管道建设原则

2．通信管道路由选定

3．管道铺设的主要技术要求

第二节 综合布线系统

一、概述

二、工程建设概况

三、设计依据

四、系统优点

五、系统特性

六、系统选型

七、产品选型

八、系统设计

1．系统总体设计

2．各子系统设计

九、电源与环境要求

十、设备选型

第三章 施工组织方案

第一节 编制说明

一、编制原则

二、施工工期及范围

三、工程进度

四、备注说明

五、编制依据

六、工程概况

第二节 工程施工的配合

一、与建设方的配合

二、与网络设备供应商的配合

第三节 主要项目与施工方法

一、主要工程量与材料

二、施工工艺及主要方法

1．户外总平管网

2．综合布线系统

三、接地极和接地线的安装

四、设备安装调试工程

续表

第四节 工程劳动力与施工设备投入计划
一、施工主要设备的投入
二、劳动力的投入
第五节 项目施工管理力量
第六节 质量保证措施
一、施工质量管理组织机构
二、质量管理职责
三、质量控制体系的运行
四、各施工阶段性的质量保证措施
1. 施工准备阶段主要任务
2. 施工控制阶段主要任务
3. 交工验收阶段主要任务
五、工程档案质量的保证
六、材料质量的保证
七、施工班组操作质量的保证
第七节 安全生产及文明施工
一、安全施工措施
二、文明施工
1. 文明施工纲要
2. 文明施工管理机构
3. 文明施工检查措施
4. 文明施工标准
三、施工安全与文明指导思想
第八节 施工进度安排
一、施工阶段划分
二、施工进度计划
三、工期保证措施
四、施工总进度表
五、应急措施
第九节 工程验收
一、验收依据
二、验收参照的标准及规范
1. 隐蔽工程和中间验收
2. 完工验收
三、验收方法与流程
四、测试抽查、用户验收
1. 提交测试验收文档
2. 检验测试内容
3. 光缆验收检测
4. 提交验收工程文件
5. 工程自检报告内容
6. 工程竣工报告内容
五、验收文档
第四章 企业概况及工程业绩介绍
第一节 企业概况
第二节 工程业绩介绍
第五章 设计图纸（另册提供）

10.4.3 制作投标文件

在项目方案中确定之后，根据招标书要求准备其他投标文件，表 10-7 罗列了投标书的总目录。其中，投标保证金一般是在投标之前以指定方式提交到指定地点。

表 10-7 投标文件目录

投标文件目录

附：投标保证金底单复印件
一、投标书（附件 1）
二、报价一览表（附件 2）
投标分项报价表（附件 2-1）
三、供货范围表
1.供货范围表——主要设备报价表（附件 3-1）
供货范围表——备品备件及专用工具报价表（附件 3-2）
供货范围表——安装及施工材料报价表（附件 3-3）
四、货物说明一览表（附件 4）
五、技术规格和商务偏离表（附件 5）
六、投标方的资格说明（附件 6）
七、法人营业执照（附件 7）
八、法定代表人资格证明（附件 8）
九、法定代表人授权委托书（附件 9）
十、投标方工程业绩（附件 10）
十一、投标方企业情况（附件 11）
十二、生产、销售、服务许可证（附件 12）
十三、投标方应提交的其他资料（附件 13）
投标基本资格条件证明材料
质保期和售后服务承诺书（含项目完工时间和支付方式承诺）
技术培训方案
产品技术规格说明
项目建设技术方案
项目施工组织实施方案
企业概况
十四、投标保证金承诺书（附件 14）

10.4.4 封标投标

在完成所有的投标文件制作后，对投标文件进行装订，本项目装订如下。

1）单独密封：正本的承诺书、报价一览表、中标服务费承诺书。

2）第一册：报价书和企业资格证明文件。

3）第二册：技术方案、施组、售后、企业概况。

4）同时提供该实施方案的电子版（光盘）文本一套。

装订后，在投标截止时间前由公司投标方法人代表将密封的投标文件提交到招标文件指定的地点参与评标。

10.5 理论思考题

一、选择题

1. 常用的招标方式有（ ）。

（A）公开招标和邀请招标 （B）电视招标和邀请招标
（C）电视招标和协议招标 （D）网络招标和广告招标

2. 根据建设工程项目的招标投标文件规定，参加投标的单位必须提供投标保证金，其额度一般不超过投标总价的（ ）。

（A）1% （B）2% （C）3% （D）4%

3. 招标文件不包括（ ）。

（A）投标邀请书 （B）投标人须知
（C）合同条款 （D）施工计划

4. 综合布线工程施工合同应包含的重要条款有（ ）。

①工程造价 ②施工日期 ③验收条件 ④付款时期 ⑤售后服务承诺

（A）①②③④ （B）①②③⑤ （C）①②③④⑤ （D）①③④⑤

5. 下列描述正确的是（ ）。

（A）投标人是响应招标、参加投标竞争的法人或其他组织
（B）综合布线系统招标是指综合布线工程施工招标
（C）公开招标属于有限竞争招标
（D）邀请招标属于无限竞争招标

6. 下列描述不正确的是（ ）。

（A）综合布线系统应该选择最先进的技术和产品
（B）概、预算文件由编制说明和概、预算表组成
（C）监理细则比监理规范的内容要更详实、全面
（D）工程项目的设计概、预算是初步设计概算和施工图设计预算的统称

7. 下列描述正确的是（ ）。

（A）招标程序包括编制招标文件，投标人资格预审，发放招标文件，开标、评标与定标和签订合同五个步骤
（B）用户或企业建设局域网时，仅需要关心采用什么样的硬件设备、软件系统
（C）产品选型与技术方案、工程造价、业务功能、日常维护管理和今后的系统扩展无关
（D）综合布线工程招投标只能作为建筑弱电系统项目中的一个子项

8．下面有关编制投标文件的描述不正确的是（　　）。

（A）投标文件应逐项逐条回答招标文件，顺序和编号应与招标文件一致

（B）投标文件可以带附加条件，只要阐明合适的理由

（C）投标文件对招标文件未提出异议的条款，均被视为接受和同意

（D）投标文件一般包括商务部分与技术方案部分

9．下面有关产品选型的描述不正确的是（　　）。

（A）满足功能和环境需求

（B）选用同一品牌的主流产品

（C）综合考虑技术性与经济性

（D）选择最先进的产品

10．投标人应当按照招标文件的要求编制投标文件，并对招标文件提出的实质性要求和条件作出响应。投标文件的组成不包括（　　）的内容。

（A）投标人资质证明文件　　（B）施工方案

（C）开标一览表　　（D）开标专家成员名单

11．（　　）是指招标人或招标代理机构以招标公告的方式邀请不特定的法人或者其他组织投标。

（A）公开招标　　（B）竞争性谈判

（C）询价采购　　（D）单一来源采购

12．一个完整的工程项目招标程序一般为（　　）。

（A）招标→发布招标公告或投标邀请书→开标→评标→定标→签订合同

（B）发布招标公告或投标邀请书→招标→开标→定标→评标→签订合同

（C）发布招标公告或投标邀请书→招标→评标→定标→开标→签订合同

（D）发布招标公告或投标邀请书→招标→开标→评标→定标→签订合同

13．投标人应当具备承担招标项目的能力，并且具备招标文件规定的资格条件，投标人的资质证明文件应当使用原件或投标单位盖章后生效。一般投标人需要提交的自制证明文件不包括（　　）。

（A）投标人的企业法人营业执照副本　　（B）工程设计方案

（C）系统集成资质证书　　（D）投标人的税务登记证明

14．以下关于工程项目投标报价的要求描述不正确的是（　　）。

（A）投标人不得相互串通投标报价，不得排挤其他投标人的公平竞争，损害招标人或者其他投标人的合法权益

（B）投标人不得与招标人串通投标，损害国家利益、社会公共利益或者他人的合法权益。不得以向招标人或者评标委员会成员行贿的手段谋取中标

（C）投标人在投标报价时，有权向招标人了解招标文件以外的工程项目资料

（D）投标人不得以低于成本的报价竞标，也不得以他人名义投标或者以其他方式弄虚作假，骗取中标

15．在工程项目的招标文件中，有关采购的设备不能指定的选项是（　　）。

（A）技术参数　（B）数量　（C）规格　（D）品牌

16．招标文件是编制投标文件的主要依据，投标人必须对招标文件进行仔细研究，不属于研究内容的是（　　）。

（A）招标技术要求　（B）招标商务要求

（C）核准项目工程量　（D）招标人公司规模

17．（　　）是在严格预审各项条件均符合投标书要求的前提下，选择最低位报价单位作为中标者的评标方法。

（A）最低评标价法　（B）综合评价法

（C）专家评议法　（D）打分法

18．在招投标项目中，双方签订的合同中，招标文件和投标文件是否应该附入合同文件（　　）。

（A）招标文件和投标文件都附入　（B）招标文件不附入，投标文件附入

（C）招标文件附入，投标文件不附入　（D）招标文件和投标文件都不附入

19．按照国家招投标相关法律规定：公开招标项目在实施招标时，投标人少于（　　）个的，招标人应当重新招标。

（A）2　（B）3　（C）4　（D）5

20．项目招标主要涉及三方面人员，分别是（　　）。

（A）项目建设单位　（B）招标工作人员和评审人员

（C）投标公司的工作人员　（D）项目验收人员

二、简答题

1．什么是综合布线系统工程招标？一般涉及哪些人员？

2．招标文件应当包括哪些内容？

3．工程项目招标的方式主要有哪几种？

4．简述工程招标一般流程。

5．什么是综合布线系统工程投标？

6．投标人应具备哪些资格？

7．什么是投标保证金？什么叫履约保证金？两者有何区别？

8．什么叫标底？一般标底的计算机方法有哪几种？

9．一份综合布线工程招标文件有哪些组成？

10．说明工程项目评标主要方法。

11．列出响应一份电子招标文件的具体操作步骤。

10.6 技能操作题

实训 1 编写报告

登录 http://www.360doc.com/content/09/0920/15/1439_6213606.shtml，对《标准施工招标文件通用合同条款》进行通读，简要编写一份报告，举例总结你认为在实际工程招标过程中最应该关注的几项条款。

实训 2 针对招标文件编写一份工程投标文件

学院 A 号楼综合布线招标文件

学院 A 号楼综合布线预埋管已完工，具备综合布线的招标条件。为加快工程建设速度，确保工程质量，保护承发包双方的合法权益，本工程采取招标的形式，择优确定中标人（即合同中的承包人）。现将有关招标事宜说明如下：

一、综合说明：

1. 工程名称：学院 A 号楼综合布线工程
2. 工程地点：学院校园内（**路*号）
3. 招标单位：学院
4. 承包方式：包工包料
5. 招标联系人：王某（招标）、辛某某（技术）
6. 联系电话：8595**** （招标）、8595****（技术）。
7. 参加本次报价的队伍，必须具有综合布线的施工资质
8. 投标截止日期：20**年*月**日上午 10 点前。

二、工程内容：

1. 招标范围及材料选型：招标单位提供施工图纸范围内的所有本专业项目（走廊桥架和预埋管由招标单位负责完成）。

2. 要求：中标单位在工程施工结束时应提供完整的检测报告，测实数据必须符合综合布线相关规范、标准要求，同时我方将委托第三方对系统进行检测，如检测不合格，由中标单位承担一切维修及更换费用。

三、投标报价说明：

1. 投标价格：投标单价、合价以及报价汇总表中的价格应包括施工设备、劳务、管理、材料、安装、维护、保险、利润、税金、政策性文件规定等各项应有费用，以及脚手架、施工用水电费用等一切费用（包括各种手续办理、报检、备案等相关费用）。

2. 投标单位必须认真审图，如有漏项作为已投标报价处理，报价不再调整。

四、投标文件的编制：

投标单位按本规定投标：

1. 编制一份投标文件"正本"和四份"副本"。投标文件正本与副本均应打印或复印件，应标明正本、副本并加盖法人单位公章和法定代表人或授权代表的印鉴（当正本与副本不符时以正本为准）。

2. 投标单位的投标文件应包括下列内容：投标书、投标书附录、法定代表人资格证明书、授权委托书（如授权）、投标单价、总价、辅助资料表、施工组织设计或施工方案、其他资料（项目经理证书、各种奖励证书、证明）等，要求在正本内全部加盖红章，副本内提供复印件。施工资质证明书要求提供原件（单独包装）。

续表

五、标书的购买及标保证金：

1．投标单位需交纳 100 元购买标书与图纸。

2．投标单位投标时需提供 2000 元的投标保证金。

3．如投标单位在投标过程中出现违规现象，投标保证金将不退还。对于未中标单位如在投标过程中没有违规行为，学院将在一周内退还投标保证金，中标单位的投标保证金转为工程保证金，工程交工后退还。

六、投标文件的递交：

1．投标文件的密封与标志：

投标单位应将投标文件的正本和副本分别注明“正本”或“副本”，投标文件如有分册，应注明分册号。

投标文件应按要求包封。包封上应注明工程名称、投标单位名称，正面及封口处加盖法人单位公章和法定代表人印鉴。如果包封没有按上述规定密封并加盖标志，招标单位将予以拒绝。投标截止以后，投标单位不能撤回投标文件，否则其投标保证金将不退还。

2．投标文件有下列情况之一者将视为无效：

投标文件未按规定标志密封；按投标要求应该加盖投标单位公章或法定代表人或授权代表印鉴（签字）为盖章；未按规定的格式填写；内容不全或字迹模糊辨认不清；投标截止时间以后送达的投标文件等。

七、评标：投标文件的评价与比较：

评审的因素包括投标报价、工期、质量标准、施工方案或施工组织设计、优惠条件、投标人及项目经理业绩、特别是类似工程的业绩等。

八、授予合同：

1．中标单位应按中标通知书中规定的日期、时间和地点，由法定代表人或标书授权代表前往与建设单位代表商谈、签订合同。

2．如果中标单位不及时商谈、签订合同，招标单位将有充分的理由废除授标，并没收其投标保证金。

3．对于未中标单位的未中标原因不做任何解释。

九、双方一般权利和义务：

1．投标单位工作：　发包人在开工前完成施工所需水、电。

2．中标单位工作：

1）开工前提供工程总进度计划；每月 20 日以前提供月度工程进度计划及相应进度统计报表；

2）交工前应将工程范围内的建筑垃圾和所有面层污渍灰尘清理干净，并承担相关费用。

十、合同价款与支付：

1．合同价款及调整：

合同价款在协议书内约定后，任何一方不得擅自改变。在工程造价管理部门公布了价格调整后，单价及取费亦不进行调整。

以下情况除外：

建设方同意的设计更改引起的工程量变化；

建设方要求的承包范围以外的附加工程量；

建设方签认的设备、材料单价的审核单（包括甲方定价乙办材价格调整）；

现场签证单项事件发生额在 500 元以上；

建设方确认的其他费用。

2．工程预付款：合同签订后一周内发包人向承包人支付合同总额的 10%作为工程预付款。

3．工程进度款的支付：

材料以及设备进场验收合格后付至 30%，工程竣工验收达到优良 60%，结算审计后付至总造价的 85%，一年内无质量问题付至 95%，余款两年内付清。

十一、竣工验收与结算：

工程竣工验收一个月内，无偿提供三套完整的技术资料、竣工图纸及结算报告。

续表

十二、违约、索赔和争议：

1．违约：

本合同中关于承包人违约的具体责任如下：

1）工期违约：中标单位工期每延误一天招标单位将扣中标单位合同价的百分之一。（工期必须满足其他单项工程的工期要求）；

2）质量违约：未达优良标准时，处违约金为工程造价的 20%；

3）其他违约：中标单位不能按时提交施工组织设计和施工总进度计划、承包人不按照要求填写报审表等承包人不履行合同义务、或不按合同约定履行义务的其他情形，承包人每个违约事件应当支付违约金的数额为 1000 元。

⋮

十三、补充条款：

1．承包人应严格按照标准化现场、文明工地要求组织施工，严格安全管理，如发生重大事故，视情扣减工程款 1～2 万元。

2．中标单位自行解决施工人员的住宿，工地现场不提供食宿。

3．工期要求：开工日期为 20**年*月**日，竣工日期为 20**年*月**日。

学院基建处

20**年*月**日

单元十一

绘制布线图纸

知识教学目标

- 了解 Visio 软件的基础知识。
- 掌握 Visio 软件中绘制布线图纸的控件使用方法。

技能培养目标

- 能够完成真实综合布线工程的相关图纸的绘制。

在综合布线工程中，设计人员需要通过了解建筑图纸并熟悉建筑物结构，然后设计出工程的结构图和施工图，施工人员根据设计图纸进行施工，工程验收之后必须将相关技术图纸移交给建设方。

综合布线图纸能够清晰明了的反映信息点分布、管线路由关系、系统结构特点等综合布线设计与施工涉及到的核心内容。能有效阅读综合布线图纸，严格按照图纸进行施工建设是各个综合布线设计与施工人员的必修课程。目前，主流的综合布线制图软件主要使用 AutoCAD 和 Visio。AutoCAD 一般需要长期正规的学习才能掌握，一般用于大型工程图纸的设计。Visio 软件作为一款简单实用的制图工具，只需简单学习，即可完成相对复杂的图纸设计，一般适合中小工程的制图。

11.1 项 目 引 入

某学院进行综合布线改造工程，其软件系大楼一楼建筑分布及功能如表 11-1 所示。教学楼层总共 7 层，大楼主配线间处在一楼，每层设置一个楼层配线间，各楼层信息点数量分布如表11-2 所示。现要求根据给出的资料分别绘制软件系大楼一楼的点位图和教学楼的信息点统计表。

表 11-1 软件系大楼一楼建筑分布及功能

建筑名称	规格（长×宽）/m	地理方位	信息点数量/个
副主任室	4×9	南半边	3
主任室	4×9	南半边	3
系办公室	7×9	南半边	9
书记室	3×9	南半边	5
网络专业办公室	3×9	南半边	5
多媒体专业办公室	3×9	南半边	5
基础专业办公室	3×9	南半边	5
软件专业办公室	3×9	南半边	5
值班室	10×3	北半边	3
多媒体教室	12×7	北半边	4
卫生间	3×4	北半边	0
仓库	3×3	北半边	1
楼梯位	10×4	北半边	0
大厅	5×7	北半边	0
走廊	30×2	南北分割位	0
一楼总结构	30×18	南北结构	

表 11-2 教学楼信息点统计表

楼层数	数据信息点总数	语音信息点总数/个
1	32	32
2	30	30
3	24	24
4	24	24
5	20	20
6	20	20
7	20	20

11.2 项 目 分 析

在综合布线工程中，绘制图纸有两种方式，一种是绘制全新图纸，另一种是在给定的建筑图纸上进行更改，添加布线参数。综合布线绘制的图纸为施工图纸，区别于一般示意图的地方是图纸需要与施工现场一致的比例数据。

在本项目中，由于项目引入中只给定了设计数据，而没有提供原有建筑图纸，所以必须绘制全新图纸。另外，根据项目引入中的数据说明，本项目涉及的内容比较简单，所以在此考虑使用 Visio 工具绘制图纸。

11.3 相 关 知 识

11.3.1 Visio 软件简介

Visio 是 Microsoft Office 软件系统的一款产品，由于其易学易用的特点，使用者经过短暂的学习即可绘制专业的图纸。

通过 Visio 系统安装程序安装好软件，打开可看到如图 11-1 所示的初始界面，从中可以看到我们可以通过 Visio 实现各个专业的图纸的制作。这里主要介绍与综合布线图纸相关的功能。在绘制综合布线图纸时，主要涉及“绘图类型”中的“建筑设计图”和“网络”类型。

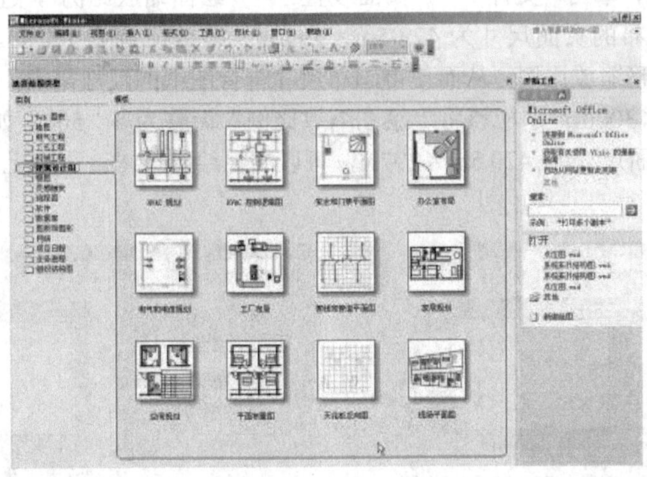

图 11-1 Visio 初始界面

在综合布线工程设计中，最常见的图纸类型就是“绘图类型”→“建筑设计图”→“平面布置图”。在布线图纸的绘制时，最常使用的控键有视图缩放比例、标尺、连接线工具和指针工具等。

为了熟悉这些控键在综合布线图纸绘制中的使用方法，我们先新建一个图纸画布，然后在该画布上说明各种控键的使用方法。创建方法：单击“文件”→“新建”→“建筑设计图”→“平面布置图”，得到如图 11-2 所示的平面布置图画布。

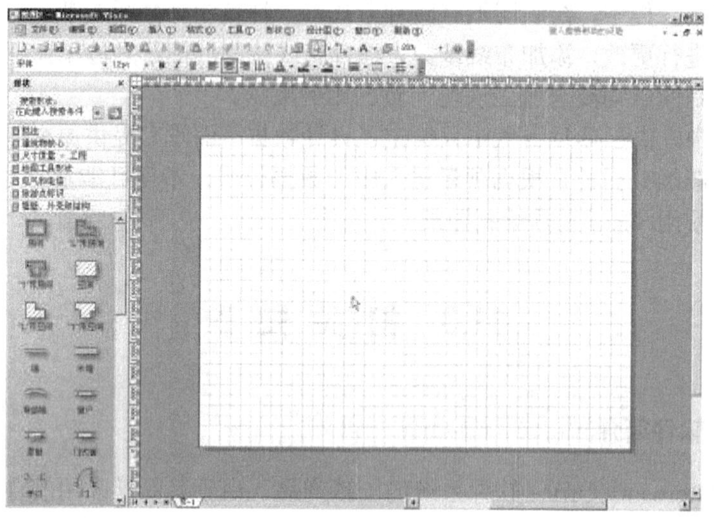

图 11-2 平面布置图画布

11.3.2 绘图缩放比例

“绘图缩放比例”选项用于设置绘图页大小与实际尺寸的自比例。操作方式：在图 11-2 的基础上，单击“文件”→“页面设置”→“绘图缩放比例”，进入图 11-3 界面，在该处可看到画布的页面尺寸为 42.05m×29.7m，缩放比例为 1∶50。此处可以根据实际图纸大小调整缩放比例，从而使得画布尺寸符合图纸的尺寸需求，例如，若实际图纸规格为 200m×300m，则应该将“绘图缩放比例”调整为 1∶500，如图 11-4 所示。这时，画布的页面尺寸为 420.5m×297m，可以满足绘制需求，否则无法正确绘制该尺寸图纸。

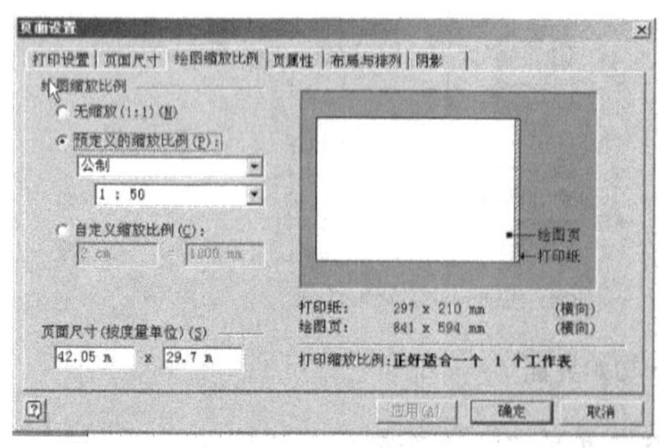

图 11-3 绘图缩放比例

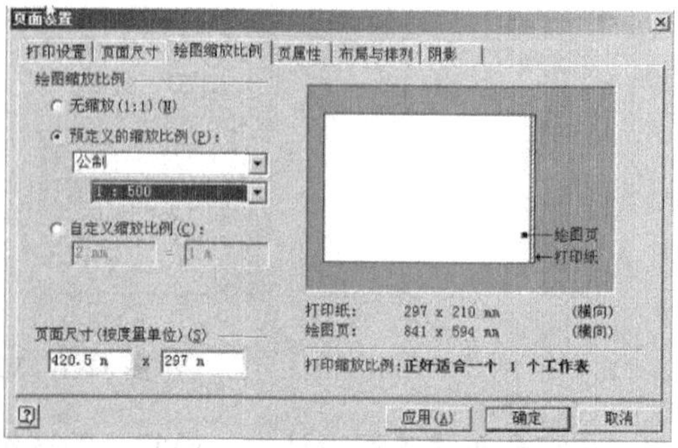

图 11-4 调整后的绘图缩放比例

11.3.3 标尺

标尺的主要功能是实现对画布中多个控键的对齐性，以及辅助控键的位置调整精度。

1. 显示或隐藏标尺

单击“视图”→“标尺”，选中后，“标尺”前出现“√”标识，隐藏为“标尺”前没有任何标识。图 11-5 和图 11-6 分别是没有“标尺”和有“标尺”的画布。

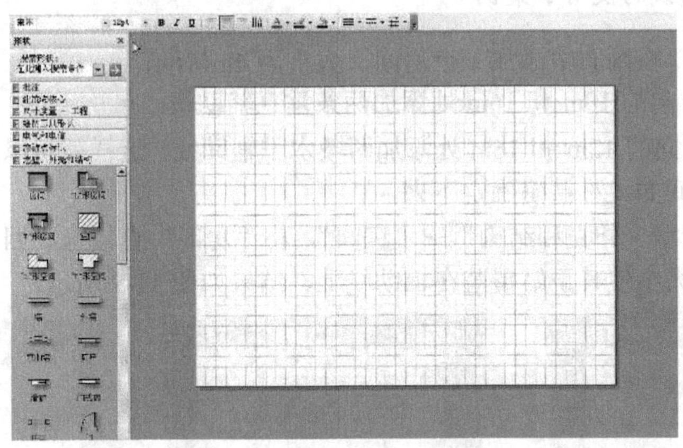

图 11-5 无“标尺”画布

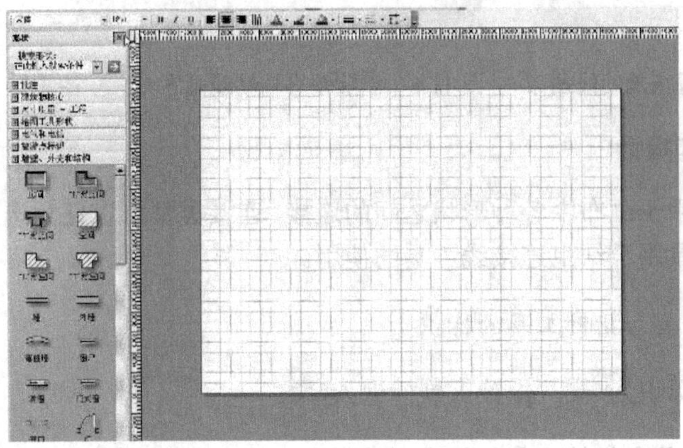

图 11-6 有“标尺”画布

2. 标尺辅助线的添加与删除

（1）垂直辅助线添加方法

在标尺左边刻度处按住鼠标，出现“←→”标记时，直接往绘图区的右边拖拉，就可以得到一条垂直辅助线，位置停在标尺相应的刻度上。

（2）水平辅助线添加方法

在标尺上边刻度处按住鼠标，出现“↕”标记时，直接往绘图区的右边拖拉，就可以得到一条垂直辅助线，位置停在标尺相应的刻度上。图 11-7 画布上添加了水平和垂直各一条辅助线。

（3）垂直/水平辅助线删除方法

鼠标选中要删除的辅助线，选中标识为：辅助线颜色从蓝色变成绿色，然后按键盘上的 Delete 键即可删除。图 11-8 为删除垂直辅助线的画布。

3. 标尺辅助线的使用小案例

需实现功能：在画布中添加一个房间，大小为 4m×6m。

1）在垂直方向的 10m 和 16m 处添加两条垂直辅助线。

2）在水平方向的 12m 和 16m 处添加两条水平辅助线，这样就可以看到通过四条辅助线将需增加房间的大小精确确定下来。

3）单击“墙壁、外壳和结构”→“房间”，将“房间”直接拖到四条辅助线定义的房间中，调整其大小使其正好覆盖在辅助线上，结果如图 11-9 所示。

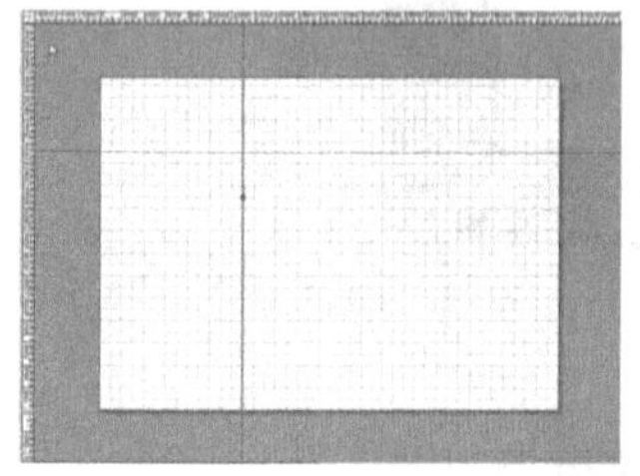

图 11-7　带水平和垂直辅助线画布

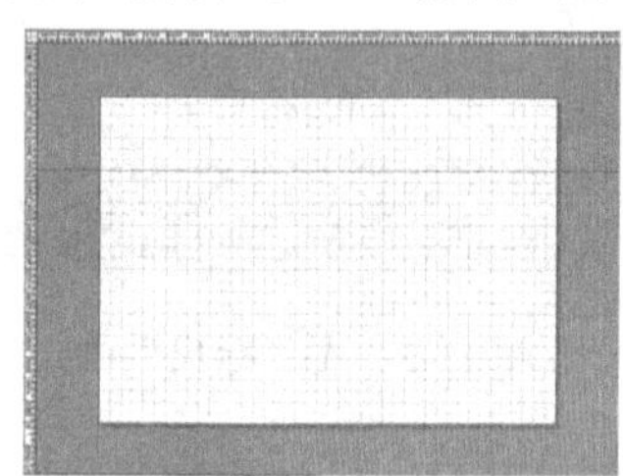

图 11-8　删除垂直辅助线画布

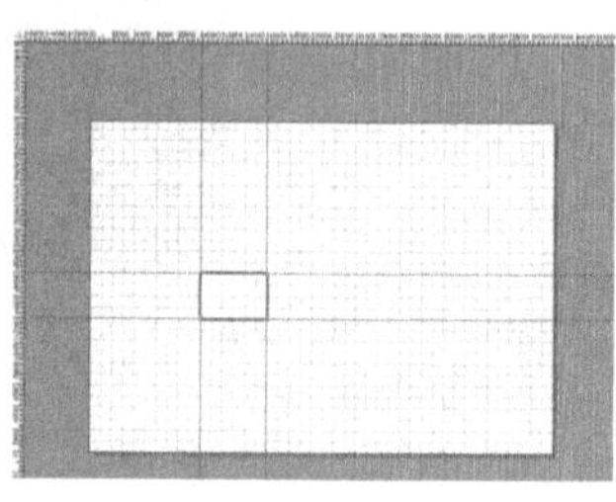

图 11-9　调整房间大小

11.3.4　连接线和指针

连接线工具用于画布中各种形状之间的连接，连接类型可以任意选择，可以是直线、曲线等，指针工具用于结束连接线工具的使用。

1. 连接线工具和指针工具的标识

连接线工具标识为，指针工具标识为。

2. 连接线工具和指针工具的使用小案例

需实现功能：在图 11-10 画布中的几个房间之间，分别添加直线连接线、折线连接线和曲线连接线。

（1）直线连接功能

1）选中连接线工具，然后用鼠标选中左边房间，如图 11-11 所示。

2）按住鼠标一直拖拉到画布右边中间的房间上，当出现图 11-12 所示界面时放开鼠标。

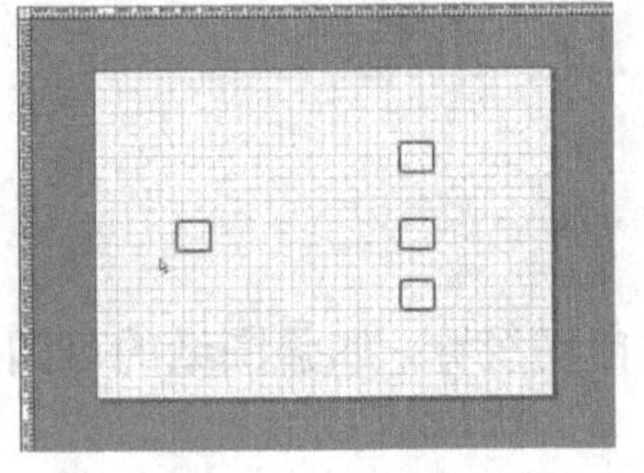

图 11-10 连接线工具小案例

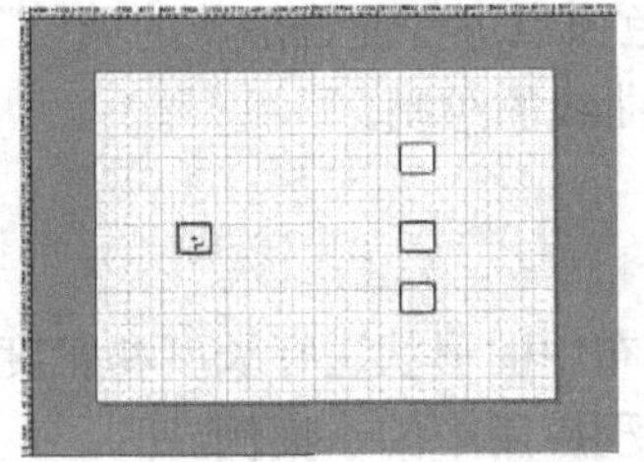

图 11-11 直线连接 1

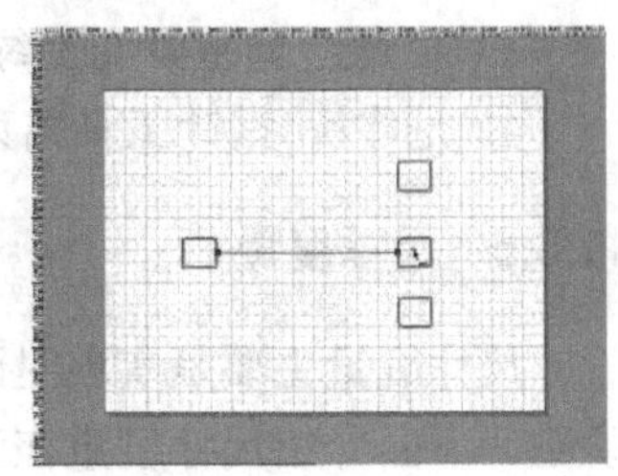

图 11-12 直线连接 2

3）选中指针工具结束直线的绘制。

（2）折线连接线

1）选中连接线工具，然后用鼠标选中左边房间，按住鼠标往上拖，直到需要折的地方先放开鼠标停顿一下，然后在附近移动鼠标，当鼠标出现图 11-13 标识时按住鼠标移动到右边房间上。

2）选中指针工具结束折线的绘制，如图 11-14 所示，如果需要多处弯折，只要按以上方法在需弯折处进行停顿处理就可实现。

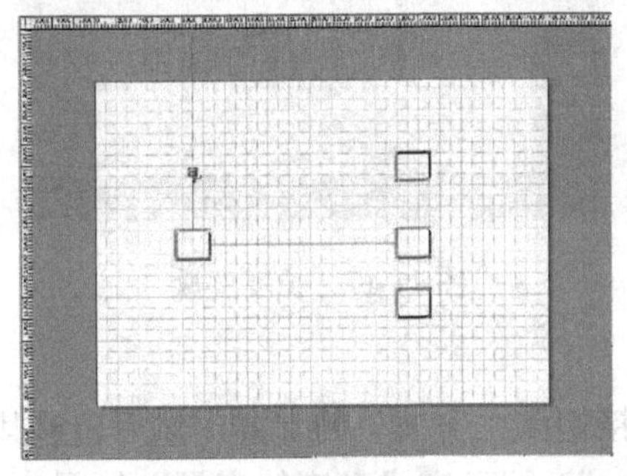

图 11-13 折线连接 1

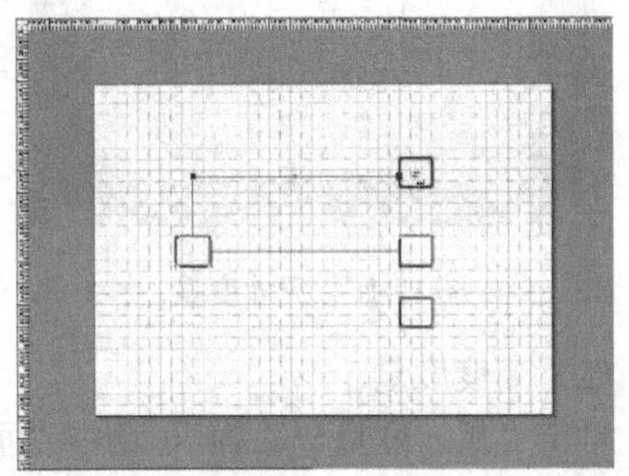

图 11-14 折线连接 2

（3）曲线连接功能

1）选中连接线工具，然后用鼠标选中左边房间，按住鼠标拖到右边房间上，画布当中直接产生了一条折线，在此可以发现此处折线的制作步骤与刚才的制作步骤不同。

2）选中该折线，右击鼠标，选择 曲线连接线，如图 11-15 所示。

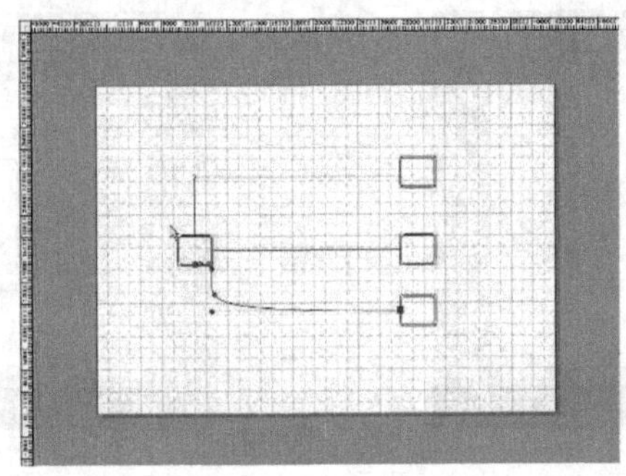

图 11-15 曲线连接

3）可通过调整画布上绿色原点进行曲线形状的调整。

4）选中指针工具结束曲线的绘制。

11.3.5 尺寸度量

尺寸度量主要是实现对画布中的形状进行长度和宽度的自动统计，加强图纸的可阅读性。下面介绍尺寸度量在工程应用中的小案例。

需实现功能：在图 11-16 画布中对“房间”形状进行度量尺寸。

（1）长度度量

单击“尺寸度量－工程”，选中“水平”，直接拖到“房间”的上方，然后调整其长度正好与“房间”长度相同，再修改字体为“36pt”，即可完成长度的度量，如图 11-17 所示。

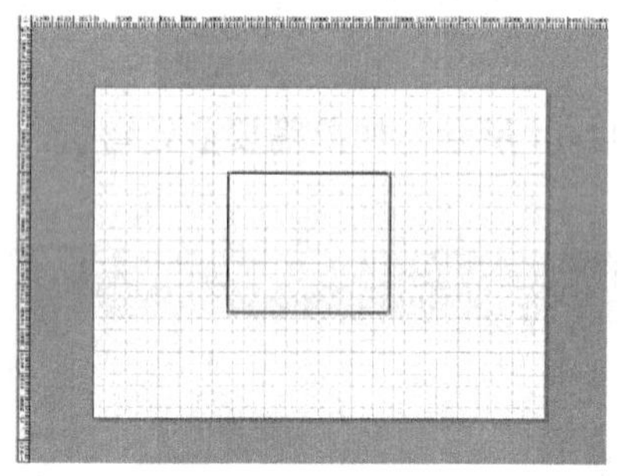

图 11-16 尺寸度量

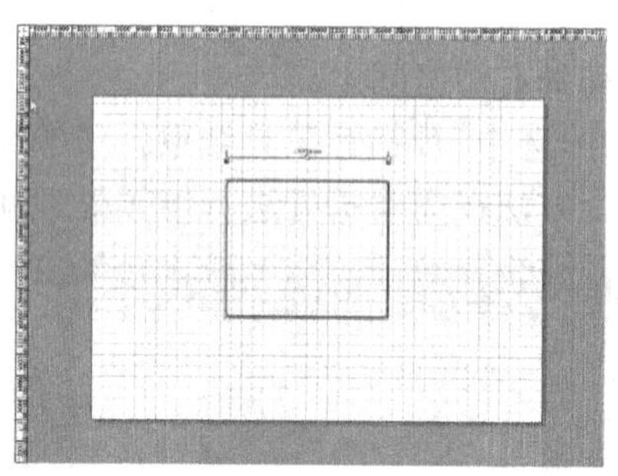

图 11-17 长度度量

（2）高度度量

单击“尺寸度量－工程”，选中“垂直”，直接拖到“房间”的上方，然后调整其高度正好与“房间”高度相同，再修改字体为“36pt”，即可完成高度的度量，如图 11-18 所示。

（3）规格度量

单击“尺寸度量－工程”，选中“空间度量”，直接拖到“房间”上方，然后调整其规格使其覆盖在“房间”上面，再修改字体为“36pt”，然后双击“空间度量”即可完成规格的度量，如图 11-19 所示。

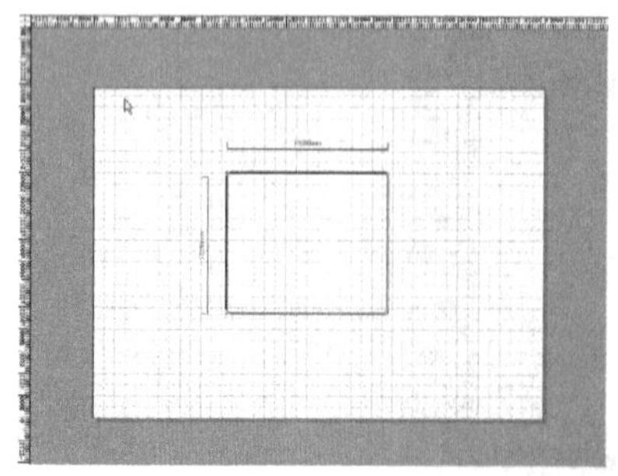

图 11-18 高度度量

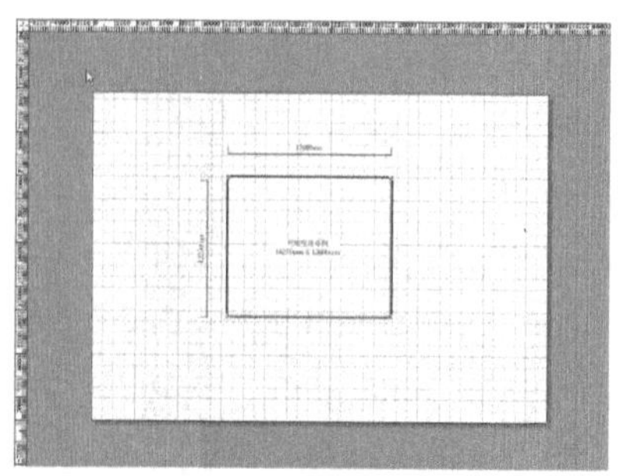

图 11-19 规格度量

以上内容就是 Visio 在综合布线图纸绘制过程中会经常使用到的技术。

11.4 项 目 实 施

本项目中主要涉及点位图和系统拓扑结构图的绘制，在综合布线工程中，除这两种图纸之外还有其他图纸，比如平面路由图、网络拓扑图等，绘制方法可参考这两种图的绘制技巧。

11.4.1 绘制点位图

根据本项目分析内容，此处可通过 Visio 软件绘图类型中的“建筑设计图”下面的“平面布置图”完成软件系点位图的绘制，图 11-20 是最终效果图，具体绘制步骤如下。

（1）创建文件

打开 Visio 程序，单击“文件”→“新建”→“建筑设计图”→“平面布置图”，如图 11-21 所示。

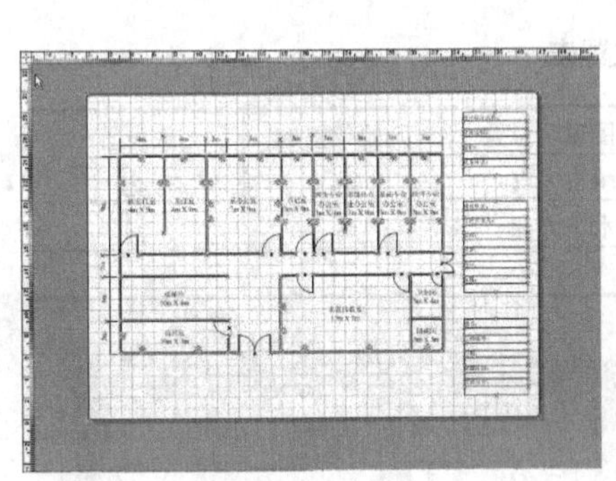

图 11-20 点位图最终效果图

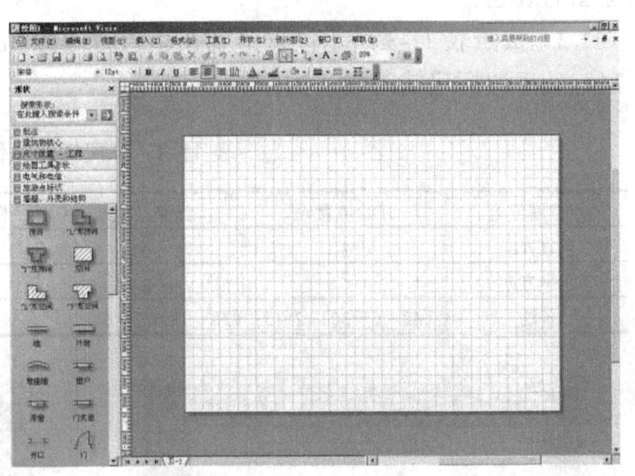

图 11-21 平面布置图画布

（2）调整绘图比例

单击“文件”→“页面设置”→“绘图缩放比例”，如图 11-22 所示。在此处我们可以看到默认的页面尺寸为 42.05m×29.7m，默认缩放比例为 1∶50。由于所绘制建筑的实际结构位 18m×30m，正好符合要求；如果将缩放比例调整为 1∶100，页面尺寸将变成 84.1m×59.4m；若将缩放比例调整为 1∶25，页面尺寸将变成 21.025m×14.85m，都不符合要求，在绘制图纸过程中可通过缩放比例调整使画布符合实际需求。

（3）添加标尺

单击“视图”→“标尺”，如图 11-23 所示。

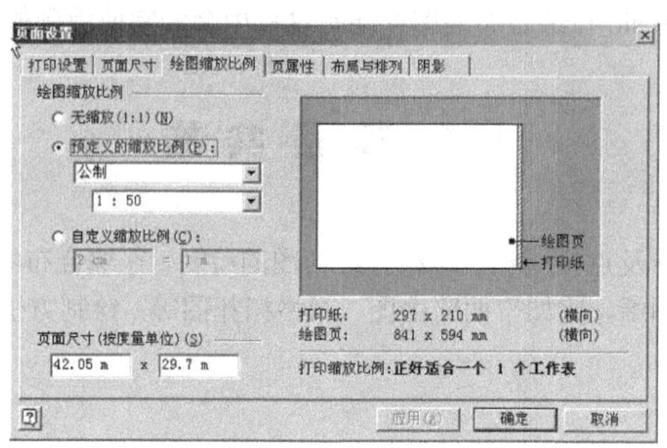

图 11-22　调整绘图比例

（4）规划点位图在画布中的总体结构

1）画布左边作为制图区，右边 6m 作为制图说明区。

2）画布总长 42.05m，建筑长 30m；画布总宽 29.7m，建筑宽 18m，所以可定义点位图的规划。

3）按照表 11-3 所示位置分别在垂直方向的 3m、33m、36m 处和水平方向的 6m 和 24m 处添加标尺辅助线，如图 11-24 所示。

表 11-3　标尺辅助线位置表

点位图位置	开始位置/m	结束位置/m	制图说明位置	开始位置/m	结束位置/m
垂直方向	3	33	垂直方向	36	42
水平方向	6	24	水平方向	6	24
备注	（42－6－30）/2=3；（30－18）/2=6				

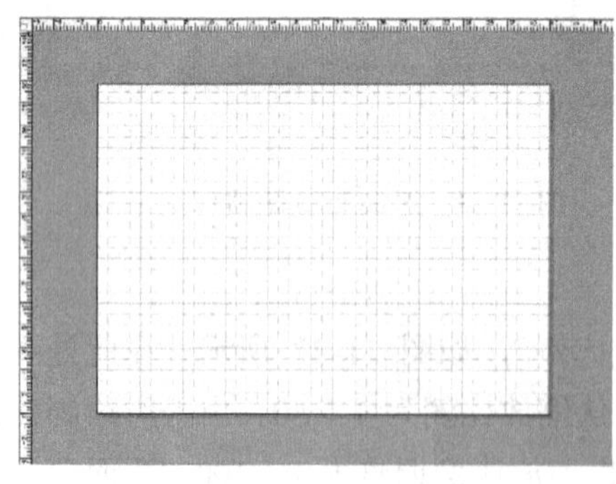

图 11-23　添加标尺

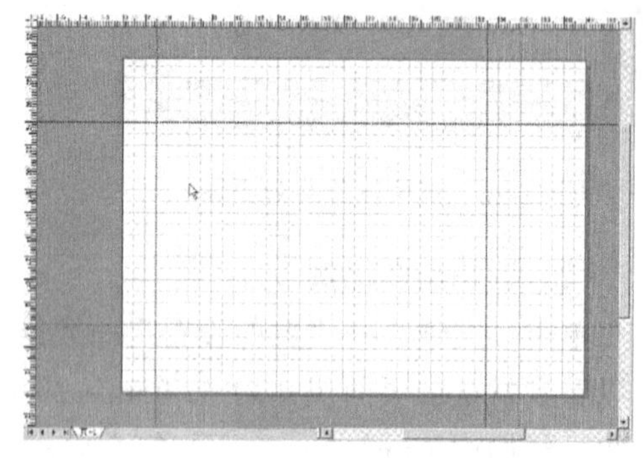

图 11-24　点位图总体结构

（5）添加点位图的外墙结构

1）点击“墙壁、外壳和结构”，选中“房间”，直接用鼠标拖到画布中，调整其大小，通过刚才的标尺辅助线，固定在中央 18m×30m 的区域中。

2）在水平标尺 15m 处增加一条水平辅助线（24－9＝15m）。

3）单击“墙壁、外壳和结构”，选中“墙”，直接用鼠标拖到画布中刚才添加的水平辅助线上，并使其两端分别与“房间”的两端对接上，如图 11-25 所示。

4）在水平标尺 13m 处增加一条水平辅助线（15－2＝13m）。

5）在垂直标尺 13m 处增加一条垂直辅助线（3＋10＝13m）。

6）在垂直标尺 17m 处增加一条垂直辅助线（13＋4＝17m）。

7）点击“墙”，添加若干堵内墙，位置如表 11-4 所示，结果如图 11-26 所示。

表 11-4 外墙体位置表

添加设备	水平开始位置/m	水平结束位置/m	垂直开始位置/m	垂直开始位置/m
墙	13	13	3	13
墙	6	13	13	13
墙	6	13	15	15
墙	13	13	18	33

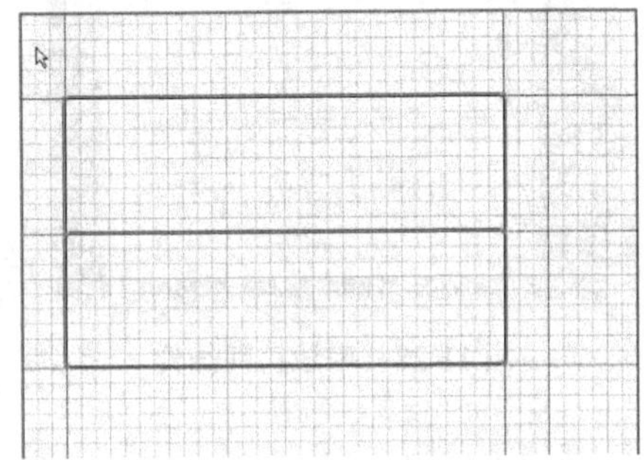

图 11-25 外墙结构

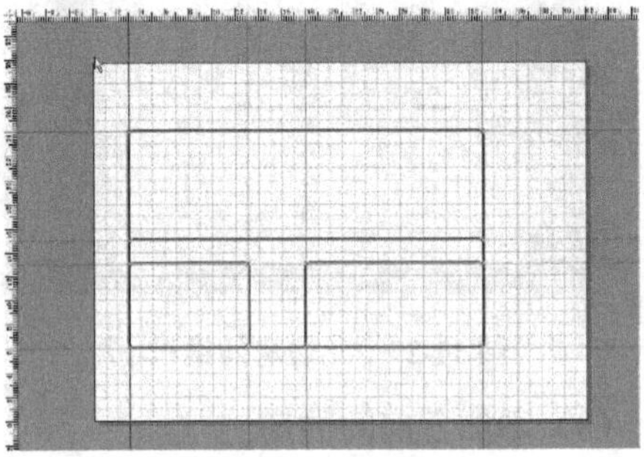

图 11-26 内墙结构

（6）添加北边房间结构

1）删除画布中所有已添加的标尺辅助线。

2）添加新的标尺辅助线。

- 添加 7 条垂直标尺辅助线，位置分别在垂直标尺 7m、11m、18m、21m、24m、27m 和 30m 处。
- 添加 1 条水平标尺辅助线，位置在水平标尺 17m 处。

3）添加若干堵“墙”，位置如表 11-5 所示，结果如图 11-27 所示。

表 11-5 北边房间墙体位置表

添加设备	水平开始位置/m	水平结束位置/m	垂直开始位置/m	垂直开始位置/m
墙	17	24	7	7
墙	15	24	11	11
墙	15	24	18	18
墙	15	24	21	21
墙	17	24	24	24
墙	15	24	27	27
墙	17	24	30	30

（7）添加南边房间结构

1）删除画布中所有标尺辅助线。

2）添加新的标尺辅助线。

- 添加 1 条垂直标尺辅助线，位置分别在垂直标尺 30m 处。
- 添加 1 条水平标尺辅助线，位置在水平标尺 9m 处。

3）添加若干堵“墙”，位置如表 11-6 所示，结果如图 11-28 所示。

表 11-6　南边房间墙体位置表

添加设备	水平开始位置/m	水平结束位置/m	垂直开始位置/m	垂直开始位置/m
墙	6	13	30	30
墙	9	9	3	13
墙	9	9	30	33

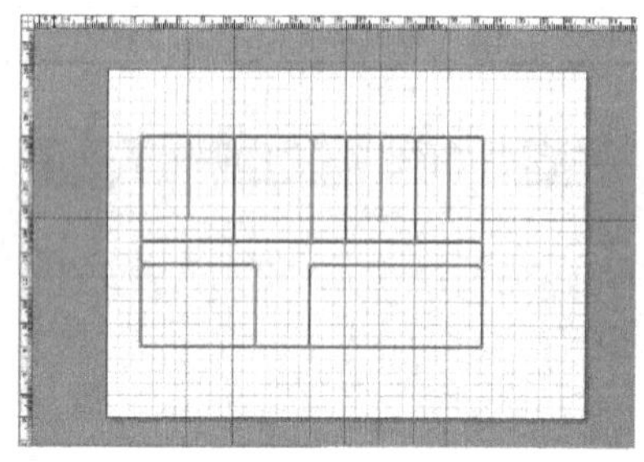

图 11-27　北边房间结构

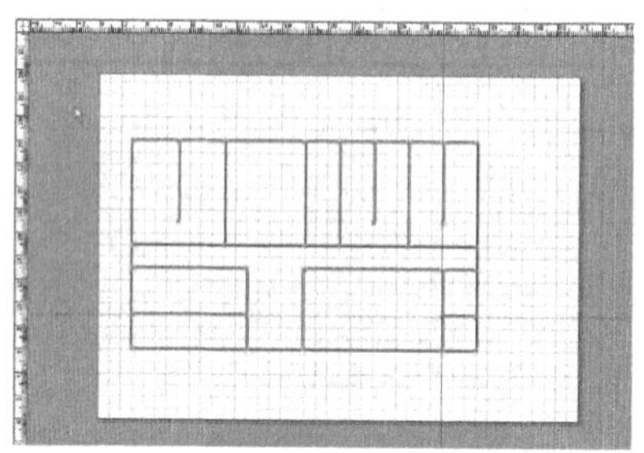

图 11-28　南边房间结构

（8）添加各房间的房门

1）单击“墙壁、外壳和结构”，在下方可找到各种模式的“门”，根据建筑实际结构选择。

2）选中“门”，直接用鼠标拖到画布中各个建筑房间的实际位置处，通过鼠标和键盘方向键准确调整门的位置和大小。

3）当使用 2）中方法仍然无法准确定位时，可通过扩大视图大小，进行局部定位，再进行修改；调整视图方法：选择右上角处的 20% 属性框，可下拉选择其他大小，也可自行输入数值进行调整；图 11-29 和图 11-30 分别显示了 50%和 20%视图下的画布状态。图 11-31 为全部房间门加好的画布。

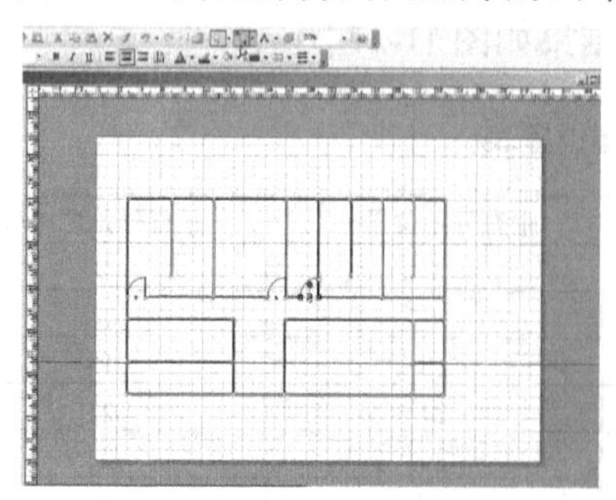

图 11-29　50%视图画布

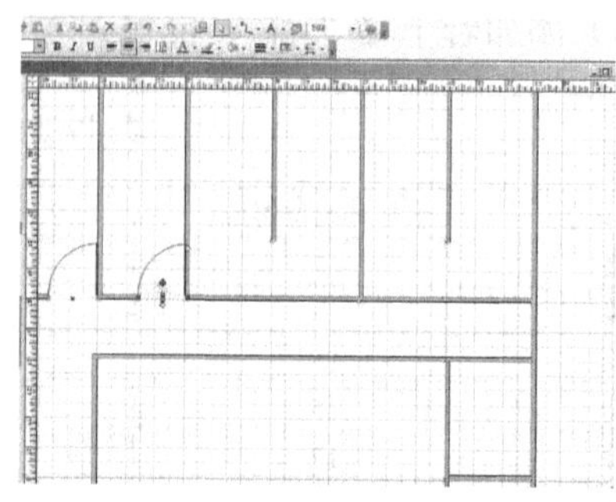

图 11-30　20%视图画布

（9）添加建筑房间尺寸及功能说明

1）单击“尺寸度量－工程”，选中“空间度量”，直接拖拉到相应建筑房间位置上，“空间度量”大小调整到正好覆盖在建筑房间上。

2）双击该“空间度量”，将文字“空间”删除，输入该建筑房间的功能说明，更改字体大小位“36pt”。

3）在“空间度量”中出现输入文字过多而导致超出建筑房间大小时，可通过回车键使用多行说明，以确保说明文字处在本建筑房间范围内，结果如图 11-32 所示。

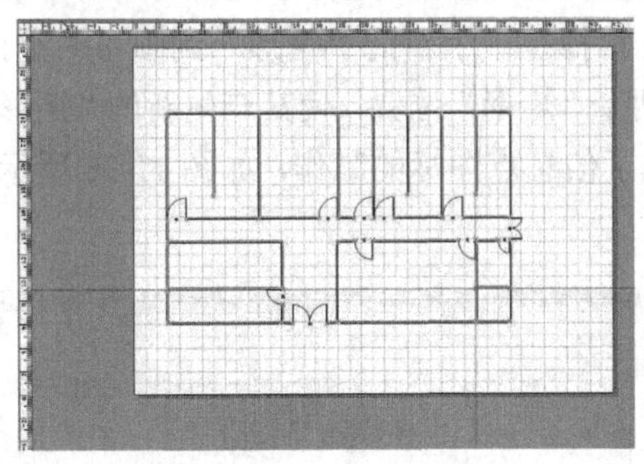

图 11-31 全部房间门画布

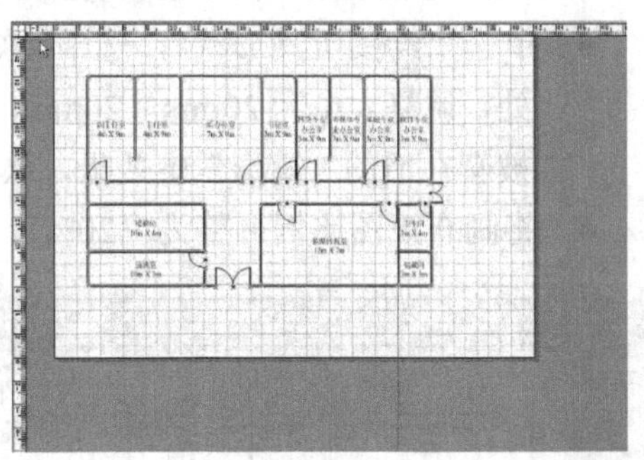

图 11-32 房间尺寸及功能说明

（10）房间墙体修改

在图 11-32 中，楼梯位置空间为全封闭性，出现错误，正确结构是靠大楼进门处为空，并无墙进行密封，修改方法：直接点击在多余的“墙”上，然后往下拉，即可去除，如图 11-33 所示。

（11）添加图纸度量标识

1）单击“尺寸度量－工程”，选中“水平”，直接拖拉到画布中，总共添加 9 个“水平”，从左向右，9 个“水平”前后相连，其长度为垂直方向分割“房间”的位置。

2）单击“尺寸度量－工程”，选中“垂直”，直接拖拉到画布中，总共添加 4 个“垂直”，从左向右，4 个“垂直”前后相连，其长度为水平方向分割“房间”的位置，如图 11-34 所示。

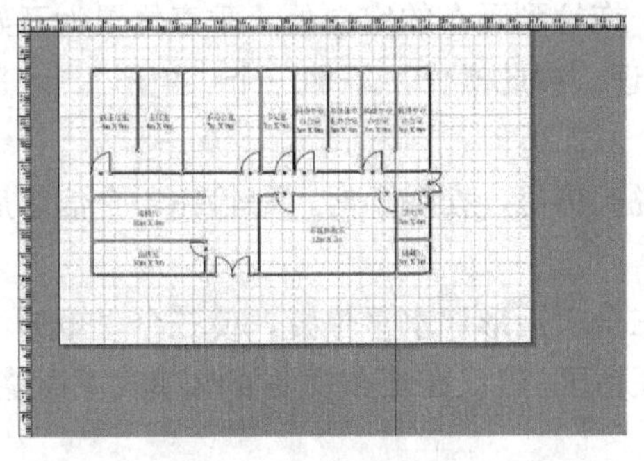

图 11-33 房间墙体修改

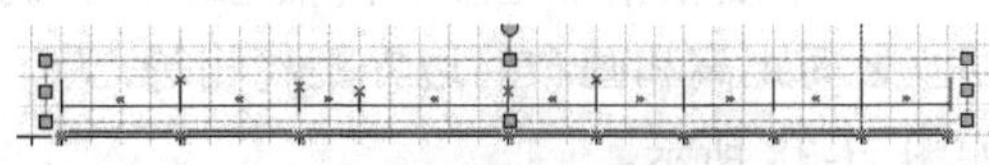

图 11-34 图纸度量标识一

3）同时选中全部 9 个“水平”，调整字体为“36pt”。

4）同时选中全部 4 个“垂直”，调整字体为“36pt”。

完成后的效果如图 11-35 所示。

（12）添加信息点

1）由于 Visio 图库中没有现成的信息点图标，所以首先需要制作一个信息点图标。

- 将画布视图比例调整为“200%”。
- 单击“绘图工具形状”，选中“矩形”，拖拉到画布的空白处，调整大小为 40mm×40mm。
- 单击“绘图工具形状”，选中“矩形”，再拖拉一个新的“矩形”到画布的空白处，调整大小为 20mm×20mm，调整两个“矩形”位置，使其产生新的“矩形”被套在旧的“矩形”中效果，从而完成了信息点图标的制作，如图 11-36 所示。
- 将画布视图比例调整为“20%”。

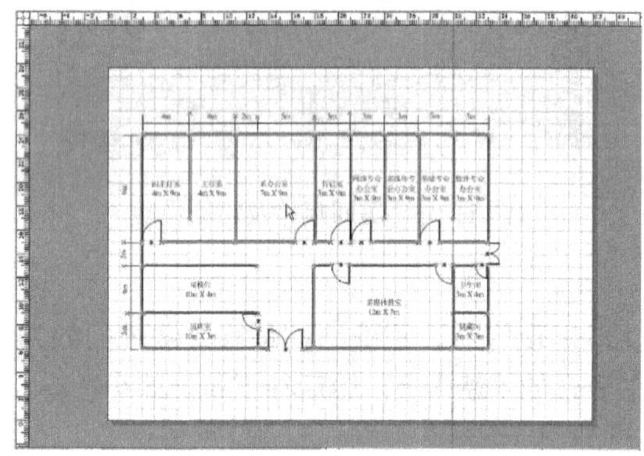

图 11-35 图纸度量标识二

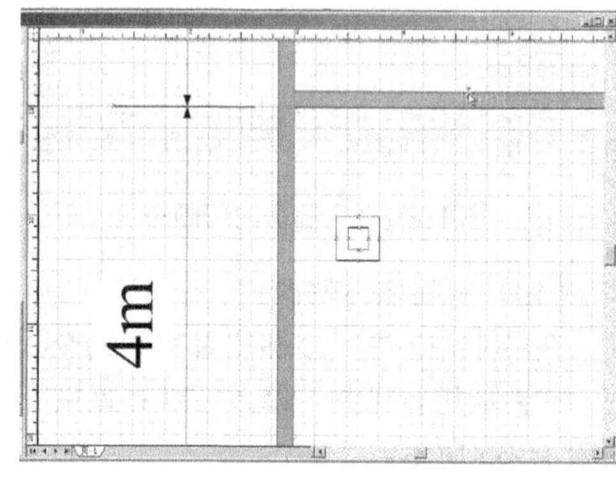

图 11-36 信息点图标一

2）同时选中两个“矩形”，通过复制，产生若干个信息点图标，按需求放置到各建筑房间内，为了提高信息点位置的精确度，建议在画布视图 100%模式下操作，如图 11-37 所示。

（13）添加制图说明

1）单击“绘图工具形状”，选中“矩形”，拖拉到画布的空白处，垂直位置为开始 35m、结束 41m，添加时可增加垂直辅助线处理。按此操作，增加三个“矩形”，水平位置为上、中、下分开。

2）在三个“矩形”中分别输入相关制图说明信息，在输入时，每输完一个信息后进行空行处理。

3）最后根据“矩形”内信息的多少调整三个“矩形”水平位置，使三个“矩形”相互之间距离和画布的边界距离相等，为了保证精度，建议在画布视图 50%模式下调整，如图 11-38 所示。

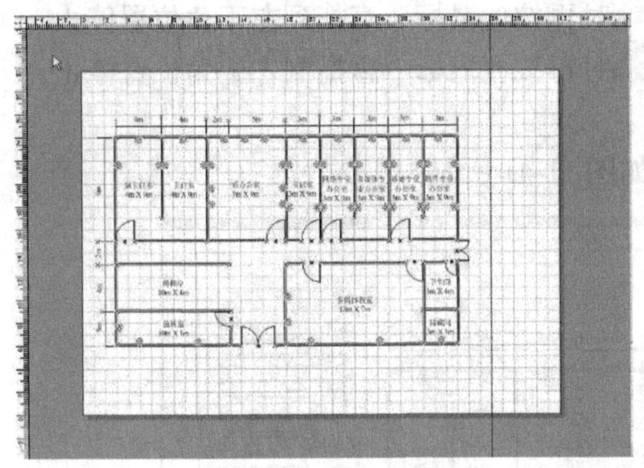

图 11-37 信息点图标二

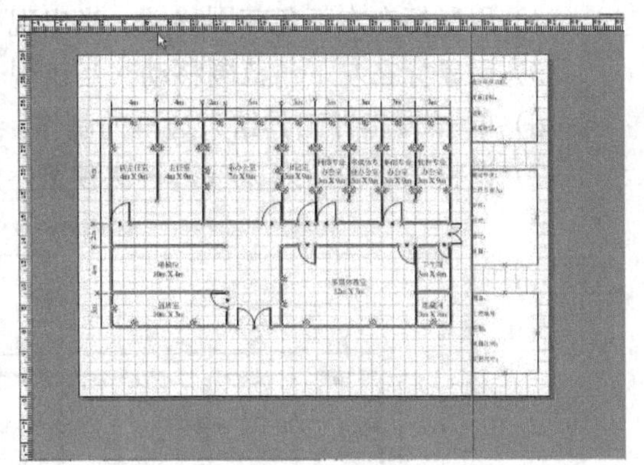

图 11-38 制图说明

4）在三个“矩形”内对说明文字添加分行效果处理。

- 单击“绘图工具形状”，选中“可延长的线条”，拖拉到画布的“矩形”内，调整“可延长的线条”两端节点，使其与“矩形”垂直方向两边边框对接，从而达到分行效果。
- 通过对“可延长的线条”进行复制，然后通过键盘方向键调整其位置，添加到“矩形”其他文字之间，为了保证精度，建议在画布视图 50%模式下调整，如图 11-39 所示。

（14）预览查看点位图效果

通过预览方式可查看点位图的效果，如图 11-40 所示。

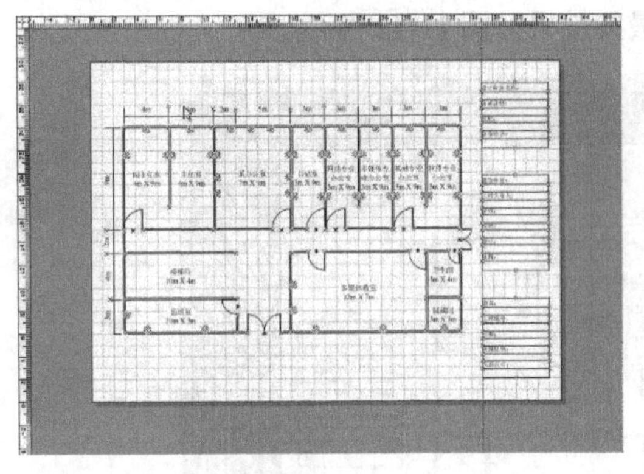

图 11-39 制图说明分行效果

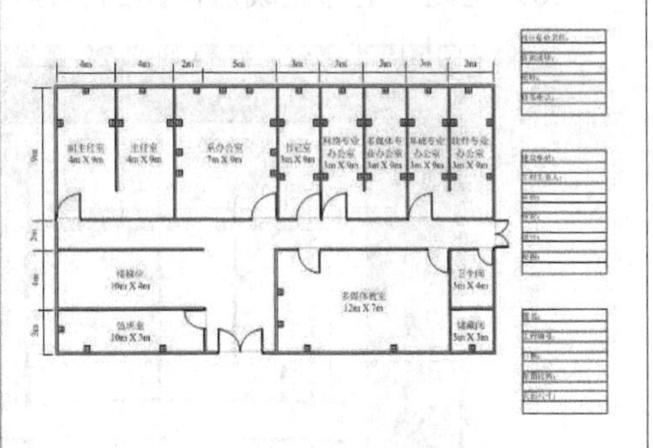

图 11-40 预览点位图

（15）添加边框处理

1）调整画布视图为 50%。

2）选中连接线工具，先在整个画布的左上角位置单击，然后按住鼠标一直拖到右上角位置停止。

3）用鼠标在右上角范围移动，当出现时再按住鼠标一直拖到右下角位置停止。

4）用鼠标在右下角范围移动，当出现[图标]时再按住鼠标一直拖到左下角位置停止。

5）用鼠标在左下角范围移动，当出现[图标]时再按住鼠标一直拖到左上角位置停止。

6）单击[图标]指针工具结束边框的制作。

7）调整画布视图为 20%，再次预览，如图 11-41 所示。

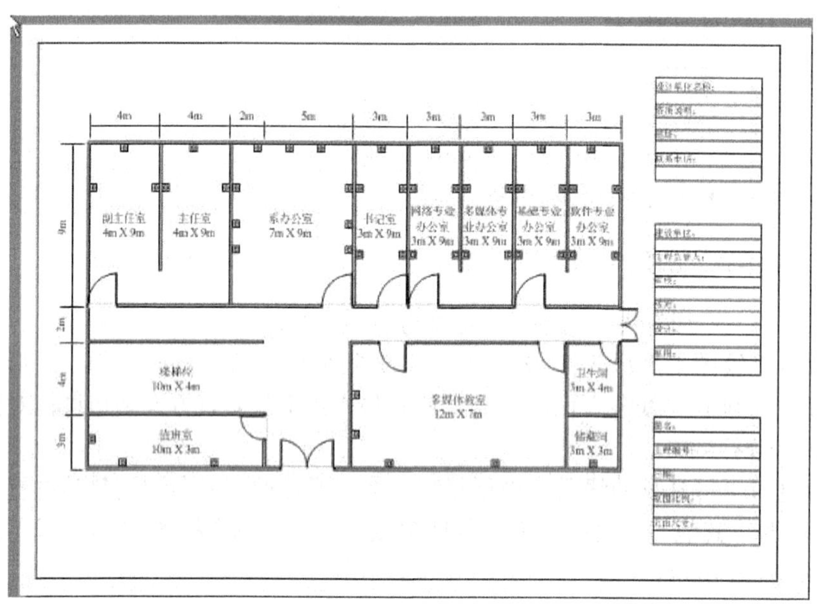

图 11-41　带边框视图

（16）至此，全部完成点位图的制作，最终效果如图 11-42 所示。

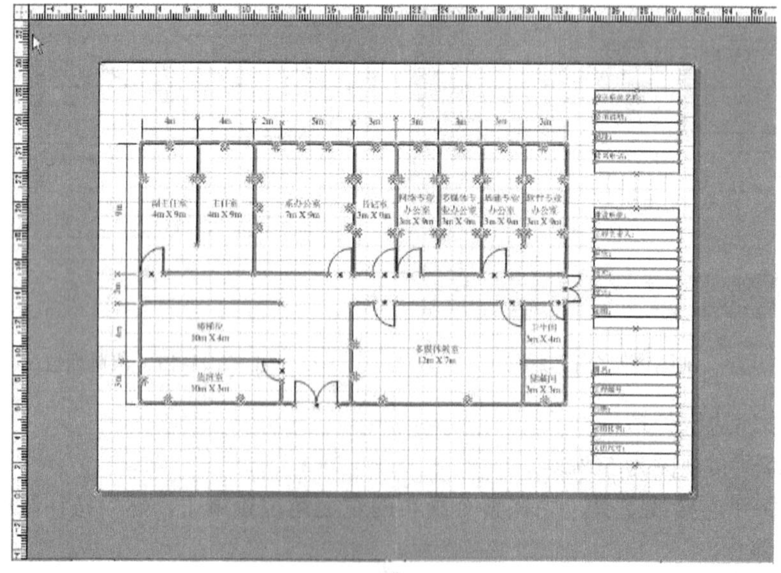

图 11-42　点位图最终效果

11.4.2　绘制系统拓扑结构图

根据本项目分析内容，此处可通过 Visio 软件绘图类型中的“建筑设计图”下面的“平面布置图”完成教学楼系统结构图的绘制，图 11-43 是最终效果图，具体绘制步骤如下。

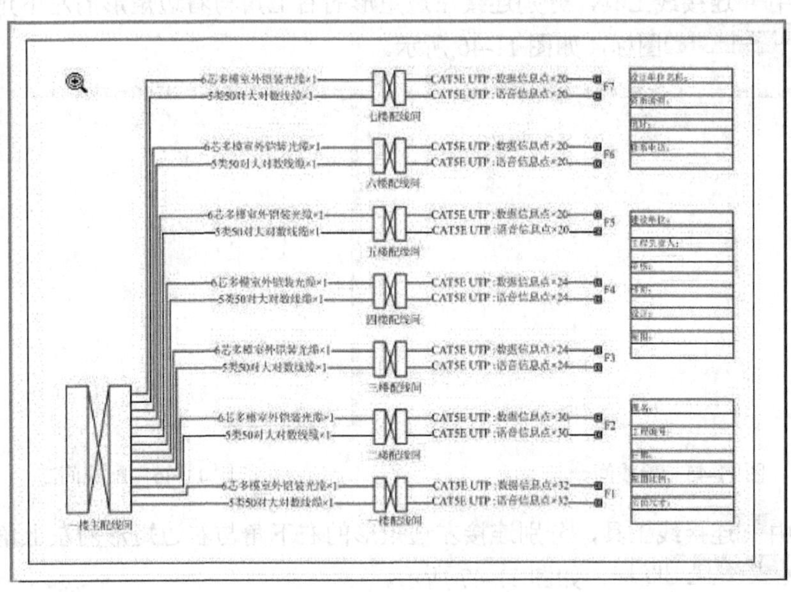

图 11-43　教学楼系统结构图

（1）创建文件

打开 Visio 程序，单击“文件”→“新建”→“建筑设计图”→“平面布置图”。绘图缩放比例为 1∶50，页面尺寸为 42.05m×29.7m，如图 11-44 所示。

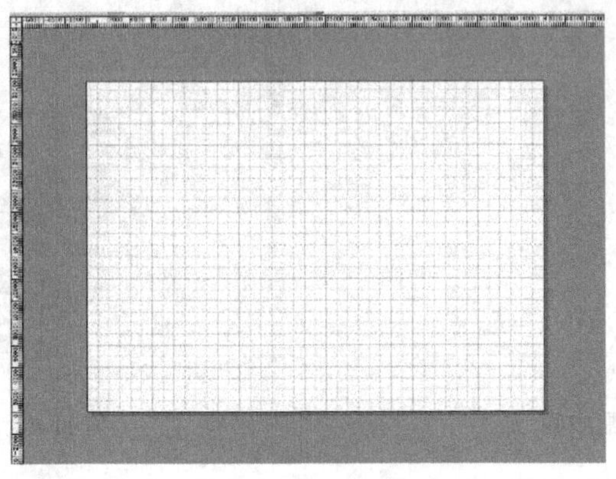

图 11-44　设置绘图缩放比例

（2）制作配线间标识

由于 Visio 中没有配线间标识，所以首先制作一个配线间标识。

1）调整画布视图为 50%。

2）单击“绘图工具形状”，选中“矩形”，拖拉到画布的空白处，矩形大小为 3m×1m。

3）重复 2）操作，再增加一个“矩形”，并让这两个矩形处于同一个水平面，垂直方向距离 1m，如图 11-45 所示。

4）选中连接线工具，分别连接左边矩形的右上角与右边矩形的左下角，然后右击选择“直线连接线(G)”图标，如图 11-46 所示。

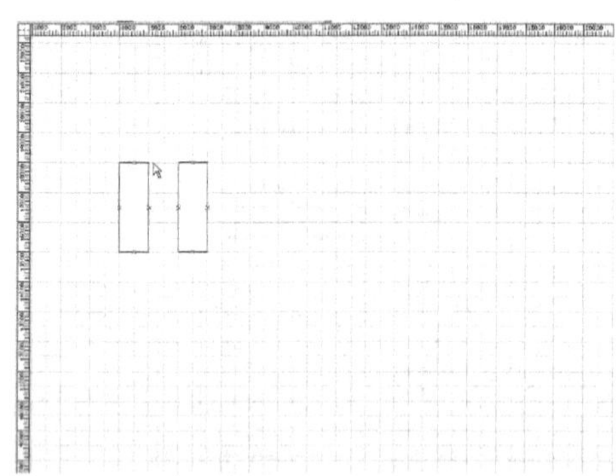

图 11-45　配线间一

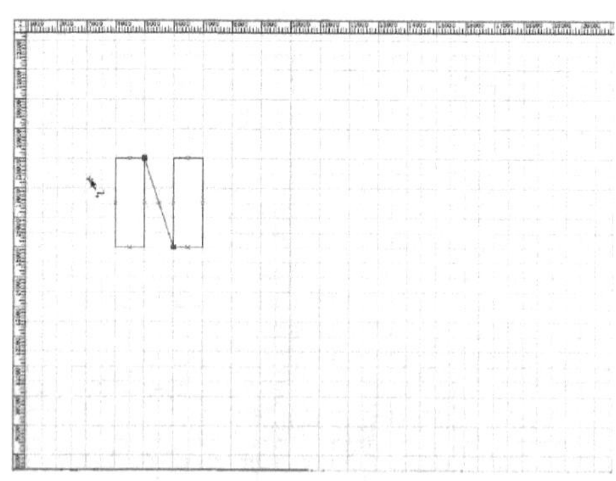

图 11-46　配线间二

5）选中连接线工具，分别连接左边矩形的右下角与右边矩形的左上角，然后右击选择“直线连接线(G)”图标，如图 11-47 所示。

6）单击图标结束连接线工具的使用。

7）用鼠标选中全部两个矩形和两条连接线，然后右击选择“形状”→“组合(G)”，从而完成配线间图标的制作，如图 11-48 和图 11-49 所示。

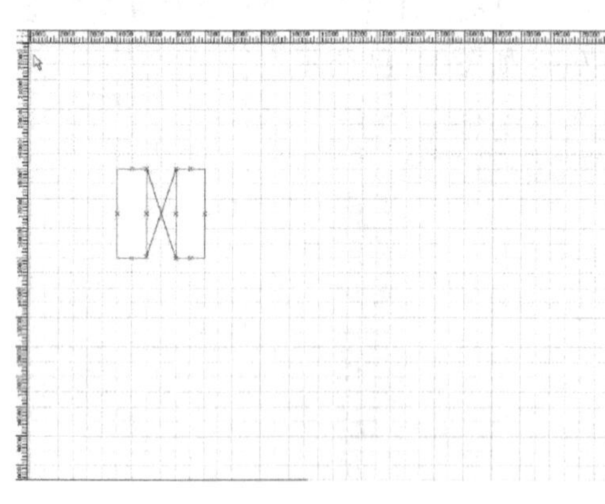

图 11-47　配线间三

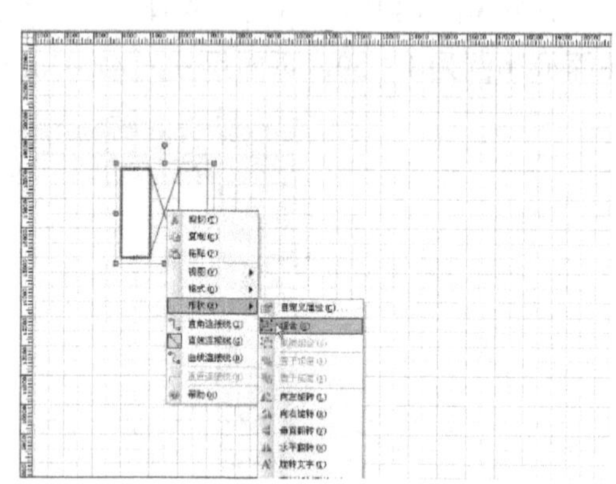

图 11-48　配线间四

（3）制作信息点图标

按点位图制作方法中的描述制作一个信息点图标，如图 11-50 所示。

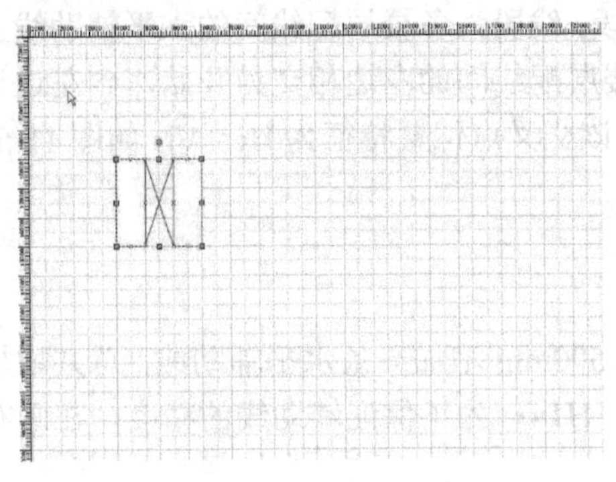

图 11-49 配线间五

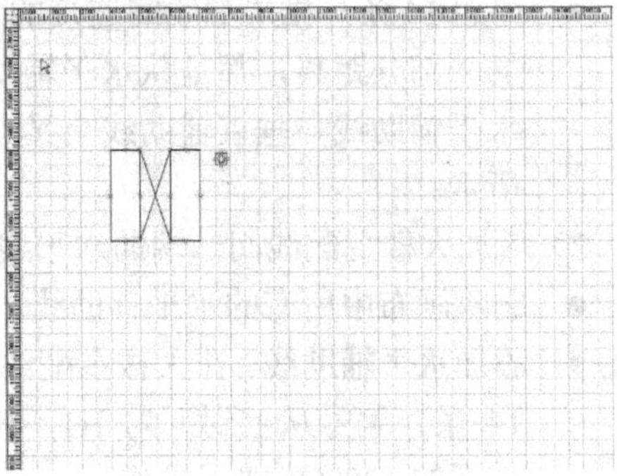

图 11-50 信息点图标

（4）规划、添加并定位配线间

1）画布宽 29.7m，总共 7 层，每层配线间以 2m 计算，楼层配线间垂直方向间距 2m，则 7 个楼层配线间需要 28m，每个楼层配线间连接两条线分别用于数据信息点和语音信息点的端接，水平方向处于楼层配线间的中间，分别与楼层配线间垂直方向的两端距离 0.5m。

2）对制作好的配线间进行复制，调整 7 个复制出的楼层配线间高度为 2m，相互之间的垂直距离也为 2m。

3）将制作好的配线间作为大楼主配线间，调整高度为 8m，如图 11-51 所示。

（5）添加大楼主配线间与各楼层配线架的连接线

1）增加楼层配线架一端的水平线段。

- 添加标尺辅助线

  垂直方向：距离大楼主配线间右边距 1m 之外开始，每隔 200mm，增加一条垂直辅助线，总共增加 14 条，编号从左到右为 V1，V2，…，V14；为了保证辅助线的精度，在画布视图的 200%模式下操作。

  水平方向：在每个楼层配线间距离顶部和底部 500mm 处分别增加一条水平辅助线，总共增加 14 条，编号从上到下为 H1，H2，…，H14；为了保证辅助线的精度，在画布视图的 50%模式下操作，如图 11-52 所示。

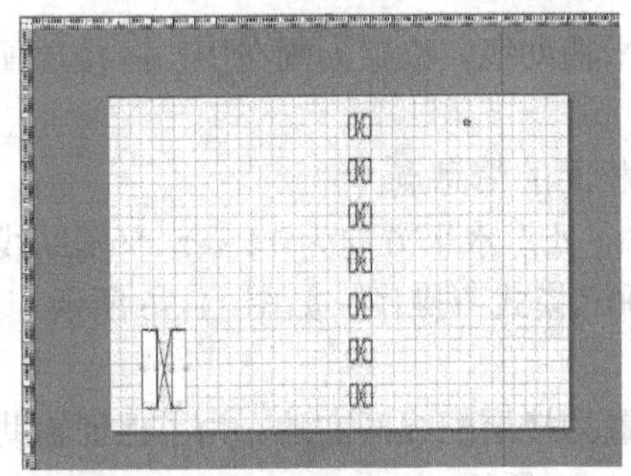

图 11-51 添加并定位配线间

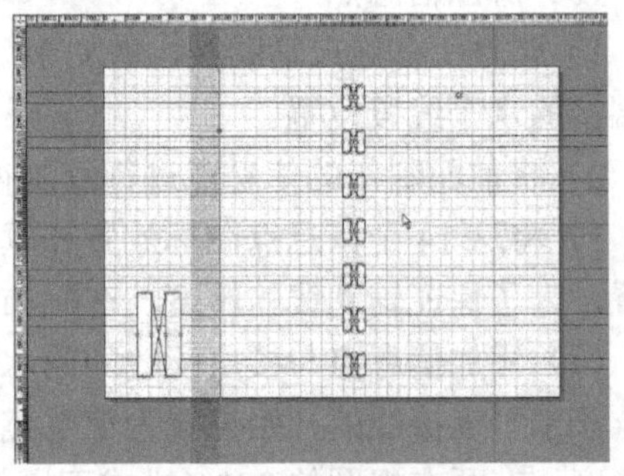

图 11-52 标尺辅助线

- 增加 14 条与楼层配线间连接的水平线段，线段为各楼层配线间的水平辅助线上的一部分距离，都是从水平辅助线与楼层配线间的左边相交处开始，到左边该水平辅助线与垂直辅助线交叉点结束。该交叉点位置特征为 Hi＝Vi，如图 11-53 所示。

2）增加大楼主配线间一端的水平线段。

- 删除画布中所有的水平辅助线。
- 添加水平辅助线。在大楼主配线间每隔 500mm 增加一条水平辅助线，总共增加 14 条，编号从上到下为 H1，H2，…，H14；为了保证辅助线的精度，在画布视图的 100%模式下操作。
- 增加 14 条与大楼主配线间连接的水平线段，线段为大楼主配线间的水平辅助线上的一部分距离，都是从水平辅助线与大楼主配线间的右边相交处开始，到右边该水平辅助线与垂直辅助线交叉点结束。该交叉点位置特征为 Hi＝Vi，为了保证辅助线的精度，在画布视图的 100%模式下操作，如图 11-54 所示。

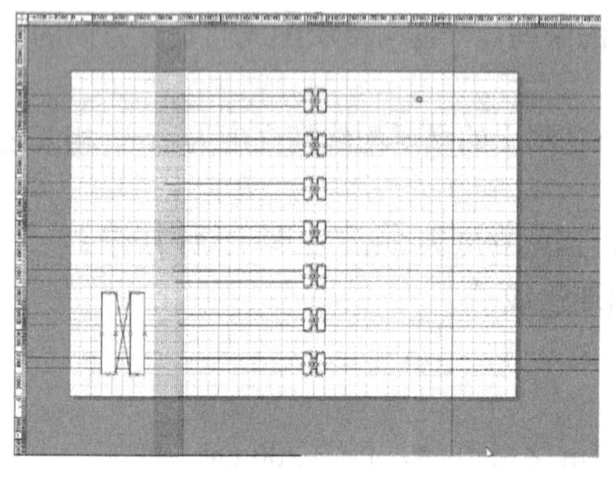

图 11-53　楼层配线间连接的水平线段

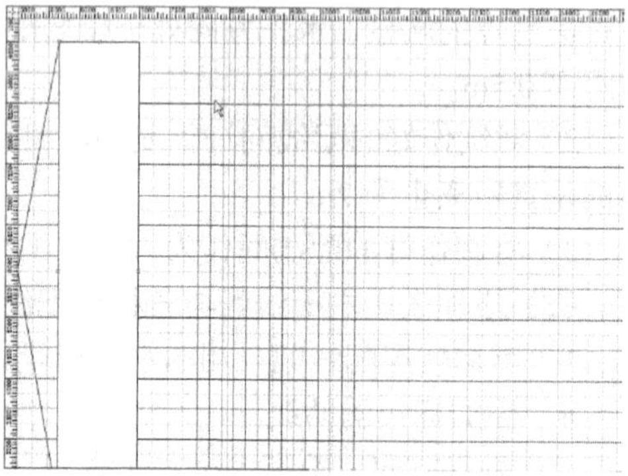

图 11-54　主配线间一端的水平线段

3）增加连接大楼主配线间端水平线段和楼层配线间端水平线段的垂直线段。

将 1）和 2）中水平线段按顺序一一对应连接起来，为了保证辅助线的精度，在画布视图的 200%模式下操作，如图 11-55 所示。

（6）添加信息点

1）删除所有标尺辅助线，增加 14 条新的水平辅助线，位置为画布中与各楼层配线间端接的水平线段位置。

2）将前面制作的信息点进行复制得到 14 个相同的信息点。

3）将这 14 个信息点图标放置在垂直方向 36m 处，水平方向为 14 条水平辅助线的位置，为了保证辅助线的精度，在画布视图的 200%模式下操作，如图 11-56 所示。

（7）添加信息点与楼层配线间的水平连接线

该水平连接线的开始位置为信息点，结束位置为楼层配线间右边。为了保证辅助线的精度，在画布视图的 200%模式下操作，如图 11-57 所示。

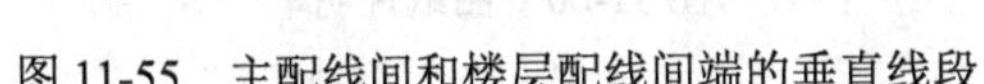

图 11-55 主配线间和楼层配线间端的垂直线段

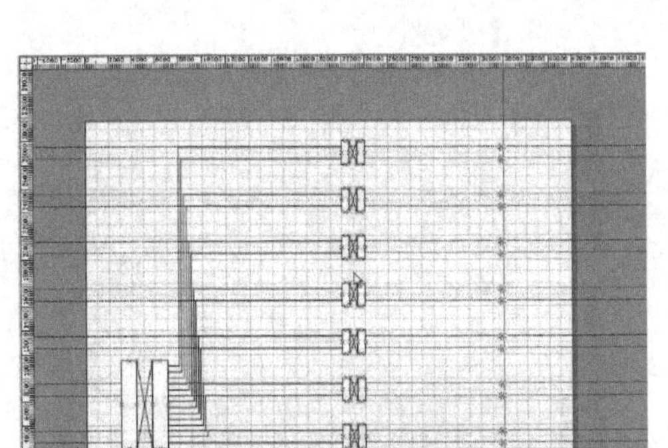

图 11-56 添加信息点

（8）添加水平连接线的标识说明

1）对画布中所有 28 条水平连接线都进行标识说明。

2）标记方法：直接双击要标记的水平连接线，输入相应的标识内容，选择字体为“36pt”，即可完成标识内容的添加。

3）标识内容可通过复制粘贴加快修改速度，如图 11-58 所示。

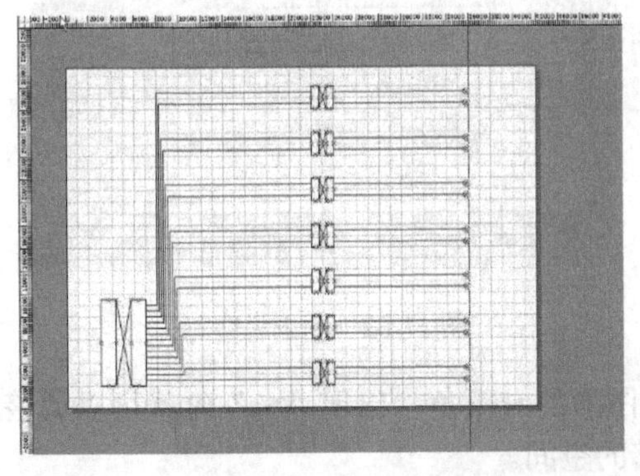

图 11-57 信息点与楼层配线间的水平连接线

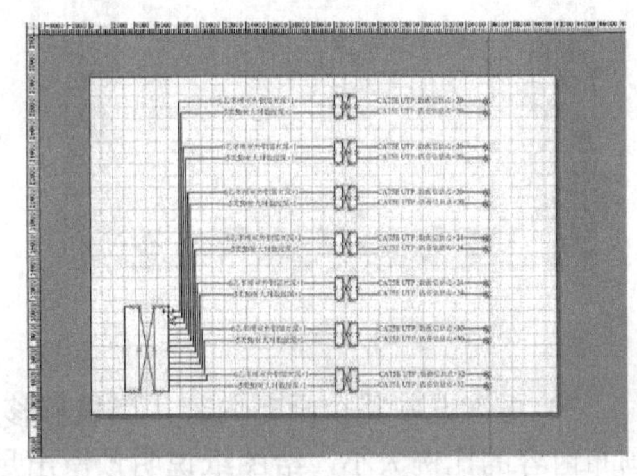

图 11-58 水平连接线的标识说明

（9）添加配线间及其信息点标识说明

1）单击“批注”，选中“12 磅的文本”，拖拉到要说明的配线间下方，输入说明内容，调整文字大小“36pt”，即可完成标识内容的添加。

2）对画布中所有配线间和信息点都进行添加，可通过复制加快添加速度。

3）可通过增加标尺辅助线校正文本框的整齐度，如图 11-59 所示。

（10）增加图纸说明

1）按照点位图绘制中的图纸说明绘制方法增加图纸说明。

2）如果出现现有系统结构图比例过大，导致图纸说明部分空间不够，如图 11-60 所示。

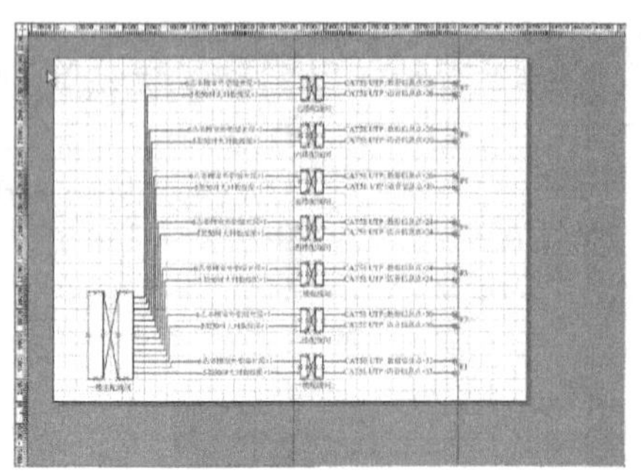

图 11-59 配线间及其信息点标识说明

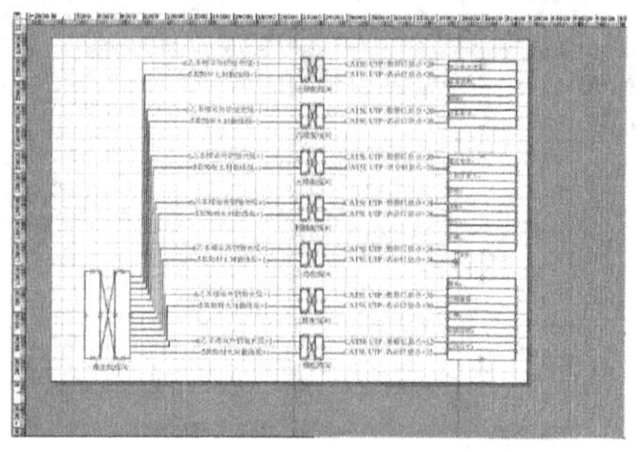

图 11-60 图纸说明一

解决方法：

1）先将图纸说明内容剪切到一个新建文档中，如图 11-61 所示。

2）选中画布中所有内容，右键选择“形状”→“组合”，如图 11-62 所示。

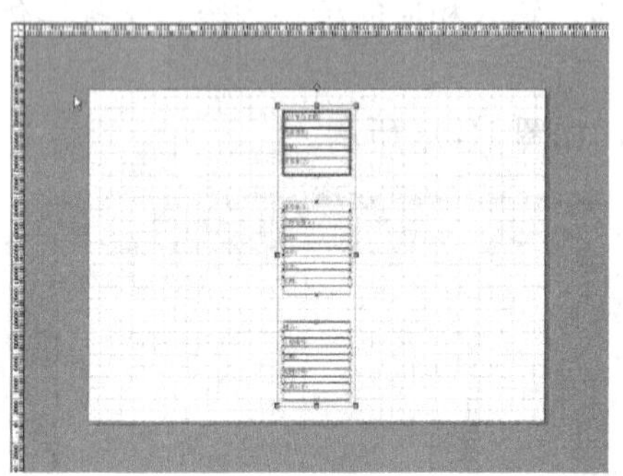

图 11-61 图纸说明二

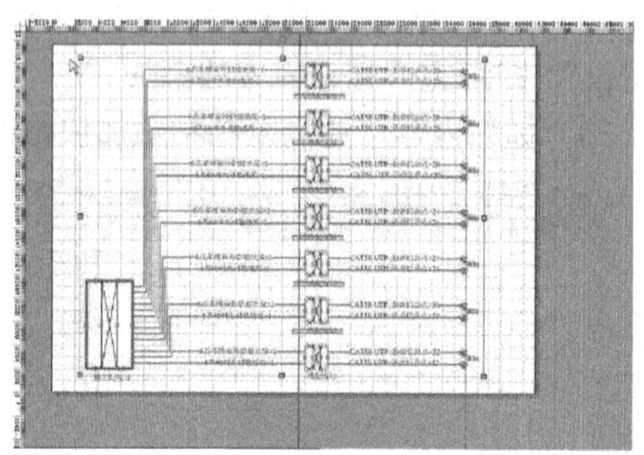

图 11-62 图纸说明三

3）再次选中整个画布内容，当鼠标移到图形的右下角，出现“↘”时就可以调整画布内容的比例大小，给图纸说明预留出足够的空间。

4）将图纸说明重新剪切回画布中，调整其位置，如图 11-63 所示。

（11）添加画布边框

按点位图中添加边框方法即可完成添加画布边框，如图 11-64 所示。

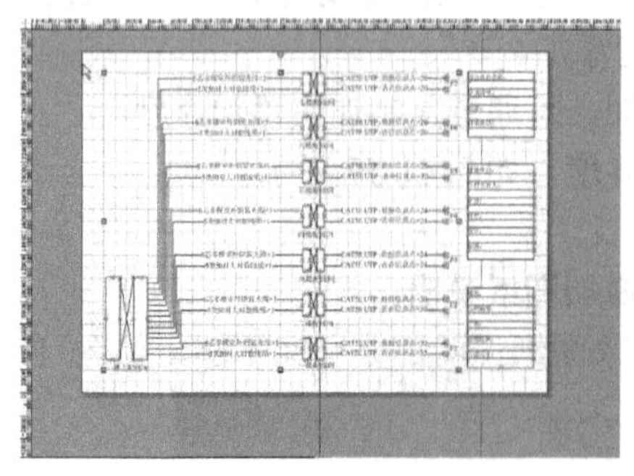

图 11-63 图纸说明四

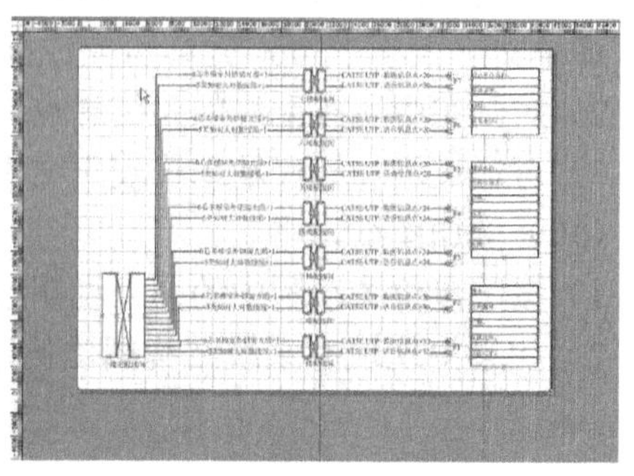

图 11-64 图纸说明五

（12）完成

预览，完成整个系统结构图的制作，如图 11-65 所示。

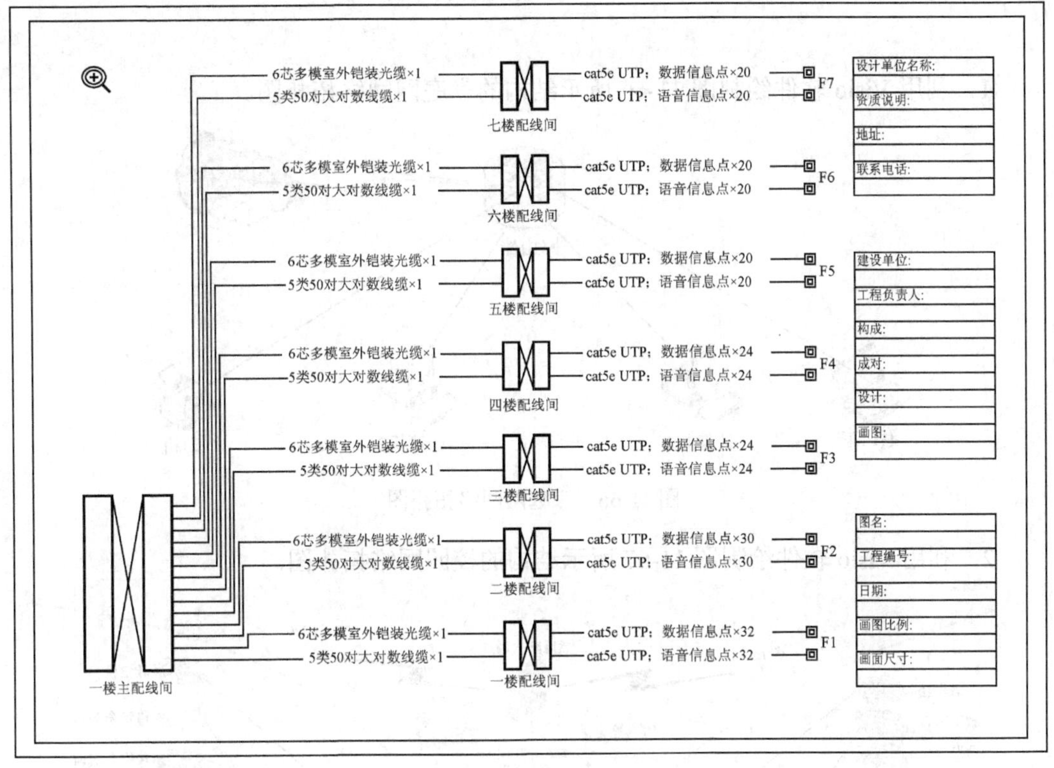

图 11-65 最终效果图

11.5 理论思考题

1．用 Visio 在综合布线图纸绘制过程中怎样调整绘图比例？

2．在综合布线中，绘制平面路由图与绘制点位图有何异同点？

3．在综合布线中，需要有实际尺寸的图纸有哪些？

4．Visio 软件中，控件“标尺”的作用是什么？说明显示“标尺”和关闭“标尺”的操作步骤。

5．Visio 软件中，控件“水平参考线”和“垂直参考线”的作用是什么？举例说明使用的操作步骤。

6．在工程图纸的绘制过程中，一般需要添加标题栏进行标注，请列举平面路由图的标题栏包含的选项内容。

11.6　技能操作题

1．利用 Visio 软件绘制图 11-66 所示结构的家庭网网络拓扑图。

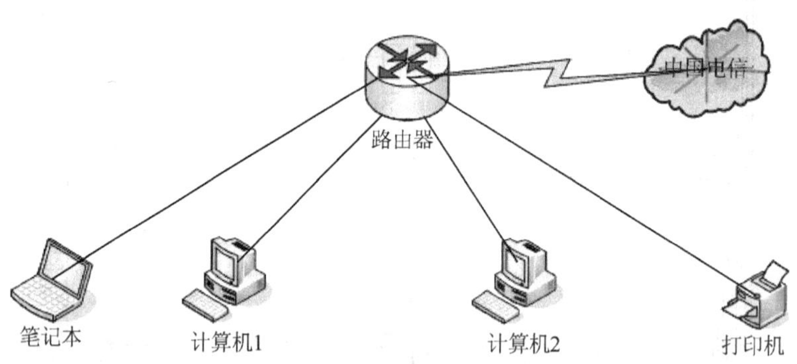

图 11-66　家庭网网络拓扑图

2．利用 Visio 软件绘制图 11-67 所示结构的校园网络拓扑图。

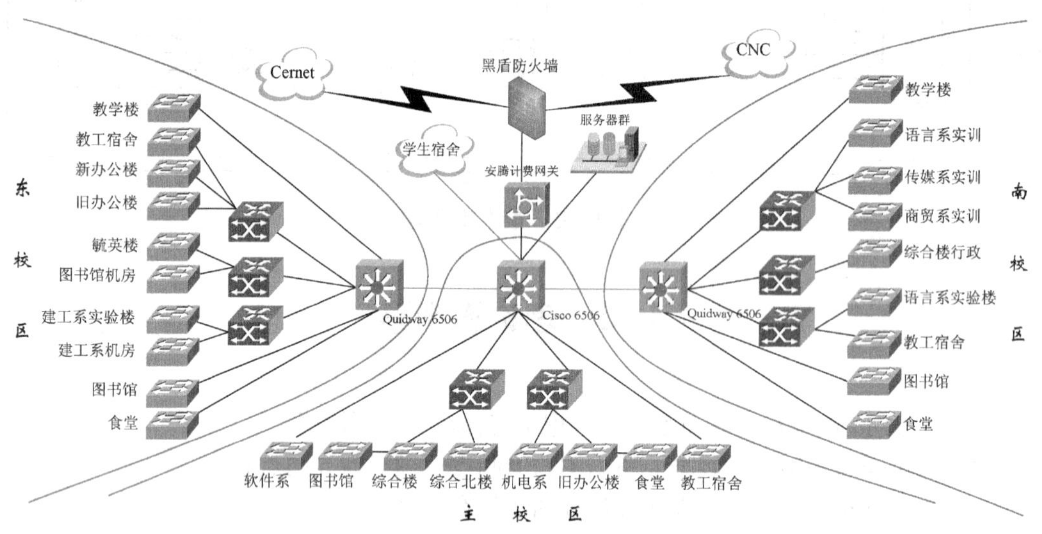

图 11-67　校园网络拓扑图

3．现场勘测本学校的某学生宿舍楼，分别绘制各楼层的点位图。

参考文献

丁龙刚，王高亮．2007．综合布线与弱电工程[M]．北京：机械工业出版社．

贺平，余明辉．2006．网络综合布线技术[M]．北京：人民邮电出版社．

李京宁．2004．网络综合布线[M]．北京：机械工业出版社．

裴有柱．2008．网络综合布线案例教程[M]．北京：机械工业出版社．

王公儒．2009．网络综合布线系统工程技术实训教程[M]．北京：机械工业出版社．

王趾成，张军．2007．综合布线技术[M]．西安：西安电子科技出版社．

徐超汉．1995．智能大厦综合布线系统设计与工程[M]．北京：电子工业出版社．

中华人民共和国信息产业部．2007．综合布线系统工程设计规范[S]．北京：中国计划出版社．

中华人民共和国信息产业部．2007．综合布线系统工程验收规范[S]．北京：中国计划出版社．

Beth Verity．2004．网络布线原理与实施[M]．北京：清华大学出版社．